Regierungskommunikation und staatliche Öffentlichkeitsarbeit

Juliana Raupp · Jan Niklas Kocks
Kim Murphy
(Hrsg.)

Regierungskommunikation und staatliche Öffentlichkeitsarbeit

Implikationen des technologisch induzierten Medienwandels

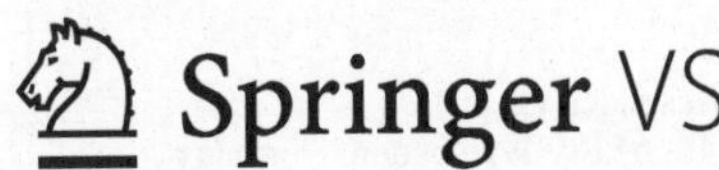 Springer VS

Herausgeber
Juliana Raupp
Berlin, Deutschland

Kim Murphy
Berlin, Deutschland

Jan Niklas Kocks
Berlin, Deutschland

Diese Publikation entstand im Rahmen der von der Deutschen Forschungsgemeinschaft (DFG) geförderten Forschergruppe „Politische Kommunikation in der Online-Welt" (1381), Teilprojekt 6 – Networked Media Government Relations.

ISBN 978-3-658-20588-1   ISBN 978-3-658-20589-8   (eBook)
https://doi.org/10.1007/978-3-658-20589-8

Die Deutsche Nationalbibliothek verzeichnet diese Publikation in der Deutschen Nationalbibliografie; detaillierte bibliografische Daten sind im Internet über http://dnb.d-nb.de abrufbar.

Springer VS

Springer VS ist Teil von Springer Nature
Die eingetragene Gesellschaft ist Springer Fachmedien Wiesbaden GmbH
Die Anschrift der Gesellschaft ist: Abraham-Lincoln-Str. 46, 65189 Wiesbaden, Germany

Inhalt

III: Herausforderungen für die Kommunikationspraxis

1. Zur Einführung

Juliana Raupp, Jan Niklas Kocks & Kim Murphy

> *„Die Regierungskunst besteht wie die der Rechtsanwälte darin,
> dass man die Worte zu meistern versteht" (Gustave Le Bon)*

Regierungskommunikation und staatliche Öffentlichkeitsarbeit sind in der Mediengesellschaft untrennbar mit der Ausübung exekutiver Gewalt verwoben; zu regieren bedeutet unter diesen Umständen immer auch zu kommunizieren. Die Bevölkerung möchte wissen, welche politischen Leitlinien ihre Regierung verfolgt
und wie sie im politischen Tagesgeschäft agiert und zu agieren gedenkt. Der Anspruch auf diese Information ist kommunikatives Anrecht und – um mit dem Bundesverfassungsgericht zu sprechen – Grundvoraussetzung des Konsenses zwischen Bürgern und Staat.

Regierungskommunikation und staatliche Öffentlichkeitsarbeit bedienen sich
eines weiten Instrumentariums der politischen Kommunikation, um diese Aufgabe
ordnungsgemäß zu erfüllen. Im Rahmen der Presse- und Medienarbeit werden
Journalistinnen und Journalisten adressiert, zudem wird im Rahmen der staatlichen Öffentlichkeitsarbeit unmittelbar an die und mit der Bevölkerung kommuniziert. Sich ändernde Rahmenbedingungen, politische und gesellschaftliche Veränderungsprozesse und allem voran technologisch getriebener Medienwandel haben
dabei seit jeher zu Veränderungen dieses Instrumentariums wie auch der Kommunikation an sich geführt.

Das Aufkommen digitaler Kommunikationsmittel in den frühen 2000er Jahren
und die Etablierung und Diversifikation Sozialer Netzwerke und neuer Medien-
formen in den 2010er Jahren sind dabei wohl einige der umfassendsten, in technologischer Hinsicht wohl tatsächlich die umfassendsten Veränderungsprozesse,
denen sich Regierungskommunikation und staatliche Öffentlichkeitsarbeit seit ihrer Etablierung ausgesetzt sahen. Alles ist im Wandel: Plattformen, Nutzungsge-
wohnheiten, Rezipientenansprüche und Zeithorizonte. Regierungskommunikation
und staatliche Öffentlichkeitsarbeit müssen sich verändern, um relevant zu bleiben
und um ihren verfassungsgemäßen Auftrag weiterhin effektiv erfüllen zu können.

Aus diesem Wandel entstehen Herausforderungen für die Kommunikatoren,
für die sie beobachtenden Journalisten und für jenen Teil der Bevölkerung, der

noch immer aktiv beobachtend am politischen Tagesgeschehen teilnimmt. Nicht zuletzt entstehen aber auch Herausforderungen für die wissenschaftliche Beschreibung und empirische Analyse von Regierungskommunikation und staatlicher Öffentlichkeitsarbeit. Von einem Teil dieser Herausforderungen handelt dieser Band.

1.1   Teil I: Disziplinäre Perspektiven

Im ersten Teil des Bandes wird der Wandel von Regierungskommunikation und staatlicher Öffentlichkeitsarbeit aus verschiedenen sozial- und geisteswissenschaftlichen Perspektiven reflektiert. *Juliana Raupp* und *Jan Niklas Kocks* nehmen dabei die Perspektive der Kommunikationswissenschaft ein, skizzieren Forschungsstand und Abgrenzungsproblematiken in dieser Disziplin und beleuchten die spezifischen theoretischen und methodischen Herausforderungen der Digitalisierung. Im Anschluss daran fokussieren *Isabelle Borucki* und *Uwe Jun* die Wandlungsprozesse in diesem Bereich aus politikwissenschaftlicher Perspektive. Sie diskutieren Prozesse der Medialisierung und Digitalisierung, insbesondere auch aus demokratietheoretischer Perspektive, und suchen eine Typologie digitalisierter Regierungskommunikation zu entwickeln. *Tristan Barczak* legt den Schwerpunkt seiner rechtswissenschaftlichen Betrachtungen auf das Spannungsfeld zwischen gebotenen Maßnahmen von Regierungskommunikation und staatlicher Öffentlichkeitsarbeit auf der einen Seite und unzulässiger Wahlkampfkommunikation bzw. Wahlkampfbeeinflussung durch staatliche Akteure auf der anderen Seite. Schließlich zeichnet *Thomas Birkner* die historischen Entwicklungen von Regierungskommunikation und staatlicher Öffentlichkeitsarbeit in Deutschland nach, insbesondere auch hinsichtlich der dynamischen Symbiose zwischen Medien und Politik: Wer hat wen maßgeblich geprägt, welchen Wandel durchlebte diese Beziehung im Laufe der Zeit?

1.2   Teil II: Theoretische und methodische Herausforderungen

Im zweiten Teil des Bandes werden vor allem empirische und methodologische Herausforderungen des Wandels von Regierungskommunikation und staatlicher Öffentlichkeitsarbeit diskutiert und ausgewählte empirische Befunde präsentiert. Eingangs reflektiert *Martin Emmer* die spezifischen empirischen Chancen und Herausforderungen, die der digitale Wandel für empirisch arbeitende Sozialwissenschaft bedeutet: Welche neuen Möglichkeiten der Datengewinnung und Datenauswertung ergeben sich und wo sind Vorsicht und Skepsis geboten? Im Anschluss daran widmet sich *Jan Niklas Kocks* netzwerkanalytischen Zugängen. Er beschreibt die Potenziale dieses vergleichsweise jungen Ansatzes hinsichtlich einer Integration verschiedener Analyseebenen und arbeitet heraus, welche Vor- und Nachteile Netzwerkanalysen gegenüber herkömmlichen Forschungsdesigns mit sich bringen. Danach zeigt *Isabelle Borucki* ausgewählte netzwerkanalytische Befunde einer Fallstudie, die über drei Jahre hinweg die Kommunikation rund um die Europawahl in Deutschland, Österreich und Großbritannien beobachtet hat. *Juliana Raupp* zeigt das Potenzial einer akteurzentrierten Perspektive auf: Sie beschreibt auf der Basis des akteurzentrierten Institutionalismus die Regierung als komplexen Akteur und stellt auf dieser Grundlage Möglichkeiten dar, Handlungsrepertoires der Regierungskommunikation zu analysieren. Output-orientierte Ansätze bilden den Schwerpunkt des nachfolgenden Kapitels von *Uta Rußmann*, in dem sie sich im Schwerpunkt mit verschiedenen inhaltsanalytischen Zugängen auseinandersetzt und aufzeigt, welche spezifischen Herausforderungen die Veränderungen im Bereich der politischen Online-Kommunikation hier mit sich bringen. *Henning Brücker* und *Lisa Unbehaun* vergleichen danach in einer inhaltsanalytischen Fallstudie die unterschiedlichen Ansätze und Herangehensweisen ausgewählter Landesregierungen in Deutschland in der Online-Kommunikation während der Flüchtlingskrise 2015. Schließlich widmet sich *Kim Murphy* den besonderen Herausforderungen komparativer Untersuchungsdesigns in länderübergreifenden Analysen und diskutiert verschiedene Ansätze zur Sicherstellung von Äquivalenz in solchen Untersuchungen.

1.3   Teil III: Herausforderungen für die Kommunikationspraxis

Im dritten Teil des Bandes geht es schließlich um die Herausforderungen des digitalen Wandels für die Praxis von Regierungskommunikation und staatlicher Öffentlichkeitsarbeit. Im Gespräch mit den Herausgebern (*Jan Niklas Kocks* und *Juliana Raupp*) stehen *Klaus Feldgen* und *Andreas Block* Rede und Antwort zu ihrer Arbeit in der Social Media-Abteilung des Presse- und Informationsamtes der Bundesregierung. Welche Herausforderungen bringt die Online-Kommunikation mit dem Bürger mit sich, welche in- und externen Problemstellungen gilt es zu beachten und wie geht man im Alltag mit neuen Phänomenen wie z.B. sogenannten Trollen um? Abschließend reflektiert dann *Marco Althaus* die besonderen Herausforderungen, die der technologische Wandel für die Politikberatung in diesem Bereich mit sich bringt. In welchem Verhältnis stehen Politikberater und Regierungsakteure, wo ergeben sich spezifische Konfliktlinien und wie lässt sich mit diesen Herausforderungen umgehen?

Der technologisch induzierte Medienwandel ist ein stetig voranschreitender und sich zunehmend beschleunigender Prozess. Die Beiträge dieses Bandes können und wollen unter diesen Umständen vor allem eine Momentaufnahme sein und aktuelle und perspektivische Herausforderungen und Chancen für die politische Kommunikationsforschung reflektieren. Allen hier aufgeführten Autorinnen und Autoren[1] möchten wir sehr herzlich für Ihre Mitarbeit und Unterstützung des Bandes danken. Besonderer Dank gebührt auch Tina Stalf und Lisa Unbehaun, die uns sehr umsichtig und engagiert bei der Erstellung des Bandes unterstützt haben.

Berlin, Sommer 2017

Juliana Raupp
Jan Niklas Kocks
Kim Murphy

Diese Publikation entstand im Rahmen des von der Deutschen Forschungsgemeinschaft (DFG) geförderten Forschungsprojektes „Networked Media Government Relations". Das Forschungsprojekt ist Teil der DFG-Forschergruppe 1381 „Politische Kommunikation in der Online-Welt".

---

[1] Zur besseren Lesbarkeit wird im Handbuch meist nur die männliche Form verwendet, wo dies der Fall ist, sind selbstverständlich alle Geschlechter gemeint.

I. Disziplinäre Perspektiven

2. Regierungskommunikation und staatliche Öffentlichkeitsarbeit aus kommunikationswissenschaftlicher Perspektive

Juliana Raupp und Jan Niklas Kocks

Was ist Regierungskommunikation? Was sind ihre Aufgaben und Ziele? Welches sind die drängendsten Probleme staatlichen Öffentlichkeitsarbeit? Die Antwort auf diese Fragen fällt unterschiedlich aus, je nachdem, aus welchem disziplinären Bereich sie beantwortet werden. Innerhalb der Kommunikationswissenschaft befassen sich zwei Forschungsbereiche mit Regierungskommunikation, nämlich die Forschung zur politischen Kommunikation und die Public Relations-Forschung (Canel & Sanders, 2012; Sanders, 2011; Sanders & Canel, 2013).

Ein zentrales Thema der politischen Kommunikationsforschung ist das Verhältnis von Politik und Medien in Demokratien. Grundlegend ist dabei ein Modell der politischen Kommunikation, das Regierung und politische Eliten auf der einen Seite und Bürgerinnen und Bürgern auf der anderen Seite sieht, die Medien nehmen dabei eine intermediäre Rolle ein (Donges & Jarren, 2017, S. 106; McNair, 2011, S. 20). Den Medien wurde ein Informations-, Repräsentations-, Kritik- und Kontrollfunktion zugeschrieben und es wurde kritisch hinterfragt, inwieweit sie den ihnen zugeschriebenen Erwartungen gerecht werden können (Graber, 2003). Zwischen Medien und Regierung besteht also ein Spannungsverhältnis, so der Ausgangspunkt, und im Hinblick auf die Regierung wurde gefragt, mit welchen Mitteln die Machthabenden die Medien zu ihren Zwecken nutzen (Bennett & Manheim, 2005; McNair, 2004, 2007). In diesem Kontext wurde das „Newsmanagement" (Pfetsch, 1999), die „Politikvermittlung" (Tenscher, 2003) und die strategische Kommunikation politischer Akteure (Jarren, 2007) untersucht. Die Medialisierungsthese ist ein Schlüsselkonzept der politischen Kommunikationsforschung, mit dem die Bedeutung der Medien für die Politik in etablierten Demokratien analysiert wird (Strömbäck & Esser, 2014, S. 4).

Befasst sich die politische Kommunikationsforschung aus einer demokratie- bzw. gesellschaftstheoretischen Perspektive mit Regierungskommunikation, so ist die Perspektive der politischen Public Relations-Forschung meist organisationsbezogen. Politische Public Relations (PR) wird als „Teil des Kommunikationsmanagements politischer Akteure mit ihren externen und internen Umwelten" definiert (Donges & Jarren, 2017, S. 144). Das Spezifische an politischer PR ist die Intentionalität und Zielgerichtetheit der Kommunikation. Als Ziele politischer PR werden in der Regel das Reputationsmanagement und der Aufbau von Beziehungen genannt (Kiousis & Strömbäck, 2015, S. 386). Im Unterschied zur politischen Kommunikationsforschung befasst sich die politische PR-Forschung nicht primär mit Politikerinnen und Politikern als Akteuren, sondern mit den „PR-Akteuren", also mit den Pressesprechern und Kommunikationsverantwortlichen in Organisationen. Deren Aufgaben und Ziele werden in den Blick genommen, meist unter der Fragestellung, was erfolgreiche bzw. effektive Regierungskommunikation ausmacht (Gregory, 2012; Grunig & Jaatinen, 1999; Vos, 2006).

Die beiden Forschungsbereiche der politischen Kommunikationsforschung und der politischen PR-Forschung existierten lange Zeit nebeneinander, ohne Bezug aufeinander zu nehmen. Im deutschsprachigen Raum sind erst zu Beginn der 2010er Jahren Arbeiten erschienen, die die Trennung der beiden Forschungsbereiche überwinden. Beispielhaft sind hier die Dissertationen von Vogel (2010), Heinze (2012), Diermann (2013) und Kocks (2016) zu nennen.

Das folgende Kapitel stellt im ersten Schritt die Perspektiven der politischen Kommunikationsforschung und der politischen PR-Forschung noch etwas näher vor. Vor diesem Hintergrund wird aufgezeigt, dass spätestens die Digitalisierung der politischen Kommunikation die Trennung beider Forschungsbereiche obsolet macht. Deshalb werden im weiteren Verlauf des Kapitels aus einer integrierten Perspektive der Forschungsstand zu Regierungskommunikation und staatlicher Öffentlichkeitsarbeit in der Online-Welt diskutiert und auf dieser Basis die Herausforderungen und Chancen der Digitalisierung für die Praxis der Regierungskommunikation und ihre sozialwissenschaftliche Erforschung zu diskutiert, um so einen kommunikationswissenschaftlich fundierten Zugang zum Thema dieses Bandes zu erschließen.

2.1 Regierungskommunikation und staatliche Öffentlichkeitsarbeit aus der Perspektive der politischen Kommunikationsforschung

Politische Kommunikation ist Gegenstand sowohl der Politikwissenschaft als auch der Kommunikationswissenschaft. In der Politikwissenschaft plädiert Sarcinelli (2011) für eine „analytische Differenzierung zwischen den beiden Realitätsebenen ‚Entscheidungspolitik' und ‚Darstellungspolitik'" (S. 127). Dabei geht es vor allem darum, Erklärungen für politische Entscheidungen zu finden. Im Unterschied dazu sieht die Kommunikationswissenschaft die Darstellung von Politik eng an deren Herstellung gekoppelt; eine Trennung zwischen Politikherstellung und -darstellung wird meist nicht gemacht. In diesem Sinn begreifen Donges und Jarren (2017) Politik und politische Kommunikation als „untrennbar miteinander verbunden" (S. 8). Sie definieren politische Kommunikation als zentralen „Mechanismus bei der Generierung, Formulierung und Artikulation politischer Interessen, ihrer Aggregation zu entscheidbaren Programmen, sowie der Durchsetzung und Legitimierung politischer Entscheidungen" (ebd., S. 8).

Die politische Kommunikationsforschung verwendet in der Regel einen weiten Begriff von Regierungskommunikation. Regierung wird als *government* gesehen, als politisch-administratives Entscheidungssystem (Pfetsch, 1998, S. 235), worunter oft auch die Verwaltung und das Parlament gefasst werden. Dieses weite Verständnis von Regierungskommunikation schließt den verwaltungswissenschaftlichen Begriff der Staatskommunikation (Hill, 1993) ebenso ein, wie die Kommunikation zur Entscheidungsvorbereitung, die den Bürgerinnen und Bürgern eine aktive Rolle der Politikmitgestaltung zuweist (Gebauer, 1998, S. 464). Eine zentrale Funktion der Regierungskommunikation besteht aus dieser Sicht darin, gewählte Regierungen zu legitimieren. Zwar werden Regierungen über Wahlen legitimiert, doch zwischen den Wahlen ist es die Aufgabe der Regierungskommunikation, die Legitimation herzustellen und aufrecht zu erhalten (Korte & Fröhlich, 2004, S. 259; Sarcinelli, 2011, S. 91; Vogel, 2010, S. 15; siehe auch den Beitrag von Borucki & Jun in diesem Band). Das Aufgabenspektrum der Regierungskommunikation, das sich aus diesem Verständnis ergibt, ist weit gefasst: Regierungen müssen Entscheidungen vorbereiten und begründen, sie müssen um Vertrauen werben, und sie müssen dabei den Anforderungen der Mediengesellschaft gerecht werden (Negrine, 2008, S. 118).

Insbesondere der letzte Punkt – wie Regierungen den Anforderungen der Mediengesellschaft begegnen – ist Gegenstand zahlreicher Forschungen zur politischen Kommunikation von Regierungen. Ein Schlüsselkonzept ist, wie oben bereits angedeutet, die Medialisierung der politischen Kommunikation. Ausgangspunkt der Medialisierungsforschung ist unter anderem die Beobachtung von Mazzoleni und Schulz (1999), Politik sei im Zeitalter des Fernsehens nicht nur im Wahlkampf, sondern auch im politischen Alltag ein medialisiertes Geschehen. Die Medialisierung der Politik sei, so Imhof (2006), ein grundlegendes Merkmal moderner Mediengesellschaften. Medialisierung der Politik meint grundlegend einen „Prozess, in dem Politik auf unterschiedlichen Ebenen und jeweils graduell auf die Eigenlogik der Medien reagiert" (Donges & Jarren, 2017, S. 11). Diese Medialisierungsthese wurde für Parteien (Donges, 2008; Jun, 2009), für Parlamente (Marschall, 2009) und für Regierungen (Borucki, 2014) untersucht. Bei der Beschäftigung mit der These der Medialisierung der Politik geht es immer auch um Fragen der Machtbalance zwischen Medien und Politik, um Nähe und Distanz, um Ermöglichung und Beschränkung des politischen Handelns unter den Bedingungen medialer Beobachtung (Borucki, 2014; Hjarvard, 2008; Kunelius & Reunanen, 2012; Marcinkowski & Steiner, 2009; Pfetsch & Marcinkowski, 2009; Strömbäck,

2008; Strömbäck & Esser, 2014). Politik, so diagnostizierten Meyer, Ontrup und Schicha (2000), erscheine nur noch als geschickte Inszenierung, wobei sich die Politik den Produktionsbedingungen der Massenmedien angepasst habe.

In dieser Forschungsrichtung schwingt oft ein kritischer Unterton mit. Denn zu Demokratie gehört der offene, gleichberechtigte zivilgesellschaftliche Austausch: Aus der Perspektive der Zivilgesellschaft stellt sich die dem Machterhalt der Eliten dienende Regierungskommunikation als wenig demokratieförderlich dar. Das Problem, so Davis (2007) in seiner Studie zum Verhältnis von Regierung und Medien, sei, dass sich die politischen Eliten von der Gesellschaft abgekoppelt hätten und nur mehr mit anderen Eliten verkehren würden. Politikerinnen und Politikern, *spin doctors* und Journalisten der Mainstream-Medien seien Teil eines elitären Diskursnetzwerks, innerhalb dessen politische Konflikte unter Ausschluss der breiten Öffentlichkeit ausgetragen würden (Davis, 2007, S. 55). Durch ihre Macht, das journalistische Gatekeeping zu bestimmen, trage Regierungskommunikation zum Status quo und zum Machterhalt der Eliten bei (Bennett, 2004; Gandy, 1982). Durch professionelles Nachrichten- und Informationsmanagement würden Regierungen nicht nur informieren, sondern Informationen auch gezielt unterdrücken oder verzerren und so die öffentliche Meinung zu ihren Gunsten manipulieren (McNair, 2011, S. 123). Inwiefern Regierungen unter den Bedingungen der Digitalisierung der politischen Kommunikation weiterhin eine solche machtvolle Position in der politischen Kommunikation einnehmen, wird weiter unten zu diskutieren sein. An dieser Stelle bleibt zunächst festzuhalten, dass aus Sicht der kritischen politischen Kommunikationsforschung Regierungskommunikation nach ihrer Funktion für die Demokratie befragt wird – und die Antwort zumindest ambivalent ausfällt.

2.2 Regierungskommunikation und staatliche Öffentlichkeitsarbeit aus der Perspektive der politischen PR-Forschung

Während die politische Kommunikationsforschung demokratietheoretische Fragen behandelt, stellen sich aus Sicht der Regierungskommunikation als besondere Form der Regierungs-PR andere Fragen, nämlich z.B. die Frage nach der Professionalität und Effektivität der Kommunikation. Dabei liegt der Forschung zur Regierungskommunikation als Teil der politischen Public Relations und der Öffentlichkeitsarbeit meist ein engeres Verständnis von Regierung zugrunde. Im engeren Sinn bezeichnet Regierung „staatliche Organe, die politische Leitungsaufgaben wahrnehmen und insbesondere für die Ausführung und Durchführung von Gesetzen verantwortlich zeichnen" (Pfetsch, 1998a, S. 716). Mit diesem engen Verständnis von Regierung korrespondiert ein traditionelles Verständnis von Öffentlichkeitsarbeit und Informationspolitik im Sinne von Entscheidungsrechtfertigung nach innen und außen (Gebauer, 1998, S. 464). Unter Regierungs-PR und staatlicher Öffentlichkeitsarbeit wird dann derjenige Teil der Kommunikation betrachtet, der von sog. PR-Kommunikatoren verantwortet wird, d.h. von Pressesprecherinnen und Pressesprechern und politischen Öffentlichkeitsarbeitern. In der Praxis der Regierungskommunikation hat sich eingebürgert, begrifflich zwischen Pressearbeit und Öffentlichkeitsarbeit zu unterscheiden. Nach diesem Verständnis richtet sich die Pressearbeit an die journalistischen Nachrichtenmedien, die Öffentlichkeitsarbeit an die Bevölkerung (u.a. Heinze 2012, S. 75).

Die wichtigste Funktion der Regierungs-PR und der staatlichen Öffentlichkeitsarbeit ist die Information. Die Informationsfunktion der regierungsamtlichen Presse- und Medienarbeit wurde auch verfassungsrechtlich festgestellt, erstmals 1977 in einem Urteil des Bundesverfassungsgerichts. In diesem Urteil wurde die Zulässigkeit und Notwendigkeit staatlicher Öffentlichkeitsarbeit anerkannt und gleichzeitig das Verbot der Wahlwerbung durch Staatsorgane begründet (Branahl, 2015, S. 1066; Busch-Janser & Köhler, 2006; Canel & Sanders, 2012; Holtz-Bacha, 2013; Kocks & Raupp, 2014b). Damit ist einer der zentralen Problembereiche der Forschung zur politischen Öffentlichkeitsarbeit beschrieben: die Abgrenzung von staatlicher Information und politischer Kommunikation. Für diese Abgrenzung steht im Übrigen im Englischen die Unterscheidung zwischen „government communication" und „political communication" (Kraaier, 2016). Aus der Abgrenzungsforderung ergibt sich für Pressesprecher und andere Kommunikationsverantwortliche, die als öffentlich Bedienstete im Auftrag der Regierung kommunizieren, dass sie nicht „politisch" kommunizieren sollen. Studien zeigen jedoch, dass es den Verantwortlichen oft schwerfällt, diese Grenze einzuhalten, und dass sie Routinen entwickeln, wie sie mit den spezifischen *constraints* ihrer Arbeit umgehen (Figenschou & Thorbjørnsrud, 2015; Ihlen & Gelders, 2010; Laursen & Valentini, 2015). Die Verpflichtung zur parteipolitisch neutralen Information besteht auch für das Presse- und Informationsamt der Bundesregierung (Bundespresseamt, kurz BPA). Das BPA ist eine Behörde, die im Auftrag der Bundesregierung sowohl die Kommunikation nach innen als auch nach außen wahrnimmt und der so eine zentrale Funktion für die Regierungskommunikation und der staatlichen Öffentlichkeitsarbeit zukommt. Aufgrund seiner exponierten Stellung und seiner Ressourcen stand das BPA immer wieder in einem besonderen Spannungsfeld zwischen politischen Ansprüchen und Erwartungen der Medien und der Öffentlichkeit, wie Morcinek (2004, 2006) in seinen Arbeiten zur Geschichte des BPA in Deutschland zeigt.

Eng verbunden mit der Frage nach der Abgrenzung von politischer Kommunikation und staatlicher Information ist die Frage nach der Professionalität der politischen PR. Professionalität ist ein wichtiger Gegenstand der politischen PR-Forschung (Canel & Sanders, 2012; Köhler & Schuster, 2006). Während, wie dargelegt, die Professionalisierung politischer PR aus Sicht der politischen Kommunikationsforschung oft kritisch gesehen wird, da dadurch zum Beispiel die journalistische Autonomie gefährdet werde, ist Professionalisierung aus PR-Sicht ein erstrebenswerter Prozess. Als Maßstab für Professionalität der politischen PR und der Regierungskommunikation wird dabei oft professionelle Unternehmenskommunikation und das Kommunikationsmanagement im marktlichen Umfeld herangezogen (Canel & Sanders, 2011; Fredriksson & Pallas, 2016, S. 149; Liu & Horsley, 2007; Liu, Horsley, & Levenshus, 2010). Im direkten Vergleich mit dem Kommunikationsmanagement in Unternehmen wurde die Presse- und Öffentlichkeitsarbeit von Regierungen als weniger professionell eingeschätzt. Vor diesem Hintergrund wurden in den 2000er Jahren gelegentlich Versuche unternommen, eine wissenschaftlich gestützte Professionalisierung der Regierungskommunikation einzuleiten (vgl. z.B. Gregory, 2006; Vos, 2006). Inzwischen wird der Regierungskommunikation Professionalität attestiert, auch wenn ein Professionalisierungsdefizit bestehen bleibt, was mit verschiedenen Besonderheiten der Regierungskommunikation, vor allem mit dem Mehrebenencharakter von Regierungsorganisationen, begründet wird (Liu & Horsley, 2007; Liu, Horsley, & Levenshus, 2010).

Dass sich die beiden Forschungsbereiche, die politische Kommunikationsforschung und die Forschung zur politischen PR, lange Zeit eher isoliert voneinander entwickelt haben, lässt sich nun erklären: Zwischen den beiden hier skizzierten Perspektiven auf Regierungskommunikation und politische Öffentlichkeitsarbeit besteht ein Spannungsverhältnis. Denn während die PR-Forschung in der gesteigerten Professionalität auch einen Garanten für ethisches Kommunikationsmanagement sieht, stellt sich aus Sicht der politischen Kommunikationsforschung gerade die zugenommene Professionalität als Problem dar. Ein Zuviel an Regierungskommunikation im Sinne eines „hyperactive, overcentralized government communication system" (McNair, 2007, S. 107) könne – statt vertrauensbildend zu wirken – vielmehr zum Verlust von Vertrauen führen. In ähnlicher Weise kritisieren Bennett und Manheim (2005) strategische Regierungskommunikation als „scientific engineering and targeting of messages that subordinate the ideals of deliberation and transparency to the achievement of narrow political goals" (S. 282).

Die unterschiedlichen Problemdiagnosen zeigen, dass zwischen strategischer Kommunikation und demokratischer Kommunikation vielfach ein Widerspruch gesehen wird. Dieser Widerspruch wurde prominent von Habermas (1990) vorgebracht, der eine grundsätzliche Gegenüberstellung von strategischer und verständigungsorientierter Kommunikation vorgenommen hatte. Dieser grundsätzliche Widerspruch lässt sich nicht auflösen, sondern stellt vielmehr einen Ausgangspunkt für die weitere Auseinandersetzung mit Regierungskommunikation dar. So muss sich die Forschung auch die Frage stellen, welche neuen Herausforderungen die Regierungskommunikation und staatliche Öffentlichkeitsarbeit und ihre empirische Untersuchung unter den Bedingungen der Digitalisierung betreffen.

2.3   Digitalisierung der Regierungskommunikation und der staatlichen Öffentlichkeitsarbeit

Welche Herausforderungen ergeben sich nun aus dem technologischen Wandel und der damit einhergehenden Digitalisierung politischer Kommunikation für die kommunikationswissenschaftliche Forschung im Bereich der Regierungskommunikation und staatlichen Öffentlichkeitsarbeit? Der raschen und stetigen Transformation des Forschungsfeldes geschuldet, lässt sich hier naturgemäß keine abschließende und allgemeingültige Liste technologisch induzierter Herausforderungen erstellen. Es soll an dieser Stelle vielmehr darum gehen, die im gegenwärtigen Kontext salienten Entwicklungen zu benennen und die sich daraus – nach gegenwärtigem Stand der kommunikationswissenschaftlichen Diskussion – ergebenden Herausforderungen und Chancen für die Praxis der Regierungskommunikation und staatlichen Öffentlichkeitsarbeit auf der einen, und die politische Kommunikationsforschung auf der anderen Seite zu benennen.

Regierungskommunikation und staatliche Öffentlichkeitsarbeit unter Online-Bedingungen: praktische Herausforderungen und Chancen

Der technologisch induzierte Medienwandel bedeutet auf mehreren Ebenen Herausforderungen und Chancen für Regierungskommunikation und staatliche Öffentlichkeitsarbeit. Neue kommunikative Optionen stellen die Verantwortlichen (Fach-)Kommunikatoren vor neue Aufgaben, ermöglichen zugleich aber auch die beschleunigte und direkte Ansprache verschiedener, auch neuer Adressatenkreise.

Bis dato zeichnet die empirische Kommunikationsforschung ein bestenfalls ambivalentes Bild der Adaption neuer technologischer Optionen und ihrer tatsächlichen Nutzung im Rahmen der Regierungskommunikation (u.a. Jackson & Lilleker, 2004; Sanders, Canél, & Holtz-Bacha, 2011; Vogel, 2010; Wigand, 2010; Wong & Welch, 2004), insbesondere auch hinsichtlich der oftmals noch immer dominanten bloßen Replikation von Offline-Kommunikationsmustern in der Online-Welt (u.a. Borucki, 2014; Heinze, 2012; Kocks, 2016; Kocks, Raupp, & Schink, 2014). Jüngste Befunde indizieren jedoch eine in den letzten Jahren zunehmend beschleunigte Entwicklung hin zum systematischen Aufbau und der Professionalisierung der digitalen Regierungskommunikation und staatlichen Öffentlichkeitsarbeit (u.a. Murphy, Kocks, & Raupp, 2016). Digitale Medien und ihre spezifischen Potentiale gewinnen an Bedeutung.

Für die verantwortlichen Kommunikatoren liegen diese Potentiale vor allem im Bereich der verbesserten, beschleunigten und direkteren Ansprache der verschiedenen Anspruchsgruppen von Regierungskommunikation und staatlicher Öffentlichkeitsarbeit. Digitale Medien ermöglichen, dies wird bereits seit dem Aufkommen ihrer Frühformen diskutiert (u.a. Hallahan, 1994), die Umspielung journalistischer Gatekeeper zur direkten Publikumsansprache. Den Kommunikatoren bietet sich so die Möglichkeit, die bislang allein relevanzentscheidende Medienarena (Neidhardt, 1994; Sparks, 2001) zu umgehen, um ihre jeweiligen Botschaften unmittelbar und ohne zwischengeschaltete Selektionsinstanz zu kommunizieren. Eine Botschaft muss nicht mehr zwingend unterschiedlich begründeten medialen Relevanzkriterien entsprechen, um ihr Publikum zu erreichen.

Klassisch wird dieses Kommunikationsmuster vor allem im Zusammenhang mit zivilgesellschaftlichen Akteuren, oftmals mit solchen, die aus einer Challenger-Position heraus agieren, in Verbindung gebracht (u.a. Bennett, 2003; Bohman, 2004; Castells, 2008; Papacharissi, 2009; Rasmussen, 2009). Mit der zunehmenden Verbreitung digitaler Medien gewinnt es jedoch auch unter etablierten politischen Akteuren, darunter auch solchen aus der staatlichen Sphäre, an Bedeutung.

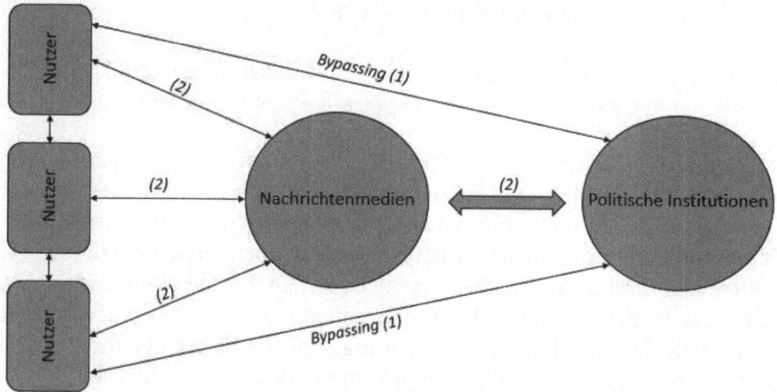

Abb. 1: Komplementarität direkter und massenmedialer Publikumsansprachen. Basierend auf: Neuberger (2009)

Direkte Publikumsansprachen (1) treten hier neben solche, die über massenmediale Verbreitungskanäle vonstattengehen (2); die Umspielung journalistischer Gatekeeper ist in diesem Modell komplementär zur klassischen Medienarbeit (u.a. Neuberger, 2009), das Soziale Netzwerk ermöglicht prinzipiell den Dialog zwischen politischer Institution und demokratischem Souverän (siehe auch den Beitrag von Feldgen & Block in diesem Band).

Neben diese neuen Chancen treten im Zuge der Digitalisierung aber auch neue Herausforderungen für die jeweiligen Kommunikatoren. Wie die Forschung zur Institutionalisierung neuer Praktiken und Routinen der digitalen Regierungskommunikation zeigt (Mergel & Bretschneider, 2013; Mergel, 2016; s. auch den Beitrag von Raupp), sind neben Fragen der Ressourcen- und Personalallokation vor allem solche zu nennen, die dem rechtlich-normativen Bereich entstammen.

Regierungskommunikation und staatliche Öffentlichkeitsarbeit befinden sich seit jeher im Spannungsfeld zwischen weitreichenden normativen Erwartungen und zum Teil engen rechtlichen Rahmensetzungen (Kocks & Raupp, 2014b; Schürmann, 1992). Dies gilt auch und gerade im Zusammenhang mit der Digitalisierung politischer Kommunikation (Jensen, 2006; siehe auch den Beitrag von Barczak in diesem Band). Neue kommunikative Möglichkeiten induzieren neue Fragestellungen; den vielfältigen Optionen des Internets und der Sozialen Netzwerke und den ihre Nutzung einfordernden Publika stehen unklare und technologisch überholte Rahmensetzungen gegenüber. Für die verantwortlichen Kommunikatoren stellen sich Fragen nach der Zulässigkeit der Nutzung bestimmter Plattformen, der rechtlichen und politischen Natur der dort kommunizierten Inhalte und zuletzt auch nach der Zulässigkeit und dem notwendigen Umfang der dort vorgenommenen Moderation.

Regierungskommunikation und staatliche Öffentlichkeitsarbeit unter Online-Bedingungen: Forschungsperspektiven

Nicht nur die Kommunikationspraxis, auch die empirische Kommunikationsforschung ist umfassend vom digitalen Wandel im Bereich von Regierungskommunikation und staatlicher Öffentlichkeitsarbeit betroffen. Es ist hier zum einen nach neuen bzw. veränderten konzeptionellen und theoretischen Ansatzpunkten zu fragen, darüber hinaus gilt es aber auch die spezifischen methodischen Herausforderungen im Blick zu behalten. Inwieweit bedingt der technologisch induzierte Wandel Veränderungen in der Theoretisierung von Regierungskommunikation und staatlicher Öffentlichkeitsarbeit und inwiefern induziert dies andere Forschungsperspektiven? Welche methodischen Adaptionen muss die Kommunikationswissenschaft vornehmen, um dem Wandel empirisch Rechnung zu tragen?

Technologische Veränderungen induzieren in einer Vielzahl gesellschaftlicher Bereiche teils umfassende Wandlungsprozesse. Dies betrifft, wie eingangs dargelegt, auch und gerade die Teilbereiche von Politik und politischer Kommunikation. Dabei sind die kurz- und langfristigen Folgen der Digitalisierung für diese Teilbereiche Gegenstand polarisierter kommunikations- und politikwissenschaftlicher Debatten (Schweitzer, 2008; Wright, 2012). Innerhalb dieser Debatten lassen sich bis zu vier verschiedene Perspektiven identifizieren, die hinsichtlich der politischen Kommunikation und der sie prägenden Strukturen und Netzwerke Szenarien von a) struktureller Veränderung, b) gestiegener Inklusion, c) der Replikation von Offline-Strukturen oder d) einer weitergehenden Exklusion marginaler Akteure postulieren (Kocks, 2016; Raupp, 2011; Ward & Gibson, 2009):

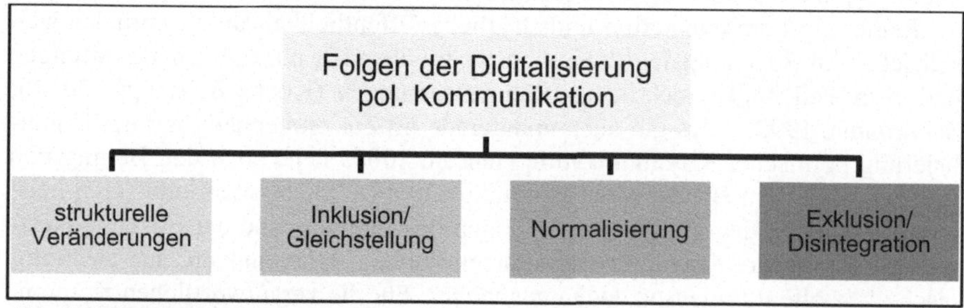

Abb. 2: Folgen der Digitalisierung politischer Kommunikation: vier Szenarien. Basierend auf: Kocks (2016)

Während vor allem frühe und häufig berufspraktisch orientierte Debattenbeiträge cyber-optimistisch im Sinne der ersten beiden Szenarien argumentieren, hat sich der Fokus der Debatte im Laufe der Zeit hin zu skeptischeren (und zumeist empirisch stärker fundierten) Perspektiven verschoben (Chadwick, 2009). Dabei wird häufig im Sinne einer Replikation bekannter Offline-Strukturen in der Online-Welt argumentiert (Margolis & Resnick, 2000; Resnick, 1998); vielfältige empirische Befunde stützen diese These (u.a. Gibson, Margolis, Resnick, & Ward, 2003; Gulati & Williams, 2013; Kocks & Raupp, 2015a; Nitschke, Donges, & Schade, 2014; Ross, Fountaine, & Comrie, 2014; Schweitzer, 2011).

Für die Kommunikationsforschung ergeben sich angesichts dieser polarisierten und oftmals auch sehr normativ geprägten Debatte Herausforderungen im Bereich der Interpretation empirischer Befunde. Die vermeintliche Dichotomie stark cyber-optimistischer und cyber-pessimistischer Szenarien begünstigt eine strikte Kategorisierung, die die interpretative Perspektive unter Umständen über Gebühr einschränkt (Nitschke et al., 2014; Wright, 2012). Hier besteht das Risiko, dass Befunde, die sich nicht exakt unter stark normativ aufgeladenen cyber-optimistischen Perspektiven subsumieren lassen, vorschnell als Nicht-Veränderung klassifiziert werden. Über diese Implikationen hinaus bedingt der technologisch induzierte Wandel im Bereich der politischen Kommunikationsforschung auch eine Evolution theoretischer Forschungsperspektiven und Erklärungsansätze (Henn, Jandura, & Vowe, 2016). Im hier diskutierten Bereich der Regierungskommunikation und staatlichen Öffentlichkeitsarbeit kann dies zunächst die Konzeption kommunizierender politischer Institutionen und ihre Umwelten betreffen (Donges & Nitschke, 2016), aber auch das spezifische Verhältnis von politischen Kommunikatoren und Akteuren aus dem Bereich der politischen Berichterstattung als Teilbereich der Media Relations (Raupp & Kocks, 2016). Hier stellen sich unter anderem Fragen nach der Persistenz journalistischer Selektionsroutinen bzw. der sie modellierenden theoretischen Ansätze (Bruns, 2009; Friedrich, Keyling, & Brosius, 2016; Williams & Carpini, 2004), nach Wahrnehmungen des politischen Meinungsklimas (Bernhard & Dohle, 2014; Dohle & Bernhard, 2013; Dohle, Blank, & Vowe, 2012) oder nach potentiell neuen Strategien der (politischen) Öffentlichkeitsarbeit (Kent & Taylor, 1998; Zerfass & Schramm, 2014), insbesondere auch angesichts der spezifischen rechtlich-normativen Problemstellungen im Bereich der Regierungskommunikation und staatlichen Öffentlichkeitsarbeit (Jensen, 2006; Kocks & Raupp, 2014, 2015b). Der technologisch induzierte Medienwandel verändert bestehende Paradigmen (siehe auch die Beiträge von Raupp und Rußmann in diesem Band) und verhilft bisher nur wenig beachteten Perspektiven zu neuer Bedeutung im Bereich der empirischen Kommunikationsforschung (siehe auch den Beitrag von Kocks in diesem Band).

Für die Konzeption empirischer Untersuchungen ergibt sich aus den diskutierten Prozessen eine Reihe von Herausforderungen. Diese lassen sich unterteilen in konzeptionell-theoretische, empirische und schließlich auch interpretative Herausforderungen. Auf der ersten Ebene gilt es vor allem, die Persistenz tradierter Erklärungsansätze unter den Bedingungen des technologischen Wandels kritisch zu hinterfragen und notwendige Modifikationen in die theoretische Modellierung einzubeziehen. Analyseheuristiken müssen der Ubiquität des technologischen Wandels Rechnung tragen. Auf empirischer Ebene ergeben sich angesichts der Digitalisierung sowohl Herausforderungen, als auch neue analytische Chancen (siehe auch den Beitrag von Emmer in diesem Band). Es gilt technologisch gewandelte Kommunikation empirisch zugänglich zu machen, auch und gerade unter Einbeziehung neuer technologischer Möglichkeiten und Forschungswerkzeuge. Schließlich ergeben sich auch noch Herausforderungen interpretativer Natur. Dies betrifft die Kategorisierung empirischer Befunde im Lichte der Debatte um die Folgen der Digitalisierung ebenso wie die Einordnung von Ergebnissen neuer und noch nicht umfassend standardisierter und normierter Verfahren, zum Beispiel im Bereich der sozialen oder semantischen Netzwerkanalyse.

Der technologisch induzierte Wandel stellt mannigfaltige Herausforderungen an die empirische Kommunikationswissenschaft, bietet zugleich aber auch die Chance, Problemstellungen von wissenschaftlicher, politischer und gesellschaftlicher Relevanz aus neuen Blickwinkeln und Analyseperspektiven zu betrachten. Dies gilt auch und gerade in dem bis dato nur zurückhaltend erforschten Bereich von Regierungskommunikation und staatlicher Öffentlichkeitsarbeit.

Literatur

Bennett, W. L. (2003). Communicating global activism: Strengths and vulnerabilities of networked politics. *Information, Communication & Society, 6*(2), 143-168.

Bennett, L.W. (2004). Gate-keeping and press-government relations: A multigated model of news construction. In L. L. Kaid (Hrsg.), *Handbook of political communication research* (S.283-313). Mahwah, N.J., London: Lawrence Erlbaum Ass.

Bennett, L. W., & Manheim, J. B. (2005). The big spin: Strategic communication and the transformation of pluralist democracy. In L. W. Bennett & R. M. Entman (Hrsg.), *Mediated politics: Communication in the future of democracy* (5 ed., S. 279–298). Cambridge u.a.: Cambridge University Press.

Bernhard, U., & Dohle, M. (2014). Do even journalists support media restrictions? Presumed political media influences and the consequences. *Journalism & Mass Communication Quarterly, 91*(2), 250-271

Böckelmann, F., & Nahr, G. (1979). *Staatliche Öffentlichkeitsarbeit im Wandel der politischen Kommunikation*. Berlin: Spiess.

Bohman, J. (2004). Expanding dialogue: The Internet, the public sphere and prospects for transnational democracy. *The Sociological Review, 52*(1), 131–155.

Borucki, I. (2014). *Regieren mit Medien: Auswirkungen der Medialisierung auf die Regierungskommunikation der Bundesregierung von 1982-2010*. Opladen, Berlin, Toronto: Verlag Barbara Budrich.

Branahl, U. (2015). Rechtliche Anforderungen an die Öffentlichkeitsarbeit. In G. Bentele, R. Fröhlich, & P. Szyszka (Hrsg.), *Handbuch der Public Relations: Wissenschaftliche Grundlagen und berufliches Handeln. Mit Lexikon* (3., korr. und erw. Aufl. ed., S. 1055-1067). Wiesbaden: Springer VS.

Bruns, A. (2009). Vom Gatekeeping zum Gatewatching: Modelle der journalistischen Vermittlung im Internet. In C. Neuberger, C. Nuernbergk., & M. Rischke (Hrsg.), *Journalismus im Internet* (S. 107-128). Wiesbaden: VS Verlag für Sozialwissenschaften.

Busch-Janser, S., & Köhler, M. M. (2006). Staatliche Öffentlichkeitsarbeit - eine Gratwanderung. In M. M. Köhler & C. H. Schuster (Eds.), *Handbuch Regierungs-PR. Öffentlichkeitsarbeit von Bundesregierungen und deren Beratern* (pp. 169-182). Wiesbaden: VS Verlag für Sozialwissenschaften.

Canel, M. J., & Sanders, K. (2012). Government communication: An emerging field in political communication research. In H. A. Semetko & M. Scammell (Hrsg.), *The SAGE Handbook of Political Communication* (S. 85-96). London et al.: Sage.

Canel, M. J., & Sanders, K. (2011). Government communication. In W. Donsbach (Ed.), *The International Encyclopedia of Communication Online*: Wiley Blackwell.

Castells, M. (2008). The new public sphere: Global civil society, communication networks, and global governance. *The ANNALS of the American Academy of Political and Social Science, 616*(1), 78–93.

Chadwick, A. (2009). Web 2.0: New challenges for the study of e-democracy in an era of informational exuberance. *I/S: A Journal of Law and Policy for the Information Society, 5*(1), 9–42.

Crouch, C. (2004). *Post-Democracy*. Cambridge, Malden, MA: Polity Press.

Davis, A. (2007). *The mediation of power: A critical introduction*. London u.a.: Routledge.

Diermann, M. (2013). *Regierungskommunikation in modernen Demokratien: Eine modellbasierte Analyse sozialpolitischer Diskurse im internationalen Vergleich*. Wiesbaden: VS Verlag für Sozialwissenschaften.

Dohle, M., & Bernhard, U. (2013). Presumed online media influence and support for censorship: Results from a survey among German parliamentarians. *International Journal of Public Opinion Research*.

Dohle, M., Blank, C., & Vowe, G. (2012). Wie sehen Parlamentarier den Einfluss der Medien? Ergebnisse einer Befragung von Bundestagsabgeordneten. *Zeitschrift für Parlamentsfragen, 43*(2), 376-388.

Donges, P., & Nitschke, P. (2016). The new institutionalism revisited. In G. Vowe, & P. Henn (Hrsg.), *Political communication in the online world: Theoretical approches and research designs* (S. 118-132). New York: Routledge.

Donges, P. (2008). *Medialisierung politischer Organisationen: Parteien in der Mediengesellschaft*. Wiesbaden: VS Verlag.

Figenschou, T. U., & Thorbjørnsrud, K. (2015). Qualitative political communication backstage Media-political elite negotiations: The failure and success of government pitch. *International Journal of Communication, 9*(19), 1947–1965.

Fredriksson, M., & Pallas, J. (2016). Characteristics of public sectors and their consequences for strategic communication. *International Journal of Strategic Communication, 10*(3), 149-152. doi:10.1080/1553118X.2016.1176572

Friedrich, K., Keyling, T., & Brosius, H.-B. (2016). Gatekeeping revisited. In G. Vowe, & P. Henn (Hrsg.), *Political communication in the online world: Theoretical approches and research desings* (S. 59-72). New York: Routledge.

Gandy, O. H. (1982). *Beyond agenda setting: Information subsidies and public policy*. Norwood, NJ.: Ablex Publishing Corp.

Gebauer, K.-E. (1998). Regierungskommunikation. In O. Jarren, U. Sarcinelli, & U. Saxer (Hrsg.), *Politische Kommunikation in der demokratischen Gesellschaft: Ein Handbuch mit Lexikonteil* (S. 464-472). Wiesbaden: VS Verlag für Sozialwissenschaften.

Gibson, R. K., Margolis, M., Resnick, D., & Ward, S. J. (2003). Election campaigning on the WWW in the USA and UK: A comparative analysis. *Party Politics, 9*(1), 47-75.

Gregory, A. (2006). A development framework for government communicators. *Journal of Communication Management, 10*(2), 197-210. doi:10.1108/13632540610664742

Gregory, A. (2012). The strategic communication process in government communication: A UK perspective. In D. Moss & B. DeSanto (Eds.), *Public Relations. A Managerial Perspective* (pp. 193-221). London u.a.: Sage.

Grunig, J., E., & Jaatinen, M. (1999). Strategic, symmetrical public relations in government: From pluralism to societal corporatism. *Journal of Communication Management, 3*(3), 218-234. doi:10.1108/eb026049

Gulati, G. J., & Williams, C. B. (2013). Social media and campaign 2012: Developments and trends for Facebook adoption. *Social Science Computer Review, 31*(5), 577-588. doi: 10.1177/0894439313489258

Habermas, J. (1990). *Strukturwandel in der Öffentlichkeit: Untersuchungen zu einer Kategorie der bürgerlichen Gesellschaft*. Frankfurt/Main: suhrkamp taschenbuch wissenschaft.

Hallahan, K. (1994). Public relations and circumvention of the press. Public Relations Quarterly, 39(2), 17-19.

Henn, P., Jandura, O., & Vowe, G. (2016). The traditional paradigm of political communication research reconstructed. In G. Vowe, & P. Henn (Hrsg.), *Political communication in the online world: Theoretical approches and research desings* (S. 11-25). New York: Routledge.

Heinze, J. (2012). *Regierungskommunikation in Deutschland: Eine Analyse von Produktion und Rezeption* (Vol. zugl. Dissertation Steinbeis-Hochschule Berlin 2011). Wiesbaden: Springer VS.

Hill, H. (1993). Staatskommunikation. *Juristenzeitung, 48*(1), 330-336.

Hjarvard, S. (2008). The mediatization of society: A theory of the media as agents of social and cultural Change. *Nordicom Review, 29*(2), 105-134.

Holtz-Bacha, C. (2013). Government communication in Germany: Maintaining the fine line between information and advertising. In K. Sanders & M. J. Canel (Hrsg.), *Government Communication: Cases and Challenges* (S. 45-58). New York, London: Bloomsbury Academic.

Ihlen, O., & Gelders, D. (2010). Government communication about potential policies: Public relations, propaganda or both? *Public Relations Review, 36*(1), 59–62.

Imhof, K. (2006). Mediengesellschaft und Medialisierung. *Medien und Kommunikationswissenschaft, 54*(2), 191–215.

Jackson, N. A., & Lilleker, D. G. (2009). Building an architecture of participation? Political parties and Web 2.0 in Britain. *Journal of Information Technology & Politics, 6*(3/4), 232–250. doi: 10.1080/19331680903028438

Jarren, O. (2007). Forschungsfeld strategische Kommunikation. Eine Bilanz. In B. Krause, B. Fretwurst, & J. Vogelgesang (Hrsg.), *Fortschritte der politischen Kommunikationsforschung* (S. 51–74). Wiesbaden: VS Verlag.

Donges, P., & Jarren, O. (2017). *Politische Kommunikation in der Mediengesellschaft: Eine Einführung* (4. Aufl.). Wiesbaden: Springer Fachmedien.

Jensen, M. A. (2006). *Rechtsprobleme regierungsamtlicher Öffentlichkeitsarbeit im Internet-Zeitalter.* Hamburg: Dr Kovac.

Jun, U. (2009). Parteien, Politik und Medien: Wandel der Politikvermittlung unter den Bedingungen der Mediendemokratie. In F. Marcinkowski & B. Pfetsch (Hrsg.), *Politik in der Mediendemokratie* (S. 270-295). Wiesbaden: VS Verlag für Sozialwissenschaften.

Kent, M. L. & Taylor, M. (1998). Building dialogic relationships through the world wide web. *Public Relations Review, 24*(3), 321-334.

Kiousis, S., & Strömbäck, J. (2015). The strategic context of political communication. In D. Holtzhausen & A. Zerfass (Hrsg.), *Routledge Handbook of Strategic Communication* (S. 383-395). New York, u.a.: Routledge.

Kocks, J. N. (2016). *Political media relations online as an elite phenomenom.* Wiesbaden: Springer VS.

Kocks, J. N., & Raupp, J. (2015a). Media Relations Online - Zur Interaktion von politischer PR und Journalismus im digitalen Zeitalter. *prmagazin*(02/2015).

Kocks, J. N., & Raupp, J. (2015b). Social Media and Juridical Constraints: Possibilities and Limitations of Digitized Governmental PR in Germany. In E. Ordeix, V. Carayol, & R. Tench (Eds.), *Public Relations, Values and Cultural Identity* (pp. 215-232). Bruxelles: Peter Lang.

Kocks, J. N., & Raupp, J. (2014a). Open like Obama? Possibilities and limitations of governmental online-communication in Germany. *Paper presented at the 23rd World Congress of the International Political Science Association*, Montreal.

Kocks, J. N., & Raupp, J. J. C. (2014b). Rechtlich-normative Rahmenbedingungen der Regierungskommunikation – ein Thema für die Publizistik- und Kommunikationswissenschaft. *Publizistik, 59*(3), 269-284. doi:10.1007/s11616-014-0205-5

Köhler, M. M., & Schuster, C. H. (Hrsg.). (2006). *Handbuch Regierungs-PR: Öffentlichkeitsarbeit von Bundesregierungen und deren Beratern.* Wiesbaden: VS Verlag.

Korte, K.-R., & Fröhlich, M. (2004). *Politik und Regieren in Deutschland.* Paderborn u.a.: Ferdinand Schöningh.

Kraaier, N. M. (2016). Communication in the heart of policy and the conduct of conduct: Government communication in the Netherlands. *Journal of Communication Management, 20*(1), 75-90. doi:10.1108/JCOM-01-2015-0009

Kunelius, R., & Reunanen, E. (2012). Media in political power: A Parsonian view on the differentiated mediatization of Finnish decision makers. *The International Journal of Press/Politics, 17*(1), 56-75. doi:10.1177/1940161211424207

Laursen, B., & Valentini, C. (2014). Mediatization and government communication. *The International Journal of Press/Politics, 20*(1), 26-44. doi:10.1177/1940161214556513

Liu, B. F., & Horsley, J. S. (2007). The government communication decision wheel: Toward a public relations model for the public sector. *Journal of Public Relations Research, 19*(4), 377-393. doi:10.1080/10627260701402473

Liu, B. F., Horsley, S. J., & Levenshus, A. B. (2010). Government and corporate communication practices: Do the differences matter? *Journal of Applied Communication Research, 38*(2), 189–213.

Marcinkowski, F., & Steiner, A. (2009). *Was heißt Medialisierung? Autonomiebeschränkung oder Ermöglichung von Politik durch Massenmedien?* National Centre of Competence in Research (NCCR) Challenges to Democracy in the 21st Century, (Working Paper No. 29). Zürich.

Margolis, M. & Resnick, D. (2000). *Politics as usual: The Cyperspace „revolution".* Thousand Oaks, CA.: Sage.

Marschall, S. (2009). Medialisierung komplexer politischer Akteure – Indikatoren und Hypothesen am Beispiel von Parlamenten. In F. Marcinkowski & B. Pfetsch (Hrsg.), *Politik in der Mediendemokratie* (S. 205-223). Wiesbaden: VS Verlag für Sozialwissenschaften.

Mazzoleni, G., & Schulz, W. (1999). "Mediatization" of politics: A challenge for democracy? *Political Communication, 16,* 247–261.

McNair, B. (2011). *An Introduction to Political Communiation* (5 ed.). Abigdon: Routledge.

McNair, B. (2007). Theories of government communication and trends in the UK. In S. Young (Ed.), *Government communication in Australia* (S. 93–109). Cambridge u.a.: Cambridge University Press.

Mergel, I. (2016). Social media institutionalization in the U.S. federal government. *Government Information quarterly, 33*(1), 142-148. doi:http://dx.doi.org/10.1016/j.giq.2015.09.002

Mergel, I., & Bretschneider, S. I. (2013). A three-stage adoption process for social media use in government. *Public Administration Review, 73*(3), 390-400. doi:10.1111/puar.12021

Meyer, T., Ontrup, R., & Schicha, C. (2000). *Die Inszenierung des Politischen: Zur Theatralität von Mediendiskursen.* Wiesbaden: VS Verlag für Sozialwissenschaften.

Morcinek, M. (2004). Das Bundespresseamt im Wandel: Zur Geschichte der Regierungskommunikation in der Bundesrepublik Deutschland. *Jahrbuch für Kommunikationsgeschichte, 6,* 195-223.

Morcinek, M. (2006). Von der Pressestelle zum Informationsdienstleister. Das Bundespresseamt zwischen Politik, Medien und Öffentlichkeit. In M. M. Köhler & C. H. Schuster (Hrsg.), *Handbuch Regierungs-PR. Öffentlichkeitsarbeit von Bundesregierungen und deren Beratern* (pp. 49-71). Wiesbaden: VS Verlag für Sozialwissenschaften.

Murphy, K., Kocks, J.N. & Raupp, J (2016, September): Different governments, different approaches: Political participation in the online sphere. Paper präsentiert im Rahmen der General Conference des European Consortium for Political Research (ECPR), Prag.

Negrine, R. (2008). *The transformation of political communication: Continuities and changes in media and politics.* Houndmills u.a.: Palgrave MacMillan.

Neidhardt, F. (1994). Öffentlichkeit, öffentliche Meinung, soziale Bewegungen. In F. Neidhardt (Ed.), *Öffentlichkeit, öffentliche Meinung, soziale Bewegungen* (pp. 7–41). Opladen: Westdeutscher Verlag.

Neuberger, C. (2009). Internet, Journalismus und Öffentlichkeit: Analyse des Medienumbruchs. In C. Neuberger, C. Nuernbergk & M. Rischke (Eds.), Journalismus im Internet (pp. 19–105). Wiesbaden: VS Verlag für Sozialwissenschaften.

Nitschke, P., Donges, P., & Schade, H. (2014). Political organizations' use of websites and Facebook. *New Media & Society, 744–764.* First published online. doi: 10.1177/1461444814546451

Novais, R. A. (2010). The full repertoire: News and press management vs. media watchdog. *Westminster Papers in Communication and Culture, 7*(2), 51-69. doi:http://doi.org/10.16997/wpcc.143

Papacharissi, Z. (2009). The internet, the public sphere, and beyond. In A. Chadwick & P. N. Howard (Eds.), Routledge handbook of internet politics (pp. 230–245). London and New York: Routledge.

Pfetsch, B. (1998a). Eintrag "Regierung" im Lexikonteil. In O. Jarren, U. Sarcinelli, & U. Saxer (Hrsg.), *Politische Kommunikation in der demokratischen Gesellschaft. Ein Handbuch* (S. 716-717). Opladen/Wiesbaden: Westdeutscher Verlag.

Pfetsch, B. (1998b). Regieren unter den Bedingungen medialer Allgegenwart. In U. Sarcinelli (Ed.), *Politikvermittlung und Demokratie in der Mediengesellschaft. Beiträge zur politischen Kommunikationskultur* (S. 233-252). Opladen/Wiesbaden: Westdeutscher Verlag.

Pfetsch, B. (1999). Government news management - strategic communication in comparative perspective. *Wissenschaftszentrum Berlin für Sozialforschung*, 99–101.

Pfetsch, B., & Marcinkowski, F. (2009). Problemlagen der „Mediendemokratie" – Theorien und Befunde zur Medialisierung von Politik. In F. Marcinkowski & B. Pfetsch (Hrsg.), *Politik in der Mediendemokratie* (S. 11-33). Wiesbaden: VS Verlag für Sozialwissenschaften.

Rasmussen, T. (2009). The significance of Internet communication in public deliberation. *Javnost - The Public, 16*(1), 17-32.

Raupp, J., & Kocks, J. N. (2016). Theoretical approaches to grasp the changing relations between media and political actors. In G. Vowe & P. Henn (Hrsg.), *Political Communication in the Online World: Theoretical Approcares and Research Designs* (S. 133-147). New York, NY., London: Routledge.

Raupp, J. (2011). Organizational communication in a networked public sphere: Strategische Organisationskommunikation in einer Netzwerköffentlichkeit. *Studies in Communication/Media*(1), 15–36. k, D. (1998).

Resnick, D. (1998). The normalization of cyberspace. In C. Toulouse & T. W. Luke (Eds.), *The politics of cyberspace* (pp. 48–68). New York: Routledge.

Ross, K., Fountaine S., & Comrie, M. (2014). Facing up to Facebook: Politicans, publics and the social media(ted) turn in New Zealand. Media, Culture & Society 37(2), 251–269. First published online. doi: 10.1177/0163443714557983

Sanders, K. (2011). Political public relations and government communication. In J. Strömbäck & S. Kiousis (Eds.), *Political Public Relations. Principles and Applications* (pp. 254-274). New York: Routledge.

Sanders, K., & Canel, M. J. (2013). Government communication in 15 countries: Themes and challenges. In K. Sanders & M. J. Canel (Hrsg.), *Government Communication: Cases and Challenges* (S. 276-312). New York, London: Bloomsbury Academics

Sanders, K., Canél, M. J., & Holtz-Bacha, C. (2011). Communicating governments. A three country comparison of how governments communicate with citizens. *International Journal of Press and Politics, 16*(4), 523–547.

Sarcinelli, U. (2011). *Politische Kommunikation in Deutschland: Medien und Politikvermittlung im demokratischen System* (3. Aufl.). Wiesbaden: VS Verlag für Sozialwissenschaften.

Schürmann, F. (1992). *Öffentlichkeitsarbeit der Bundesregierung: Strukturen, Medien, Auftrag und Grenzen eines informalen Instruments der Staatsleitung.* Berlin: Duncker & Humblot.

Schweitzer, E. J. (2011). Normalization 2.0: A longitudinal analysis of German online campaigns in the national elections 2002-9. *European Journal of Communication, 26*(4), 310-327. doi:10.1177/0267323111423378

Schweitzer, E. J. (2008). Innovation or normalization in e-campaigning? A longitudinal content and structural analysis of German party websites in the 2002 and 2005 national elections. *European Journal of Communication, 23*(4), 449-470.

Sparks, C. (2001). The internet and the global public sphere. In L. W. Bennett & R. M. Entman (Eds.), Mediated politics. *Communication in the future of democracy* (pp. 75-95). Cambridge et al.: Cambridge University Press.

Strömbäck, J. (2008). Four phases of mediatization: An analysis of the mediatization of politics. *The International Journal of Press/Politics, 13*(3), 228–246.

Strömbäck, J., & Esser, F. (2014). Mediatization of politics: Towards a theoretical framework. In F. Esser & J. Strömbäck (Hrsg.), *Mediatization of politics. Understanding the transformation of Western democracies.* (S. 3-30). New York, NY, et al.: Palgrave Macmillan.

Tenscher, J. (2003). *Professionalisierung der Politikvermittlung? Politikvermittlungsexperten im Spannungsfeld von Politik und Massenmedien.* Wiesbaden: Westdeutscher Verlag.

Vogel, M. (2010). *Regierungskommunikation im 21. Jahrhundert: Ein Vergleich zwischen Großbritannien, Deutschland und der Schweiz.* Baden-Baden: Nomos.

Vos, M. (2006). Setting the research agenda for governmental communication. *Journal of Communication Management, 10*(3), 250-258. doi:10.1108/13632540610681149

Ward, S., & Gibson, R. (2009). European political organizations and the internet: Mobilization, participation, and change. In A. Chadwick & P. N. Howard (Hrsg.), *Routledge handbook of internet politics* (S. 25-39). London, New York: Routledge.

Wigand, F. D. L. (2010). Adoption of Web 2.0 by Canadian and US Governments. In C. G. Reddick (Ed.), *Comparative E-Government* (pp. 161–181). New York: Springer.

Williams, B. A., & Delli Carpini, M. X. (2004). Monica and Bill all the time and everywhere: The collapse of gatekeeping and agenda setting in the new media environment. *American Behavioral Scientist, 47*(9), 1208-1230. doi: 10.1177/00027642203262344

Wong, W., & Welch, E. (2004). Does E-government promote accountability? A comparative analysis of website openness and government accountability. *Governance, 17*(2), 275–297. doi: 10.1111/j.1468-0491.2004.00246.x

Wright, S. (2012). Politics as usual? Revolution, normalization and a new agenda for online deliberation. *News Media & Society, 14*(2), 244-261. doi: 10.1177/1461444811410679

Zerfass, A., & Schramm, D. M. (2014). Social media newsrooms in public relations: A conceptual framework and corporate practices in three countries. *Public Relations Review, 40*(1), 79-91.

3. Regierungskommunikation im Wandel – Politikwissenschaftliche Perspektiven

Isabelle Borucki und Uwe Jun

3.1 Einführung: Regierungskommunikation und staatliche Öffentlichkeitsarbeit im Wandel aus Sicht der politikwissenschaftlichen Kommunikationsforschung

Der Wandel der Regierungskommunikation kann auf verschiedenste Phänomene zurückgeführt werden: neben der Entwicklung hin zu verstärkter Medialisierung von Politik einhergehend mit Prozessen der Professionalisierung politischer Kommunikation steht auch der Prozess der Digitalisierung im Vordergrund. Alle diese Entwicklungen machen selbstverständlich nicht vor Regierungen, Regierungszentralen und Ministerien halt und treffen die politische Vermittlungsarbeit dieser Institutionen im Kern.

Medialisierung und Digitalisierung als allumfassende Phänomene werden in der Politikwissenschaft unterschiedlich definiert und aufgefasst. Auf Medialisierung wird weiter unten näher eingegangen. Die verschiedenen Ansätze zur Digitalisierung ähneln sich dahin gehend, dass von einer Überführung analoger Kommunikationswege in ihr digitales Pendant als engerer Definition ausgegangen wird, wohingegen die Verbreitung und Durchdringung politischer Sphären und Lebenswelten durch digitale Mittel und Kanäle einer weiteren Definition entspricht (Wright, 2012). Digitalisierung, verstanden als zunehmende Omnipräsenz, Ausbreitung und Distribution elektronischer Kommunikationsformate und -inhalte, vornehmlich, aber nicht nur über das Internet (Borucki, 2014, S. 27), die mit fundamentalen Wandlungsprozessen verknüpft ist (Raupp & Kocks in diesem Band), erfasst sowohl die Umdeutung der Kanäle, als auch die der Inhalte. Damit einher geht sowohl eine Allzeitverfügbarkeit von Daten wie eine Ortsungebundenheit von Interaktionen über das Internet (Stichworte wären hier Big Data, Mobilnutzung von Internetanwendungen auf Smartphones, selbststeuernde Intelligenz in Fahrzeugen etc.).

Wesentliche Aufgabe und Funktion von jeglicher Regierungskommunikation und staatlicher Öffentlichkeitsarbeit ist in einem ersten, oberflächlichen Zugriff die Aufklärung, Information und Unterrichtung sowohl der Bevölkerung, als auch der Journalisten als Transmitter (Gebauer, 1998; Sarcinelli, 2011, 2009a, 2009b). Diesem Verständnis nach richtet sich Regierungskommunikation zuvorderst an Journalisten, wohingegen sich staatliche Öffentlichkeitsarbeit an die Bürger und damit die Bevölkerung wendet. Ziel beider Formen von Regierungskommunikation ist die Generierung von Akzeptanz und Legitimation durch die kommunikative Vermittlung politischer Entscheidungen. Insofern ist der Funktionskatalog von Regierungskommunikation aus politikwissenschaftlicher Perspektive eng mit demokratietheoretischen Fragen verknüpft. Daher ist zu fragen, inwiefern sich der Wandel der Regierungskommunikation infolge von Medialisierung und Digitalisierung als externe Prozesse auf die Art und Weise der Vermittlung von politischen Entscheidungen – also Regierungskommunikation auswirkt. Die aus dieser allgemeinen Frage für die Politikwissenschaft spezifische Fragestellung geriert sich mithin schwieriger. Der angesprochene demokratietheoretische Konnex von Regierungskommunikation und Politikvermittlung muss insofern differenziert betrachtet werden nach demokratietheoretischen Kategorien der Legitimation, Repräsentation und Glaubwürdigkeit. Diese Begriffe sind demokratietheoretisch begründet und eingeführt, aber auch sie werden durch die Medialisierung und Digitalisierung affiziert. Darauf baut dieser Beitrag auf und fragt grundlegend nach den Herausforderungen und Chancen der Medialisierung und Digitalisierung für Regierungskommunikation und staatliche Öffentlichkeitsarbeit unter den Gesichtspunkten der Beeinflussung von Legitimation, Repräsentation und Glaubwürdigkeit durch Medialisierung, Digitalisierung und den digitalen Wandel.

Deshalb widmet sich dieser Beitrag der politikwissenschaftlichen Erörterung theoretischer Konzepte zur Einordnung von Regierungskommunikation im Zeitalter von Medialisierung und Digitalisierung. Daraus entwickelt werden Typen digitaler Regierungskommunikation. Mit der Medialisierung und Digitalisierung gehen sodann Chancen und Herausforderungen für eine dementsprechend ausgeführte Regierungskommunikation einher, denen sich der abschließende Abschnitt widmet.

3.2   Definition und Funktionen von Regierungskommunikation

Allgemeinhin wird Regierungskommunikation in der Literatur definiert als Dualismus aus Informationspolitik und Pressearbeit (Mertes, 2007; Bergsdorf, 1986). Grundsätzlich liegt dem ein demokratietheoretisches Verständnis von Politikvermittlung zugrunde. Diese wird definiert

> „als umfassender Begriff für die Prozesse der in der Regel massenmedial vermittelten Darstellung und Wahrnehmung von Politik (…). Darin ist die Funktion der Medien als realitätsbildende Instanz in einem Prozess der Informationsweitergabe enthalten. Durch Politikvermittlung wird Akzeptanz und Legitimation hergestellt, weshalb Politikvermittlung als conditio sine qua non demokratischen Handelns angesehen wird (Sarcinelli, 1998, S. 702)."

Dieser demokratietheoretische Gehalt von Politikvermittlung gilt ebenso notwendig für die Regierungskommunikation als Teil von Politikvermittlung. Insofern ist Informationspolitik zu verstehen als Unterrichtung der Bürger über politische Entscheidungen durch Politikvermittlungsexperten, vermittelt über „zielgruppenorientierte Instrumente der PR durch Kommunikationsmanagement". Damit verbunden ist eine „strategisch gezielte Vermittlung politischer Entscheidungen durch Informationsweitergabe an Journalisten als indirekte Einflussversuche auf die mediale Agenda". Dafür werden „Pressearbeit sowie die Terminierung eigens angesetzter Veranstaltungen zur Information und Beziehungspflege (Regierungs-PR) für und mit Medienschaffenden durch hierfür vorgesehene Vertreter der erweiterten Kernexekutive sowie ihre institutionell angebundenen Abteilungen mit dem Ziel betrieben, die Entscheidungen und Handlungen der Regierung kommunikativ zu legitimieren" (Kronewald et al., 2014, S. 45-46; Canel und Sanders, 2013, S. 4; Gebauer, 1998, S. 464). Beide Begriffe sind also nochmals zu unterteilen und – je nach Ausrichtung – an ein entsprechendes Kommunikationsmanagement zurückgebunden. Hierbei spielen auch Prozesse der Professionalisierung eine wesentliche Rolle, da gerade im Kommunikationsmanagement nicht gewählte, spezialisierte Experten tätig sind und die gewählten Repräsentanten in kommunikativen Fragen beraten (Tenscher, 2004). Eine weiter gefasste Definition liefern Canel und Sanders (2013, S. 4):

> „The role, practice, aims and achievements of communication as it takes place in and on behalf of public institution(s) whose primary end is executive in the service of a political rationale, and that are constituted on the basis of the people's indirect or direct consent and charged to enact their will."

Diese Definition beinhaltet neben den betroffenen Akteuren auch die indirekte oder direkte Zustimmung der Wahlbevölkerung, was in der vorherigen Definition über den Aspekt der Legitimation abgedeckt wurde. Canel und Sanders betonen damit aber auch die Bottom-Up-Perspektive einer so ausgerichteten Regierungskommunikation und den damit verbundenen Dienstleistungs- und Informationscharakter. Die zentrale Aufgabe jeglicher staatlichen Kommunikation ist somit die Vermittlung von politischen Entscheidungsprozessen sowie deren Ergebnisse. Hintergrund dieses Aufgabenverständnisses ist der legitimatorische Anspruch einer jeden Regierung mittels Kommunikation ihre Entscheidungen und jeweilige Regierungspolitik zurück zu koppeln. Daneben haben Regierungen auch die Pflicht zur Unterrichtung und Information der Öffentlichkeit über politische Prozesse und daraus resultierende Entscheidungen. Insofern ist der Dualismus aus Pressearbeit und Informationspolitik nicht als Gegensatz zu verstehen, sondern als normatives Gespann.

Aus einem solchen Verständnis von Regierungskommunikation, das an demokratietheoretische Kategorien zurück gekoppelt zu verstehen ist, resultieren wiederum entsprechende Funktionen. Erstens dient Regierungskommunikation aus dieser Perspektive der Herstellung von Glaubwürdigkeit und Vertrauen. Im Wesentlichen geht es also um Responsivität (Herzog, 1998) und die Legitimität des Politischen, wie bereits erwähnt. Dieser Legitimitätsanspruch gilt sowohl für präsidentielle wie auch für parlamentarische Systeme. Je nach System verschiebt sich allerdings das Verhältnis von Informationspolitik und Pressearbeit bzw. muss insgesamt aufgrund der eher personenorientierten Politikgestaltung im Präsidialsystem auch entsprechend personalisierter kommuniziert werden. Doch nicht nur in präsidentiellen Systemen greift der Aspekt der Personalisierung: Selbst in parlamentarischen Repräsentativsystemen hat sich das Pendel hin zur „Executive Leadership" verschoben (vgl. Helms, 2008) zuungunsten von eher themenorientierter oder von Parteien dominierter Politikvermittlung und Regierungskommunikation. Angesichts der Medialisierung von Politik mit ihrer inhärenten Medienlogik ist der Trend zur Personalisierung der politischen Kommunikation unverkennbar. Je nach Systemtypus ergeben sich aber innerhalb dieser Entwicklung Spezifikationen des Funktionenkatalogs von Regierungskommunikation und insbesondere auch der Ausrichtung hinsichtlich des jeweiligen taktischen oder strategischen Potenzials von Regierungskommunikation (Sanders & Canel, 2013). Ehe auf die spezifische Einordnung der demokratietheoretischen Begriffe Legitimität, Repräsentation und Glaubwürdigkeit im Sinne der Fragestellung (nach der Affizierung von Regierungskommunikation durch Digitalisierung und Medialisierung) eingegangen wird, folgt zunächst eine Definition von Medialisierung als Metaprozess.

3.3   Medialisierung politischer Kommunikation[1]

In diesem Zusammenhang können fünf interdependente Dimensionen unterschieden werden, anhand derer Medialisierung von Politik zu bestimmen ist (siehe Jun, 2015; vgl. auch Strömbäck & van Aelst, 2013, die vier Dimensionen unterscheiden):

- Das Ausmaß, in dem Medien als zentraler Informationskanal für Politik betrachtet werden, sowohl von politischen wie gesellschaftlichen Akteuren;
- Das Verhältnis zwischen medialer und politischer Logik in der Medienberichterstattung;

---

[1] Teile dieser Abhandlung beruhen auf Jun, 2015.

- Das Ausmaß der Adaption der medialen Logik durch politische Akteure;
- Der Einfluss der Medien auf politische Entscheidungsprozesse;
- Die Effekte von Medien auf politisches Verhalten, politische Meinungen und Werte der Bevölkerungen.

Der jeweilige Grad der Medialisierung kann sich also erheblich unterscheiden, ist im Einzelfall jeweils auszudifferenzieren und variiert von Fall zu Fall; das Ausmaß der Medialisierung von Politik wird wesentlich mitbestimmt durch die Medienstruktur sowie die Struktur des politischen Wettbewerbs in einem politischen System, durch das jeweilige Selbstverständnis von politischen und medialen Akteuren oder die politische Kultur. Auch ist die situative Komponente nicht zu unterschätzen: steht etwa Darstellungspolitik im Vordergrund (wie in Wahlkämpfen), dürfte das Ausmaß an Medialisierung spürbar höher sein als in einzelnen Phasen der Entscheidungspolitik (zu den Unterschieden zwischen Darstellungs- und Entscheidungspolitik vgl. Sarcinelli, 2009a, S. 121ff.). Der Grad der Medialisierung variiert also zwischen unterschiedlichen politischen und medialen Systemen strukturell und innerhalb dieser temporär.

Wie die Dimensionen zwei und drei verdeutlichen, spielen der Aspekt der Adaption der Medienlogik durch politische Akteure und das Verhältnis zwischen politischer und medialer Logik eine wichtige Rolle im Prozess der Medialisierung. Zwar sind aufgrund der Medialisierungsprozesse alle politischen Akteure abhängiger von medialer Berichterstattung geworden, doch trifft dies besonders solche Organisationen, welche auf öffentliche Zustimmung per se angewiesen sind. Hier liegt die Medialisierungsnotwendigkeit nicht nur nahe, sondern erscheint nahezu unumgänglich; politische Organisationen, welche auf öffentliche Zustimmung angewiesen sind, sind nicht nur einfacher zu medialisieren, sie müssen dem Metatrend Rechnung tragen, um ein wirksamer Faktor im politischen Geschehen zu bleiben. Insbesondere für Parteien in Demokratien trifft dies in besonderem Maße zu, wollen sie auch weiterhin möglichst hohe Zustimmungswerte bei Wahlen erreichen und damit möglichst viele Wähler für sich gewinnen, was wegen des öffentlich ausgetragenen Wettbewerbs verstärkt medialisierbar ist. Aber auch vor Regierungen macht diese Entwicklung nicht Halt: Aufgrund der verstärkten Legitimations- und Repräsentationsansprüche an Regierungen bzw. der Notwendigkeit der Herstellung von Legitimation und des Rechtfertigungsgebots durch Kommunikation sowie des Informationsgebotes können sich Regierende der Medialisierung nicht entziehen (Salomonsen et al., 2016; D'Angelo et al., 2014).

3.4   Demokratietheoretische Einordnung von Regierungskommunikation im Zeitalter von Medialisierung und Digitalisierung

In Zeiten der zunehmenden Durchdringung des Alltags und damit auch der politischen Sphäre durch Medien und digitale Kommunikationsmittel (also Medialisierung und Digitalisierung) geht es hier im Folgenden um die Frage nach der demokratischen Bedeutung politischer Angebote, die im Internet zu finden sind, sowie den Folgen für das politische System, dessen Input- und Outputseite und eine differenziertere Sicht auf Exklusions- und Inklusionsprozesse im Netz. Wir betrachten die kommunikativen Möglichkeiten des Internets als Erweiterung der Instrumente der Regierungskommunikation. Die zunehmende Nutzung von Onlinemedien durch die Rezipienten hat Regierungen nicht unbeeindruckt gelassen. Sie wie andere politische Akteure in westlichen Demokratien "accommodate to the changing media environment and allocate an increasing share of their resources to utilizing new media for their strategic purposes" (Schulz 2014: 57).

Der Metaprozess der Medialisierung hat durch das Aufkommen von Onlinemedien einen weiteren Schub erfahren; es ist zu einer Hybridisierung der Form politischer Kommunikation gekommen, welche pluraler, heterogener und unübersichtlicher geworden ist (Van Aelst et al., 2017; Owen & Davis, 2008). Die Beschleunigung des Kommunikationstempos hat durch Onlinemedien deutlich zugenommen. Folgen sind eine stark fragmentierte und diffuse politische Öffentlichkeit, eine höhere Dynamik, Unstetigkeit und Unübersichtlichkeit von Kommunikationsprozessen und eine nachlassende Aggregationsfunktion von politischen Organisationen: „Jeder hat Zugriff auf einen unendlichen Vorrat politischer Positionen, kann eigene Botschaften öffentlich kundtun, die Botschaften von Anderen mit Programmen bearbeiten, an beliebig viele Empfänger übermitteln" (Dohle et al., 2014, S. 418). Politische Organisationen hatten de facto gar keine andere Wahl, als sich an die neuen Gegebenheiten anzupassen. Dies gilt für Regierungen aufgrund der Herstellung von Legitimation und Rechtfertigung ihrer Entscheidungen in hohem Maße. Ein Vorteil der Nutzung von Onlinemedien liegt sicher darin, dass Informationen ohne die Filterwirkung traditioneller Massenmedien verbreitet und Interessierte somit leichter mit Informationen versorgt werden können. Die neuen Optionen der Online-Welt werden parallel zu den traditionellen Möglichkeiten der Kommunikation berücksichtigt, und zwar sowohl als Quelle für politische Informationen, als auch zur Ansprache von Bürgern und anderen Gruppen, nicht nur, aber auch, weil es schlichtweg von Regierungen erwartet wird (vgl. Dohle & Bernhard, 2014, S. 773). Dahinter steht auch die Sorge, zurückzufallen und als nicht zeitgemäß wahrgenommen zu werden. Regierungen jedenfalls investieren erhebliche Mittel in Online-Kommunikation, kommunizieren aktiv in Sozialen Netzwerken wie *Twitter* oder produzieren Videos für *YouTube* und engagieren sich insbesondere über *Facebook*. Mit all diesen Aufgaben geht zwangsläufig ein höheres Maß an Professionalisierung einher. Auch die Personalisierung wird dabei alles andere als vernachlässigt; schließlich haben individuelle Regierungspolitiker ihre eigenen Homepages, *Facebook*-Auftritte und *Twitter*-Accounts, die nach außen wirken sollen und von außen auch mehr wahrgenommen werden als die offiziellen Ministeriumsseiten, die primär der internen Kommunikation dienen (Åström & Karlsson, 2013). Die Bundeskanzlerin veröffentlicht bereits seit 2007 über *YouTube* eine eigene Videobotschaft.

Onlinemedien müssen also bedient werden, die mehrkanalige Ansprache und das Interaktions- wie Partizipationspotenzial erfordern zusätzliche Expertise und Personal – spezialisiertes Personal kümmert sich um die Online-Auftritte und -Vernetzungen der jeweiligen Regierungen. Darüber hinaus besteht eine Herausforderung darin, Online- und Offline-Kommunikation zur Erzeugung eines kohärenten Bildes aufeinander abzustimmen. Diese Aufgabe ist keineswegs ein leichtes Unterfangen, denn das hybride Mediensystem der neuen und traditionellen Medien führt unterschiedliche mediale Logiken zusammen, die in eine Balance gebracht werden müssen zwischen der bisherigen Logik von analoger Übermittlung und Empfangsmöglichkeit von Informationen „and the newer logics of circulation, recirculation, and negotiation (...) The logics of digital media have been genuinely disruptive, even though that disruption has been modulated by the logics of older media" (Chadwick 2013: 208, 210). Barbara Pfetsch und Frank Marcinkowski (2013, S. 142) sprechen von der Verbreitungslogik traditioneller Massenmedien und der partizipativen Logik neuer Onlinemedien.

Dass sich verschiedene Möglichkeiten und Perspektiven durch die Nutzung neuer Instrumente ergeben haben und noch ergeben werden, hat die bisherige Forschung gezeigt. Allerdings bleibt fraglich, inwiefern sich diese in die bekannten und bereits erörterten politikwissenschaftlichen Kategorien einordnen lässt. Gerade die Wege der politischen Partizipation über das Internet sind vielfältig und reichen über reine Mobilisierung von Aktivisten und Teilnehmern an Protest oder Wahlen hinaus. Allerdings würde die Betrachtung der Partizipationsebene in ihrer Breite die hier vorliegende Betrachtung sprengen, weshalb im Folgenden unter den Begriffen der Legitimität, Repräsentation und Glaubwürdigkeit auf ausgewählte Ergebnisse der Forschung eingegangen und herausgearbeitet wird, welche Spezifika sich hierbei in Bezug auf Regierungskommunikation ergeben.

Legitimität

Auf der Inputseite zur Legitimitätsbeschaffung gilt es, sich die Angebote sowohl der Intermediären wie auch des politischen Systems, also der Verwaltung und der Regierung, genauer anzusehen. Grundsätzlich ist es durch die Nutzung Sozialer Medien für politische Akteure leichter möglich, Interessen, Stimmungen, Bedürfnisse oder Wünsche von Bürgern zu erfahren und für sich nutzbar zu machen. Dabei steht die Frage im Raum, wie politische Akteure die gewandelten Möglichkeiten des Dialogs nutzen und welche konkreten Angebote sie gegenüber Partizipationsbereiten überhaupt machen. Da diese Instrumente primär in Wahlkämpfen ausprobiert werden, lohnt hier zunächst ein Blick auf deren Nutzung dort. Hierzu sind Stromer-Galleys (2002) Ergebnisse wegweisend, dass Kampagnenmanager gerade in Wahlkämpfen keine Interaktion oder gar Dialog wünschen, weil damit Risiken, Probleme und erhöhte Kosten verbunden sind. Insofern wurden ihrer Studie nach Internetanwendungen lediglich für „Infomercials" genutzt. Diese Haltung wiederstrebt jedoch zumindest partiell jüngsten Entwicklungen: Dass gerade zu Wahlkampfzeiten die Frage nach der Mobilisierung von Unterstützern erstens für die Kampagne selbst, aber auch zur Wahrnehmung der erhöhten Beteiligungsbereitschaft brisant ist, zeigt sich an der neuerlichen Renaissance des Canvassings (Theviot, 2016; Beck & Heidemann, 2014; Barton et al., 2014) in Kombination mit Online-Methoden (Aldrich et al., 2016). Die Forderungen der Bürger nach erhöhter Responsivität der Regierung bzw. politischer Akteure allgemein sind dabei nicht neu, wie bereits Arbeiten von Dahl (1971) gezeigt haben. Allerdings hat die Forderung nach mehr Responsivität der politischen Institutionen und Akteure durch die Digitalisierung und insbesondere die Diskussion rund um die ‚Postdemokratie' (Crouch, 2008) eine neue Qualität dahingehend erhalten, dass reine Informationsangebote nicht mehr ausreichen, um die Bürger zufriedenzustellen (Blühdorn, 2013); aktive Beteiligungs- und Mitentscheidungsverfahren gefordert werden, die über einen reinen „Tokenism" (Arnstein, 1969, S. 217) hinausgehen. Damit verbunden ist für politische Akteure jedoch auch und besonders in digitalen Kontexten die grundsätzlich immer drohende Gefahr des Kontrollverlusts (Chadwick & Stromer-Galley, 2016) bzw. der Manipulation (Voss, 2014, S. 19). Letzteres betrifft nicht nur die aktuelle Debatte um sogenannte „Fake News" (Amarnath, 2011; Riegert, 2007), alternative Fakten, „false news" und Social bots im Zuge der US-Wahl (Sabato et al., 2017) – die Virulenz und insbesondere auch rechtsstaatliche Tragweite der Möglichkeit des Einkaufs von Reichweite in Sozialen Netzwerken, der Steuerung von Diskussionen und Beeinflussung der Wahrnehmung darüber, ist bislang vollumfänglich nicht abzuschätzen. Relevanz haben all diese Themen für eine Diskussion um die Legitimität politischer Verfahren über die digitale Beteiligung von Bürgern allemal.

Auf der Seite der Output-Legitimität hat sich angesichts dieser neuerlichen Veränderungen und Erwartungen ebenfalls ein Wandel ergeben. Dies ist einerseits an einer verbesserten Problemorientierung der Politik abzulesen, was bspw. Protestbewegungen anbelangt, die ernst genommen werden (Baringhorst, 2014; Kneuer & Richter, 2015) sowie an einer Zunahme der E-Government und E-Democracy Angebote (Wirtz, 2010; Schünemann & Weiler, 2012). Diese Angebote führen allerdings nicht allesamt, so zumindest empirische Ergebnisse, zu erhöhter „Produsage" (Bruns, 2008), sondern unterliegen noch immer einem sozialen Bias. Neuere Studien (Lee et al., 2017; West, 2017) zeigen, dass Soziale Medien und die Kommunikation darüber in der Lage sind, das politische Vertrauen zu erhöhen. Die Erhöhung der „Political Efficacy" verbleibt somit ein Ziel, das es für Politik, insbesondere für Regierungen, zu erreichen gilt, dies gilt mehr denn je in Zeiten des verstärkten Populismus mit seinen komplexitätsreduzierenden politischen Botschaften. Hier ist profunde, umfassende inhaltliche Orientierung und sachliche Informationsarbeit für Regierungen essentiell. Hierfür eignen sich Soziale Medien durchaus (Bovaird et al., 2016; Chan, 2016), wenngleich der Faktor der „Echokammern" (Pariser, 2011; Bozdag & van den Hoven, 2015) in Rechnung gestellt werden sollte. Vorteilhaft für Regierungen in diesem Kontext sind neue, interaktive Formen des Einbezugs von Nichtregierungsorganisationen in Kommunikationsflüsse, da sie auf diesem Wege höhere Legitimation und einen höheren Beteiligungseffekt erzielen könnten (Cantijoch et al., 2016).

Repräsentation

Das Netz birgt sowohl ein Beteiligungs- als auch ein Mobilisierungsversprechen. Letzteres scheint insbesondere in den Fällen zu funktionieren, in denen es darum geht, gegen etwas anstatt für etwas zu sein, also eine Protesthaltung zum Ausdruck zu bringen, wie bspw. Bieber (2011) herausgearbeitet hat. Auf der Outputseite des politischen Systems dienen Anwendungen im Internet in erster Linie der Mobilisierung. Bisherige Studien (Gil de Zúñiga et al., 2014; Brundidge et al., 2014) haben gezeigt, dass „das Netz keine durchschlagende Wirkung auf das (politische) Verhalten der Bevölkerung insgesamt zeigt" (Vowe, 2014, S. 36), es vielmehr weiterhin die bereits offline zu konstatierende Beteiligung der Bessergestellten, Bessergebildeten und vor allem politisch Interessierten bewirkte. „Von einer breiten Mobilisierung durch das Netz kann nicht die Rede sein" (Vowe, 2014, S. 37; siehe auch Kalsnes, 2016). Ein Problem klassischer Partizipation ist, dass sich einzelne soziale Gruppen weniger beteiligen wollen oder können, weil sie die Komplexität politischer Entscheidungen und deren Kommunikation nicht mehr nachvollziehen können. Überhaupt stellt die gestiegene Fragmentierung der Netzöffentlichkeit in vielerlei „Teilpublika" mit partiellem politischem Desinteresse eine große Herausforderung für Regierungskommunikation dar. Eine Folge davon ist, dass politische Akteure zusehends Probleme haben, weniger politisch interessierte Menschen überhaupt noch zu erreichen (Gil de Zúñiga et al., 2014), da diese sich der politischen Kommunikation leichter als in der Vergangenheit entziehen können und das mediale, nicht politische Angebot sich vervielfacht hat.

Soziale Medien versprechen hier ein weiteres Portal zur Mobilisierung von Nichtwählern bzw. Menschen, die auch anderweitig nicht politisch partizipieren (Anduiza et al., 2012; Enjolras et al., 2013; Zerfaß et al., 2008). Um gerade der nachlassenden Beteiligung auch an Verwaltungs- und Organisationstätigkeiten entgegen zu wirken, haben politische Institutionen Anstrengungen unternommen, E-services über das Internet anzubieten und den Menschen proaktiv zu kommunizieren, welche Auswirkungen ihre Beteiligung haben wird (Chadwick, 2006). Das ist vor allem in politischen Kampagnen zu beobachten (Jensen & Anstead, 2014; Nitschke et al., 2016). Die Verheißungen der sogenannten E-Democracy (Dahlberg, 2001; Hindman, 2009) implizieren dabei eine omnipräsente Betreuung über das Internet, die für die meisten Regierungen aber schlicht nicht zu leisten ist. Insofern verbleibt die Frage zu stellen, inwiefern prinzipiell Beteiligungsunwillige (Hutchens et al., 2016; Marx & Nguyen, 2016) überhaupt noch am politischen System beteiligt werden können, was über die Fragestellung dieses Beitrags weit hinausreicht. E-Democracy-Angebote und E-Government können dafür ein Anfang sein. Doch diese Angebote leiden darunter, dass sie keine Push-Funktion haben und der Nutzer sie aktiv aufrufen muss, also analog oder über andere Informationskanäle darüber aufgeklärt bzw. informiert werden muss, welche Möglichkeiten der Beteiligung jeweils existieren.

Davon abgesehen bergen digitale Formen der Beteiligung bei allen Möglichkeiten und offenen Beteiligungsformen Exklusionsrisiken: Zu allererst ist hier der „Digital Divide", die digitale Wissenskluft, zu nennen, die zum einen schlicht am Zugang zu Breitbandinternet festgemacht wird oder an der jeweilig eher schwach ausgeprägten Medienkompetenz der Nutzer. In Deutschland besteht die erste Gruppe aus 18 % Offlinern (D21, 2016, S. 54); die zweite Gruppe ist mit 62 % noch geringer als die mit dem allgemeinen Internetzugang (79%). Frappant ist allerdings die Feststellung Sunsteins (2002, S. 20), dass gerade diejenigen, die vom Internet und seinen Informationen profitieren könnten, nicht daran teilhaben, da sich die digitale Ungleichheit insbesondere weltweit besonders deutlich ausprägt. Überzeugend arbeitete bereits Pippa Norris (2001) heraus, dass gerade die politisch Aktiven und Bessergestellten auch eine Herrschaft über die führende Meinung übernähmen, sie nennt es, angelehnt an Tocqueville, die „Tyrannei der politisch Aktiven" (Norris, 2001, S. 98, 22, 218; Voss, 2014). Dahinter steht die These und Evidenz, dass Mittelklassebürger und gut Gebildete auch vermehrt politisch partizipieren und interessiert sind, wie auch Studien für den deutschen Raum zeigen (Bertelsmann-Stiftung, 2013, S. 57; Vowe, 2014). Dabei schließen sich Gleichgesinnte („like minded") zusammen (Dahlberg & Siapera, 2007) und übernehmen die Meinungsführerschaft; oder, negativ gewendet, bilden „Cyberghettos" (Ebo, 1998). Größer werdende Ungleichheiten des politischen Wissens bedrohen somit das angestrebte Gleichheitspostulat auch der digitalen Demokratie.

Glaubwürdigkeit

Ein weiterer, nicht zu unterschätzender Aspekt für Regierungskommunikation ist die Herstellung von Glaubwürdigkeit sowohl gegenüber der eigenen Wahlbevölkerung wie auch als Akteur in internationalen Beziehungen (siehe zu letzterem Aspekt Tenscher & Viehrig, 2007). Die Wahrnehmung der Glaubwürdigkeit einer Regierung beeinflusst ihr Ansehen im In- und Ausland, hat Rückwirkungen auf die Wiederwahlchancen und auch auf die Durchsetzbarkeit von politischen Entscheidungen. Glaubwürdigkeit insgesamt setzt sich zusammen aus den Komponenten Zuschreibung von Problemlösungskompetenzen, von Vertrauenswürdigkeit und der Wahrnehmung von Ähnlichkeit in Bezug auf zentrale Wertorientierungen oder Lebensstilmerkmale (siehe Althoff, 2007, S. 111ff.). Wenngleich intuitiv die Auffassung vorherrscht, dass Letzteres für Regierungen eine geringere Rolle spielt, so ist nicht nur bei der Wahl des Kommunikationskanals der Faktor Ähnlichkeit für Regierungen durchaus relevant, denn die Rezipienten vertrauen eher Quellen, denen eine ähnliche Werthaltung entspricht wie die der eigenen Standpunkte (Flanagin & Metzger, 2014). Die Rezeption von Informationen erfolgt also auf der Basis geteilter Werte und Sichtweisen, mehr Glaubwürdigkeit wird in diesem Fall solchen Informationen verliehen, die auf ähnlichen politischen Vorstellungen und Werturteilen beruhen und damit keine kognitiven oder affektiven Dissonanzen hervorrufen. Polarisierte Gesellschaften oder das Web 2.0 mit seinen von Sozialen Netzwerken produzierten „Echokammern" oder „Filterblasen" begünstigen solche Tendenzen der einseitigeren Wahrnehmung bzw. Interpretation von Informationen mitsamt der Glaubwürdigkeitszuschreibung eindeutig.

Dass die stets zu aktualisierenden Aspekte Vertrauenswürdigkeit und Problemlösungskompetenz für Regierungen einen erheblichen Wert besitzen, wird kaum zu bezweifeln sein. In internationaler Hinsicht ist die Zuschreibung von Vertrauenswürdigkeit von erheblicher Relevanz, auf nationaler Ebene ist die Zuschreibung von Problemlösungskompetenz wohl noch wichtiger. Für diese Zuschreibungsprozesse sind die mediale Berichterstattung und wiederum die Glaubwürdigkeit der jeweiligen Medien essentiell. Andrea Ceron und Vincenzo Memoli (2015, S. 13) arbeiten heraus, „that trust in government is affected by the pro- or antigovernment slant of the media consumed by each citizen (…) Furthermore, media slant and citizens' political predispositions interact". Die zugeschriebene Glaubwürdigkeit der Medien insgesamt, aber auch des jeweiligen Mediums bzw. des Kommunikationskanals sind hier mit zu beachten. Daher stellt sich für Regierungskommunikation im digitalen Zeitalter beispielsweise die Frage, ob Informationen, die in Sozialen Netzwerken verbreitet werden, gleichermaßen vertrauenswürdig erscheinen wie Informationen auf offiziellen regierungsamtlichen Seiten. Im Web 2.0 hat der glaubwürdige Kommunikator den Vorteil, von Rezipienten häufiger ausgewählt zu werden und eine „größere persuasive Wirkung" zu erzielen (Krämer et al., 2016, S. 157), wobei die Wahl des Kanals mit zu bedenken ist. Die bisherige Forschung dazu lässt nicht erkennen, dass die Glaubwürdigkeit der Regierungskommunikation durch die Nutzung Sozialer Netzwerke wie Facebook oder Twitter Schaden nimmt (Krämer et al., 2016, S. 165). Die Glaubwürdigkeit von Onlinequellen kann sich verändern und ist von vielerlei Faktoren abhängig, darunter fallen die Netzaffinität, die politischen Einstellungen der Nutzer, aber auch die Glaubwürdigkeit von Medien insgesamt. Hier lässt sich eine für politische Akteure wie Regierungen durchaus nicht zu vernachlässigende Entwicklung beobachten, die auf zurückgehende Glaubwürdigkeitswerte von Massenmedien hindeuten (siehe u.a. Tewksbury et al., 2014). Die Glaubwürdigkeit von etablierten politischen Akteuren wird damit oftmals gleichzeitig in Mitleidenschaft gezogen.

Ein damit zusammenhängendes Problem ist ein durch Netzkommunikation verstärkter Trend „towards increasing relativism (…) a development in which factual information more and more comes to be seen as a matter of opinion" (Van Aelst et al., 2017, S. 4). Diese Haltung von Rezipienten lässt die Zuschreibung von Glaubwürdigkeit in erhöhtem Maße subjektiv erscheinen, was für Regierungen eine stärker auf individuelle Zielgruppen gerichtete Kommunikation notwendig macht, ohne Gewissheit zu haben, dass ihren jeweiligen Informationen und Angeboten von den Zielgruppen eine hohe Glaubwürdigkeit zugesprochen werden. Intersubjektiv überprüfbare und zugängliche Fakten werden zwar damit keineswegs obsolet, ihre Überzeugungskraft wird aber durch subjektive Sichtweisen des einzelnen Rezipienten spürbar relativiert.

3.5   Typen digitaler Regierungskommunikation

Anknüpfend an die eben diskutierten demokratietheoretischen Dimensionen ergeben sich nun verschiedene Typen digitaler Regierungskommunikation. Die Typen sind allerdings nicht deckungsgleich mit den Dimensionen, da diese, wie eben argumentiert wurde, nicht exklusiv, sondern inklusiv und integrativ zu verstehen sind. Insofern kann eine Kombination dieser Dimensionen hinter den verschiedenen Typen oder hinter einem Typ stehen. Dies ist jedoch keine notwendige Bedingung.

Ausschlaggebend für die Einordnung in eine der demokratietheoretischen Dimensionen ist der jeweilige Anspruch einer Regierung. Grundlage für die Einordnung ist also das Selbstverständnis einer Regierung hinsichtlich ihrer Rolle als Politikvermittlerin. Da die drei Hauptkategorien aus der demokratietheoretischen Perspektive allumfassend sind, können die unterschiedlichen Typen digitaler Regierungskommunikation auch in den unterschiedlichen Dimensionen auftreten. Dies stellt sich dann folgendermaßen dar: Die Typen selbst sind in einer Vierfelder-Matrix zu verorten und spiegeln die möglichen Kommunikationswege einer Regierung wider. So kann digitale Regierungskommunikation einerseits distributiv sein und andererseits dialogisch. Beide Formen lassen sich wiederum als reproduktiv oder produktiv klassifizieren, was zu den unten aufgeführten vier Feldern führt (Abbildung 1).

Ausbuchstabiert ist die Matrix folgendermaßen zu lesen: Typ 1 (distributiv-reproduktiv) entspricht einer hierarchischen, asymmetrischen one-to-many Kommunikation, bei der bereits vorhandene Informationen (wie zum Beispiel Pressemitteilungen, Fernsehbeiträge, Podcasts oder Mitschnitte von Pressekonferenzen) über nicht originär für diese medialen Erzeugnisse gedachte Kanäle, etwa Social Media, weiterverbreitet werden. Es hat also weder ein Zuschnitt auf die spezifischen Erfordernisse des Kanals noch auf das darin versammelte Publikum stattgefunden. Zudem ist die Art und Weise der Distribution nicht als genuines Ereignis zu sehen, sondern die verteilte und vermittelte Information ist eine reproduktive Reaktion auf ein politisches Ereignis, das auch ohne die Existenz von Medien stattgefunden hätte.

Typ 2 (distributiv-produktiv) ähnelt dem ersten dahingehend, dass nicht originär für die verwendeten Kanäle produzierter Inhalt weitergegeben wird, sondern Material aus anderen Kontexten. Produktiv und damit aktiv wird die Distribution aber dann, wenn Fotos, Videos oder Audiomitschnitte zu eigens für Medien inszenierten Ereignissen begleitend gepostet bzw. verbreitet werden und bereits bei der Produktion dieser Medien die entsprechende Medienlogik mitbedacht wurde.

Die zweite Spalte der Matrix beinhaltet im Wesentlichen dialogische Formen der politischen Kommunikation einer Regierung. Auch diese sind entsprechend wie die beiden ersten Typen unterteilt. Typ 3 (dialogisch-reproduktiv) basiert auf der Annahme einer grundsätzlich gewollten many-to-many-Kommunikation bzw. einer many-to-one-Kommunikation. Hierbei besteht eine wenig bis gar nicht hierarchische, also symmetrische Kommunikationssituation, denn es wird auf Fragen und Kommentare von Nutzern geantwortet. Die politischen Akteure, in diesem

Fall die Regierung, treten aber nicht von sich heraus aktiv an Nutzer heran, sondern reaktiv.

Typ 4 (dialogisch-produktiv) ist der ‚extremste' Typ insofern, als dass aufgrund einer vorherigen Sondierung des zu adressierenden Publikums (etwa durch Micro-Targeting, durch welches in temporaler Hinsicht – ob Wahlkampf ist oder nicht – die Grenzen zwischen Partei- und Regierungskommunikation verschwimmen) Inhalte ausgewählt und produziert und dann veröffentlicht werden. Maßgeblich bei diesem Typus ist die Intention, mit den verbreiteten Inhalten Reaktionen der Nutzer zu erhalten, mit ihnen in Kontakt und Austausch zu treten und somit dialogische Kommunikation aufzubauen.

Je dialogischer und aktiver eine Regierung auftritt und sich gibt, desto eher entspricht dies den Erfordernissen Sozialer Medien der many-to-many Kommunikation auf Augenhöhe (Chadwick, 2013; Klinger & Svensson, 2014; Landerer, 2013). Je distributiver eine Regierung auftritt, desto eher entspricht das einer klassischen Form der Politikvermittlung, die eher an den Logiken der klassischen Massenmedien ausgerichtet ist. Deshalb bildet die SNS-Matrix gewissermaßen auch ein Kontinuum zwischen klassischen und neuen Massenmedien dadurch ab, dass die zugrundeliegenden Logiken mit ihr erfasst werden. Ergänzt man die Abbildung mit den jeweils geltenden Medienlogiken (Tenscher & Borucki, 2015, S. 151; Jun, 2015), folgt daraus eine differenzierte Einordnung derselben in die Kommunikationsweisen:

Distributive Formen der Kommunikation erfüllen die Logiken von Radio, TV und Printmedien nach Vereinfachung, Verkürzung und Audiovisualität. Bei der reproduktiven Ausprägung ist Audiovisualität am schwächsten anzusehen, da Pressemitteilungen und Hinweise auf Ereignisse oftmals als reine Texte versendet werden. Die reaktiven Formen dagegen zeichnen sich zum einen durch Interaktivität aus, wenn auf Fragen geantwortet und Fremdbeiträge zugelassen werden und zum anderen durch Multimodalität, wenn offene Interaktionen zugelassen werden und dies jeweils mit den anderen Logiken kombiniert auftritt.

Medien-logiken	Distributiv-monologisch (one-to-many, asymmetrisch, hierarchisch)	Dialogisch (many-to-many, symmetrisch, nicht-hierarchisch)
re-pro-duktiv	Auf anderen Kanälen bereits vorhandene Inhalte weiter verbreiten (Reproduktion) bzw. Reaktion auf politische, gesellschaftliche oder kulturelle Geschehnisse (z.B. TV, Podcast, PKs);	Auf Fragen und Kommentare zu eigenen Posts antworten (z.B. Kommentare zu Kommentaren; Post-Post-Interaktion); posten auf eigener Wall zulassen, nur bedingt moderiert Audiovisualität

	Teilen von TV-Ausschnitten auf SNS; (Audiovisualität) Verkürzung Vereinfachung	Verkürzung Vereinfachung Interaktivität
produktiv	begleitende Fotos, Audios, Videos zu inszenierten Off-line-Ereignissen (z.B. Staatsbesuche, Gipfeltreffen, Informationskampagnen mitsamt entsprechendem Material wie PMs), Online-Ereignisse erstellen (z.B. Twitterview) Audiovisualität Verkürzung Vereinfachung	nach Micro-Targeting ausgewählte Inhalte (vornehmlich Fotos und Videos) positionieren, die einen Dialog anregen sollen (z.B. Umfragen, Chats, offene Fragen einrichten) und darauf wiederum antworten, in offene Interaktion treten Audiovisualität Verkürzung Vereinfachung Interaktivität Multimodalität

Abb. 1: **Matrix der SNS-Kommunikation nach Medienlogiken gelesen.**
Eigene Darstellung, modifiziert nach (Borucki, 2016).

Die Matrix unterscheidet insofern nicht nur zwischen Distribution und Dialog, sondern auch zwischen Reproduktion und Reaktion – die Art und Weise des Agierens einer Regierung wird so differenzierter gefasst. Diese Perspektive enthält allerdings nur den nach außen, output-orientierten Weg der Kommunikation und erfasst nicht die dabei zugrundeliegenden Motivationen einer kommunizierenden Regierung. Je nach demokratietheoretischer Bezugsgröße, also ob Legitimation, Repräsentation oder Glaubwürdigkeit im Zentrum stehen, kann diese Matrix anders ausgedeutet werden.

Das gestaltet sich dann folgendermaßen: Repräsentation findet sich in erster Linie in den distributiven Feldern der Matrix, gerade weil dies die darstellende und weiterverbreitende Dimension darstellt. Insofern ist die Matrix selbst nicht hierarchisch zu lesen und zu interpretieren, denn auch darstellende Formen und vermittelnde Angebote von Regierungen sind neben aktivierenden und interaktiven Formen von hoher Bedeutung, um die Repräsentationsfunktion über Politikdarstellung auszufüllen. Die Legitimation und insbesondere Glaubwürdigkeit werden dagegen zu weiten Teilen über die Interaktion mit den Nutzern und somit innerhalb der dialogischen Dimension hergestellt. Zwar handelt es sich, wie bereits diskutiert, bei diesen Dimensionen um klassische demokratietheoretische Bezugsgrößen, die Adaption an Soziale Medien im Rahmen der Medialisierung und Digitalisierung beschränkt diese jedoch. Von diesen verschiedenen Möglichkeiten der Kommunikationswege ausgehend, lassen sich nun weitere Überlegungen hinsichtlich der Chancen und Herausforderungen für Regierungskommunikation im Hinblick auf Medialisierung und Digitalisierung anstellen.

3.6 Chancen und Herausforderungen für Regierungskommunikation durch die Digitalisierung

Verstehen wir das Internet und seine vielfältigen Möglichkeiten für politische Kommunikation und insbesondere für Regierungskommunikation als Ergänzung und nicht als Verdrängung klassischer Medien, ist die digitale Kommunikation ein anderer, weiterer Kanal neben analogen Verständigungsformen und -wegen. Ob das der Fall ist und wie derlei Angebote und Vernetzungsstrukturen aussehen, thematisieren demokratietheoretische Perspektiven auf das Verhältnis von Internet und Demokratie (Dahlberg, 2011; Dahlberg & Siapera, 2007), die mittlerweile breit in der Forschungsliteratur vertreten sind.

Inzwischen sind eher optimistische oder gar euphorische Perspektiven auf die Möglichkeiten zur demokratischen Kommunikation im Internet zu relativieren (bereits bei Norris, 2001), insbesondere was die tatsächliche Nutzung politischer Kommunikations- und Partizipationsangebote der Bevölkerung betrifft (Kneuer & Richter, 2015; Koc-Michalska & Lilleker, 2016). Eine realistische Perspektive ist deshalb folgerichtig, weil auch und gerade im Internet Schließungs- und Abgrenzungsprozesse geschehen, die ebenso in der Offline-Welt zu beobachten sind (Holtz-Bacha, 2007; Eveland, 2014; Ferree et al., 2002). Manche hochtrabenden Erwartungen noch vor einigen Jahren sind mit Blick auf die Durchsetzung vollständig neuer Partizipations- und Kommunikationsmodi nach fast einhelliger Einschätzung in der erhofften Form nicht eingetreten: Weder haben sich Hoffnungen in Bezug auf neue Demokratiepotenziale bislang vollständig erfüllt (Marcinkowski & Pfetsch, 2013; Stier, 2012), noch haben Onlinemedien die Vorherrschaft im Prozess der Politikvermittlung erreicht: „There is strong evidence that the mediatization effects of the old media will endure in the new" (Esser, 2013, S. 173). Eher ist von moderaten Veränderungen im politischen Kommunikationsverhalten auszugehen: nur ein kleiner Anteil der Onliner artikuliert sich politisch im Netz, abhängig von Alter, Bildung und politischem Interesse (Vowe, 2014). Bei älteren Bürgern haben sich zudem tiefsitzende Gewohnheiten im politischen Kommunikationsverhalten erhalten, Fernsehnachrichten erreichen nach wie vor mehr Zuschauer als Onlinemedien und das Fernsehen ist zurzeit noch weiterhin das Leitmedium politischer Kommunikation; traditionelle Medienunternehmen sind im Onlinegeschäft stark vertreten und verhindern ein Zurückdrängen klassischer Medienlogiken. Auch im postmodernen Wahlkampf sind auf das Fernsehen und traditionelle Medien abgestimmte Managementstrategien weiterhin tonangebend: „The overall systemic balance in campaigning is still toward older media logic – the televisual styles of campaigning and the war-room practice" (Chadwick, 2013, S. 209); dem liegen quantitative und qualitative Erhebungen zugrunde, die als Basis der Erarbeitung von Kommunikationsstrategien dienen. Parteien wie die von ihnen gestellten Regierungen haben im Gegensatz zu manchem internetaffinen Optimisten durchaus realistisch eingeschätzt, dass zumindest zurzeit noch traditionelle Medien für die Berichterstattung über Politik in den Augen vieler Wähler bedeutsamer sind als Onlinemedien. Dass dann – zumal auf der geringer professionalisierten Ebene der Landesparteien – die Parteien „den internetspezifischen Medialisierungspotenzialen – Multimedialität und Interaktivität – nicht hinreichend Rechnung" tragen (Niemann, 2015, S. 234), ist nur vor dem Hintergrund (zu) hoch gesteckter Erwartungen zu erklären (in ähnlicher Weise argumentieren auch: Strömbäck & van Aelst, 2013, S. 353; Esser, 2013; Donges & Jarren, 2014). Dennoch lässt sich mit der partiellen Nutzung der Medialisierungspotenziale konstatieren, dass Regierungen Bürger nicht länger nur als passive Medienkonsumenten betrachten, sondern sie vermehrt als aktive Teilnehmer an Diskursen und an Entscheidungsprozessen im Netz beteiligen. Mehr Dialog- und Beteiligungsangebote sind durchgängig vorzufinden.

Während die Regierungen durch ihr Zugangsprivileg aber die traditionellen Medien nach wie vor stärker beachten, bieten Onlinemedien nicht-etablierten Parteien und Bürgerbewegungen eine kostengünstige Plattform der Aufmerksamkeitsgewinnung. Meinungsäußerung, Mobilisierung von Protest und die Organisation von entsprechenden Veranstaltungen werden durch Onlinemedien deutlich einfacher und auch entsprechend genutzt, denn mit Hilfe des Netzes lassen sich unkonventionelle Beteiligungsformen und Proteste leichter umsetzen. „Protest movements greatly benefit from the communication infrastructure of the Internet by spreading messages virally, creating networks and organizing collective action" (Schulz, 2014, S. 66).

Für die etablierten Parteien waren Onlinemedien zwar lange Zeit noch ein Kommunikationsfeld „zweiter Klasse" (Bianchi & Korte, 2015, S. 302), jedoch in jüngster Vergangenheit mit deutlich ansteigender Tendenz Richtung Erstklassigkeit. Hier bleibt medialisierten politischen Akteuren wieder keine andere Wahl, wollen sie zukünftig Zustimmung erhalten. Die sogenannten ‚digital natives' werden sich im Laufe der Jahre und ihres Prozesses des Älterwerdens kaum mehr in traditionellere Formen der politischen Kommunikation einfinden. Die kleine Gruppe der politisch Interessierten hat längst erkannt, dass die Onlinemedien mit ihrer Multimedialität und Interaktionsmöglichkeit ihnen mehr Diskurs- und Partizipationspotenziale bieten als Fernsehen oder Zeitung. Dem werden Regierungen

Rechnung tragen müssen. Der Prozess der Medialisierung und die ihm innewoh-
nenden Formen der Professionalisierung und Personalisierung der Kommunikation werden durch Onlinemedien weiter begünstigt.

Literatur

Aldrich, J. H., Gibson, R. K., Cantijoch, M. & Konitzer, T. (2016). Getting out the vote in the social media era: Are digital tools changing the extent, nature and impact of party contacting in elections? *Party Politics 22 (2)*, 165-178. doi:10.1177/1354068815605304.

Althoff, J. (2007). Der Faktor Glaubwürdigkeit: Voraussetzung wirkungsvoller Reformkommunikation. In W. Weidenfeld (Hrgs.), *Reformen kommunizieren* (S. 206-222). Gütersloh: Bertelsmann Stiftung.

Amarnath, A. (2011). *The Stewart/Colbert effect: Essays on the real impacts of fake news*. Jefferson, NC: McFarland & Company, Inc., Publishers.

Anduiza, E., Jensen, M. J. & Jorba, L. (2012). *Digital media and political engagement worldwide: A comparative study*. Cambridge: Cambridge University Press.

Åström, J. & Karlsson, M. (2013). Blogging in the shadow of parties: exploring ideological differences in online campaigning. *Political Communication 30 (3)*, 434-455.

Baringhorst, S. (2014). Internet und Protest: Zum Wandel von Organisationsformen und Handlungsrepertoires – ein Überblick. In K. Voss (Hrsg.), *Internet und Partizipation: Bottom-up oder Top-down? Politische Beteiligungsmöglichkeiten im Internet* (S. 91-114). Wiesbaden: Springer VS.

Barton, J., Castillo, M. & Petrie, R. (2014). What Persuades Voters? A Field Experiment on Political Campaigning. *Economic Journal 124 (574)*, F293-F326. doi:10.1111/ecoj.12093.

Beck, P. A., & Heidemann, E. D. (2014). Changing strategies in grassroots canvassing: 1956-2012. *Party Politics 20 (2)*, 261-274. doi:10.1177/1354068813509518.

Bergsdorf, W. (1986). Probleme der Regierungskommunikation. *Communications 12 (3)*, 27-40.

Bertelsmann-Stiftung (2013). *Gespaltene Demokratie: Politische Partizipation und Demokratiezufriedenheit vor der Bundestagswahl 2013*.

Bianchi, M. & Korte, K.-R. (2015). Die Wahlkommunikation zur Bundestagswahl 2013: Perspektiven der Parteien- und Mediendemokratie. In K.-R. Korte (Hrsg.), *Die Bundestagswahl 2013. Analysen der Wahl-, Parteien-, Kommunikations- und Regierungsforschung* (S. 293-315). Wiesbaden: Springer VS.

Bieber, C. (2011). Aktuelle Formen der Politik(v)ermittlung im Internet. *Politische Bildung (2)*, 50-65.

Blühdorn, I. (2013). *Simulative Demokratie: Neue Politik nach der postdemokratischen Wende*. Edition Suhrkamp, Band. 2634. Berlin: Suhrkamp.

Borucki, I. (2014). *Regieren mit Medien: Auswirkungen der Medialisierung auf die Regierungskommunikation der Bundesregierung von 1982-2010*. Politik und Kommunikation, Band. 1. Leverkusen: Budrich.

Borucki, I. (2016). Regierungen auf Facebook - distributiv, dialogisch oder reaktiv? Eine Bestandsaufnahme. In P. Henn & D. Frieß (Hrsg.), *Politische Online-Kommunikation: Voraussetzungen und Folgen des strukturellen Wandels der politischen Kommunikation* (S. 49-75). Berlin: Digital Communication Research.

Bovaird, T., Stoker, G., Jones, T., Loeffler, E. & Roncancio, M. P. (2016). Activating collective co-production of public services: Influencing citizens to participate in complex governance mechanisms in the UK. *International Review of Administrative Sciences 82 (1)*, 47-68. doi:10.1177/0020852314566009.

Bozdag, E. & van den Hoven, J. (2015). Breaking the filter bubble: Democracy and design. *Ethics and Information Technology 17 (4)*, 249-265. doi:10.1007/s10676-015-9380-y.

Brundidge, J., Kelly Garrett, R., Rojas, H. & Gil de Zúñiga, H. (2014). Political Participation and Ideological News Online: "Differential Gains" and "Differential Losses" in a Presidential Election Cycle. *Mass Communication and Society 17 (4)*, 464-486. doi:10.1080/15205436.2013.821492.

Bruns, A. (2008). Life beyond the public sphere: Towards a networked model for political deliberation. *Information Polity 13 (1)*, 71-85.

Canel, M. J. & Sanders, K. (2013). Introduction: Mapping the field of government communication. In K. Sanders & M. J. Canel (Hrgs.), *Government communication* (S. 1-26). London: Bloomsbury Academic.

Cantijoch, M., Galandini, S. & Gibson, R. (2016). 'It's not about me, it's about my community': A mixed-method study of civic websites and community efficacy. *New Media & Society 18 (9)*, 1896-1915. doi:10.1177/1461444815616225.

Ceron, A. & Memoli, V. (2015). Trust in Government and Media Slant. *The International Journal of Press/Politics 20 (3)*, 339-359. doi:10.1177/1940161215572634.

Chadwick, A. & Stromer-Galley, J. (2016). Digital Media, Power, and Democracy in Parties and Election Campaigns: Party Decline or Party Renewal? *The International Journal of Press/Politics 21 (3)*, 283-293. doi:10.1177/1940161216646731.

Chadwick, A. (2006). *Internet politics: States, citizens, and new communication technologies*. Oxford: Oxford University Press.

Chadwick, A. (2013). *The hybrid media system: Politics and power*. Oxford studies in digital politics. Oxford: Oxford University Press.

Chan, M. (2016). Social Network Sites and Political Engagement: Exploring the Impact of Facebook Connections and Uses on Political Protest and Participation. *Mass Communication and Society 19 (4)*, 430-451. doi:10.1080/15205436.2016.1161803.

Crouch, C. (2008). *Postdemokratie* (1. Auflage). Berlin: Suhrkamp.

D21 Initiative (2016). *D21-Digital-Index 2016. Jährliches Lagebild zur digitalen Gesellschaft*.

D'Angelo, P., Büchel, F. & Esser, F. (2014). Mediatization of Campaign Coverage: Metacoverage of US Elections. In F. Esser & J. Strömbäck (Hrsg.), *Mediatization of politics* (S. 156-180). Basingstoke: Palgrave Macmillan.

Dahl, R. (1971). *Polyarchy: Participation and Opposition*. New Haven: Yale University Press.

Dahlberg, L. (2001). The Internet and Democratic Discourse: Exploring The Prospects of Online Deliberative Forums Extending the Public Sphere. *Information, Communication & Society 4 (4)*, 615-633. doi:10.1080/13691180110097030.

Dahlberg, L. (2011). Re-constructing digital democracy: An outline of four 'positions'. *New Media & Society 13 (6)*, 855-872. doi:10.1177/1461444810389569.

Dahlberg, L. & Siapera, E. (2007). *Radical Democracy and the Internet: Interrogating Theory and Practice*. Basingstoke: Palgrave Macmillan.

Dohle, M. & Bernhard, U. (2014). Mediennutzung und -wahrnehmung von Bundestagsabgeordneten: Ersetzen oder ergänzen Online-Medien klassische Informations- und Kommunikationskanäle? *Zeitschrift für Parlamentsfragen 45 (4)*, 763-774.

Dohle, M., Jandura, O. & Vowe, G. (2014). Politische Kommunikation in der Online-Welt. Dimensionen des strukturellen Wandels politischer Kommunikation. *Zeitschrift für Politik 61 (4)*, 414-436. doi:10.5771/0044-3360-2014-4-414.

Donges, P. & Jarren, O. (2014). Mediatization of Political Organizations: Changing Parties and Interest Groups? In F. Esser & J. Strömbäck (Hrsg.), *Mediatization of Politics: Understanding the Transformation of Western Democracies* (S. 181-199). Basingstoke: Palgrave Macmillan.

Ebo, B. L. (1998). *Cyberghetto or cybertopia? Race, class, and gender on the Internet*. Westport, CT: Praeger.

Enjolras, B., Steen-Johnsen, K. & Wollebæk, D. (2013). Social media and mobilization to offline demonstrations: Transcending participatory divides? *New Media & Society 15 (6)*, 890-908. doi:10.1177/1461444812462844.

Esser, F. (2013). Mediatization as a Challenge: Media Logic Versus Political Logic. In H. Kriesi (Hrsg.), *Democracy in the age of globalization and mediatization* (S. 155-176). Basingstoke: Palgrave Macmillan.

Eveland, W. P. (2014). Linking Social Network Analysis to the Spiral of Silence, Coorientation, and Political Discussion: The Intersection of Political Perceptions and Political Communication. In W. Donsbach, C. T. Salmon & Y. Tsfati (Hrsg.), *The spiral of silence: new perspectives on communication and public opinion* (S. 119-128). New York: Routledge.

Ferree, M. M., Gamson, W. A., Gerhards, J, & Rucht, D. (2002). Four models of the public sphere in modern democracies. *Theory and Society 31 (3)*, 289-324.

Flanagin, A. & Metzger, M. J. (2014). Digital Media and Perceptions of Source Credibility in Political Communication. In K. Kenski & K. Hall Jamieson (Hrsg.), *The Oxford Handbook of Political Communication*. Oxford: University Press.

Gebauer, K.-E. (1998). Regierungskommunikation. In O. Jarren (Hrsg.), *Politische Kommunikation in der demokratischen Gesellschaft* (S. 464-472). Opladen: Westdeutscher Verlag.

Gil de Zúñiga, H., Molyneux, L. & Zheng, P. (2014). Social Media, Political Expression, and Political Participation: Panel Analysis of Lagged and Concurrent Relationships. *Journal of Communication 64 (4)*, 612-634. doi:10.1111/jcom.12103.

Glaab, M. (2016). Hohe Erwartungen, ambivalente Erfahrungen? Zur Debatte um „mehrBürgerbeteiligung" in Wissenschaft, Politik und Gesellschaft. In M. Glaab (Hrsg.), *Politik mit Bürgern - Politik für Bürger: Praxis und Perspektiven einer neuen Beteiligungskultur* (S. 3-25). Wiesbaden: Springer VS.

Helms, L. (2008). Governing in the Media Age: The Impact of the Mass Media on Executive Leadership in Contemporary Democracies. *Government and Opposition 43 (1)*, 26-54. doi:10.1111/j.1477-7053.2007.00242.x.

Herzog, D. (1998). Responsivität. In O. Jarren (Hrsg.), *Politische Kommunikation in der demokratischen Gesellschaft* (S. 298-303). Opladen: Westdeutscher Verlag.

Hindman, M. (2009). *The myth of digital democracy*. Political science communications. Princeton, NJ: Princeton University Press.

Holtz-Bacha, C. (2007). Professionalisation of Politics in Germany. In R. M. Negrine (Hrsg.), *The professionalisation of political communication*. Changing media, changing Europe, Band. 3 (S. 63-79). Bristol: Intellect.

Houlberg Salomonsen, H., Frandsen, F. & Johansen, W. (2016). Civil Servant Involvement in the Strategic Communication of Central Government Organizations: Mediatization and Functional Politicization. *International Journal of Strategic Communication 10 (3)*, 207-221. doi:10.1080/1553118X.2016.1176568.

Hutchens, M. J., Hmielowski, J. D., Pinkleton, B. E. & Beam, M. A. (2016). A Spiral of Skepticism? The Relationship Between Citizens' Involvement With Campaign Information to Their Skepticism and Political Knowledge. *Journalism & Mass Communication Quarterly 93 (4)*, 1073-1090. doi:10.1177/1077699016654439.

Jensen, M. J., & Anstead, N. (2014). Campaigns and Social Media Communications: A Look at Digital Campaigning in the 2010 U.K. General Election. In B. Grofman, A. Trechsel & M. Franklin (Hrsg.), *The Internet and Democracy in Global Perspective*. Studies in Public Choice (S. 57-81). Basel: Springer International Publishing.

Jun, U. (2004). *Der Wandel von Parteien in der Mediendemokratie: SPD und Labour Party im Vergleich*. Frankfurt am Main: Campus-Verlag.

Jun, U. (2015). Parteien und Parteiensystem der Bundesrepublik Deutschland. *Informationen zur politischen Bildung / izpb*. Bonn.

Kalsnes, B. (2016). The Social Media Paradox Explained: Comparing Political Parties Facebook Strategy Versus Practice. *Social Media + Society 2 (2)*. doi:10.1177/2056305116644616.

Klinger, U. & Svensson, J. (2014). The emergence of network media logic in political communication: A theoretical approach. *New Media & Society*. doi:10.1177/1461444814522952.

Kneuer, M. & Richter, S. (2015). *Soziale Medien in Protestbewegungen. Neue Wege für Diskurs, Organisation und Empörung?* Frankfurt: Campus-Verlag.

Koc-Michalska, K. & Lilleker, D. (2016). Digital Politics: Mobilization, Engagement, and Participation. *Political Communication*, 1-5. doi:10.1080/10584609.2016.1243178.

Krämer, N., Rösner, L. & Winter, S. (2016). Krisenkommunikation bei Facebook? Wie sich die Social-Media-Nutzung öffentlicher Institutionen auf ihre Glaubwürdigkeit auswirkt. In T. Jäger, A. Daun & D. Freudenberg (Hrsg.), *Politisches Krisenmanagement. Wissen. Wahrnehmung. Kommunikation* (S. 155-167). Wiesbaden: Springer VS.

Kronewald, E., Borucki, I., Elter, A., Köhler, A., Cismaru, D.-M. & Höfelmann, M. (2014). Theoretische und methodische Grundlagen. In H. Sievert & A. Nelke (Hrsg.), *Social-Media-Kommunikation nationaler Regierungen in Europa* (S. 25-86). Wiesbaden: Springer VS.

Landerer, N. (2013). Rethinking the Logics: A Conceptual Framework for the Mediatization of Politics. *Communication Theory 23 (3)*, 239-258. doi:10.1111/comt.12013.

Lee, F. L. F., Chen, H. T. & Chan, M. (2017). Social media use and university students' participation in a large-scale protest campaign: The case of Hong Kong's Umbrella Movement. *Telematics and Informatics 34 (2)*, 457-469. doi:10.1016/j.tele.2016.08.005.

Marcinkowski, F. & Pfetsch, B. (2013). Die Macht der Medien in der Demokratie: Zum Wandel von wissenschaftlichen Perspektiven, realweltlichen Konstellationen und subjektiven Perzeptionen. In E. Czerwick (Hrsg.), *Politische Kommunikation in der repräsentativen Demokratie der Bundesrepublik Deutschland* (S. 133-148). Wiesbaden: Springer VS.

Marx, P. & Nguyen, C. (2016). Are the Unemployed Less Politically Involved? A Comparative Study of Internal Political Efficacy. *European Sociological Review 32 (5)*, 634-648. doi:10.1093/esr/jcw020.

Mertes, M. (2007). Regierungskommunikation in Deutschland: Komplexe Schranken. In W. Weidenfeld (Hrsg.), *Reformen kommunizieren* (S. 17-35). Gütersloh: Bertelsmann Stiftung.

Niemann, P. (2015). Die Pseudo-Medialisierung des Wahlkampfs: eine rezipientenorientierte Analyse zweier Onlinewahlkämpfe politischer Parteien. Wiesbaden: Springer VS.

Nitschke, P., Donges, P. & Schade, H. (2016). Political organizations use of websites and Facebook. *New Media & Society 18 (5)*, 744-764. doi:10.1177/1461444814546451.

Norris, P. (2001). *Digital Divide: Civic Engagement, Information Poverty, and the Internet*. Cambridge: Cambridge University Press.

Owen, D. & Davis, R. (2008). Presidential Communication in the Internet Era. *Presidential Studies Quarterly 38 (4)*, 658-673.

Pariser, E. (2011). *The filter bubble what the Internet is hiding from you*. London: Viking.

Riegert, K. (2007). *Politicotainment: television's take on the real*. Popular culture everyday life, Band 13. New York: Peter Lang.

Sabato, L., Kondik, K. & Skelley, G. (2017). *Trumped: the 2016 election that broke all the rules*. Lanham, MD: Rowman & Littlefield.

Sanders, K. & Canel, M. J. (2013). Government communication in 15 countries: Themes and challenges. In K. Sanders & M. J. Canel (Hrsg.), *Government communication* (S. 277-312). London: Bloomsbury Academic.

Sarcinelli, U. (1998). Politikvermittlung. In O. Jarren (Hrsg.), *Politische Kommunikation in der demokratischen Gesellschaft* (S. 702-703). Opladen: Westdeutscher Verlag.

Sarcinelli, U. (2009a). *Politische Kommunikation in Deutschland: Zur Politikvermittlung im demokratischen System* (2. Auflage). Wiesbaden: Springer VS.

Sarcinelli, U. (2009b). Strategie und politische Kommunikation: Mehr als die Legitimation des Augenblicks. In J. Raschke & R. Tils (Hrsg.), *Strategie in der Politikwissenschaft* (S. 267-298). Wiesbaden: Springer VS.

Sarcinelli, U. (2011). *Politische Kommunikation in Deutschland: Zur Politikvermittlung im demokratischen System* (3. Auflage). Wiesbaden: Springer VS.

Schulz, W. (2014). Mediatization and New Media. In F. Esser & J. Strömbäck (Hrsg.), *Mediatization of politics* (S. 57-73). Basingstoke: Palgrave Macmillan.

Schünemann, W. J. & Weiler, S. (2012). *E-Government und Netzpolitik im europäischen Vergleich.* Baden-Baden: Nomos.

Stier, S. (2012). *Die Bedeutung des Internets als Medium der politischen Kommunikation in Deutschland und den USA: eine vergleichende Fallstudie.* Münster: Lit.

Strömbäck, J. & van Aelst, P. (2013). Why political parties adapt to the media: Exploring the fourth dimension of mediatization. *International Communication Gazette 75 (4)*, 341-358. doi:10.1177/1748048513482266.

Stromer-Galley, J. (2002). New voices in the public sphere: A comparative analysis of interpersonal and online political talk. *Javnost-The Public 9 (2)*, 23-41.

Sunstein, C. R. (2002). *Republic.com* (3. Auflage). Princeton, NJ: Princeton University Press.

Tenscher, J. & Viehrig, H. (2007). *Politische Kommunikation in internationalen Beziehungen.* Münster: Lit.

Tenscher, J. (2004). 'Bridging the differences': political communication experts in Germany. *German politics 13 (3)*, 516-540. doi:10.1080/0964400042000287482.

Tenscher, J., Borucki, I. (2015). Politische und mediale Logiken. Ein Vorschlag zur Differenzierung politischer Medialisierung. In U. Jun & M. Jäckel (Hrsg.), *Wandel und Kontinuität der politischen Kommunikation*, Politik und Kommunikation, Band. 2 (S. 139-167). Leverkusen: Budrich.

Tewksbury, D., Jensden, J. & Coe, K. (2014). Video News Releases and the Public: The Impact of Source Labeling on the Perceived Credibility of Television News. *Journal of Communication 61 (1)*, 516-540. doi:10.1080/0964400042000287482.

Theviot, A. (2016). Towards a standardization of campaign strategies dictated by the Obama 'model'? The case of 'American-style' canvassing during the 2012 French presidential election campaign. *French Politics 14 (2)*, 158-177. doi:10.1057/fp.2016.7.

Van Aelst, P., Strömbäck, J., Aalberg, T., Esser, F., de Vreese, C., Matthes, J., ... Stępińska, A. (2017). Political communication in a high-choice media enviroment: A challenge for democracy? *Annals of the International Communication Association, 41 (1)*, 3-27.

Voss, K. (2014). Einleitung. In K. Voss (Hrsg.), *Internet und Partizipation : Bottom-up oder Top-down?* (S. 9–23). Wiesbaden: Springer VS.

Vowe, G. (2014). Digital Citizens und Schweigende Mehrheit: Wie verändert sich die politische Beteiligung der Bürger durch das Internet? Ergebnisse einer kommunikationswissenschaftlichen Langzeitstudie. In K. Voss (Hrsg.), *Internet und Partizipation: Bottom-up oder Top-down?* (S. 25–52.). Wiesbaden: Springer VS.

West, E. A. (2017). Descriptive Representation and Political Efficacy: Evidence from Obama and Clinton. *Journal of Politics 79 (1)*, 351-355. doi:10.1086/688888.

Wirtz, B. W. (2010). *E-Government: Grundlagen, Instrumente, Strategie.* Wiesbaden: Gabler.

Wright, S. (2012). Politics as usual?: Revolution, normalization and a new agenda for online deliberation. *New Media & Society 14 (2)*, 244-261. doi:10.1177/1461444811410679.

Zerfaß, A., Welker, M. & Schmidt, J. (2008). *Kommunikation, Partizipation und Wirkungen im Social Web.* Köln: Halem.

4. Staatliche Öffentlichkeitsarbeit aus rechtswissenschaftlicher Perspektive

Tristan Barczak

4.1   Vorüberlegungen

Die neuere Staatsrechtslehre ist sich mit der Kommunikationswissenschaft weitgehend einig, dass staatliche Öffentlichkeitsarbeit ein konstitutives Element der Gesellschaftsordnung in einer modernen Demokratie ist (Mandelartz, 2009). Damit ist freilich mehr als die amtliche Kommunikation der Regierung gemeint: Zur staatlichen Öffentlichkeitsarbeit bzw. Staatskommunikation kann vielmehr die kommunikative Politikentwicklung unterschiedlicher Akteure (der Gubernative und Exekutive, Legislative und Judikative) verschiedener staatlicher Untergliederungen (Bund, Land, Kommune) gerechnet werden, die im ständigen Dialog mit allen Ebenen (Bürger, Medien, Wirtschaft, gesellschaftliche Gruppen) stehen und durch vielfältigste Kommunikationsbeziehungen miteinander verflochten sind (siehe grundlegend Hill, 1993; 1993a; 2013; ferner Gusy, 2000; Heinze, 2012; Gersdorf, 2016). Der Begriff der staatlichen Öffentlichkeitsarbeit soll im Folgenden jedoch enger geführt werden: Ungeachtet möglicher Gleichläufe in den rechtstatsächlichen Begebenheiten und ihrer dogmatischen Behandlung soll die verbraucherbezogene Informationstätigkeit der Verwaltung, z.B. Warnungen vor gefährlichen Produkten oder Sekten, ebenso wenig als Teil der staatlichen Öffentlichkeitsarbeit verstanden werden wie die rein reklamehaft gestaltete Werbung für die eigene Politik oder die amtliche Verlautbarung einer Behörde wie der Staatsanwaltschaft, deren Pressemitteilungen sich mit Blick auf die Unschuldsvermutung freilich ebenfalls zu einem veritablen verfassungsrechtlichen Problem auswachsen können (Schnoor/Giesen/Addicks, 2016). Unter den Begriff der staatlichen Öffentlichkeitsarbeit werden im Folgenden nur solche wertenden Stellungnahmen gefasst, die final auf den demokratischen Wettbewerb gerichtet sind und damit typischerweise den politischen Gegner betreffen.

Weder „staatliche Öffentlichkeitsarbeit" bzw. „Staatskommunikation" im Allgemeinen noch „regierungsamtliche Kommunikation" bzw. „Regierungs-PR" im Speziellen sind originäre Rechtsbegriffe (Fuchs, 2015) und auch erst in der jüngeren Vergangenheit „ein Thema für die Publizistik- und Kommunikationswissenschaft" geworden (Kocks & Raupp, 2014). Es handelt sich damit um eine wissenschaftlich insgesamt wenig ausgeleuchtete Thematik. Die Vielzahl der im Folgenden (4.2) näher darzustellenden Entscheidungen des Bundesverfassungsgerichts sowie der Verfassungsgerichte der Länder, in denen die normativen Maßstäbe für die zulässige Reichweite staatlicher Öffentlichkeitsarbeit abgesteckt wurden, haben parteipolitische Äußerungen von Amtsträgern jedoch zuletzt erneut in den Fokus des rechtswissenschaftlichen Schrifttums gerückt (übergreifende Darstellung bei Barczak, 2015; Butzer, 2015; Gusy, 2015; Putzer, 2015; Kliegel, 2017).

4.2   Die parteipolitische Äußerung als Herausforderung für das Recht

Staatliche Öffentlichkeitsarbeit kann leicht zu einem Politikum werden. Wenn sich radikale und populistische Positionen im politischen Diskurs verstärkt Gehör verschaffen, steigt auch die Neigung politischer Amtsträgerinnen und Amtsträger[1] zu meinungsstarken Reaktionen. Der „verbale Gegenschlag" wird dabei sowohl in den herkömmlichen Medien (Presse, Rundfunk) als auch durch Pressemitteilungen auf der Homepage der jeweiligen Behörde oder durch Nutzung des amtlichen Auftritts in Sozialen Netzwerken (*Twitter*, *Facebook*, etc.) geführt. Werden amtliche Äußerungen, zumal in Wahlkampfzeiten, in Bezug auf den politischen Gegner abgegeben, stellen sie jedoch ein nicht zu unterschätzendes rechtliches, genauer gesagt verfassungsrechtliches Problem dar. Die Partei ergreifende, mitunter parteiische Äußerung eines Amtsträgers gerät in Konflikt mit der Wettbewerbsgleichheit und dem Gebot zur parteipolitischen Neutralität. Nach zwei Diktaturen auf deutschem Boden scheint die Versuchung gleichwohl groß zu sein, die Mahnung an das historische Bewusstsein mit einer Warnung vor einzelnen Parteien, ihren Zielsetzungen und Aktivitäten zu verbinden oder gar die Bürger zu öffentlichem Protest und Gegendemonstrationen aufzurufen. Insbesondere die Auseinandersetzung mit rechtsradikalen bzw. -extremistischen und rechtspopulistischen Kräften hat die Debatte um entsprechende Äußerungsbefugnisse von Regierungsmitgliedern, des Bundespräsidenten und kommunalen Wahlbeamten wiederholt sowohl vor die Verwaltungs- als auch vor die Verfassungsgerichte gebracht.

Äußerungsrechtliche Fälle genießen seit geraumer Zeit „Konjunktur" (Krüper, 2015, S. 414), wie sich an folgenden Fallbeispielen ablesen lässt[2]: Im August 2013 äußerte der Bundespräsident in einer Gesprächsrunde vor Berliner Berufsschülern, dass eine freie Gesellschaft es zwar nicht verbieten könne, dass irrige Meinungen geäußert werden, aber man diese durchaus bekämpfen könne. Dafür brauche man indes „Bürger, die auf die Straße gehen, die den Spinnern ihre Grenzen aufweisen

---

[1] Lediglich im Interesse der besseren Lesbarkeit findet im Folgenden das generische Maskulinum ausschließliche Verwendung.

[2] Weitere Fälle aus der forensischen Praxis werden im Laufe des Beitrages angesprochen; siehe insbesondere unten 4.3.2.

und die sagen ‚bis hierher und nicht weiter'. Und dazu sind Sie alle aufgefordert" (BVerfGE 134, 138 <einstw. Anordnung>; 136, 323; vgl. auch Hillgruber, 2014; Sachs, 2014; Butzer, 2015a). Die Bundesministerin für Familie, Senioren, Frauen und Jugend, Manuela Schwesig, gab wenig später auf die Frage, wie im Falle eines Einzugs der NPD in den Thüringer Landtag mit deren Anträgen im Parlament oder auf Kommunalebene umzugehen sei, zur Antwort: „Das Gefährliche an der NPD ist, dass sie versucht, ihr Molotow-Cocktail-Image abzulegen. Sie kommt nicht mehr mit Springerstiefeln und Glatzen daher, sondern im feinen Nadelstreifenanzug (…). Aber ich werde im Thüringer Wahlkampf mithelfen, alles dafür zu tun, dass es erst gar nicht so weit kommt bei der Wahl im September. Ziel Nummer 1 muss sein, dass die NPD nicht in den Landtag kommt" (BVerfGE 137, 29 <einstw. Anordnung>; 138, 102; hierzu die kritischen Anmerkungen von Krüper, 2015; Tanneberger/Nemeczek, 2015). In ähnlicher Form äußerte die rheinland-pfälzische Ministerpräsidentin, Malu Dreyer, im Vorfeld der Europa- und Kommunalwahlen am 25. Mai 2014, es müsse „alles daran gesetzt werden, um den Wiedereinzug der rechtsextremen NPD im Stadtrat zu verhindern" (RhPfVerfGH, NVwZ-RR 2014, S. 665). Die Thüringer Ministerin für Soziales, Familie und Gesundheit forderte, antidemokratischen und rechtsextremistischen Bestrebungen die „Rote Karte" zu zeigen (ThürVerfGH, ThürVBl. 2015, S. 295). Weiterhin appellierte der thüringische Ministerpräsident, Bodo Ramelow, in einem Interview gegenüber dem MDR an alle demokratischen Parteien und ihre Vertreter, „dass es wirklich keine Gemeinsamkeiten auf der Basis von NPD-Anträgen geben darf" und „die Nazis" damit „aufgewertet" werden; in einem Tweet auf dem *Twitter*-Kanal der thüringischen Staatskanzlei hieß es zudem, dass der „Thüringer Weg" immer in der „Gemeinsamkeit der Demokraten gegen Rechts" bestanden habe (ThürVerfGH, NVwZ 2016, S. 1408). Anlässlich einer Versammlung der Gruppierung „Düsseldorf gegen die Islamisierung des Abendlandes (Dügida)" kündigte der Oberbürgermeister der nordrhein-westfälischen Landeshauptstadt im Internetauftritt der Kommunalverwaltung unter der Überschrift „Lichter aus! Düsseldorf setzt Zeichen gegen Intoleranz" an, dass während einer Dügida-Versammlung die Beleuchtung aller kommunalen Gebäude abgeschaltet werde (VG Düsseldorf, NWVBl. 2015, S. 201; siehe auch zu Hohenlohe, 2016). Anlässlich einer Versammlung der AfD gegen die Flüchtlingspolitik der Bundesregierung rief schließlich die Bundesministerin für Bildung und Forschung, Johanna Wanka, auf ihrer Homepage zu einer Gegendemonstration auf: „Björn Höcke und andere Sprecher der Partei leisten der Radikalisierung in der Gesellschaft Vorschub. Rechtsextreme, die offen Volksverhetzung betreiben wie der Pegida-Chef Bachmann, erhalten damit unerträgliche Unterstützung" (BVerfGE 140, 225; hierzu näher Kliegel, 2017). Darüber hinaus war jüngst die Frage zu beurteilen, ob sich mit dem türkischen Staatspräsidenten Recep Tayyip Erdoğan ein ausländisches Staatsoberhaupt per Videobotschaft auf einer Versammlung in Köln äußern und damit den in einem anderen Staat geführten politischen Wettbewerb nach Deutschland tragen darf (BVerfG, EuGRZ 2016, S. 498; OVG Münster, EuGRZ 2016, S. 499).

4.3 Die Chancengleichheit der Parteien als Basis des demokratischen Wettbewerbs

4.3.1 Neutralitätsgebot

Ausgangspunkt der folgenden Überlegungen ist die im Mehrparteienprinzip (vgl. Art. 21 Abs. 1 Satz 1 GG: „die Parteien") wurzelnde Gleichheit aller politischen Parteien in ihrem verfassungsrechtlichen Status. Die Willensbildung im demokratischen Verfassungsstaat soll *von unten nach oben* und nicht in umgekehrter Richtung verlaufen. Dieser Prozess freier und offener Meinungs- und Willensbildung setzt die Existenz politischer Parteien voraus (BVerfGE 44, 125 <145>; 138, 102 <109 f. Rn. 28>). Über ihr bloßes Vorhandensein hinaus bedarf es in einer modernen parlamentarischen Demokratie jedoch grundsätzlich gleicher Chancen der im Wettbewerb um Wählerstimmen stehenden Parteien. Im Parteienstaat ist es Normalität, dass politische Vereinigungen unterschiedlicher Größe, Etablierung und mit ungleichen sachlichen, personellen und finanziellen Ressourcen in Wettbewerb stehen (siehe auch § 2 PartG). Der Staat ist nicht verpflichtet, diese Unterschiede auszugleichen, er darf sie aber auch nicht aktiv verschärfen oder die vorgefundene Wettbewerbslage verfälschen (BVerfGE 85, 264 <297>; Klein, in: Maunz/Dürig, Art. 21, 64. Lfg. 2012, Rn. 299), weil dies die Basis eines freien demokratischen Diskurses gefährden würde.

Demokratie *als Wettbewerbsordnung* (vgl. Hatje, 2010; Kotzur, 2010; Kluth, 2015) funktioniert nur solange und soweit die jeweilige Minderheit eine realistische Chance hat, zukünftig die Mehrheit zu stellen. Dies impliziert eine im Grundgesetz nicht ausdrücklich benannte *Chancengleichheit* in Gestalt einer Wettbewerbsgleichheit, die sich – streng formal – im technischen Wahlablauf entfaltet und sich – in abgestufter Form – auf die Wahlvorbereitung erstreckt (BVerfGE 44, 125 <146>; eingehend Lipphardt, 1975; Shirvani, 2010, S. 216 ff.). Sofern es um die Chancengleichheit bei Wahlen geht, wird die institutionelle Gewährleistung des Art. 21 Abs. 1 GG, die selbst kein Individualgrundrecht begründet, durch die objektiv-rechtlichen wie grundrechtsgleichen Wahlrechtsgrundsätze der Art. 38 Abs. 1 Satz 1 und Art. 28 Abs. 1 Satz 2 GG verstärkt und ergänzt (BVerfGE 136, 323 <333 Rn. 28>). Nach dem verfassungsrechtlichen Grundsatz der freien Wahl (Art. 38 Abs. 1 Satz 1, Art. 28 Abs. 1 Satz 2 GG) muss der Wähler in einem freien und offenen Prozess der Meinungsbildung ohne jede unzulässige Beeinflussung von staatlicher oder nichtstaatlicher Seite zu seiner Wahlentscheidung finden können (vgl. BVerfGE 66, 369 <380> m.w.N.; 73, 40 <85>). Einfach-gesetzlichen Ausdruck findet das Prinzip der Chancengleichheit in § 5 Abs. 1 Satz 1 PartG, wonach alle Parteien gleich behandelt werden sollen, wenn ein Träger öffentlicher Gewalt Einrichtungen zur Verfügung stellt oder andere öffentliche Leistungen gewährt.

Auch darüber hinaus entfaltet das Prinzip der Chancengleichheit seine Wirksamkeit in der Verpflichtung der Staatsgewalt zur *Neutralität* (näher Huster, 2002; Gusy, 2015). Das Neutralitätsgebot verlangt nicht nur eine Gleichbehandlung, sondern den Verzicht auf wertende Stellungnahmen zu einzelnen Parteien, ihrer Programmatik und ihren Vertretern (Kluth, 2015). Diese Neutralitätspflicht staatlicher Organe besteht gegenüber allen Parteien, deren Verfassungswidrigkeit (Art. 21 Abs. 2 GG) oder Verfassungsfeindlichkeit (Art. 21 Abs. 3 GG) nicht durch das Bundesverfassungsgericht festgestellt wurde. Bis zu einer entsprechenden Entscheidung des Bundesverfassungsgerichts kann niemand die Verfassungswidrigkeit einer Partei rechtlich geltend machen und verstößt die mit Amtsautorität unterlegte Behauptung, eine Partei sei verfassungswidrig, gegen die Neutralitätsverpflichtung (vgl. BVerfGE 40, 287 <291>; 133, 100 <107>; 138, 102 <111 Rn. 34>). Die (partei-)politische Neutralität gehört schließlich zu den hergebrachten Grundsätzen des Berufsbeamtentums im Sinne von Art. 33 Abs. 5 GG. Sie bildet eine wesentliche Grundlage für das Vertrauen der Bürger in die Verwaltung des freiheitlichen Rechtsstaats (OVG Koblenz, NVwZ-RR 2013, S. 853 <854>, m.w.N.). Dieser Grundsatz verbietet es dem Beamten, sich bei seiner Amtsführung auf eine bestimmte politische Richtung festzulegen, ist in seinem personalen Anwendungsbereich jedoch begrenzt und erfasst insbesondere Minister und Mitglieder kommunaler Vertretungskörperschaften nicht (BVerfGE 6, 376 <385>; 76, 256 <344>).

4.3.2 Neutralitätsgefährdungen

Eine Teilnahme der Regierung sowie der gesetzgebenden und verwaltenden Körperschaften am öffentlichen Diskurs ist nicht nur verfassungsrechtlich zulässig, sondern notwendig und gewünscht (BVerfGE 44, 125 <147>; RhPfVerfGH, NVwZ-RR 2014, S. 665 <666>). Es gefährdet jedoch das Recht politischer Parteien, gleichberechtigt am Prozess demokratischer Meinungs- und Willensbildung teilzunehmen, wenn Staatsorgane parteiergreifend zugunsten oder zulasten einer Partei oder von Wahlbewerbern Stellung beziehen (BVerfGE 44, 125 <141, 146>). Der Schlüsselbegriff in diesem Zusammenhang lautet „Amtsautorität", denn Äußerungen von Amtsträgern wird in der öffentlichen Wahrnehmung ein besonderer Stellenwert beigemessen, indem die Äußerung des Amtswalters dem

Amt als solchem zugerechnet wird. Entsprechend haben in diesem Sinne „amtliche" Äußerungen das Potential, auf den politischen Meinungskampf einzuwirken, sind also gleichheitsrelevant, indem in der Regel gleichzeitig zugunsten der einen und zulasten einer anderen (politischen) Partei Einfluss genommen wird (Krüper, 2015). Die demokratische Chance der Minderheit, zukünftig die Mehrheit zu stellen, kann auf diese Art und Weise konterkariert werden. Eine die Gleichheit ihrer Wettbewerbschancen beeinträchtigende Wirkung kann dabei für eine Partei auch von der öffentlichen Kundgabe negativer Werturteile über ihre Ziele, Betätigungen und Mitglieder ausgehen (BVerfGE 136, 323 <333 Rn. 28>). Regierungsamtliche Öffentlichkeitsarbeit wird insofern schon begrifflich als gezielte, sachliche, direkte und grundsätzlich dialogorientierte Information der Öffentlichkeit über die Politik der Regierung charakterisiert, die sich eines aggressiv herabsetzenden Urteils gegenüber politisch anders Denkenden enthält (Mandelartz, 2009; ders., 2010).

Danach sind die jüngsten Aufrufe des Bundespräsidenten, von Regierungsmitgliedern, Ministerpräsidenten und Bürgermeistern, den „Wiedereinzug der NPD in den Stadtrat zu verhindern", „den Spinnern ihre Grenzen" aufzuzeigen, „der NPD einmal mehr zu zeigen, dass wir sie hier nicht haben wollen" (VGH Kassel, Beschl. v. 24. November 2014 – 8 A 1605/14 –, juris), „antidemokratischen und rechtsextremistischen Bestrebungen die Rote Karte [zu] zeigen" und „immer wieder ‚nein' [zu] sagen, wenn dieser Mob wieder rauskriecht aus den Köpfen, wenn diese ‚braune Brut' wieder nach oben kommt" (SaarlVerfGH, NVwZ-RR 2014, S. 905 Ls.) ebenso rechtfertigungsbedürftig wie die Warnung vor einem Ministerpräsidenten der Linkspartei[3]. Insbesondere die Existenz (NPD) und Etablierung (AfD) politischer Kräfte rechts der bürgerlichen Mitte weckt dabei ebensolche spezifisch deutschen Ängste (Nestler/Rohgalf, 2014) wie bürgerschaftlich organisierte rechtspopulistische Veranstaltungen („Pegida") oder offen rechtsextremistische Aktionsgruppen („HoGeSa").

Maßgeblich für die Beurteilung der Zulässigkeit negativer Werturteile in Bezug auf politische Parteien sollen nach der Rechtsprechung einerseits die jeweilige Fallgestaltung, andererseits die Rolle des jeweiligen Amtsinhabers sein. Jedoch zeigen sich bei genauerer Betrachtung übergreifende Maßstäbe, die eine zusammenfassende Darstellung gestatten.

---

[3] Siehe www.spiegel.de/politik/deutschland/joachim-gauck-warnung-vor-bodo-ramelow-in-thuringen-a-1000583.html (zuletzt 1. Dezember 2016).

4.4   Die verfassungsrechtliche Zulässigkeit parteipolitischer Äußerungen

Wenn im Folgenden die rechtliche Zulässigkeit der parteiergreifenden, insbesondere negativen Stellungnahme gegenüber dem politischen Mitbewerber näher untersucht wird, ist zunächst in einem ersten Schritt zu klären, in welcher Rolle der Äußernde jeweils tätig geworden ist (4.4.1): Denn während der Betreffende als Privatperson und Parteipolitiker das Recht der freien Rede ohne Abstriche für sich beanspruchen kann, überwiegen die rechtlichen Bindungen, sobald er in die Rolle des Amtswalters schlüpft. Darin spiegelt sich die klassische Unterscheidung zwischen Staat und Gesellschaft, zwischen Amt und Partei wider (Fuchs, 2015; Gröpl/Zembruski, 2016; zur Abgrenzung zwischen Staat und Medien dagegen Gersdorf, 2016), die in Art. 1 Abs. 3 GG normativen Ausdruck gefunden hat. Was hier so schematisch wie leicht zu beurteilen klingt, stellt die Praxis vor nicht zu unterschätzende Schwierigkeiten: Denn ob jemand gerade den privaten oder den dienstlichen „Anzug" trägt, kann im Einzelfall kaum zu unterscheiden sein (so schon Busch-Janser/Köhler, 2006). Erst nachdem die jeweilige Sprecherrolle ermittelt worden ist, lässt sich anschließend in einem zweiten Schritt auf die rechtlichen Zulässigkeitsvoraussetzungen im Einzelnen eingehen (4.4.2).

4.4.1 Bestimmung der Sprecherrolle

a) Abgrenzungserfordernis

Die entscheidende Frage im Zusammenhang mit wahlbeeinflussenden Maßnahmen von Einzelpersonen geht folglich zunächst dahin, ob die Äußerung in amtlicher Funktionswahrnehmung oder im Rahmen des eigenen politischen Engagements erfolgt ist. Für die durchaus diffizile Beantwortung dieser Frage ist auf den „objektiven Betrachter" (ThürVerfGH, ThürVBl. 2015, S. 295 <297>), den „verständigen Beobachter" (VGH Mannheim, DVBl. 1985, S. 170 <171>), den „aufgeschlossenen Durchschnittswähler" bzw. „Durchschnittsleser" (VGH Mannheim, NVwZ 1992, S. 504 <505>), den „unbefangenen Leser" (BVerwGE 104, 323 <328>) oder „mündigen Wahlbürger" (VG Wiesbaden, Urt. v. 2. März 2005 – 3 E 1672/04 <4> –, juris, Rn. 64) abzustellen. Dem Parteienstaat des Grundgesetzes liegt die Vorstellung zugrunde, dass der Inhaber eines Regierungsamts einer Partei angehört und in dieser Führungsaufgaben wahrnimmt. Führte die Übernahme eines Regierungsamts dazu, dass der Amtsinhaber aufgrund des Neutralitätsgebots prinzipiell gehindert wäre, sich parteipolitisch zu engagieren, zöge dies eine ungerechtfertigte Beschneidung seiner von Art. 5 Abs. 1 Satz 1 GG geschützten Äußerungsfreiheit sowie eine Benachteiligung der Regierungsparteien nach sich. Parteien, die als Sieger aus einer Wahlauseinandersetzung hervorgegangen sind, würden durch die fehlende Möglichkeit, auf die Mitarbeit der mit Regierungsämtern betrauten Parteimitglieder zurückzugreifen, wiederum selbst in ihrem Recht auf Chancengleichheit im politischen Wettbewerb beschränkt. Mit der parteienstaatlichen Konzeption des Grundgesetzes, wie sie in Art. 21 GG Ausdruck gefunden hat, wäre dies nach Ansicht des Bundesverfassungsgerichts nicht zu vereinbaren (BVerfGE 138, 102 <117 Rn. 51 f.>; kritisch hierzu aber Tanneberger/Nemeczek, 2015).

Insbesondere bei Äußerungen in Talkshows, Interviews oder den im Prozess der Digitalisierung der politischen Kommunikation immer wichtiger werdenden Sozialen Netzwerken (*Twitter*, *Facebook*) wird oftmals schwierig zu bestimmen sein, ob gerade der Minister, Parteipolitiker oder Privatmann spricht (zu staatlichen Internetaktivitäten Ladeur, 2002; Kocks/Raupp/Schink, 2015). Wenngleich eine chirurgisch präzise Trennung zwischen persönlicher Überzeugung, parteipolitischer Gesinnung und ministeriellem Statement oftmals kaum leistbar erscheinen dürfte, ist die Abgrenzung ausschlaggebend für die Beurteilung der Verfassungskonformität einer politischen Äußerung (Barczak, 2015). Anders dürfte dies indes mit Blick auf den Bundespräsidenten zu beurteilen sein: Zwar untersagt ihm Art. 55 Abs. 2 GG nicht die Mitgliedschaft in einer politischen Partei oder das Innehaben eines Parteiamts (str., wie hier: Herzog, in: Maunz/Dürig, Art. 55, 54. Lfg. 2009, Rn. 19; a.A. Nierhaus, in: Sachs, 2014, Art. 55 Rn. 9), jedoch wird er aus der Sicht eines objektiven Durchschnittsbetrachters kaum jemals als Privatmann oder – bei der gebotenen parteipolitischen Zurückhaltung in der Amtsführung – als Parteipolitiker wahrgenommen werden. Auch steht er nicht im Wettbewerb mit politischen Konkurrenten, weshalb für ihn Sonderregelungen in gewissem Umfange gerechtfertigt erscheinen könnten[4].

Die im Übrigen notwendige Abgrenzung führt auch nicht zu einer künstlichen Aufspaltung einer einheitlichen Person, betrifft sie doch lediglich verschiedene Kommunikationsrollen (RhPfVerfGH, NVwZ-RR 2014, S. 665 <667>), und ist in einem freiheitlichen Verfassungsstaat unabdingbar, der von der Vorstellung ausgeht, dass das Individuum ebenso frei und durch sich selbst berechtigt wie der Staat gebunden und rechtfertigungsbedürftig ist (Barczak, 2015).

b) Abgrenzungskriterien

Doch wie ist nun im Einzelnen abzugrenzen, ob eine Äußerung dem Amtsinhaber oder dem Parteipolitiker bzw. Privatmann zuzurechnen ist? Ein die Neutralitätspflicht auslösender Amtsbezug kann sich zunächst aus Inhalt, Form und äußerem Zusammenhang der Aussage ergeben. Erforderlich ist dabei eine Würdigung aller tatsächlichen *Umstände des Einzelfalls* (RhPfVerfGH, NVwZ-RR 2014, S. 665

---

[4] Hierzu unten 4.4.3 b) cc).

<667>), wobei eine *verobjektivierte Betrachtung* zugrunde zu legen ist (eingehend zur Abgrenzung auch Studenroth, 2000, S. 272 ff.).

Ein spezifischer Rückgriff auf die mit dem Amt verbundene Autorität ist danach zunächst gegeben, wenn ausdrücklich auf das Amt Bezug genommen wird oder die Äußerung ausschließlich Vorhaben oder Maßnahmen des vom Sprecher geführten Amtes betrifft. Das Gleiche gilt, wenn die Äußerung in amtlichen Verlautbarungen wie dem Amtsblatt als dem amtlichen Verkündungsorgan der Gemeinde, Pressemitteilungen oder im offiziellen Internetauftritt der Regierung oder Kommune erfolgt (BVerfGE 138, 102 <118 Rn. 57>; OVG Koblenz, NVwZ-RR 2013, S. 853 <854>). Die Verwendung von Staatssymbolen und Hoheitszeichen kann einen amtlichen Bezug ebenso begründen[5] wie die Nutzung von Amtsräumen und sonstiger Sach-, Finanz- oder auch Personalmittel, zu denen der Betreffende allein aufgrund seines Amtes Zugang hat (RhPfVerfGH, NVwZ-RR 2014, S. 665 <667>; Oebbecke, 2007; Fuchs, 2015). Allerdings wird man verlangen müssen, dass zwischen der Nutzung amtlicher Mittel und der Äußerung auch eine *spezifische Beziehung* besteht. Die bloße Anreise zu einer Talkshow mit dem Dienstwagen, der Mitgliedern der Bundesregierung und Staatssekretären auch für Privatfahrten zur Verfügung steht[6], präjudiziert danach keinen Amtsbezug der in der Talkshow getätigten Ausführungen. Das Gleiche ist für den Fall anzunehmen, dass ein Interview des Amtsinhabers durch einen Rückgriff auf staatliche Ressourcen (z.B. die Bediensteten der jeweiligen Behörde) vorbereitet wird; neben Schwierigkeiten bei der gerichtlichen Beweisführung würde dies die Kontrolle zu weit ins Vorfeld der Abgabe einer Äußerung verlagern (wie hier Kliegel, 2017; a.A. Fuchs, 2015). Erfolgt die streitige Äußerung dagegen im Rahmen eines Interviews, zu dem der Amtsinhaber in die Räumlichkeiten des Ministeriums geladen hat, dürfte hier im Zweifel immer der Minister sprechen. Selbiges gilt bei Äußerungen auf Veranstaltungen, zu denen die Bundes- oder Landesregierung eingeladen hat. Wird durch eine Bundesministerin auf der Homepage ihres Ministeriums oder durch den Oberbürgermeister auf städtischen Internetseiten zur Teilnahme an einer Gegendemonstration gegen eine Versammlung der AfD oder „Dügida" aufgerufen und ein „Lichterboykott" (Abstellen der Rathausbeleuchtung) angekündigt, wird in beiden Aspekten Amtsautorität beansprucht, zum einen durch das Medium des offiziellen Internetauftritts, zum anderen durch den Umstand, dass ein Bürgermeister nur kraft seines Amtes auf die Rathausbeleuchtung zugreifen kann (so auch VG Düsseldorf, NWVBl. 2015, S. 201 <202>). Entsprechend heißt es in der

---

[5] Die Verwendung des Gemeindewappens auf einer *privaten* Homepage soll jedoch nicht ausreichen, vgl. VG Wiesbaden, Urt. v. 2. März 2005 – 3 E 1672/04 (4) –, juris, Rn. 65 ff.

[6] Vgl. § 14 Abs. 1 der Richtlinien für die Nutzung von Dienstkraftfahrzeugen in der Bundesverwaltung (DKfzR) v. 29. Juni 1993, GMBl. 1993, S. 398.

verfassungsgerichtlichen Eilentscheidung über den Protestaufruf der als Antragsgegnerin bezeichneten Bundesbildungsministerin:

> „Vorliegend erfolgte die Veröffentlichung der Presseerklärung der Antragsgegnerin auf der Home
> page des von ihr geführten Ministeriums, ohne dass ein Bezug zu den mit dem Ministeramt ver
> bundenen Aufgaben erkennbar wäre. Zwar ist der Antragsgegnerin zuzugestehen, dass im Text
> der Presseerklärung eine Bezugnahme auf ihr Ministeramt unterbleibt. Gleichwohl nimmt sie mit
> der Verbreitung der Erklärung über die Homepage des von ihr geführten Ministeriums Ressourcen
> in Anspruch, die ihr aufgrund ihres Regierungsamtes zur Verfügung stehen und politischen Wett
> bewerbern verschlossen sind. Daher kann eine Verletzung des Rechts der Antragstellerin auf
> Chancengleichheit im politischen Wettbewerb nicht von vornherein ausgeschlossen werden"
> (BVerfGE 140, 225 <227>).

Wird die handelnde Person dagegen primär als Parteipolitiker wahrgenommen –
wie etwa im Zusammenhang mit Reden auf Parteitagen oder bei sonstigen parteipolitischen Veranstaltungen (Konferenzen, Symposien, Tagungen, Wahlkampfveranstaltungen) –, scheidet ein Amtsbezug aus. Äußerungen auf Parteitagen oder
vergleichbaren Parteiveranstaltungen wirken nach Ansicht des Bundesverfassungsgerichts regelmäßig nicht in einer Weise auf die Willensbildung des Volkes
ein, die das Recht politischer Parteien auf gleichberechtigte Teilnahme am politischen Wettbewerb tangiert, da die handelnde Person primär als Parteipolitiker
wahrgenommen wird (BVerfGE 138, 102 <119 Rn. 58>). In einem solchen Fall
ist ihre Äußerung mithin dem allgemeinen politischen Wettbewerb zuzurechnen
und genießt folgerichtig den Schutz der Meinungsfreiheit (Art. 5 Abs. 1 Satz 1
GG). Ebenso zulässig sind Äußerungen eines Amtsinhabers, die dieser als politisch engagierter Bürger tätigt. So darf er sich mit Auftritten, Anzeigen und Wahlaufrufen am Wahlkampf beteiligen, ohne dabei sein Amt verleugnen zu müssen
(RhPfVerfGH, NVwZ-RR 2014, S. 665 <667>).

Eine differenzierte Betrachtung ist sowohl bei Veranstaltungen des allgemeinen politischen Diskurses (Talkrunden, Diskussionsforen, Zeitungs- und Fernsehinterviews, Reden bei Kirchentagen) als auch bei Beiträgen in Sozialen Netzwerken angebracht, weil der Betreffende sich hier jeweils entweder als Amtsträger,
Parteipolitiker oder Privatperson zu Wort melden kann. Die bloße Verwendung
der Amtsbezeichnung soll danach als Indiz für die Inanspruchnahme von Amtsautorität nicht ausreichen, weil dies staatlichen Funktionsträgern auch in außerdienstlichen Zusammenhängen gestattet ist[7]. Erst wenn der Amtsträger seine Aussagen in spezifischer Weise mit Amtsautorität unterlege – z.B. indem er auf von
seiner Behörde erhobene Zahlen verweist –, gelte die Neutralitätspflicht (BVerfGE 138, 102 <119 f. Rn. 59>). Dies erscheint im Interesse eines extensiven

---

[7] Vgl. auf Bundesebene § 86 Abs. 2 Satz 2 BBG.

Grundrechtsverständnisses überzeugend, sodass bei verbleibenden *Zweifeln* anzunehmen ist, dass es sich um eine den Schutz der Meinungsfreiheit genießende Äußerung ohne Inanspruchnahme amtlicher Autorität handelt (Barczak, 2015; so auch schon BayVerfGH, NVwZ-RR 1994, S. 529 (533); RhPfVerfGH, NVwZ-RR 2014, S. 665 <668>; offenlassend Gröpl/Zembruski, 2016). Diese ist von Art. 5 Abs. 1 Satz 1 GG gedeckt, ohne dass es darauf ankäme, ob die Äußerung als wertvoll oder wertlos, begründet oder grundlos, gefährlich oder harmlos, emotional oder rational eingeschätzt wird (stRspr., vgl. BVerfGE 33, 1 <14>; 85, 1 <15>). Schon deshalb kann der Gegenauffassung, die in solchen Konstellationen „im Zweifel gegen den Amtsträger" (so Kliegel, 2017, S. 434) entscheiden möchte, nicht gefolgt werden: Diese stützt sich darauf, dass es der Amtsträger sei, der sich „im Angriffsmodus" befinde, weil er derjenige sei, der Rechtspositionen Dritter beeinträchtige. Den naheliegenden Einwand, dass der Betreffende bei einer solchen Zweifelsregelung nicht mehr offen sprechen könne und ihm jede Rechtssicherheit genommen werde (Putzer, 2015; Tanneberger/Nemeczek, 2015), lässt diese Ansicht nicht gelten, weil sich der Betreffende ja sehr wohl im allgemeinen politischen Diskurs äußern dürfe, nur eben nicht „unter Rückgriff auf die Möglichkeiten und Mittel seines Amtes" (Kliegel, 2017, S. 435). Hier unterläuft ihr jedoch ein Zirkelschluss, galt es doch gerade zu klären, ob sich der Betreffende überhaupt der „Möglichkeiten und Mittel seines Amtes" bedient oder eben nicht.

Nur dann, wenn bei der Äußerung in spezifischer Weise Amtsautorität beansprucht wird, muss sie sich demnach an folgenden Rechtmäßigkeitskritierien messen lassen.

4.4.2 Formelle Verfassungsmäßigkeit

a) Verbands- und Organkompetenz

Bislang wenig Beachtung gefunden hat die Frage, ob der Amtsinhaber zu der jeweiligen Äußerung in kompetenzrechtlicher Hinsicht befugt war (vgl. Barczak, 2015). Für die verfassungsrechtliche Zulässigkeit staatlichen Informationshandelns ist es jedoch stets erforderlich, dass es sich innerhalb des dem jeweiligen Organ zugewiesenen Aufgaben- und Zuständigkeitsbereichs hält (BVerfGE 44, 125 <149>; ferner BVerfG-K, NVwZ-RR 2014, S. 538 <539>, im Anschluss an BVerfGE 105, 252 <270>).

Diese Grundsätze sind auch im wechselseitigen Verhältnis von Bund, Ländern und Kommunen zu wahren, das durch den Grundsatz *eigenständiger Verfassungsräume* geprägt ist (vgl. Art. 28 Abs. 2, 30 GG). Ebenso wie sich die Bundesregierung – soweit sie nicht zuständig ist – jedes Eingriffs in den Länderbereich zu enthalten hat, müssen die Verfassungsorgane der Länder ihre Öffentlichkeitsarbeit dem Grunde nach auf den Aufgaben- und Kompetenzbereich des jeweiligen Landes beschränken. Das Gleiche gilt für die Öffentlichkeitsarbeit von Kommunalpolitikern. Dieser wechselseitigen Schranke kommt in zeitlicher Nähe zu Parlamentswahlen besondere Bedeutung zu[8]. Weder dürfen die Verfassungsorgane des Bundes anlässlich von Wahlen in den Ländern und Gemeinden, noch dürfen die Amtsinhaber der Länder und Gemeinden anlässlich von Wahlen zum Bundestag parteiergreifend in den Wahlkampf hineinwirken (BVerfGE 44, 125 <149>; RhPf-VerfGH, NVwZ 2007, S. 200 <202>). Die von der Kompetenzordnung gezogenen Grenzen werden indes einseitig, nämlich zum Nachteil der Länder und Kommunen, unterlaufen, wenn man mit dem Bundesverfassungsgericht die Äußerungsbefugnis der Bundesregierung in Fortführung der *Osho*- und *Glykol*-Rechtsprechung als verfassungsunmittelbare Kompetenz betrachtet, die eine „andere Regelung" im Sinne des Art. 30 GG begründe[9].

aa) Kommunalpolitiker

Die Äußerungsbefugnis eines Gemeindevorstehers beschränkt sich von vornherein auf diejenigen Bedürfnisse und Interessen, die in der örtlichen Gemeinschaft wurzeln oder auf sie einen spezifischen Bezug haben. Diese Grenzen werden überschritten, wenn ein – im Parteiverbotsverfahren vor dem Bundesverfassungsgericht gemäß § 13 Nr. 2, §§ 43-47 BVerfGG nicht antragsberechtigter – Bürgermeister auf der Internetseite der Kommune ein Verbot der NPD fordert (BVerfG-K, NVwZ-RR 2014, S. 538 <539>). Auch der amtliche Aufruf zu „Anti-Pegida-Demonstrationen" weist allenfalls mit Blick auf den Veranstaltungsort einen kommunalen Bezug auf, betrifft im Übrigen aber über den örtlichen Bereich hinausgehende Fragen des Sicherheits-, Asyl- und Ausländerrechts (VG Düsseldorf, NWVBl. 2015, S. 201 <201>)[10].

bb) Bundes- und Landesminister

Während die Gerichte die zulässige Reichweite ministerieller Äußerungen von der allgemeinen *Kompetenz zur Staatsleitung* (vgl. Art. 65 GG[11]) mit ihren integralen Bestandteilen zur Information und Öffentlichkeitsarbeit her bestimmen (siehe nur BVerfGE 138, 102 <113 f. Rn. 39 f.>; ThürVerfGH, ThürVBl. 2015, S. 295 <296>), die in der gesamtstaatlichen Verantwortung der Bundesregierung ihre

---

[8] Hierzu noch unten 4.4.3 a) bb).

[9] Zu dem hier angesprochenen Verfassungsbereich der Länder zählen grundsätzlich auch die Gemeinden und Gemeindeverbände, vgl. Pieroth, in: Jarass/Pieroth, 2016, Art. 30 Rn. 6.

[10] Zur Problematik eines amtlichen Protestaufrufs noch unten 4.4.3 a).

[11] Sowie entsprechende Regelungen auf Ebene des Landesverfassungsrechts, vgl. exemplarisch Art. 47, 50 BayVerf; Art. 55 NRWVerf.

Grundlage finden und die innerstaatliche Kompetenzordnung überspielen soll (BVerfGE 105, 252 <270 f.>; 105, 279 <306 f.>)[12], ist die Äußerungsbefugnis einzelner Minister richtigerweise auf ihre jeweilige *Ressortzuständigkeit* zu beschränken. Entsprechend ist es – jedenfalls kompetenzrechtlich – unproblematisch, wenn sich ein Landesminister für Bildung und Kultur in einer Rede zur Feier eines schulischen, dem Einsatz gegen Rassismus gewidmeten Projekts zu aktuellen Gefährdungen durch „die Wiedergänger der alten Nazis" äußert und zur Rassismus-Prävention aufruft (SaarlVerfGH, NVwZ-RR 2014, S. 905 Ls.). Äußerst zweifelhaft erscheint hingegen, ob sich eine Bundesministerin für Familie, Senioren, Frauen und Jugend in amtlicher Funktion zu einer bevorstehenden Landtagswahl äußern und vor der Wahl einer bestimmten Partei warnen darf; richtigerweise mangelt es hier sowohl an der Verbands- als auch an der Organkompetenz[13]. Wenn eine Landessozialministerin auf der Homepage des Ministeriums zur Beteiligung an Protesten gegen einen NPD-Landesparteitag aufruft, dürften bereits ebenfalls die Grenzen ihres Geschäftsbereichs überschritten sein (anders ThürVerfGH, ThürVBl. 2015, S. 295 <298>).

cc) Bundeskanzler, Bundespräsident und Ministerpräsidenten der Länder

Der Bundeskanzler ist zwar nicht berechtigt, in ein Ressort „hinzuregieren" (Böckenförde, 1964, S. 207). Aufgrund seiner Richtlinienkompetenz (Art. 65 Satz 1 GG) erstreckt sich seine Befugnis zur Publikumsinformation *grosso modo* gleichwohl auf sämtliche Geschäftsbereiche. Die Ministerpräsidenten der Länder sind in kompetenzrechtlicher Hinsicht zu ähnlich weitgehenden Äußerungen befugt. Sie vereinigen auf Landesebene in gewisser Weise die Ämter des Bundespräsidenten und -kanzlers („Landesvater", „Landesmutter") und können selbst zu bundespolitischen Themen Stellung beziehen. Das folgt schon daraus, dass der Ministerpräsident als Mitglied des Bundesrates zur Mitwirkung an der Bundespolitik berufen (Art. 50 GG) und als Chef der Landesexekutive am Vollzug der Bundesgesetze beteiligt ist (vgl. Art. 83 f. GG). Ausgenommen sind dagegen diejenigen Bereiche, welche in die originäre Zuständigkeit der Regierung fallen, wie etwa die Außen- und Verteidigungspolitik (Hufen, 2007).

Noch freier in der Wahl der Themen ist allein der Bundespräsident. Was *prima vista* überraschen mag, sind doch seine Kompetenzen im Verfassungsorgangefüge im Vergleich zum Reichspräsidenten der Weimarer Reichsverfassung (WRV) erheblich beschnitten worden, erscheint auf den zweiten Blick einleuchtend: Das

---

[12] Siehe hierzu noch unten 4.4.3 a).

[13] Wenn man hingegen, wie das Bundesverfassungsgericht im „Fall Schwesig", bereits eine amtliche Äußerung verneint, stellen die eingehenden Ausführungen zur Kompetenzmäßigkeit der Aussage ein deplatziert wirkendes *obiter dictum* dar, vgl. BVerfGE 138, 102 (114 Rn. 39 f.): „Kompetenz zur Staatsleitung"; mit ähnlicher Kritik Mandelartz, 2015.

Amt des Bundespräsidenten lebt von den „weichen" Mitteln der Einflussnahme (Reden, Interviews, Hintergrundgesprächen, etc.) und ist auf die Gesellschaft gerichtet, wo es seine integrierende Kraft entfaltet (von Arnauld, in: von Münch/Kunig, 2012, Art. 55 Rn. 11). Zwar soll der Bundespräsident nach gefestigter Verfassungstradition eine gewisse parteipolitische Distanz wahren[14], gleichwohl entscheidet er grundsätzlich selbst darüber, wie er die ihm vom Grundgesetz zugedachte Integrationsaufgabe ausfüllt (BVerfGE 136, 323 <332 Rn. 25>). Grenzen der Verbands- oder Organkompetenz schränken die Äußerungsbefugnis des Bundespräsidenten mithin allenfalls ausnahmsweise ein (Barczak, 2015; zustimmend Gröpl/Zembruski, 2016).

b) Verfahren und Form

aa) Pflicht zur Gegenzeichnung

In verfahrensrechtlicher Hinsicht ließe sich mit Blick auf bundespräsidiale Äußerungen an eine Pflicht zur Gegenzeichnung durch den Kanzler oder zuständigen Minister denken. Dieses der Epoche des Konstitutionalismus entstammende Rechtsinstitut soll sicherstellen, dass das Handeln des Präsidenten wenigstens mittelbar an das Parlament rückgekoppelt wird (Wittreck, 2006, S. 734). Dann müsste es sich bei der Äußerung indes um eine „Anordnung" oder „Verfügung" im Sinne des Art. 58 Satz 1 GG handeln. Entgegen einzelner Stimmen in der Literatur sind hiermit ausschließlich rechtserhebliche Handlungen des Bundespräsidenten gemeint, nicht jedoch schlichte Realakte (Barczak, 2015, m.w.N.). Seine Äußerungen im politischen Diskurs sind folglich nicht gegenzeichnungspflichtig (eingehend Butzer, 2015a).

bb) Verbot der Diffamierung

Als formelles Rechtmäßigkeitskriterium lässt sich die Pflicht des Organwalters einstufen, sich jeglicher Äußerungen zu enthalten, die keinen Beitrag zur sachlichen Auseinandersetzung liefern, sondern ausgrenzend wirken, wie dies bei beleidigenden und insbesondere solchen Äußerungen der Fall ist, die in anderen Zusammenhängen als *Schmähkritik* qualifiziert werden (BVerfGE 136, 323 <335 f. Rn. 32>; 137, 29 <33 Rn. 12>; 138, 102 <112 f. Rn. 37>). Danach ist es Amtswaltern zwar zuzugestehen, dass sie ihr Anliegen auch mit einer zugespitzten Wortwahl vorbringen; die Grenze es jedoch bei sachgrundlosen Diffamierungen und Formalbeleidigungen erreicht.

---

[14] Näher unten 4.4.3 b) cc).

Die verfassungsgerichtliche Rechtsprechung knüpft an dieser Stelle nicht nur an die *Osho*-Entscheidung an, wonach Äußerungen in Bezug auf religiös-weltanschauliche Gemeinschaften „als solche nicht diffamierend oder sonst wie diskriminierend" sein dürften (BVerfGE 105, 279 <297>), sondern transferiert mit dem Verbot der Schmähkritik zugleich die äußersten Grenzen der Meinungsfreiheit in den staatsrechtlichen Bereich. Ob dies mit Blick auf die grundlegenden Unterschiede zwischen der Wahrnehmung eines Freiheitsgrundrechts einerseits und dem Gebrauchmachen einer Kompetenznorm andererseits überzeugen kann, mag hier dahingestellt sein. Es bleibt abzuwarten, ob das aufgrund der gebotenen meinungsfreundlichen Auslegung nur höchst selten gezogene Register der Schmähkritik[15] im staatsrechtlichen Zusammenhang größere Relevanz zu entfalten vermag. Anzunehmen ist dies nicht (Barczak, 2015; ähnlich Kliegel, 2017, S. 424: „ein Allgemeinplatz").

4.4.3 Materielle Verfassungsmäßigkeit

a) Erfordernis einer spezifischen Rechtsgrundlage

Staatliches Informationshandeln in Bezug auf eine politische Partei vermag jedenfalls die objektiv-rechtliche Garantie des Art. 21 Abs. 1 GG zu beeinträchtigen[16], weshalb zwar nicht ein grundrechtlicher Gesetzesvorbehalt, wohl aber der rechtsstaatliche Vorbehalt des Gesetzes nach einer Regelung aller wesentlichen Fragen durch den Parlamentsgesetzgeber verlangt. Zwar ist nicht jede Äußerung informierender oder wertender Art, die sich auf das durch Art. 21 Abs. 1 GG statuierte Recht nachteilig auswirken kann, schon als eine solche Beeinträchtigung zu qualifizieren, die den Vorbehalt des Gesetzes auslöst. Das Erfordernis einer einfachgesetzlichen Ermächtigungsgrundlage ist jedoch auch für faktisch-finale Eingriffe allgemein anerkannt, sofern sie von einigem Gewicht sind („funktionales Eingriffsäquivalent"). Diese Voraussetzung ist im Falle an die Öffentlichkeit gerichteter, typischerweise negativer amtlicher Informationen in Bezug auf einzelne Parteien erfüllt (ThürVerfGH, ThürVBl. 2015, S. 295 <297>; Murswiek, 2003; Barczak, 2015; Schoch, 2016, § 12 Rn. 94)[17].

---

[15] Selbst dort, wo dies eigentlich naheliegend erscheint, scheut das Bundesverfassungsgericht vor der Qualifizierung einer Äußerung als Schmähung zurück, wohl um sich den Weg in die Abwägung nicht zu verbauen und den Fachgerichten nicht das Signal zu senden, Verurteilungen seien bei einer Einstufung als Schmähkritik einfacher begründbar, vgl. zuletzt BVerfG-K, NJW 2014, S. 764 ff.

[16] Siehe oben 4.3.1.

[17] Anders noch die mittlerweile wohl obsolete Rechtsprechung des Bundesverfassungsgerichts, wonach Bewertungen von Parteien als verfassungsfeindlich durch die Bundesregierung in Antworten auf parlamentarische Anfragen und in Verfassungsschutzberichten Wertungen ohne rechtliche Außenwirkung und Eingriffscharakter darstellen sollten, vgl. BVerfGE 13, 123 (126); 40, 287 (290 ff.); 57, 1 (5 ff.).

Das Bundesverfassungsgericht betont zwar, dass Bundespräsident und Regierungsmitglieder gem. Art. 1 Abs. 3 und Art. 20 Abs. 3 GG an die Grundrechte sowie an Gesetz und Recht gebunden seien, insbesondere der Bundespräsident nicht „über dem Gesetz" stehe (BVerfGE 136, 323 <333 Rn. 27>; ferner BVerfGE 138, 102 <114 Rn. 41>). Das Erfordernis einer hinreichend konkreten gesetzlichen Ermächtigungsgrundlage ist damit aus Sicht des Gerichts indes nicht verbunden: Vielmehr sei die Äußerungsbefugnis des Bundespräsidenten „seinem Amte immanent" und bedürfe darüber hinaus keiner einfach-rechtlichen Ermächtigung (BVerfGE 136, 323 <332 Rn. 25>). Für Regierungsmitglieder folge die Befugnis zu öffentlichen Äußerungen wiederum aus der Kompetenz zur Staatsleitung (BVerfGE 138, 102 <114 Rn. 40>). War die richterrechtlich induzierte Dogmatik zur staatlichen Informationstätigkeit im Bereich des Verbraucherschutzes („Glykol") sowie in Bezug auf religiös-weltanschauliche Gemeinschaften („Osho") schon in einem hohen Maße kritikwürdig, wird diese nun – wenngleich konsequent – um einen weiteren Anwendungsfall bereichert. Hiergegen sprechen die altbekannten Argumente: Dieses paternalistisch anmutende Konzept, das von der Annahme ausgeht, der Bürger bedürfe der Aufklärung über Programm und Zielsetzung einzelner politischer Parteien bis hin zu einer konkreten (negativen) Wahlempfehlung, schließt rechtsstaatswidrig von der Aufgabe auf die Befugnis (so jüngst auch OVG Schleswig, NordÖR 2014, S. 284 <284>), negiert den Vorbehalt des Gesetzes und setzt die bundesstaatliche Kompetenzordnung bei Informationshandeln teilweise außer Kraft (Schoch, 2012, m.w.N.).

Für das Staatsoberhaupt[18] gilt an dieser Stelle nichts anderes, trägt auch die ihm obliegende Aufgabe zur Integration nicht bereits die Befugnis zur parteibezogenen Publikumsinformation wesensmäßig in sich (Barczak, 2015). Freilich kann sich der Bundespräsident auf einige ungeschriebene Verfassungskompetenzen stützen – etwa die Befugnis zur Festlegung von Staatssymbolen wie Flagge, Bundeswappen und Dienstsiegel –, welche sich jedoch zum einen dadurch auszeichnen, dass sie auf Verfassungsgewohnheitsrecht zurückzuführen sind, und zum anderen zu keiner Beeinträchtigung von Grundrechten oder sonstigen Werten mit Verfassungsrang führen. Die präsidiale parteibezogene Äußerungsbefugnis kann sich indes weder auf eine ständige Übung, geschweige denn auf eine allgemeine Anerkennung stützen und besitzt zudem Eingriffscharakter.

---

[18] Zum Begriff des „Staatsoberhauptes" eingehend Wiegand, 2008.

b) Neutralitätsverpflichtung

aa) Allgemeine Anforderungen

Die wesentliche Schranke amtlicher Informationstätigkeit liegt in der Neutralitäts-pflicht des freiheitlichen Staates. Diese gilt nach Art. 4 Abs. 1, 3 Abs. 3 Satz 1, 33 Abs. 3 und 140 GG i.V.m. Art. 136 Abs. 1, 4, 137 Abs. 1 WRV in religiös-welt-anschaulichen Fragen ebenso wie gem. Art. 21 Abs. 1 i.V.m. Art. 28 Abs. 1 Satz 2, 38 Abs. 1 Satz 1 GG in parteipolitischer Hinsicht[19]. Ihre Einhaltung unter-liegt prinzipiell uneingeschränkter (verfassungs-)gerichtlicher Kontrolle (BVer-fGE 138, 102 <109 Rn. 26, 120 f. Rn. 62 f.>)[20].

Danach hat die Regierung jede Maßnahme zu unterlassen, die auf die Willens-bildung des Volkes einwirkt und in parteiergreifender Weise – sei es zugunsten oder zulasten einer Partei – auf den politischen Wettbewerb Einfluss nimmt (BVerfGE 138, 102 <110 f. Rn. 31>). Daneben darf die Öffentlichkeitsarbeit der Regierung den Anspruch einer Partei auf die Gleichheit ihrer Wettbewerbschan-cen nicht willkürlich, d.h. ohne sachlichen Grund, beeinträchtigen (ThürVerfGH, ThürVBl. 2015, S. 295 <298>). Nicht von Bedeutung ist es dabei, ob es sich um eine mündliche oder schriftliche Äußerung handelt (Kliegel, 2017; a.A. Mandel-artz, 2015). Neutralität bedeutet zwar keine Apolitizität. Die Öffentlichkeitsarbeit der Regierung findet jedoch allgemein dort ihre Grenze, wo die Werbung – auch außerhalb von Wahlkampfzeiten – beginnt, d.h. die Regierung – offen oder ver-deckt – für die sie tragenden Parteien wirbt bzw. sich mit negativem Akzent oder gar herabsetzend über andere Parteien äußert (BVerfGE 44, 125 <150>; SaarlVer-fGH, NVwZ-RR 2010, S. 785 <785>). Die Verpflichtung zur parteipolitischen Neutralität wird insbesondere verletzt, wenn Regierungsmitglieder eine nicht ver-botene politische Partei in der Öffentlichkeit nachhaltig verfassungswidriger Um-triebe verdächtigen, wenn ein solches Vorgehen bei verständiger Würdigung der das Grundgesetz beherrschenden Gedanken nicht mehr verständlich ist und sich daher der Schluss aufdrängt, dass es auf sachfremden Erwägungen beruht (BVer-fGE 133, 100 <108>). Die genaue, im Einzelfall schwierige Grenzziehung zwi-schen gerechtfertigten und unzulässigen staatlichen Einwirkungen auf die politi-sche Willensbildung des Volkes richtet sich im Übrigen nach dem formalen und inhaltlichen Charakter der Einwirkung, nach ihrer Intensität sowie der zeitlichen und räumlichen Nähe zum eigentlichen Wahlakt (SaarlVerfGH, NVwZ-RR 2010, S. 785 <785>; RhPfVerfGH, NVwZ 2014, S. 1089 <1091>; NVwZ-RR 2014, S. 665 <666>). Zwar sind die dargestellten Maßstäbe primär für die Bundes- bzw.

---

[19] Siehe oben 4.3.1.; zu weiteren Anwendungsbereichen staatlicher Neutralität Huster, 2002.
[20] Zur Zurücknahme der gerichtlichen Kontrolldichte in Bezug auf den Bundespräsidenten unten cc).

Landesregierungen entwickelt worden, sie gelten jedoch ohne Abstriche für kommunale Organe (Barczak, 2015, m.w.N.; Kliegel, 2017; a.A. Putzer, 2015 und zu Hohenlohe, 2016, S. 81, die die Stellung des Bürgermeisters für „durchaus mit derjenigen des Bundespräsidenten vergleichbar" halten).

In einer ethnisch, religiös, kulturell und politisch pluralistischen Gesellschaft erstreckt sich die Neutralitätsverpflichtung des liberalen Staates über Religionen und Parteien hinaus auf sonstige bürgerschaftliche Bewegungen („Stuttgart 21", „Blockupy", „Anti-TTIP", „Pegida"). Dies schließt eine kritische Befassung mit ihnen zwar nicht aus. Die hierbei in Anspruch genommenen Grundrechte der Versammlungs- und Meinungsfreiheit verlangen aber, dass staatliche Amtsinhaber die gebotene Zurückhaltung wahren und nicht über den amtlichen Aufruf zu Gegendemonstrationen parteiergreifend von der Teilnahme abschrecken oder gar ein „Verbotsäquivalent" herbeiführen (Barczak, 2015)[21]. Die amtliche Aufforderung zu einer Teilnahme an einer Protestkundgebung stellt hiernach in keinem Fall eine rechtlich zulässige Öffentlichkeitsarbeit dar.

bb) Qualifizierte Anforderungen

Die Anforderungen an die Beachtung des Neutralitätsgebots steigen zudem in Wahlkampfzeiten im Verhältnis zur zeitlichen Nähe des Wahltermins graduell an (RhPfVerfGH, NVwZ-RR 2014, S. 665 <666>; ThürVerfGH, ThürVBl. 2015, S. 295 <298>; so auch Kliegel, 2017). In unmittelbaren Vorwahlzeiten unterliegen staatliche Einwirkungen auf die Willensbildung des Volkes einem Gebot äußerster Zurückhaltung (näher Kerssenbrock, 2008). Den staatlichen Organen ist es dabei insbesondere verwehrt, sich in amtlicher Funktion mit politischen Parteien oder Wahlbewerbern zu identifizieren und sie unter Einsatz staatlicher Mittel zu unterstützen oder zu bekämpfen, insbesondere durch Werbung die Entscheidung des Wählers zu beeinflussen (RhPfVerfGH, NVwZ-RR 2014, S. 665 <666>, m.w.N.). Als Beginn der Vorwahlzeit hat das Bundesverfassungsgericht für die Bundestagswahl die Wahlanordnung des Bundespräsidenten nach § 16 BWG angesehen (BVerfGE 44, 125 <153>). Dies kann nicht ohne weiteres auf Landtagswahlen übertragen werden, wenn nach dem jeweiligen Wahlrecht des Bundeslandes[22] die Bekanntgabe des Wahltermins in den Händen der Landesregierung liegt, die dann über die zeitliche Dauer ihrer gesteigerten Neutralitätsverpflichtung disponieren könnte. Ein Zeitraum von drei Monaten vor dem Wahltag, in dem das Gebot äu-

---

[21] Im Ergebnis ebenso VG Düsseldorf, NWVBl. 2015, S. 201 (201 f.); Butzer, 2015; zu Hohenlohe, 2016; offenlassend in der Beschwerdeentscheidung OVG Münster, NWVBl. 2015, S. 195 (195); jedenfalls sofern sich der Protestaufruf gegen die Veranstaltung einer politischen Partei richtet ThürVerfGH, ThürVBl. 2015, S. 295 (299).

[22] Siehe exemplarisch § 19 BWLWG; § 7 NRWLWG; § 2 SaarlLWG.

ßerster Zurückhaltung zu beachten ist, erscheint danach geboten aber auch ausreichend (SaarlVerfGH, NVwZ-RR 2010, S. 785 <786>; Barczak, 2015; a.A. Mandelartz, 2010: fünf Monate; Kliegel, 2017: abhängig vom konkreten Einzelfall).

Qualifizierte Anforderungen können auch aus besonderen Befugnissen des Amtsinhabers folgen. Ist etwa der Bürgermeister nach dem jeweiligen Landesrecht als örtliche Ordnungsbehörde zugleich zuständige Versammlungsbehörde[23], hat er sich mit Rücksicht auf seine Amtspflichten zu mäßigen und sich weitgehend jeglicher politischer Meinungsäußerungen, insbesondere von Aufrufen zu Gegendemonstrationen, zu enthalten, um keine Zweifel an der Unparteilichkeit seiner Amtsführung aufkommen zu lassen (VGH Kassel, Beschl. v. 24. November 2014 – 8 A 1605/14 –, juris, Rn. 24). Das Gleiche dürfte für den Bundes- und die Landesinnenminister anzunehmen sein, sofern diese nach § 3 Abs. 2 VereinsG für ein Vereinsverbot zuständig sind (Barczak, 2015).

cc) Sonderstellung des Bundespräsidenten?

Die aufgezeigten Neutralitätsanforderungen sollen für den Bundespräsidenten indes nicht zur Anwendung kommen, da er weder in direktem Wettbewerb mit den politischen Parteien um die Gewinnung politischen Einflusses stehe noch über Mittel verfüge, die es ihm ermöglichten, durch eine ausgreifende Informationspolitik auf die Meinungs- und Willensbildung des Volkes einzuwirken (BVerfGE 136, 323 <334 Rn. 30>). Er könne seine Integrationsaufgabe nur erfüllen, wenn es ihm freistehe, nicht nur Risiken und Gefahren für das Gemeinwohl, sondern auch mögliche Ursachen und Verursacher zu benennen, selbst dann, wenn sie nach seiner Einschätzung von einer bestimmten politischen Partei ausgingen. Insofern könne er „weitgehend frei darüber entscheiden", bei welcher Gelegenheit und in welcher Form er sich äußert und in welcher Weise er auf die jeweilige Kommunikationssituation eingehe. Seine Kontrolldichte beschränkt das Bundesverfassungsgericht ausgehend hiervon darauf, ob der Bundespräsident mit seinen negativen Äußerungen „unter evidenter Vernachlässigung seiner Integrationsfunktion und damit willkürlich Partei ergriffen hat" (BVerfGE 136, 323 <336 Rn. 33> – Hervorhebungen nur hier)[24].

Mit diesen apodiktischen Formulierungen scheint das Bundesverfassungsgericht – jedenfalls prima vista – mit der Verfassungstradition zu brechen, wonach

---

[23] Siehe z.B. § 24 Abs. 1 NdsVersG; § 1 Satz 1 Nr. 2 der Verordnung zur Durchführung des Hessischen Gesetzes über die öffentliche Sicherheit und Ordnung und des Hessischen Freiwilligen-Polizeidienst-Gesetzes (HSOG-DVO) v. 12. Juni 2007, GVBl. I 2007, S. 323.

[24] Ähnlich bereits Herzog, in: Maunz/Dürig, Art. 58, 54. Lfg. 2009, Rn. 57: „Das meiste wird der jeweilige Amtsinhaber – als Takt- bzw. Stilfrage – mit sich selbst auszumachen haben. In besonders gelagerten Einzelfällen stößt er jedoch auch auf verfassungs*rechtliche* Schranken" – Hervorhebungen im Original.

der Bundespräsident eine gewisse Distanz zu den Zielen und Aktivitäten politischer Parteien und gesellschaftlicher Gruppen zu wahren hat (BVerfGE 136, 277 <311 Rn. 95>), und sich seiner Kontrollkompetenz in weiten Teilen zu begeben. Zum Teil wird sogar ein gänzlicher „Kontrollausfall" angenommen (Hillgruber, 2014, S. 798). Doch ist hiermit tatsächlich ein neues Kapitel im Logbuch zum Amtsverständnis des Bundespräsidenten geöffnet worden, dessen Kurs zwischen „(Mit-)Hüter der Verfassung", „politischer Notfallreserve" und „entmachtetem Monarchen" changiert (vgl. Heun, in: Dreier, 2015, Art. 54 Rn. 20 ff., m.w.N.) und dessen Rechtfertigung sich noch am ehesten aus seinem Herkommen und einer länderübergreifenden Staatspraxis ergibt, die auf das Amt eines obersten Staatsorgans nicht verzichten möchte? (Gehrlein 2007, S. 283 ff.). Ist in dem verfassungsgerichtlichen Verdikt gar ein „atavistischer ‚Rückschlag' in die Frühphase der konstitutionellen Demokratie" (van Ooyen, 2014, S. 128) zu erkennen? Bei genauerer Betrachtung sind Zweifel an dieser Einschätzung angebracht: Die Entscheidung des Gerichts wäre sicherlich anders ausgefallen, hätte sie nicht eine Äußerung zum Nachteil der Nationaldemokratischen Partei Deutschlands zum Gegenstand gehabt (Barczak, 2015). Hierfür spricht zum einen, dass bereits die zuvor beantragte einstweilige Anordnung nur deshalb nicht erlassen wurde, weil das Bundespräsidialamt in seiner Stellungnahme eine Wiederholungsgefahr ausräumen konnte (BVerfGE 134, 138 <141>). Zum anderen hält das Bundesverfassungsgericht die beanstandete Äußerung in seiner Hauptsacheentscheidung unter explizitem Verweis auf seinen Wunsiedel-Beschluss für zulässig (BVerfGE 136, 323 <338 Rn. 36>), der die Zulässigkeit antinationalsozialistischen Sonderrechts in richterrechtlich-historisierender Relativierung des Art. 5 Abs. 2 GG mit dem Argument des grundgesetzlichen Gegenentwurfs zu dem Totalitarismus des nationalsozialistischen Regimes begründete (BVerfGE 124, 300 <327 ff.>). Dieses Argument schließt eine Weiterung auf andere politische Strömungen, seien sie auch radikal oder antidemokratisch, von vornherein aus (Barczak, 2015; Butzer, 2015a; a.A. Kliegel, 2017, S. 428: „Die grundgesetzliche Ordnung kennt ein allgemeines antinationalsozialistisches Grundprinzip gerade nicht"). Während die Zulassung antinationalsozialistischen Sonderrechts als Schranke der Meinungsfreiheit in verfassungsdogmatisch vertretbarer Weise schwerlich mit Art. 5 Abs. 2 GG vereinbar ist (näher Barczak, 2010; Hong, 2010; ders., 2010; Lepsius, 2010), lassen sich die Grenzen der Äußerungsbefugnis des Bundespräsidenten gestützt auf die historische Singularität des NS-Unrechtsstaates extensiver fassen: Die Verpflichtung des Bundespräsidenten zur „größtmöglichen Neutralität" (so noch Pernice, in: Dreier, 2006, Art. 54 Rn. 24) gestattet von vornherein Relativierungen, ohne die er die ihm obliegende Integrationsaufgabe nicht erfüllen könnte. Er ist – weder im eigentlichen noch im übertragenen Sinne – eine pouvoir neutre und nicht zur politischen Indifferenz verpflichtet (von Arnauld, in: von Münch/Kunig, 2012,

Art. 54 Rn. 9; Stein, 2009). Er darf sich daher – auch und gerade vor Wahlen – als Mahner und Warner vor den neonazistischen Wiedergängern der NSDAP betätigen. Hierin besteht und erschöpft sich seine gerichtlich nur begrenzt kontrollierbare Sonderstellung und gelten ansonsten die skizzierten Neutralitätsanforderungen entsprechend (Barczak, 2015).

4.5 Der Sonderfall: Politische Stellungnahmen ausländischer Amtsträger im Bundesgebiet

Im Sommer 2016 hatten sich die Verwaltungsgerichte sowie das Bundesverfassungsgericht zudem erstmals mit der Frage nach den rechtlichen Grundlagen für politische Stellungnahmen ausländischer Staatsoberhäupter, Regierungsmitglieder und sonstigen Amtsträgern in Deutschland zu beschäftigen. Zwar war gerade der türkische Staatspräsident bereits in der Vergangenheit wiederholt außerhalb des rechtlich formalisierten Rahmens (instruktiv Prauß, 2014; Wohlan, 2014, S. 211 ff.) von Staatsbesuchen oder sonstigen offiziellen Anlässen nach Deutschland gereist und hatte gegenüber der hier ansässigen türkischen Gemeinde, die nach Istanbul, Ankara und Izmir den viertgrößten Wahlbezirk der Türkei bildet, Reden gehalten; zudem sollte er diesmal nur per Videobotschaft bei einer von der „Union Europäisch-Türkischer Demokraten" (UETD) veranstalteten Versammlung zugeschaltet werden. Gleichwohl hielt insbesondere das Oberverwaltungsgericht Münster ein entsprechendes Übertragungsverbot aus Gründen der öffentlichen Sicherheit für zulässig und betonte zum einen, dass die Versammlungsfreiheit des Art. 8 Abs. 1 GG kein Instrument dafür sei, ausländischen Staatsoberhäuptern oder Regierungsmitgliedern ein Forum zu eröffnen, sich auf öffentlichen Versammlungen im Bundesgebiet in ihrer Eigenschaft als Hoheitsträger amtlich zu politischen Fragestellungen zu äußern, und die Möglichkeit ausländischer Staatsoberhäupter oder Regierungsmitglieder zur Abgabe politischer Stellungnahmen im Bundesgebiet nach der Regelungssystematik des Grundgesetzes auch im Übrigen nicht grundrechtlich fundiert sei (OVG Münster, EuGRZ 2016, S. 499 <500>). Zum anderen lasse sich der Grundentscheidung der Art. 20 Abs. 1 und 2, 23, 24, 32 Abs. 1, 59, 73 Nr. 1 GG entnehmen, dass sich die auswärtigen Beziehungen der Bundesrepublik Deutschland zu anderen Staaten – d.h. auch zu deren Staatsoberhäuptern und Regierungsmitgliedern – allein nach Maßgabe dieser Bestimmungen auf der zwischenstaatlichen Ebene vollziehen und in diesem Rahmen Gegenstand der Gestaltung der Außenpolitik des Bundes seien. Danach sei es allein Sache des Bundes zu entscheiden, ob und unter welchen Rahmenbedingungen sich ausländische Amtsträger auf dem Gebiet der Bundesrepublik Deutschland im öffentlichen Raum durch amtliche Äußerungen politisch betätigen dürfen. Die Entscheidung darüber liege insbesondere nicht bei dem privaten Anmelder einer – ansonsten über Art. 8 Abs. 1 GG geschützten – Versammlung (OVG Münster, EuGRZ 2016, S. 499 <500>).

Ob und wenn ja unter welchen Rahmenbedingungen sich ausländische Staatsoberhäupter oder Regierungsmitglieder auf dem Gebiet der Bundesrepublik Deutschland im öffentlichen Raum durch amtliche Äußerungen politisch betätigen dürfen, stellt hiernach eine *außenpolitische Ermessensentscheidung* der Bundesregierung dar. Diese Lösung überzeugt, denn amtliche Äußerungen ausländischer Staatsoberhäupter, Regierungsmitglieder und sonstiger Amtsinhaber berühren die Souveränität desjenigen Staates, auf dessen Boden sie getätigt werden (vgl. Prantl, 2016). Diese Erwägungen dürften letztlich auch das Bundesverfassungsgericht geleitet haben, das den gegen die Entscheidung des Oberverwaltungsgerichts Münster gerichteten Eilantrag zwar bereits aus formalen Gründen (mangelnde Vollmacht) als unzulässig abgelehnt hat, jedoch ergänzend auf die offensichtlich mangelnden Erfolgsaussichten einer Verfassungsbeschwerde in gleicher Sache hinwies (BVerfG, EuGRZ 2016, S. 498 <499>).

Im März 2017 entschied sodann eine Kammer des Zweiten Senats, dass sich ausländische Staatsoberhäupter oder Mitglieder ausländischer Regierungen schon prinzipiell nicht auf die deutschen Grundrechte berufen können, soweit sie in amtlicher Eigenschaft und unter Inanspruchnahme ihrer Amtsautorität in Deutschland auftreten (BVerfG, NJW 2017, S. 1166 <1166>). Bei einer Versagung der Zustimmung, im konkreten Fall zu einer Rede des türkischen Ministerpräsidenten Yildirim am 18. Februar 2017 in Oberhausen, handele es sich nicht um eine Entscheidung eines deutschen Hoheitsträgers gegenüber einem ausländischen Bürger, sondern um eine Entscheidung im Bereich der Außenpolitik, bei der sich die deutsche und die türkische Regierung auf der Grundlage des Prinzips der souveränen Gleichheit der Staaten (Art. 2 Nr. 1 der Charta der Vereinten Nationen) begegneten. Zumindest die Begründung überzeugt nicht: Das Gericht überträgt hier die Anforderungen an die Äußerungsbefugnis deutscher Amtsträger unbesehen auf ausländische Staatsoberhäupter und Regierungsmitglieder und ignoriert dabei, dass diese – weil sie nicht Teil der deutschen Staatsgewalt sind – nicht grundrechtsverpflichtet, wohl aber – jedenfalls theoretisch – grundrechtsberechtigt sein können. Diese Frage hätte es verdient gehabt, eine nähere Auseinandersetzung und keinen schlichten Rückzug auf das Souveränitätsargument zu erfahren.

4.6   Resümee

Staatliche Nichtidentifikation mit einzelnen Interessen, Gruppen oder Parteien zählt zum Apriori eines freiheitlichen Verfassungsstaates, der auf Demokratie als

Wettbewerbsordnung setzt. Das Grundgesetz hält den Diskurs zwischen Staat und Gesellschaft für zulässig und notwendig, dabei dürfen Repräsentanten des Staates jedoch unter Inanspruchnahme ihrer Amtsbefugnisse nicht verzerrend auf die Meinungs- und Willensbildung der Bürger einwirken. Die gerichtlich vollständig überprüfbare Verpflichtung zur parteipolitischen Neutralität bindet sämtliche Organwalter in Bund, Ländern und Kommunen und erfasst dem Grunde nach auch den Bundespräsidenten. Die ihm angetragene Sonderrolle beschränkt sich darauf, die historische Singularität des NS-Terrorregimes im Parteienwettstreit einbringen zu dürfen, denn es gibt in der Tat „keine deutsche Identität ohne Ausschwitz"[25]. Einen „echten" Sonderfall bilden dagegen politische Stellungnahmen ausländischer Staatsoberhäupter, Regierungsmitglieder und sonstiger Amtsträger im öffentlichen Raum der Bundesrepublik Deutschland. Ob und unter welchen Rahmenbedingungen diese sich im Bundesgebiet durch amtliche Äußerungen politisch betätigen dürfen, ist eine außenpolitische Ermessensentscheidung des Bundes, in dessen Souveränität sie eingreifen. Ein grundrechtlicher Anspruch auf derartige Äußerungen besteht nicht.

Literatur

Barczak, T. (2015). Die parteipolitische Äußerungsbefugnis von Amtsträgern. Eine Gratwanderung zwischen Neutralitätsgebot und politischem Wettbewerb. *Neue Zeitschrift für Verwaltungsrecht (NVwZ)*, 1014-1020.

Böckenförde, E.-W. (1964). *Organisationsgewalt im Bereich der Regierung. Eine Untersuchung zum Staatsrecht der Bundesrepublik Deutschland*. Berlin: Duncker & Humblot.

Busch-Janser, S. & Köhler, M. M. (2006). Staatliche Öffentlichkeitsarbeit – eine Gratwanderung. Rechtliche und normative Schranken. In M. M. Köhler & Chr. H. Schuster (Hrsg.), *Handbuch Regierungs-PR: Öffentlichkeitsarbeit von Bundesregierungen und deren Beratern* (S. 169-182), Wiesbaden: Springer VS.

Butzer, H. (2015). Frei von der Leber weg? Die Äußerungsbefugnisse des Bundespräsidenten und von Mitgliedern der Bundesregierung gegenüber extremistischen Parteien. In W. Kluth (Hrsg.), *„Das wird man ja wohl noch sagen dürfen". Staatliche Organe und die Pflicht zur Neutralität* (S. 37-49), Halle an der Saale: Universitätsverlag Halle-Wittenberg.

Butzer, H. (2015a). Im Streit: Die Äußerungsbefugnisse des Bundespräsidenten. *Zeitschrift für Gesetzgebung (ZG)*, 97-127.

Dreier, H. (Hrsg.) (2006/2015). *Grundgesetz Kommentar. Band 2: Artikel 20-82*. 2. Auflage (2006), 3. Auflage (2015), Tübingen: Mohr Siebeck.

Fuchs, M. (2015). Regierungskommunikation und Verfassungsrecht. *Verwaltungsblätter für Baden-Württemberg (VBlBW)*, 401-406.

Gehrlein, M. (2008). Braucht Deutschland einen Bundespräsidenten? *Die Öffentliche Verwaltung (DÖV)*, 280-288.

---

[25] Siehe die Ansprache von Bundespräsident *Gauck* zum 70. Jahrestag der Befreiung des Vernichtungslagers, Süddeutsche Zeitung v. 28. Januar 2015, S. 1.

Gersdorf, H. (2016). Staatliche Kommunikationstätigkeit. *Zeitschrift für Medien- und Kommunikationsrecht (AfP)*, 293-301.

Gröpl, Chr. & Zembruski, St. (2016). Äußerungsbefugnisse oberster Staatsorgane und Amtsträger. *Juristische Ausbildung (JURA)*, 268-279.

Gusy, Chr. (2000). Verwaltung durch Information – Empfehlungen und Warnungen als Mittel des Verwaltungshandelns, *Neue Juristische Wochenschrift (NJW)*, 977-986.

Gusy, Chr. (2015). Neutralität staatlicher Öffentlichkeitsarbeit. Voraussetzungen und Grenzen. *Neue Zeitschrift für Verwaltungsrecht (NVwZ)*, 700-704.

Hatje, A. (2010). Demokratie als Wettbewerbsordnung. *Veröffentlichungen der Vereinigung Deutscher Staatsrechtslehrer (VVDStRL)*, Band 69: Gemeinwohl durch Wettbewerb?, 135-172.

Heinze, J. (2012). *Regierungskommunikation in Deutschland. Eine Analyse von Produktion und Rezeption.* Wiesbaden: Springer VS.

Hill, H. (1993). Staatskommunikation – Begriff, Erscheinungsformen und Entwicklungschancen. In H. Hill (Hrsg.), *Staatskommunikation. Dokumentation der Frühjahrs-Arbeitstage des Deutschen Kommunikationsverbandes BDW e.V. und der Hochschule für Verwaltungswissenschaften Speyer am 22./23. April 1993* (S. 19-36). Köln: Carl Heymanns Verlag.

Hill, H. (1993a). Staatskommunikation, *Juristenzeitung (JZ)*, 330-336.

Hill, H. (2013). Veränderung von Staatskommunikation und Staatskultur durch digitale Medien. In E. Czerwick (Hrsg.), *Politische Kommunikation in der repräsentativen Demokratie der Bundesrepublik Deutschland. Festschrift für Ulrich Sarcinelli* (S. 67-84). Wiesbaden: Springer VS.

Hillgruber, Chr. (2014). Zur Äußerungsbefugnis des Bundespräsidenten in Bezug auf politische Parteien. *Juristische Arbeitsblätter (JA)*, 796-798.

Hohenlohe, D. zu (2016). „Lichter aus als Zeichen gegen Intoleranz". Zu den Grenzen der politischen Äußerungsbefugnis von (Ober-)Bürgermeistern. *Verwaltungsarchiv (VerwArch)*, *107*(1), 62-85.

Hong, M. (2010). Das Sonderrechtsverbot als Verbot der Standpunktdiskriminierung. Der Wunsiedel-Beschluss und aktuelle versammlungsgesetzliche Regelungen und Vorhaben, *Deutsches Verwaltungsblatt (DVBl.)*, 1267-1276.

Hong, M. (2010). Hassrede und extremistische Meinungsäußerungen in der Rechtsprechung des EGMR und nach dem Wunsiedel-Beschluss des BVerfG. *Zeitschrift für ausländisches öffentliches Recht und Völkerrecht (ZaöRV)*, *70*(1), 73-125.

Hufen, Fr. (2007). Legitimität und Grenzen der Öffentlichkeitsarbeit von Landesregierungen. Der Streit um den „Tag der offenen Tür" in der rheinland-pfälzischen Staatskanzlei. *Zeitschrift für Landes- und Kommunalrecht Hessen – Rheinland-Pfalz – Saarland (LKRZ)*, 41-48.

Huster, St. (2002). *Die ethische Neutralität des Staates. Eine liberale Interpretation der Verfassung.* Tübingen: Mohr Siebeck.

Jarass, H. D. & Pieroth, B. (2016). *Grundgesetz für die Bundesrepublik Deutschland. Kommentar.* 14. Auflage. München: C.H. Beck.

Kerssenbrock, T. (2008). Das Gebot „äußerster Zurückhaltung in Wahlkämpfen" für Bundes- und Landesregierungen. *Zeitschrift für Öffentliches Recht in Norddeutschland (NordÖR)*, 58-61.

Kliegel, Th. (2017). Äußerungsbefugnisse von Amtsträgern gegenüber politischen Parteien. In K. Wolter & F. Scheffczyk (Hrsg.), *Linien der Rechtsprechung des Bundesverfassungsgerichts. Erörtert von den wissenschaftlichen Mitarbeiterinnen und Mitarbeitern. Band 4* (S. 413-438). Berlin: De Gruyter.

Kluth, W. (2015). Demokratie als Wettbewerbsordnung. Zur Einführung in die Thematik. In W. Kluth (Hrsg.), *„Das wird man ja wohl noch sagen dürfen". Staatliche Organe und die Pflicht zur Neutralität* (S. 9-12), Halle an der Saale: Universitätsverlag Halle-Wittenberg.

Kocks, J. N. & Raupp, J. (2014). Rechtlich-normative Rahmenbedingungen der Regierungskommunikation – ein Thema für die Publizistik- und Kommunikationswissenschaft, *Publizistik*, *59*(3), 269-284.

Kocks, J. N. & Raupp, J. & Schink, Chr. (2015). Staatliche Öffentlichkeitsarbeit zwischen Distribution und Dialog. Interaktive Potentiale digitaler Medien und ihre Nutzung im Rahmen der Außenkommunikation politischer Institutionen. In R. Fröhlich & Th. Koch (Hrsg.), *Politik – PR – Persuasion. Strukturen, Funktionen und Wirkungen politischer Öffentlichkeitsarbeit* (S. 71-87). Wiesbaden: Springer VS.

Kotzur, M. (2010). Demokratie als Wettbewerbsordnung. *Veröffentlichungen der Vereinigung Deutscher Staatsrechtslehrer (VVDStRL)*, Band 69: Gemeinwohl durch Wettbewerb?, 173-226.

Krüper, J. (2014). Anmerkung. *Juristenzeitung (JZ)*, 414-417.

Ladeur, K.-H. (2002). Verfassungsrechtliche Fragen regierungsamtlicher Öffentlichkeitsarbeit und öffentlicher Wirtschaftstätigkeit im Internet. *Die Öffentliche Verwaltung (DÖV)*, 1-11.

Lepsius, O. (2010). Einschränkung der Meinungsfreiheit durch Sonderrecht. *Juristische Ausbildung (JURA)*, 527-535.

Lipphardt, H.-R. (1975). *Gleichheit der politischen Parteien vor der öffentlichen Gewalt*. Berlin: Dunckler & Humblot.

Mandelartz, H. (2009). Öffentlichkeitsarbeit der Regierung. *Die Öffentliche Verwaltung (DÖV)*, 509-517.

Mandelartz, H. (2010). Grenzen regierungsamtlicher Öffentlichkeitsarbeit. *Zeitschrift für Landes- und Kommunalrecht Hessen – Rheinland-Pfalz – Saarland (LKRZ)*, 371-374.

Mandelartz, H. (2015). Informations- und Öffentlichkeitsarbeit der Bundesregierung. Zur Entscheidung des Bundesverfassungsgerichts in der Sache „Schwesig". *Die Öffentliche Verwaltung (DÖV)*, 326-329.

Maunz, Th. & Dürig, G. (Hrsg.) (2016). *Grundgesetz-Kommentar*, Stand 77. Ergänzungslieferung. München: C.H. Beck.

Münch, I. von & Kunig, Ph. (Hrsg.) (2012). *Grundgesetz Kommentar, Band 1: Präambel bis Art. 69*. 6. Auflage. München: C.H. Beck.

Murswiek, D. (2003). Das Bundesverfassungsgericht und die Dogmatik mittelbarer Grundrechtseingriffe. Zu der Glykol- und der Osho- Entscheidung vom 26.6.2002. *Neue Zeitschrift für Verwaltungsrecht (NVwZ)*, 1-8.

Nestler, Chr. & Rohgalf, J. (2014). Eine deutsche Angst. Erfolgreiche Parteien rechts von der Union. Zur AfD und den gegenwärtigen Gelegenheitsstrukturen des Parteienwettbewerbs. *Zeitschrift für Politik (ZfP)*, *61*(4), 389-413.

Oebbecke, J. (2007). Amtliche Äußerungen im Bürgermeisterwahlkampf. *Neue Zeitschrift für Verwaltungsrecht (NVwZ)*, 30-33.

Ooyen, R. Chr. van (2014). Kompetenzüberschreitung des Bundespräsidenten? „Politische ‚(Türkei-) Reden'" und vordemokratisches Amtsverständnis. *Recht und Politik (RuP)*, *50*(3), 127-130.

Prantl, H. (2016). Erdoğan ist nicht der Papst. *Süddeutsche Zeitung* Nr. 177 v. 2. August 2016, München.

Prauß, Th. (2014). *Staatsbesuche in der Bundesrepublik Deutschland. Schutzpflichten gegenüber dem Besucher und ihre polizeiliche Absicherung*. Berlin: Berliner Wissenschafts-Verlag.

Putzer, M. (2015). Verfassungsrechtliche Grenzen der Äußerungsbefugnisse staatlicher Organe und Amtsträger. *Die Öffentliche Verwaltung (DÖV)*, 417-426.

Sachs, M. (Hrsg.) (2014). *Grundgesetz Kommentar*. 7. Auflage. München: C.H. Beck.

Sachs, M. (2014). Staatsorganisationsrecht: Redefreiheit des Bundespräsidenten. *Juristische Schulung (JuS)*, 956-958.

Schnoor, Chr. & Giesen, Th. & Addicks, L. (2016). Mitteilungen der Staatsanwaltschaften an die Presse ohne Datenschutz?. *Neue Zeitschrift für Strafrecht (NStZ)*, 256-263.

Schoch, Fr. (2012). Amtliche Publikumsinformation zwischen staatlichem Schutzauftrag und Staatshaftung. Das Verbraucherinformationsrecht als Modell der amtlichen Publikumsinformation. *Neue Juristische Wochenschrift (NJW)*, 2844-2850.

Schoch, Fr. (2016). *Informationsfreiheitsgesetz Kommentar*. 2. Auflage. München: C.H. Beck.

Shirvani, F. (2010). *Parteienrecht und Strukturwandel im Parteiensystem. Staats- und europarechtliche Untersuchungen zu den strukturellen Veränderungen im bundesdeutschen und europäischen Parteiensystem.* Tübingen: Mohr Siebeck.

Stein, T. (2009). Der Bundespräsident als „pouvoir neutre"?. *Zeitschrift für ausländisches öffentliches Recht und Völkerrecht (ZaöRV), 69*(2), 249-256.

Studenroth, St. (2000). Wahlbeeinflussung durch staatliche Funktionsträger. Zur Abgrenzung zwischen staatlicher Öffentlichkeitsarbeit und privater Wahlwerbung in Äußerungen von Amtsträgern. *Archiv des öffentlichen Rechts (AöR), 125*(2), 257-279.

Tanneberger, St. & Nemeczek, H. (2015). Anmerkung. *Neue Zeitschrift für Verwaltungsrecht (NVwZ),* 215-216.

Wiegand, M. A. (2008). Zum Begriff des Staatsoberhaupts. *Archiv des öffentlichen Rechts (AöR), 133*(3), 475-522.

Wittreck, F. (2006). Referendarexamensklausur – Öffentliches Recht: Eingriff durch Entschuldigung? Der Bundespräsident und das Bildnis des Propheten. *Juristische Schulung (JuS),* 729-736.

Wohlan, M. (2014). *Das diplomatische Protokoll im Wandel.* Tübingen: Mohr Siebeck.

5. Regierungskommunikation und staatliche Öffentlichkeitsarbeit aus kommunikationshistorischer Perspektive

Thomas Birkner

Das folgende Kapitel nimmt eine kommunikationshistorische Perspektive auf Regierungskommunikation und staatliche Öffentlichkeit ein und stellt neben Wandel auch Kontinuität heraus. Der Beitrag setzt bei der Regierungskommunikation in den sich demokratisierenden Strukturen des späten deutschen Kaiserreichs ein. Im Anschluss an unterschiedliche Phasenmodelle werden hier Konstellationen im Verhältnis von Medien und Politik vorgeschlagen, die sich in historischer Perspektive als aufeinanderfolgende Phasen modellieren lassen, wobei Konstellationen im Zeitverlauf durchaus wiederauftauchen können. Neben der *Politischen Dominanz* mit ihrer besonderen Ausprägung *Politik macht Medien*, gibt es die *Dominanz der Medien*, die sich dann zur Ausprägung *Medien machen Politik* steigern kann. Dazwischen lässt sich die Konstellation eines Gleichgewichts konzipieren, in der Kontrolle und Kritik ausgewogen verteilt sind.

5.1 Einleitung

Die moderne Regierungskommunikationsgeschichte ist an die moderne Demokratiegeschichte gebunden und damit auch an unsere moderne Vorstellung von Öffentlichkeit, wie sie sich seit den Revolutionen in Amerika und Frankreich ausgebildet hat. Zuvor, etwa im Mittelalter, hatte es quasi nur eine sehr beschränkte und deshalb vormoderne Öffentlichkeit gegeben. Dann erst, im Zuge von Aufklärung und Demokratie, entstand die Öffentlichkeit als „Sphäre der ungehinderten gesellschaftlichen Kommunikation" (Pöttker, 2005, S. 332), wobei das „Prinzip des allgemeinen Zugangs" (Habermas, 1990 [1962], S. 156) beziehungsweise das „Prinzip der Unbeschränktheit von Kommunikation" (Requate, 1999, S. 8ff.) als zentrales Kriterium gelten kann. Im Anschluss an Michael Kunczik kann aber auch der vielfach vertretenen These, „Öffentlichkeitsarbeit sei als rein amerikanische Erfindung erst nach dem Zweiten Weltkrieg nach Deutschland gelangt" (Kunczik, 2006, S. 45) hier ebenso widersprochen werden wie dies bereits für den modernen Journalismus anderorts getan wurde (Birkner, 2012).

Die „Genese der bürgerlichen Öffentlichkeit" (Habermas, 1990 [1962], S. 69ff.) ist entsprechend mit der Entwicklung von Medien verbunden. Doch diese hatten es in deutschen Landen, mit ihrer entsprechenden Staatsgläubigkeit, nicht immer einfach:

> „Das spezifisch deutsche Staatsverständnis charakterisierte sich (seit Hegel) vor allem dadurch, daß der Staat für die Herstellung von Konsens [...] verantwortlich gemacht wurde. [...] Die typisch deutsche Fixierung auf den Staat wurde dann als eine Ursache der nationalen Fehlentwicklung ausgemacht, die im Nationalsozialismus gipfelte. Im Anschluß plädierte man für die Übernahme eines westlichen Öffentlichkeits- (und Staats-)verständnisses." (Hodenberg, 2006, S. 61-62)

Tatsächlich herrschte etwa in den USA ein anderes Staats- und damit auch Öffentlichkeitsverständnis vor. Thomas Jefferson soll gesagt haben: „And were it left to me to decide whether we should have a government without newspapers or newspapers without government, I should not hesitate a moment to prefer the latter" (zit. n. Raible, 2006, S. 222). In den Vereinigten Staaten von Amerika wurde eine freie Presse von Beginn an zum Wesensmerkmal der Demokratie erhoben. Allerdings waren dort von Beginn an wirtschaftliche Einflüsse stärker.

Folgt man den unterschiedlichen Phasen der Ökonomisierung der Medien (Birkner, 2010; 2012), wird deutlich, dass Ökonomisierung mit die Voraussetzung dafür war, dass die Medien sich von der Politik lösen und so überhaupt zum funktionalen Counterpart von Regierungskommunikation werden konnten. Wir können also im Folgenden, wenn auch Politik und Medien sich primär gegenüberstehen, den sozialen und kulturellen sowie den wirtschaftlichen und technologischen Wandel nicht außer Acht lassen. Insgesamt gilt es also einerseits das Wechselspiel von Politik, Medien, Wirtschaft und Kultur zu betrachten und gleichzeitig den Medienwandel selbst als entscheidenden Einflussfaktor auf Regierungskommunikation zu beachten. Das Verhältnis der Medien zu anderen gesellschaftlichen Teilbereichen oder auch das Ineinandergreifen von Medienwandel und Gesellschaftswandel ist in den vergangenen Jahren zunehmend mit den Konzepten der Medialisierungs- und Mediatisierungsforschung (zu den Unterschieden vgl. Birkner, 2017) beschrieben und erklärt worden. Nach wie vor fehlen vielfach empirische Studien zum historischen Prozess der Medialisierung respektive Mediatisierung. Gleichwohl haben beide Forschungsstränge Phasenmodelle hierzu vorgeschlagen. Im Bereich der Mediatisierungsforschung stehen neue Medientechnologien im Vordergrund. Hier sprechen Andreas Hepp und Friedrich Krotz von Mediatisierungsschüben (Hepp & Krotz, 2012), Nick Couldry und Andreas Hepp von Wellen der Mediatisierung (Couldry & Hepp, 2016) und Thomas Steinmaurer von Mediatisierungsstufen (Steinmaurer, 2016). Auch in der Medialisierungsforschung bilden vielfach die jeweils neuen Medien Anlass für die Unterteilung von Phasen der Medialisierung bei Michael Meyen (Meyen, 2009), oder Epochen der Medialisierung öffentlicher Kommunikation bei Edzard Schade und Matthias Künzler

(Schade & Künzler, 2010). Während Jesper Strömbäck (2008) ebenfalls ein Phasenmodell für die Medialisierung der Politik präsentiert hat (Strömbäck, 2008), haben die Historiker Frank Bösch und Norbert Frei den Medialisierungsschüben stets Politisierungsschübe gegenübergestellt (Bösch & Frei, 2006). Hierauf wird später noch einzugehen sein, ebenso auf Pippa Norris' Unterteilung von politischer Kommunikation im Zeitverlauf in prämodern, modern und postmodern, wobei sie stets auch die jeweils dominierenden Medien mit in den Blick genommen hat (Norris, 1996).

Medienpolitik, lange Zeit vor allem Pressepolitik, kann durchaus ein Teil der strategischen Regierungskommunikation sein, ist aber dennoch analytisch von ihr zu trennen. Während die Medienpolitik die Rahmenbedingungen des Journalismus gestaltet und ggf. auch verunstalten kann, setzt die Regierungskommunikation mit ihrer zumeist persuasiven Kommunikation direkt am Journalismus an. Medienpolitik bleibt dennoch ein nicht zu vernachlässigender Faktor, gerade für die Betrachtung der deutschen Regierungskommunikationsgeschichte.

5.2 Dominanz der Politik als ‚Naturzustand'

Wir wollen hier mit Bismarck beginnen, der in gewisser Weise als Prototyp moderner staatlicher Öffentlichkeitsarbeit angesehen werden kann. In seiner Zeit vollzog sich die zweite Phase der Ökonomisierung der Presse. Über das Annoncenwesen kam eine neue wirtschaftliche Komponente hinzu (Birkner, 2010; 2012). Bismarck kannte die Presse seiner Zeit und konnte sie deshalb auch so gut lenken. Vor allem verstand er das Publikum, beklagte er doch an der von ihm mitinitiierten *Neuen Preußischen Zeitung* die fehlenden Anzeigen, denn viele Frauen würden „auch in dieser Zeit lediglich nach diesen Annoncen in die Zeitung sehen und, wenn sie sie nicht finden, Ihrem Mann das Blatt verbieten".[1] Wir können hier durchaus von einer Konstellation *Politik macht Medien* sprechen, denn die Politik dominierte kein ansonsten autonomes Mediensystem, sondern steuerte und beeinflusste zum Teil eigene Medien ganz direkt. Allerdings sollte dies nicht offensichtlich werden. Gerade ein Blatt, dass der Regierungskommunikation dienen sollte, musste dies in Bismarcks Augen auf klandestine Weise machen und ihre Regierungstreue hinter Annoncen und Börsenberichten verstecken. Denn nur dann funktioniere die staatliche Propaganda, getarnt als objektiver Journalismus. Um diesen war es damals jedoch ohnehin nicht gut bestellt.

---

[1] In einem Brief an den Redakteur Hermann Wagener vom 5. Juli 1848 (zit. n. Koszyk, 1966, S. 229).

Der Journalismus in deutschen Landen hatte das 19. Jahrhundert als Abfolge politischer Unterdrückung erlebt – von Napoleon über Metternich bis hin zu Bismarck – seine Stimme jedoch auch immer wieder erhoben, etwa zum Hambacher Fest oder zur Revolution von 1848. Eine zentrale Forderung war jene nach Pressefreiheit, von den Mächtigen als „Preßfrechheit" (Schneider, 1966, S. 105; 1978; Wehler, 1987, S. 540) diffamiert. Was sich aber Bann brach, war Meinungsfreiheit. Mit Pierre Bourdieus Habituskonzept kann die in Summe jahrhundertelange Unterdrückungserfahrung als „inkorporierte Geschichte" (Bourdieu, 1997a, S. 54; 1987, S. 101) verstanden werden. Denn ist der Habitus ein System von „personalen und kollektiven Verhaltensdispositionen" (Willems, 2007, S. 218), dann kann das Habitusmodell die analytische Brücke bilden zwischen den gesamtgesellschaftlichen Strukturen, in denen sich die Akteure bewegen (Birkner, 2012, S. 29) und dem Handeln der Akteure als „Inkorporation von objektiven Strukturen in subjektive Dispositionen" (Weiß, 2009, S. 31). Gerade weil die Meinung so lange unterdrückt war, kam es so weit, dass „der Deutsche den Meinungsstreit auch dann nicht läßt, wenn ihm die Nachricht noch so grell entgegen leuchtet" (Dovifat, 1990 [1927], S. 213).

Diesen Meinungsjournalismus, inklusive nationalistischer Tendenzen, wusste Bismarck für seine staatliche Öffentlichkeitsarbeit zu nutzen, zumal ihm hierfür geheime Finanzmittel zur Verfügung standen, die so genannten Reptilienfonds – gespeist aus den „Zinserträgen des Vermögens des 1866 entthronten Hannoveraner Welfenkönigs Georg V., welches die Preußische Regierung 1868 beschlagnahmt hatte und über dessen Verwendung sie sich weigerte, Auskunft zu geben" (Birkner, 2012, S. 147; Wilke, 2000, S. 223). So nutzte Bismarck die Presse zum Beispiel mit der *Emser Depesche* für seine Zwecke, indem er auf diesem Wege den dritten jener Kriege (diesmal gegen Frankreich), die er zur Reichsgründung benötigte, initiierte. Auch bei einem großen, international viel beachteten Blatt wie der *Kölnischen Zeitung* blieben Kontrolle und Kritik aus. Distanz zu Bismarck war nicht gegeben und das lag nicht nur an seiner Pressepolitik. Der ehemalige Chefredakteur erinnerte sich:

> „Der Grundsatz der ‚KZ', die Regierung in der auswärtigen Politik unter Verzicht auf eine kritische eigene Meinung zu unterstützen – er war das Gegenstück zu dem englischen right or wrong my country –, entsprang der Begeisterung für den starken nationalen Staat, die nach der Gründung des Reiches alle Volksschichten erfüllte. Die unvergleichliche Kunst Bismarckscher Staatsführung, der sich das Volk im Glauben an ihre Unfehlbarkeit schließlich blindlings anvertraute, hatte diesen Grundsatz zu einer Glaubens- und Bekenntnisregel gemacht, die auch in Geltung blieb, nachdem Bismarck aus der Bahn getreten war. Uns Redakteuren der ‚KZ' erschien der Grundsatz des Verlags als eine patriotische Richtschnur, an die zu halten für uns selbstverständlich war, so daß kritische Zweifel, ob es auch richtig sei, ihr unter allen Umständen zu folgen, in uns damals überhaupt nicht aufkamen." (Ernst Posse, zit. n. Lehmann, 1937, S. 33f.; vgl. Posse, 1917)

In das Kaiserreich waren die sich langsam selbst organisierenden Journalisten mit der Forderung nach einem Reichspressegesetz (RPG) eingetreten – sie sollten es 1874 erhalten. Doch damit war ihnen kein tatsächlich freiheitlicher Rechtsrahmen gegeben. Und die Journalisten selbst verstanden sich eher einer Partei denn einem Berufsstand verbunden, was die Professionalisierung stark behinderte. Dass diese dennoch gelang, lag vor allem an den durch das RPG geschaffenen wirtschaftlichen Rahmenbedingungen, die in eine dritte Phase der Ökonomisierung der Presse mündeten. Die Presse wurde zum Massenprodukt, mit kleinen Preisen und großen Auflagen. Das forderte die Politik heraus, die sich nicht mehr nur über die Parteizeitung an die eigene Parteiklientel wenden konnte, denn die Massenblätter richteten sich an breite Leserschichten.

5.3   Ein erstes Mal im Gleichgewicht

Entsprechend wirkt Bismarcks Nachfolger von Bülow anders als sein Vorgänger nicht als Presselenker, sondern als von der Presse Gelenkter (Wilke, 2010; Birkner, 2012). Der damalige Leiter des Pressereferats Otto Hammann schrieb später: „Die Geschichte kennt keinen Staatsmann, der sich so andauernd und eindringlich mit der öffentlichen Meinung und ihrer Bearbeitung beschäftigt hätte wie Fürst Bülow" (Hamann, 1922, S. 41). Hammann war von 1894 an 22 Jahre lang und unter vier Reichskanzlern der „bedeutendste Pressesprecher"; Michael Kunczik spricht vom „System Hammann" (Kunczik, 2006, S. 38), welches jedoch seit der Jahrhundertwende erste Risse bekam. Sein Vorgehen, nur der Regierung wohlgesonnene Journalisten mit Informationen zu versorgen, lief zunehmend ins Leere, jetzt da sich die Gesellschaft rasant veränderte, Urbanisierung und Technisierung voranschritten und die Presse in ihrer Summe zu einem eigenen Faktor in der Politik geworden war. Ein eigenständiges Mediensystem entstand. Zwar konnte sich das Selbstbewusstsein der Journalisten in den wenig demokratischen Strukturen des Kaiserreichs nicht so frei entfalten wie etwa in den USA: „American journalists were, in the early decades of this century, the first to interview the pope, the first to interview British cabinet officers, the first to interview German ministers" (Schudson, 1995, S. 48). Hartwig Gebhardt spricht aber auch für Deutschland von einer neuen Dimension, weil es nun notwendig wurde „Regierungs- und Verwaltungshandeln der Bevölkerung gegenüber zu legitimieren und damit realisierbar zu machen", was dann eben zu „amtlicher Public Relations" (PR) führte (Gebhardt, 1994, S. 175). Die „Entfesselung der Massenkommunikation" (Wilke, 2000) umfasste nicht nur das Aufkommen der Massenpresse, sondern ebenfalls jenes von Öffentlichkeitsarbeit und von politischer PR. Insofern kann man mit

Frank Bösch und Norbert Frei (2006) diesen Medialisierungsschub gleichfalls auch als Politisierungsschub verstehen.

In der frei zugängigen Öffentlichkeit werden Belange von gesamtgesellschaftlichem Rang verhandelt. Diese Arena betraten nun sowohl der moderne Journalismus als auch die moderne Regierungskommunikation, die seither aufeinander angewiesen sind. Es war die vierte Phase der Ökonomisierung der Presse und „Ökonomisierung", so Michael Meyen, bedeutet „auch und vielleicht sogar vor allem Professionalisierung" (Meyen, 2009a, S. 342; Schudson, 2008, S. 32). Das galt nicht nur für die Presse, sondern auch für die staatliche Pressearbeit, die sich den Gegebenheiten einer Massengesellschaft, die zunehmend zur Mediengesellschaft wurde, anpassen musste. Kunczik nannte als Paradebeispiel die Flottenagitation des Alfred von Tirpitz. Als wesentliches Merkmal stellte er die Zielgruppenorientierung heraus, denn so konnten – ganz modern – „verschiedene Teilöffentlichkeiten" mit ganz „unterschiedlichen Methoden angesprochen" werden (Kunczik, 2006, S. 39). Hierzu bedarf es natürlich entsprechender Medienkompetenz im Bereich der Regierungskommunikation. Staatliche PR dockt bis heute an der Logik des Informationsjournalismus an. Anfang des 20. Jahrhunderts beginnt das „Jahrhundert des Journalismus" (Birkner, 2010). Dafür sprechen viele Rahmendaten, wie die Zahl und Auflagenstärke der Presse im späten Kaiserreich und der Organisationsgrad der Journalisten, mittlerweile in der Dachorganisation Reichsverband Deutscher Presse (RDP) als Angehörige eines Berufsstandes versammelt, sowie der moderne Nachrichtenstil (Birkner, 2011b; 2016a). Doch war dies für die historische Journalismusforschung vergleichsweise leicht zu übersehen, denn das Gleichgewicht währte eben auch nur wenige Jahre.

5.4   Die gewaltige Rückkehr der Dominanz des Politischen

Mit dem Ausbruch des Ersten Weltkrieges wurde deutlich, wie fragil das Gleichgewicht war – wie selbstverständlich in Deutschland die Autoritäten die Medien kontrollierten, und nicht umgekehrt. Fairerweise muss erwähnt werden, dass auch der britische Journalismus während des vier Jahre währenden Krieges durchaus kriegstreiberisch und propagandistisch daherkam, allerdings aus einer Position der Gleichberechtigung gegenüber der Regierung, die um Unterstützung bat und diese auch bekam: *right or wrong, my country* jedenfalls auch jenseits des Ärmelkanals. Doch hier waren mehr oder weniger gleichwertige Partner am Werk, die Regierung musste den eigenen Medien vertrauen, denn sie konnte sie nicht mehr kontrollieren. Anders in Deutschland.

Mit dem Krieg wurde sofort die Zensur wiedereingeführt, als sei sie niemals weg gewesen. Presseanweisungen bestimmten alsbald den Alltag der Journalisten, und die staatliche Öffentlichkeitsarbeit wurde zur Kriegspropaganda. Gebhardt nannte das Beispiel der „Kriegsanleihewerbung" (Gebhardt, 1994, S. 176). Bereits 1915 wurden hierzu 3783 Zeitungen angeschrieben und auch 1918, zur neunten Kriegsanleihe, ging ein Rundschreiben „an die Redaktionen aller deutschen Zeitungen und Zeitschriften", mit genauen Anweisungen für „redaktionelle Veränderungen" des Stoffes (ebd., S. 178):

> „Es hatte sich nämlich inzwischen herausgestellt, daß die Zentralisierung der Öffentlichkeitsarbeit zur Uniformierung der Presse beitrug und damit zu einem Glaubwürdigkeitsverlust bei den Lesern" (ebd., S. 179).

Doch ein solcher Glaubwürdigkeitsverlust ließ sich nicht durch Presseanweisungen verhindern. Die Kaiserreichsautoritäten hatten weder die Logik der Medien als der veröffentlichten Meinung, noch die Dynamik der öffentlichen Meinung verstanden. Fatal war daran vor allem, dass am Ende des Krieges die Glaubwürdigkeit der Presse ebenso ruiniert war wie jene der Staatsmacht. Diese schaffte es jedoch mit der Dolchstoßlegende – heute würde man dies „Fake News" nennen – eine Verschwörungstheorie gegen die künftigen demokratischen Kräfte ins Feld zu führen, sodass auch deren Glaubwürdigkeit ramponiert war. Schon im Krieg war es darum gegangen, die Kriegsanleihen als Gedanken der „finanziellen Wehrpflicht (...) hunderttausendprozentig den Köpfen ein(zu)hämmern" (Helferlich, 1919, S. 145, zit, n. Gebhardt, 1994, S. 176). Zur Kriegsschuldfrage wurden dann nach dem Krieg täglich hundert Artikel lanciert: „Welches Hirn soll einem solchen Trommelfeuer auf Dauer Widerstand leisten" (Kantorowicz, 1929, S. 448). Die Waffe der staatlichen PR war nicht gerade das Florett, so könnte man zuspitzen, sondern eher der Hammer, der die Ideen einprügeln und dabei verheerenden Schaden anrichten sollte.

Die Folge war eine schrecklich nervöse, aufgekratzt radikalisierte Öffentlichkeit, in der es staatliche PR ebenso schwer hatte wie objektiver Journalismus. Dieser kann heute – von zwei Weltkriegen unterbrochen – auf über „Hundert Jahre Zweisamkeit" (Birkner, 2009) mit seiner Werbefinanzierung zurückblicken. Die finanzielle Basis von zwei Drittel Werbefinanzierung gegenüber einem Drittel Verkaufserlös, wie sie sich Anfang des 20. Jahrhunderts hatte herausbilden können und die nach 1945 wieder wirksam werden sollte, hatte im Ersten Weltkrieg erheblich gelitten und erholte sich nur langsam davon. Beim Beginn der Kanzlerschaft Adolf Hitlers lag der Anzeigenerlös erst bei einem Drittel und sollte bis Ende des Zweiten Weltkrieges komplett zusammenbrechen (Reumann, 1968, S. 230). Doch bereits deutlich zuvor hatten die Nationalsozialisten den deutschen Journalismus zu einem Propagandainstrument degradiert. Mit einer nicht zu unterschätzenden Brutalität wurden jüdische Redakteure aus den Zeitungsredaktionen vertrieben und ermordet und eine weitgehende Gleichschaltung der Presse erzwungen. Emil Dovifat, nach 1945 einer der Neugründer des Faches, sagte 1939, dass die „Einheit des Ganzen", die „heute jeder Zeitung im nationalsozialistischen Deutschland verpflichtende Aufgabe geworden ist" (Dovifat, 1939, S. 14). Damit waren Kritik und Kontrolle komplett ausgeschlossen.

Zudem war den Nationalsozialisten das neue Medium Radio als staatliche Propagandainstitution quasi in die Hände gefallen. Nach dem Aufkommen der Massenpresse Ende des 19. Jahrhunderts sieht Michael Meyen (2009, S. 25) das Aufkommen des Radios als eine zweite Phase der Medialisierung. Auch in den USA wurde das Radio genutzt, etwa von Franklin D. Roosevelt mit seinen Kamingesprächen. Für Norris ist dies noch die Zeit der Prämoderne, „characterized by the predominance of newspapers and radio" (Norris, 1997, S. 2). Presse und Radio kontrollierten die Nationalsozialisten brutal und clever zugleich, obschon sie beim Radio einiges ausprobierten und die Forschung explizit auch die Bedeutung der Tagespresse hervorgehoben hat (Führer, 2007, 2012). Man mag sich dennoch nicht vorstellen, sie hätten dazu noch das Fernsehen zur Verfügung gehabt. Natürlich muss die Rolle Goebbels nicht überstrapaziert werden (Kunczik, 2006, S. 42), seine Wirkung aber – bis heute – lässt sich kaum überbewerten.

5.5 Die Kontinuität der Dominanz des Politischen

Der Schatten der Nationalsozialisten war nach 1945 auch deshalb so lang, weil in fast allen gesellschaftlichen Bereichen mit nahezu dem gleichen Personal weitergemacht wurde. Dies wurde zuletzt etwa für das Justizministerium (Görtemaker & Safferling, 2016) und etwas früher auch schon für das Auswärtige Amt (Conze, Frei, Hayes, & Zimmermann, 2010) nachgewiesen und ist auch für den Journalismus bekannt (Hachmeister & Siering, 2002). Zu Recht hat man deshalb später die Idee einer *Stunde Null* verworfen. Zunächst „betrieb jede Besatzungsmacht ihre eigene Pressepolitik" (Kunczik, 2006, S. 42). Die Alliierten überwachten dann mit Argusaugen, was die Deutschen, teilweise unter ihrer Anleitung, so schrieben. Für Norris (1997) reicht die Prämoderne über 1945 hinweg; im amerikanischen Kontext durchaus verständlich, denn hier stellte der Zweite Weltkrieg keinen so entscheidenden Einschnitt im Verhältnis von Politik und Medien dar. Helmut Schmidt zitierte 1975 Dwight D. Eisenhower, der mit der Begründung, Vertrauen sei „eine viel bessere Waffe ist als die Zensur, wenn absolute Geheimhaltung gewahrt sein soll", Journalisten in seine Pläne eingeweiht habe (Grunenberg, 1975, S. 4). Für Deutschland muss jedoch die Zäsur betont werden, die das Ende der Nazi-Diktatur markiert. Gleichwohl bleiben die Kontinuitäten erkennbar, etwa in folgenden Worten Konrad Adenauers:

„Einen neuen Goebbels brauchen wir nicht und wollen wir nicht; aber ein wirksamer Apparat mit einem presseerfahrenen Mann an der Spitze, das muß unbedingt sein!" (Gedächtnisprotokoll des Wortlauts Adenauer, zit. n. Krueger, 1988, S. 34)

Auch Michael Kunczik schreibt: „Der Übergang von der Öffentlichkeitsarbeit des Dritten Reiches zur PR der Nachkriegszeit erfolgte fließend" (Kunczik, 2006, S. 42). Adenauer, Jahrgang 1876, hatte die bis hierher beschriebenen Phasen und Konstellationen miterlebt: Bismarck, den Aufstieg der Massenpresse im Kaiserreich, den Ersten Weltkrieg, die Polarisierung der Weimarer Republik, die Repression der Nationalsozialisten. Entsprechend war sein Bild der Medien gefärbt (Beucke, Meiring, & Russ, 2016). Er sah sie in erster Linie als Propagandainstrument, jedenfalls als eines, über das er verfügen wollte. Deshalb war es so ärgerlich für ihn, dass er den nach britischem Vorbild installierten öffentlich-rechtlichen Rundfunk in den Händen der SPD wähnte und deshalb als Rotfunk schmähte. Zwar wurde die von ihm gewünschte Deutschland-Fernsehen GmbH, das so genannte Adenauer-Fernsehen, vom Bundesverfassungsgericht im 1. Rundfunkurteil 1961 verboten. Beim Aufbau des Bundespresseamtes aber genoss die Adenauer-Administration viel Gestaltungsspielraum. Ein riesiger Apparat zur Regierungskommunikation entstand. Das Bundespresseamt, bei dem 1950 noch 176 Personen arbeiteten, war bis 1960 auf 424 Personen angewachsen (Rosumek, 2007, S. 53). Waren der Medienpolitik also durchaus Grenzen gesetzt, konnte die Regierungskommunikation ausgebaut werden.

Dabei ist vor allem auch interessant, dass die Regierungskommunikation vielfach versteckt finanziert wurde und Adenauer hierin quasi an die Reptilienfonds Bismarcks anknüpfte: „Das *Europa-Bildungsnetzwerk,* die *Deutsche Atlantische Gesellschaft,* der *Bund aktiver Demokraten,* das *Institut zur Förderung der freien Wirtschaft,* die *Bundeszentrale für Heimatdienst* (heute: *Bundeszentrale für politische Bildung)"* – das alles waren Einrichtungen, die allesamt Regierungs-PR machten (Beucke, Meiring, & Russ, 2016, S. 52. Hervorhebung im Original; vgl. Rosumek, 2007, S. 55). Insgesamt, so urteilt Michael Kunczik, sei die PR der Regierung „ausgesprochen ‚modern'" (Kunczik, 2006, S. 42) gewesen, da bereits auf Umfrageergebnisse zurückgegriffen wurde. Tatsächlich arbeitete die CDU von 1950 an mit dem von Elisabeth Noelle-Neumann gegründeten Allensbacher Institut für Demoskopie zusammen, gerade auch zu Wahlkampfzwecken.

Doch in den Wahlkämpfen dominierten lange noch Flugblätter und Plakate, spielte die Parteipresse durchaus eine entscheidende Rolle. Hier befinden wir uns, nach Jesper Strömbäck, noch in der ersten Phase der Medialisierung der Politik, in der zwar politische Inhalte bereits weitestgehend über Medien verbreitet werden, die Medien aber doch von der Politik abhängig sind (Strömbäck, 2008, S. 236). Im Gegensatz zur SPD verfügte die CDU über keine starke Parteipresse und versuchte, sich an den Bedürfnissen der unabhängigen Presse zu orientieren. Es wurden dann aber in Adenauers langer Amtszeit doch einige Neuerungen im Journalismus von Seiten der staatlichen Öffentlichkeitsarbeit verschleppt und übersehen. Christina von Hodenberg hat mit den so genannten *45ern* eine neue Generation von Journalisten ausgemacht, zu denen sie unter anderem auch Gerd Ruge und den späteren Regierungssprecher von Helmut Schmidt, Klaus Bölling, zählt (Hodenberg, 2006). Diese neue Journalistengeneration hatte durchaus gute Erfahrungen mit den Alliierten gemacht, auch vieles von ihnen gelernt und wollte nun auch einen entsprechenden Journalismus machen – einen, der der Regierung auf die Finger schaut.

Mittlerweile war auch wieder ein neues Medium hinzugekommen. Das Fernsehen, 1954 beim Gewinn der Fußballweltmeisterschaft der deutschen Nationalmannschaft, dem so genannten *Wunder von Bern*, noch vor allem in Kneipen Anlass für eine erste Welle von *Public Viewing*, war Ende der 1950er Jahre in die deutschen Wohnstuben eingezogen. Und das neue Medium berieselte zunächst nicht nur die Massen. Bösch und Frei (2006) sprechen auch hier, wie beim Aufkommen der Massenpresse, von einem Medialisierungsschub, der mit einem Politisierungsschub einherging. In den USA wurde John F. Kennedy zum ersten TV-Präsidenten, was vielfach an seiner Telegenität in den TV-Duellen festgemacht wurde. Er punktete bei den Fernsehzuschauern, während Radiohörer der Debatte seinen Gegner Richard Nixon argumentativ überzeugender fanden (Heideking, 2009, S. 349-350). Das Fernsehen veränderte die Gesellschaft und die Politik.

5.6   Wieder im Gleichgewicht

Der Moment, in dem die Medien in der Bundesrepublik erstmals seit dem Beginn des 20. Jahrhunderts der Politik wieder auf Augenhöhe begegnen, markiert die *Spiegel*-Affäre. Zwar hat Christina von Hodenberg (2006) versucht, ihr den Nimbus der Einzigartigkeit zu nehmen. Dennoch ist sie von herausragender Bedeutung für die Mediengeschichte und auch die Regierungskommunikationsgeschichte der Bundesrepublik, weil sie „zum ersten massiven Kräftemessen zwischen Staatsgewalt und Massenmedien in der jungen Demokratie" wird (Birkner, 2014, S. 34). Für Frank Bösch und Norbert Frei markiert sie einen entscheidenden Schnittpunkt in der Entwicklungsgeschichte des Verhältnisses von Politik und Medien, ja sie gilt ihnen als „Ikone einer selbstbewußten Öffentlichkeit" (Bösch & Frei, 2006, S. 15). Denn es zeigt sich eine massive Solidarisierung, nicht nur der anderen Medien, sondern von weiten Teilen der Zivilgesellschaft, mit dem malträtierten Medium. In der Affäre offenbart sich die Augenhöhe, danach – eigentlich erst mit dem sogenannten *Spiegel*-Urteil des Bundesverfassungsgerichts 1966 – ist das Gleichgewicht hergestellt:

„In der repräsentativen Demokratie steht die Presse als ständiges Verbindungs- und Kontrollorgan zwischen dem Volk und seinen gewählten Vertretern in Parlament und Regierung und dient der politischen Willensbildung. [...] So wichtig die damit der Presse zufallende ‚öffentliche Aufgabe' ist, so wenig kann diese von der organisierten staatlichen Gewalt erfüllt werden. Presseunternehmen müssen sich im gesellschaftlichen Raum frei bewegen können. Sie arbeiten nach privatwirtschaftlichen Grundsätzen und in privatwirtschaftlichen Organisationsformen." (Bundesverfassungsgericht, 1967, S. 174-175)

Wieder hatte das Bundesverfassungsgericht in die Medienpolitik der Adenauer-Regierung eingegriffen und die Freiheit der Medien verteidigt. Und diese wird durch einen weiteren Faktor gestärkt: Erstmals seit dem Beginn des 20. Jahrhunderts, als die Medien der Politik bereits auf Augenhöhe begegnet waren, lag nun der Anzeigenerlös der Zeitungen wieder bei Zweidrittel (Reumann, 1968, S. 230). Damit wird deutlich, wie sehr Forschung zur politischen Kommunikation, wenn sie das Verhältnis von Politik und Medien in den Blick nimmt, immer auch die finanziellen Gegebenheiten im Mediensektor, die rechtliche Stellung der Medien und auch die Rolle des Publikums mit zu berücksichtigen hat – nicht als passive Medienkonsumenten, sondern als aktiven Teil der Öffentlichkeit. Erst im Gleichgewicht mit Wirtschaft, Gesellschaft und Politik kann der Journalismus auch zum gleichwertigen Gegenüber der Politik werden, gerade für die Regierungskommunikation, deren rechtlich-normativen Rahmenbedingungen es gleichfalls zu berücksichtigen gilt (Kocks & Raupp, 2014).

Ein Beispiel für das Gleichgewicht: Als im sogenannten *deutschen Herbst* die *Rote Armee Fraktion (RAF)* Hanns Martin Schleyer in Köln entführte, bat die Regierung Schmidt in Person von Regierungssprecher Klaus Bölling die Medien um Verständnis für das, was zumindest zwischenzeitlich „auf eine Nachrichtensperre hinausläuft. Das Fernsehen sendet nur, was die Regierung genehmigt" (Schwelien, 2003, S. 263). Als dann die *Welt* einen Bericht über die Landung der GSG 9 in Mogadischu veröffentlichen will, drohte Schmidt persönlich dem Chefredakteur mit Konsequenzen, wusste aber auch, dass er damit gegen das Grundgesetz verstieß und dass er eigentlich über keine Drohkulisse verfügte (Birkner, 2014, S. 66-67). Dennoch, so sagt er im Interview: „Der Mann hat funktioniert" (ebd.). Dass die Medien in dieser Ausnahmesituation kooperierten, passierte vor allem freiwillig, aus einem Vertrauensverhältnis heraus. Michael Schwelien jedenfalls hält eine solche „freiwillige mediale Zurückhaltung", heute, „beim Hundert-Kanal-TV und der Konkurrenz im ‚Enthüllungsjournalismus'" für nicht mehr vorstellbar (Schwelien, 2003, S. 263).

Regierungskommunikation funktionierte zu dieser Zeit im Gleichgewicht von Politik und Medien. Für Norris sind die 70er Jahre die Zeit der „*modern* campaign, typified by the predominance of network television news, the widespread adoption of marketing techniques in strategic campaigns, and the professionalization of political communication" (Norris, 1997, S. 2. Hervorhebung im Original). Doch begann der Konsens zwischen Politik und Medien, in kooperativer Gegnerschaft gemeinsam der Demokratie zu dienen, zu bröckeln. Richard Nixons Redenschreiber William Safire erinnerte sich: „In the Nixon White House, the press became 'the media', because the word had a manipulative, Madison Avenue, all-encompassing connotation, and the press hated it" (1975, S. 351). Diese Gegnerschaft beruhte freilich auf einem Machtzuwachs, den Strömbäck mit dem Übergang der Medialisierung der Politik von der zweiten in die dritte Phase markiert: „Political actors must accept that they can no longer rely on the media to accommodate them" (Strömbäck, 2008, S. 238). Für Frank Marcinkowski sind die Phasen beziehungsweise Dimensionen (Strömbäck, 2011; 2016) zwei und drei in Strömbäcks Modell nicht trennscharf, weshalb er die zweite Phase der „Auflösung institutioneller, finanzieller und personeller Verflechtungen zwischen Medienorganisationen und politischen Institutionen" und die dritte Phase der „Entwicklung einer eigenständigen Konstruktionslogik politischer Medienrealität" zusammenfasst (Marcinkowski, 2015, S. 80). Die nächste Dimension, die „Entwicklung der Medienlogik zum kommunikations- und handlungsleitenden Kalkül politischer Akteure" (Marcinkowski, 2015, S. 80), beschreibt für Strömbäck (2008, S. 240) die Kolonialisierung der Politik durch die Medien (Meyer, 2001). Vielfach ist dies mit dem Beginn des Privatfernsehens in Verbindung gebracht und negativ bewertet worden (Meyrowitz, 1987; Mazzoleni & Schulz, 1999; Hoffmann-Riem, 2000; Münkel, 2006).

5.7 Dominanz der Medien?

Eigentlich müsste, nach den gängigen Einteilungen von Medialisierungsphasen, mit dem Beginn des Privatfernsehens auch in Deutschland die Zeit der Medienmacht beginnen – die Zeit, in der die Politik sich den Medien unterwirft, sich vollends ihrer Logik anschließt und entsprechend von den Medien kolonialisiert wird. Aber das passierte nicht. Der neue Bundeskanzler Helmut Kohl implementierte zwar privatwirtschaftlich organisierte Rundfunkmedien, machte aber „keine Anstalten, seine Politik sonderlich zu medialisieren" (Birkner, 2016, S. 304). Gerd Langguth spricht sogar von der „völligen Unkenntnis der Methoden moderner politischen Kommunikation" (Langguth, 2009, S. 89), wobei Kohl auch als „kommunikativer Phlegmatiker mit einem ausgeprägten Misstrauen gegenüber Medien" (Rosumek, 2007, S. 157) bezeichnet wird. Doch gilt dies vor allem für die Zeit bis zum Mauerfall. Lea Gallon, Tina Lindeburg und Achim Winckler haben im Anschluss an Rosumek (2007) herausgearbeitet, wie die Regierungszeit vor allem im Umgang mit den Medien „in zwei unterschiedliche Phasen" zerfällt (Gallon, Lindeburg, & Winkler, 2016, 209). Erst der „Kanzler der Einheit" agierte nun souveräner in den Medien:

> „Kohls PR-Team nutzte die Bewegungen in der Medienlandschaft aus, indem es selbst neue Formate konzipierte. Die Fernsehstrategie war zudem klug auf Kohls Fähigkeiten abgestimmt. Auftritte in unpolitischen Unterhaltungsshows, oftmals mit kanzlernahen Gesprächspartnern, waren für den rhetorisch eher schwachen Kanzler ohne jedes Risiko. Die Wahlsiege von 1990 und 1994 lassen sich nicht zuletzt auf die gewandelte Fernsehstrategie des Kanzlers zurückführen." (Gallon, Lindeburg, & Winkler, 2016, S. 210)

Und so haben dann wohl auch die letzten Jahre Kohl den Aufstieg des „Medienkanzlers" Schröder (Meng, 2002) begünstigt. Norris sieht auch für die USA erst den Wahlkampf zwischen Clinton und Dole 1996 als den Beginn der „*postmodern* campaign characterized by a fragmentation of media outlets and audiences, commercial pressures leading to a tabloidization of news, and the evolution of the permanent campaign" (Norris, 1997, S. 2. Hervorhebung im Original). Doch beschreibt die Kanzlerschaft Schröders eine Medialisierung der Politik im Sinne einer Kolonialisierung des politischen Systems durch die Medien? Wir müssen an dieser Stelle noch einmal auf die Grundlagen der Gleichgewichtskonstellation zurückkommen. Kernbedingung für ein Gleichgewicht von Medien und Politik war die Auslösung der Presse aus dem politischen System, zunächst um 1900 und dann wieder in den 1950er Jahren, als „Verlegerpersönlichkeiten wie Gerd Bucerius, Neven DuMont und auch Axel Springer", die „kommerzielle Grundlage des Journalismus" sicherten (Birkner, 2015) ohne diesen dabei völlig „zu kommerzialisieren" (Habermas, 1973 [1964], S. 66). Allerdings lässt sich eben seit den 1980er und spätestens 1990er Jahren ein „*Entdifferenzierungsprozess,* welcher die Medien der ökonomischen Marktlogik unterwirft" (Imhof, 2006, S. 200, FN 12; Hervorhebung im Original), beobachten. Doch auch die Ökonomisierung reicht allein sicherlich nicht aus, um die folgenden Veränderungen im Machtverhältnis zwischen Politik und Medien zu erklären. Marcinkowski und Steiner haben, explizit entgegen Negativdeutungen einer Kolonialisierung darauf hingewiesen, dass Medialisierung die „Ermöglichung von Politik unter Bedingungen gesteigerter Interdependenzen, sowie hoher politischer Komplexität und Inklusivität" meint (Marcinkowski & Steiner, 2010, 73).

Wigan Salazar (2006) hat seine Beobachtungen zur Regierungs-PR unter Gerhard Schröder im *Handbuch Regierungs-PR* mit „Der Wandel der Regierungskommunikation" überschrieben. Tatsächlich scheint Schröder zunächst all das nachholen zu wollen, was unter Kohl brachgelegen hatte. Und das begann schon im Wahlkampf, in dem die Medienkampagne der Wahlkampfzentrale Kampa

selbst zum Medienthema wurde (Salazar, 2006, S. 75), auch durch „gezieltes Themenmanagement" (Machnig, 1999, S. 35), wobei hier insbesondere „die Inszenierung von Professionalität" zu nennen ist (Boberg, Hase & Johnson, 2016, S. 232).
Weil man anschließend das Gefühl hatte, die Wahl aufgrund des professionellen
Wahlkampfs gewonnen zu haben, prägte das „den Kommunikationsstil der rot-
grünen Bundesregierung für die kommenden Jahre" (Salazar, 2006, S. 75). Das,
was Norris „permanent campaign" (Norris, 1997, S. 2) nennt, ist für Karl-Rudolf
Korte ein „permanentes Regieren im Wahlkampfstil" (Korte, 2002, S. 6).

Dabei lohnt es, die Rahmenbedingungen in den Blick zu nehmen. Zum einen
setzte um die Jahrtausendwende eine weitere Phase der Medialisierung bzw. Mediatisierung ein, wobei diese Phasen beziehungsweise Schübe insgesamt stärker
in der PR-Geschichtsschreibung zu berücksichtigen sind (Bentele, 2013, S. 225).
Hier ist vor allem das Aufkommen des Internets als Massenmedium zu nennen,
vergleichbar dem Aufkommen der Massenpresse genau 100 Jahre zuvor. Die Auswirkungen dieses Prozesses wurden vielfach unterschätzt, während der zeitgleich
vollzogene Umzug der Regierung aus dem beschaulich-provinziellen Bonn in die
rasante Millionenmetropole Berlin als „Erklärungsmuster für den schnelleren
Rhythmus der medialen Zyklen", nach Wigan Salazar, hinter dem „beschleunigten
Nachrichtenrhythmus" zurückstehen müsse (Salazar, 2006, S. 76). Was heute vielfach vergessen ist: Damals befand sich der Journalismus, die Medienbranche insgesamt, in einer Boomphase. Neue Zeitungen wie 2000 die *Financial Times
Deutschland* (FTD) und 2001 die *Frankfurter Allgemeine Sonntagszeitung* (FAS)
wurden gegründet. Die Branche konnte vor Kraft kaum laufen und ließ dies die
Politik durchaus spüren. Zusammen mit der Verbreitung des Mobil- später Smartphones führte dies dazu, dass Politiker und ihre Sprecher „zu jedem Zeitpunkt von
jedem Ort aus die politische Lage kommentieren" mussten (Salazar, 2006, S. 76).

Diese mediale Gesamtdynamik traf unter Gerhard Schröder also auf eine Regierung, die gewillt war, zeitgemäß zu kommunizieren und sich entsprechend pro-
fessionalisiert hatte. Das führte bisweilen dazu, dass im politischen Prozess Ver-
handlungs- und Öffentlichkeitslogik (Spörer-Wagner & Marcinkowski, 2011, S.
417) miteinander konfligierten, was aber nicht nur am Druck der Medien lag, sondern auch an einer sich bereitwillig medialisierenden Politik. Hier können wir in
Teilen von einer *Medialen Dominanz* sprechen. Im Zeitraum von 1982 bis 2010
stiegen die Ausgaben für Öffentlichkeitsarbeit und Fachinformation in den Bundesministerien insgesamt an, allerdings sanken diese Ausgaben im gleichen Zeitraum beim Bundespresseamt leicht (Borucki, 2014, S. 184). Auch nach dem Amtsantritt von Angela Merkel zeigt sich ein ambivalentes Bild der Regierungskommunikation. Es wirkt, als habe sie von ihren beiden Amtsvorgängern gelernt, indem sie weder bestimmte Medien ignoriert, noch andere Medien zu dicht an sich

heranlässt. So scheint das Gleichgewicht wiederhergestellt. Derweil kann sie sich heute mittels eines YouTube-Kanals direkt an das Volk wenden.

5.8   Fazit und Ausblick

Die Nutzung dieser neuesten der so genannten neuen Medien „wie *Twitter* oder *Facebook* kann jedenfalls vorerst weder eindimensional als Überformung des Politischen durch mediale Imperative interpretiert werden, noch als Politisierung dieser Vertriebskanäle unter Umgehung journalistischer Akteure" (Birkner, 2016, S. 305. Hervorhebung im Original). Allerdings lässt sich fragen, ob sich hier nicht eine Entwicklung hin zu einer Emanzipation der Politik von den Medien analytisch modellieren lässt, analog zur Emanzipation der Medien von der Politik vor über einhundert Jahren – denn eine Politik ohne journalistische Massenmedien wird seither erstmals vorstellbar. Hier ergeben sich vielfältige neue Möglichkeiten und Herausforderungen für Regierungskommunikation im 21. Jahrhundert (Vogel, 2010), man denke etwa an die Flüchtlingspolitik. Plastisch vor Augen geführt wurden uns die neuen Dimensionen im Wahlkampf von Barack Obama 2008 und von Donald Trump 2016. Sind wir damit bereits in eine postpostmoderne Ära eingetreten, oder gar in eine postfaktische? Es bleibt ein Auftrag an künftige Forschung, zu fragen, wie sich die staatliche Öffentlichkeitsarbeit mittels digitaler Medien weiterentwickelt und verändert (Kocks, Raupp, & Schink, 2015), aber auch, welche Kontinuitäten erst über längere Zeiträume hinweg sichtbar werden.

Eine Geschichte der Regierungskommunikation ist bislang noch nicht geschrieben und diese Lücke kann der vorliegende Beitrag selbstverständlich nicht füllen. Vielmehr wurde hier versucht, Regierungskommunikationgeschichte schlaglichtartig im Zeitverlauf und in verschiedenen Dimensionen zu betrachten. Dabei wurde vor allem versucht, das Wechselspiel zwischen Politik und Medien als Machtkonstellation zu modellieren und dabei nicht, wie sonst vielfach üblich, hierbei die Determinierungshypothese oder das Intereffikationsmodell zu bemühen, sondern den Prozess der Medialisierung in den Vordergrund zu stellen. War dies bislang nicht im Blick etwa von PR-Theorie (Raupp, 2009), so gilt es in Zukunft, auch die Medialisierung des Journalismus selbst zu berücksichtigen (Kunelius & Reunanen, 2016).

Schaut die Medialisierung von Politik, PR und Journalismus vor allem auf die Mesoebene von Organisationen und Institutionen, so fokussiert die Mediatisierungsforschung stärker auf die Mikroebene der einzelnen Akteure und fragt dort auch noch einmal deutlicher nicht nur nach Anpassungen an die Medien, sondern nach dem aktiven Umgang vor allem mit neuen Medien. Der Blick auf die gesamtgesellschaftlichen Auswirkungen von individualisiertem Medienkonsum und seine Motive muss geschärft werden. Denn zusammenfassend lässt sich sagen, dass bei der Erforschung des Verhältnisses von Politik und Medien die Bevölkerung allzu oft unterrepräsentiert ist – nehmen wir den Glaubwürdigkeitsverlust im Ersten Weltkrieg oder die *Spiegel*-Affäre. Es lässt sich vermuten, dass die Bevölkerung durchaus konkrete Vorstellungen von der Funktionalität einer freien Presse hatte, die jeweils nicht eingelöst wurden. Dies gilt es für zukünftige Forschung mittels historischer Publikumsforschung ebenso zu rekonstruieren, wie auch die Geschichte des Journalismus im 20. Jahrhundert noch zu schreiben ist. Beides wäre dann, in Kombination mit allgemeiner PR-Geschichte, die Basis für eine umfassende Regierungskommunikationsgeschichte, die schließlich über die Einteilung der Phasen prämodern, modern, postmodern (Norris, 1997) hinausgehen muss.

Hier wurden Konstellationen vorgeschlagen, die versuchen, das Machtverhältnis der beiden Systeme zueinander in Verbindung zu setzen. Für Deutschland lässt sich dabei als historische Kontinuität eher eine *Dominanz der Politik* herausstellen, die sich im Extremfall autoritärer Strukturen zu *Politik macht Medien* steigert. Die Politik dominiert dann nicht mehr ein ansonsten weitestgehend autonomes Mediensystem, sondern dieses ist inkorporierter Teil der Politik. Zu Bismarcks Zeiten, zu Hitlers Zeiten und auch in der DDR befanden sich die Medien so sehr in den Fängen der Mächtigen, dass die Politik die Medien machte. Der entgegengesetzte Fall, dass Medien Politik machen, lässt sich dagegen schon schwerer nachweisen und keineswegs – zumindest in der deutschen Geschichte – in vergleichbarem Maße. Und auch in den ersten Jahren der Regierung Schröder lässt sich allenfalls sehr bedingt von einer *Dominanz der Medien* sprechen. Die aktuelle finanzielle wie intellektuelle Krise des Journalismus spricht eben eigentlich nicht dafür, dass wir es heute mit einer *Dominanz der (journalistischen) Medien* zu tun haben. Vielmehr scheinen es derzeit Großkonzerne zu sein, die eifrig in der Politik mitmischen. Weil sich hierunter aber Mediengiganten wie *Facebook* und *Twitter* befinden, ist die Konstellation einer *Dominanz der Medien(konzerne)* ebenso vorstellbar, wie die einer *Dominanz des Politischen* möglich bleibt. Derzeit scheint jedoch die Ökonomisierung beider Systeme die übergeordnete Überformung darzustellen, also eine *Dominanz des Ökonomischen,* die gleichwohl ebenfalls in Frage gestellt werden könnte.

Literatur

Bentele, G. (2013). Der Diskurs über PR-Geschichte und PR-Historiographie. In O. Hoffjann & S. Huck-Sandhu (Hrsg.), *UnVergessene Diskurse* (S. 197-235). Wiesbaden: Springer VS. doi:0.1007/978-3-531-19121-8_8.

Beucke, S., Meiring, J., & Russ, M. (2016). Konrad Adenauer. In T. Birkner (Hrsg.), *Medienkanzler. Politische Kommunikation in der Kanzlerdemokratie* (S. 45-74). Wiesbaden: Springer VS.

Birkner, T. (2009). Hundert Jahre Zweisamkeit. *Financial Times Deutschland*, 23.11.2009, S. 24

Birkner, T. (2010). Das Jahrhundert des Journalismus. Ökonomische Grundlagen und Bedrohungen. *Publizistik, 55*(1), 41-54

Birkner, T. (2011a). Genese, Formierung, Ausdifferenzierung und Durchbruch des Journalismus in Deutschland. *Medien und Kommunikationswissenschaft, 59*(3), 345-359.

Birkner, T. (2011b). Journalismus – eine Profession, die keine ist. *Medien und Zeit, 26*(2), 49-58.

Birkner, T. (2012). *Das Selbstgespräch der Zeit. Die Geschichte des Journalismus in Deutschland 1605–1914*. Köln: Halem.

Birkner, T. (2015). Geschichte des Journalismus. In J. Krone & T. Pellegrini (Hrsg.). *Handbuch Medienökonmie*. Wiesbaden: Springer VS. doi:10.1007/978-3-658-09632-8_50-1.

Birkner, T. (2016a). Journalism 1914. The birth of modern journalism in Germany a century ago. *Journalism History, 42*(3), 153-163.

Birkner, T. (Hrsg.) (2016b). *Medienkanzler. Politische Kommunikation in der Kanzlerdemokratie*. Wiesbaden: Springer VS.

Birkner, T. (2017). *Medialisierung und Mediatisierung*. Reihe Konzepte. Ansätze der Medien- und Kommunikationswissenschaft. Baden-Baden: Nomos.

Boberg, S., Hase, V., & Johnson, D. (2016). Gerhard Schröder. In T. Birkner (Hrsg.), *Medienkanzler. Politische Kommunikation in der Kanzlerdemokratie* (S. 221-261). Wiesbaden: Springer VS.

Borucki, I. (2014). *Regieren mit Medien. Auswirkungen der Medialisierung auf die Regierungskommunikation der Bundesregierung von 1982-2010*. Opladen: Budrich.

Bösch, F., & Frei, N. (Hrsg.). (2006). *Medialisierung der Demokratie im 20. Jahrhundert*. Göttingen: Wallstein.

Bourdieu, P. (1987). *Sozialer Sinn. Kritik der theoretischen Vernunft*. Frankfurt am Main: Suhrkamp.

Bourdieu, P. (1997a). *Der Tote packt den Lebenden*. Schriften zu Politik und Kultur, 2. Band, herausgegeben von Margareta Steinrücke. Hamburg: VSA.

Bundesverfassungsgericht (1967). Urteil vom 5. August 1966 (1 BvR 586/62, 1 BvR 610/63, 1 BvR 512/64) Verfassungsmäßigkeit von Durchsuchungen von Presseräumen (Spiegel-Verlag). In *Entscheidungen des Bundesverfassungsgerichts*, 20. Band (S. 162-230). Tübingen: J. C. B. Mohr.

Conze, E., Frei, N., Hayes, P., & Zimmermann, M. (2010). *Das Amt und die Vergangenheit. Deutsche Diplomaten im Dritten Reich und in der Bundesrepublik*. München: Karl Blessing Verlag.

Couldry, N., & Hepp, A. (2016). *The Mediated construction of Reality*. Cambridge: Polity.

Dovifat, E. (1939). *Wesen und Aufgabe einer deutschen Heimatzeitung*. Rede zur Feier des 175jährigen Jubiläums des „Anhalter Anzeigers". Dessau: C. Dünnhaupt.

Dovifat, E. (1990 [1927]). *Der amerikanische Journalismus*, herausgegeben von Stephan Ruß-Mohl. Berlin: Colloquium.

Führer, K. C. (2007). Die Tageszeitung als wichtigstes Massenmedium der nationalsozialistischen Gesellschaft. *Zeitschrift für Geschichtswissenschaft, 55*(5), 411-434.

Führer, K. C. (2012). Die deutsche Tagespresse im Zweiten Weltkrieg. Fakten und Fragen zu einem unerforschten Abschnitt der NS-Mediengeschichte. *Zeitschrift für Geschichtswissenschaft, 60*(5), 417-440.

Gallon, L., Lindeburg, T., & Winkler, A. (2016). Helmut Kohl. In T. Birkner (Hrsg.), *Medienkanzler. Politische Kommunikation in der Kanzlerdemokratie* (S. 181-219). Wiesbaden: Springer VS.

Gebhardt, H. (1994). Organisierte Kommunikation als Herrschaftstechnik. Zur Entwicklungsgeschichte staatlicher Öffentlichkeitsarbeit. *Publizistik, 39*(2), 175-189.

Görtemaker, M. & Safferling, C. (2016). *Die Akte Rosenburg. Das Bundesministerium der Justiz und die NS-Zeit.* München: C.H. Beck.

Grunenberg, N. (1975). Regieren bei Suppe und trocken Brot, *Die Zeit*, 43, 17. Oktober 1975a, http://www.zeit.de/1975/43/regieren-bei-suppe-und-trocken-brot.

Habermas, J. (1973 [1964]). Öffentlichkeit (ein Lexikonartikel). In J. Habermas (Hrsg.), *Kultur und Kritik – Verstreute Aufsätze* (S. 61–69). Frankfurt am Main: Suhrkamp.

Habermas, J. (1981). *Theorie des kommunikativen Handelns, 2. Band: Zur Kritik der funktionalistischen Vernunft.* Frankfurt am Main: Suhrkamp.

Habermas, J. (1990 [1962]). *Strukturwandel der Öffentlichkeit. Untersuchung zu einer Kategorie der bürgerlichen Gesellschaft.* Frankfurt am Main: Suhrkamp.

Hachmeister, L. & Siering, F. (2002) (Hrsg.). *Die Herren Journalisten.* München: C. H. Beck.

Heideking, J. (2009). John F. Kennedy (1961-1963): Der imperiale Präsident. In C. Mauch (Hrsg.), *Die amerikanischen Präsidenten – 44 historische Portraits von George Washington bis Barack Obama.* Fünfte, fortgeführte und aktualisierte Ausgabe (S. 346-360). München: C. H. Beck.

Hepp, A. & Krotz, F. (2012) Mediatisierte Welten: Forschungsfelder und Beschreibungsansätze – Zur Einleitung. In F. Krotz & A. Hepp (Hrsg.). *Mediatisierte Welten: Beschreibungsansätze und Forschungsfelder* (S. 7-23). Wiesbaden: Springer VS.

Hobsbawm, E. (1994). *Zeitalter der Extreme. Weltgeschichte des 20. Jahrhunderts.* Darmstadt: Wissenschaftliche Buchgesellschaft.

Hoffmann-Riem, W. (2000). Politiker in den Fesseln der Mediengesellschaft. *Politische Vierteljahresschrift, 41*(1), 107-127.

Hodenberg, C. v. (2006). *Konsens und Krise. Eine Geschichte der westdeutschen Medienöffentlichkeit 1945-1973.* Göttingen: Wallenstein.

Imhof, K. (2006). Mediengesellschaft und Medialisierung. *Medien & Kommunikationswissenschaft, 54*(2), 191-215.

Kantorowicz, H. (1929). *Der Geist der englischen Politik und das Gespenst der Einkreisung Deutschlands.* Berlin: Rowohlt.

Kocks, J. N. & Raupp, J. (2014). Rechtlich-normative Rahmenbedingungen der Regierungskommunikation: Ein Thema für die Publizistik- und Kommunikationswissenschaft. *Publizistik 59*(3), 269-284.

Kocks, J. N., Raupp, J. & Schink, C. (2015). Staatliche Öffentlichkeitsarbeit zwischen Distribution und Dialog: Interaktive Potentiale digitaler Medien und ihre Nutzung im Rahmen der Außenkommunikation politischer Institutionen. In R. Fröhlich & T. Koch (Hrsg.): *Politik – PR – Persuasion. Strukturen, Funktionen und Wirkungen politischer Öffentlichkeitsarbeit* (S. 71-87). Wiesbaden: Springer VS.

Korte, K.-R. (2002). In der Präsentationsdemokratie: Schröders Regierungsstil prägt die Berliner Republik. *Frankfurter Allgemeine Zeitung.* 26. Juli 2002, S. 6.

Kunczik, M. (2006). Geschichte der staatlichen Öffentlichkeitsarbeit in Deutschland – Regierungs-PR von gestern bis heute. In M. M. Köhler (Hrsg.), *Handbuch Regierungs-PR. Öffentlichkeitsarbeit von Bundesregierungen und deren Beratern* (S. 35-47). Wiesbaden: Springer VS.

Kunelius, R. & Reunanen, E. (2016). Changing Power of Journalism: The Two Phases of Mediatization. *Communication Theory.* Online before printing. doi: 10.1111/comt.12098.

Machnig, M. (1999). Die Kampa als SPD-Wahlkampfzentrale der Bundestagswahl '98. Organisation, Kampagnenformen und Erfolgsfaktoren. *Forschungsjournal Neue Soziale Bewegungen, 12*(3), 20-29.

Marcinkowski, F., & Steiner, A. (2010). Was heißt Medialisierung? Autonomiebeschränkung oder Ermöglichung von Politik durch Massenmedien? In K. Arnold, C. Classen, S. Kinnebrock, E. Lersch, & H.-U. Wagner (Hrsg.) *Von der Politisierung der Medien zur Medialisierung des Politischen? Zum Verhältnis von Medien, Öffentlichkeiten und Politik im 20. Jahrhundert* (S. 51-76). Leipzig: Leipziger Universitätsverlag.

Marcinkowski, F. (2015). Die „Medialisierung" der Politik. Veränderte Bedingungen politischer Interessensvermittlung. In R. Speth & A. Zimmer (Hrsg.), *Lobby-Work. Interessenvertretung in der Medien- und Wissensgesellschaft*, (S. 70-95). Wiesbaden: Springer VS.

Mazzoleni, G., & Schulz, W. (1999). „Mediatization" of Politics: A Challenge for Democracy?. *Political Communication, 16*(3), 247-261.

Meng, R. (2002). *Der Medienkanzler. Was bleibt vom System Schröder?* Frankfurt am Main: Suhrkamp.

Meyen, M. (2009). Medialisierung. *Medien und Kommunikationswissenschaft, 57*(1), 23- 38.

Meyer, T. (2001). *Mediokratie. Die Kolonialisierung der Politik durch die Medien.* Frankfurt am Main: Suhrkamp.

Meyrowitz, J. (1987). *Die Fernsehgesellschaft. Wirklichkeit und Identität im Medienzeitalter.* Weinheim: Beltz.

Münkel, D. (2006). Politik als Unterhaltung? Zur Wahlkampfkultur in der Bundesrepublik seit den sechziger Jahren. In C. Zimmermann (Hrsg.), *Politischer Journalismus, Öffentlichkeiten und Medien im 19. und 20. Jahrhundert* (S. 213-227). Ostfildern: Jan Thorbecke Verlag.

Norris, P. (1997). Introduction. In P. Norris (Hrsg.), *Politics and the Press. The News Media and Their Influences* (S. 1-17). London: Boulder.

Pöttker, H. (2005). Öffentlichkeit/Öffentliche Meinung In S. Weischenberg, H. J. Kleinsteuber & B. Pörksen (Hrsg.), *Handbuch Journalismus und Medien* (S. 329-333). Konstanz: UVK.

Raible, W. (2006). *Medien- und Kulturgeschichte. Mediatisierung als Grundlage unserer kulturellen Entwicklung.* Heidelberg: Universitätsverlag Winter.

Raupp, J. (2009). Medialisierung als Parameter einer PR-Theorie. In U. Röttger (Hrsg.), *Theorien der Public Relations: Grundlagen und Perspektiven der PR-Forschung* (S. 265-284). Wiesbaden: Springer VS.

Reumann, K. (1968). Entwicklung der Vertriebs- und Anzeigenerlöse im Zeitungsgewerbe seit dem 19. Jahrhundert. *Publizistik, 13*(2-4), 226-271.

Requate, J. (1999). Öffentlichkeit und Medien als Gegenstände historischer Analyse, *Geschichte und Gesellschaft, 25*(1), 5-32.

Rosumek, L. (2007). *Die Kanzler und die Medien. Acht Porträts von Adenauer bis Merkel.* Frankfurt: Campus.

Salazar, W. (2006). Der Wandel der Regierungskommunikation. Beobachtungen zur Regierungs-PR unter Gerhard Schröder. In M. M. Köhler (Hrsg.), *Handbuch Regierungs-PR. Öffentlichkeitsarbeit von Bundesregierungen und deren Beratern* (S. 73-82). Wiesbaden: Springer VS.

Schade, E. & Künzler, M. (2010). Kommunikations- und Mediengeschichte. In: Bonfadelli, H., Jarren, O. & Siegert, G. (Hrsg.). *Einführung in die Publizistikwissenschaft* (S. 77–109). Bern: Haupt Verlag.

Steinmaurer, T. (2016). *Permanent vernetzt – Zur Theorie und Geschichte der Mediatisierung.* Wiesbaden: Springer VS.

Schneider, F. (1966). *Pressefreiheit und politische Öffentlichkeit. Studien zur politischen Geschichte Deutschlands bis 1848.* Neuwied: Luchterhand.

Schneider, F. (1978). Presse, Pressefreiheit, Zensur. In O. Brunner, W. Conze; R. Koselleck (Hrsg.), *Geschichtliche Grundbegriffe: Historisches Lexikon zur politisch-sozialen Sprache in Deutschland.* (S. 899-927). Stuttgart: Klett-Cotta.

Schudson, M. (1996). *The Power of News.* Cambridge: Harvard University Press.

Spörer-Wagner, D. & Marcinkowski, F. (2011). Politiker in der Öffentlichkeitsfalle? Zur Medialisierung politischer Verhandlungen in nationalen Kontexten. In M. Edinger & W. J. Patzelt (Hrsg.), *Politik als Beruf* (S. 416-438). Wiesbaden: Springer VS.

Strömbäck, J. (2008). Four Phases of Mediatization: An Analysis of the Mediatization of Politics. *The International Journal of Press/Politics, 13*(3), 228-246.

Strömbäck, J. (2011). Mediatization and perception of the media's political influence. *Journalism Studies, 12*(4), 423–439. doi:10.1080/1461670X.2010.523583

Strömbäck, J. (2016). Mediatization. In G. Mazzoleni (Hrsg.), *The International Encyclopedia of Political Communication* (S. 827–835). Oxford: Wiley Blackwell.

Vogel, M. (2010). *Regierungskommunikation im 21. Jahrhundert. Ein Vergleich zwischen Großbritannien, Deutschland und der Schweiz.* Baden-Baden: Nomos.

Wehler, H.-U. (1987). *Deutsche Gesellschaftsgeschichte. 2. Band: Von der Reformära bis zur industriellen und politischen »Deutschen Doppelrevolution« 1815 - 1845/49.* Frankfurt am Main: Büchergilde Gutenberg.

Weiß, R. (2009). Pierre Bourdieu: Habitus und Alltagshandeln. In: A. Hepp, F. Krotz & T. Thomas (Hrsg.), *Schlüsselwerke der Cultural Studies* (S. 31–46). Wiesbaden: Springer VS.

Wilke, J. (2000). Grundzüge der Medien- und Kommunikationsgeschichte. Von den Anfängen bis ins 20. Jahrhundert. Köln: Böhlau.

Willems, H (2007). Elemente einer Journalismustheorie nach Bourdieu. In K.-D. Altmeppen, T. Hanitzsch, C. Schlüter (Hrsg.), *Journalismustheorie: Next Generation. Soziologische Grundlegung und theoretische Innovation* (S. 215–238). Wiesbaden: Springer VS.

II: Theoretische und methodische Herausforderungen

6. Methodische Herausforderungen der Untersuchung digitaler politischer Kommunikation

Martin Emmer

6.1 Einleitung: Digitalisierung und Kommunikation

Die Digitalisierung hat die politische Kommunikation voll erfasst: Insbesondere der Siegeszug Sozialer Medien in den letzten Jahren hat die Bedingungen, unter denen öffentliche Kommunikation stattfindet, stark verändert, mit dramatischen Folgen für die gesellschaftlichen Informationsflüsse, die Machtbalance zwischen den Akteuren in der politischen Öffentlichkeit und auch politische Kommunikationsstrategien. Dies betrifft auch den Bereich der Regierungskommunikation und staatlichen Öffentlichkeitsarbeit. Es entstehen völlig neue Formen von kommunikationsrelevanten Daten, die einer Analyse zur Verfügung stehen: Medieninhalte, Nutzerinformationen, Meta- und Kontextdaten. Anders als manche anderen Fächer aus den Geistes- und Sozialwissenschaften ist die Kommunikationswissenschaft deshalb auch zweifach herausgefordert: Die Digitalisierung eröffnet einerseits neue Datenquellen und Methoden der Analyse, andererseits verändert sie jedoch auch unseren Untersuchungsgegenstand „gesellschaftsrelevante Kommunikation" fundamental. Daraus ergeben sich erstens theoriebezogene Herausforderungen, etwa die Notwendigkeit der Prüfung existierender Kommunikationstheorien auf ihre Gültigkeit auch unter den Bedingungen digitaler Medienumgebungen sowie daran anschließend unter Umständen die Frage nach deren Abwicklung, Weiterentwicklung oder Neuentwicklung. Zweitens ergeben sich methodische Herausforderungen, denn völlig neue kommunikative Prozesse und dabei entstehende neue Datenformen – etwa bei der auch für die staatliche Öffentlichkeitsarbeit relevanten Verbreitung von Nachrichten über Soziale Netzwerke – erfordern unter Umständen auch völlig neue methodische Zugänge anstatt der einfachen Anpassung oder Weiterentwicklung bestehender.

Wie weitreichend diese Veränderungen insbesondere aus methodischer Perspektive sind, zeigt sich, wenn man „Digitalisierung" auf einer sehr grundlegenden technischen Ebene betrachtet. Denn technisch gesehen ist Digitalisierung ein Dekonstruktionsprozess, der Informationen jeglicher Art – seien es visuelle, auditive, materiell-symbolische – auflöst und übersetzt in die einfachstmögliche Form der Codierung, nämlich in die Binärsprache, die nur noch die Codes Ja/Nein, Ein/Aus, 0/1 kennt (diese englisch „digits" genannten Einzelcodes sind heute namensgebend für das Phänomen). Diese Sprache ist nicht neu, sie wurde bereits

Ende des 17. Jahrhunderts von Gottfried Wilhelm Leibnitz als „Dyadik" (Leibniz, 1697) ausführlich in der Form beschrieben, in der wir sie heute noch nutzen. Der besondere Vorteil dieser Dekonstruktion und Übersetzung erschließt sich nicht sofort, denn auf den ersten Blick hat sie eher problematische Folgen. So bläht sich die Menge an Daten auf: Der Vorteil elaborierterer Codes wie Ziffern oder Buchstaben ist es ja gerade, eine größere Menge an Informationen gleichzeitig in einem Symbol zu codieren: der Buchstabe „ö" etwa codiert Laut- und Ausspracheinformationen, aber auch syntaktische Informationen wie „Vokal" oder „Umlaut". In einem einfachen binären System benötigt man dagegen eine Zahl mit mindestens acht Stellen (heute gängige Systeme arbeiten in der Regel sogar mit einem 64-stelligen System), um die Information eines einzelnen Buchstaben abzubilden.[1] Der zweite kommunikationsrelevante Nachteil ist, dass die binäre Codierung nur diskrete Informationen abbilden kann. So müssen jede einzelne Farbschattierung eines Fotos oder jeder Ton eines Musikstücks einen eigenen binären Zifferncode bekommen, während ein erfahrener Musiker mit einer hölzernen Geige oder eine bildende Künstlerin mit Farbe auf Leinwand eine stetig verteilte, praktisch unbegrenzte Fülle an Ton- oder Farbschattierungen darstellen kann.

Diese Nachteile werden jedoch durch einen zentralen Vorteil um ein Vielfaches aufgehoben: Das sehr einfache binäre Codesystem kann durch ebenso einfach strukturierte Maschinen verarbeitet werden. Jeder elektrisch betriebene Apparat ist in der Lage, auf Basis der durch einen Ein-/Aus-Schalter vermittelten Information „Strom fließt"/"Strom fließt nicht" und damit mit digitalen, binären Daten zu arbeiten.

Die oben beschriebenen Nachteile haben die Digitalisierung nur so lange behindert, wie Maschinen noch nicht leistungsfähig genug waren, den erhöhten Datenaufwand zu bewältigen: Computergrafik bestand lange nur aus pixeligen Bildern auf Basis von 256 Grundfarben, die Übertragung eines Fotos über das Internet dauerte in den frühen 90er Jahren minutenlang. Doch im Zuge der äußerst schnell voranschreitenden Entwicklung der Computertechnik, die meist anhand des sog. „Mooreschen Gesetzes" (Moore, 1965, S. 12) beschrieben wird, also der Verdoppelung der Rechengeschwindigkeit neuer Mikroprozessorengenerationen ca. alle 18 Monate, hat sich die Wahrnehmung digitaler Daten als defizitär mittlerweile längst verschoben hin zur Wahrnehmung eines „Alles ist möglich mit digitalen Daten". Erleichtert wird diese Nutzbarmachung digitaler Technologien dadurch, dass die menschlichen Sinne nur eine begrenzte Aufnahmekapazität haben, was zur Folge hat, dass viele Informationen, die z.B. durch die Digitalisierung einer Audio-Aufnahme entstehen, für das menschliche Ohr gar nicht hörbar sind

---

[1] Als Nr. 148 des achtstelligen ASCII-Zeichensystems hätte der Buchstabe „ö" in der binären Computersprache den Code 10010100.

und deshalb ohne Nachteile aus dem Datenbestand wieder gelöscht werden können. Die Datenmenge, die verarbeitet und übertragen werden muss, lässt sich damit zum Teil wieder erheblich reduzieren.

Diese Entwicklungen bedeuten für die Kommunikationswissenschaft wie auch für andere Sozialwissenschaften, dass heute erstens ganz neue Arten von Daten zur Verfügung stehen, um menschliche Interaktionen zu analysieren. Diese neuen, digitalen Daten erfordern neue Methoden der Datenerhebung und -analyse, die sich unter dem Dachbegriff der „Computational Social Sciences" zusammenfassen lassen (Lazer et al., 2009). Zusammen mit der Tatsache, dass sich aus der Entstehung und Nutzung immer neuer innovativer Applikationen für verschiedenste kommunikative Zwecke auch unsere Untersuchungsgegenstände dramatisch verändern, ergibt sich die spezielle methodische Herausforderung der Kommunikationswissenschaft.

Die Diskussion der methodischen Probleme in diesem Beitrag soll dabei schrittweise vorgenommen werden: In einem ersten Abschnitt sollen die Herausforderungen vorgestellt und analysiert werden, die sich aus der neuen digitalen Form von Daten ergeben, und zwar sowohl für die Erhebung wie auch die Analyse dieser Daten. Daran anschließend wird der Blick auf die weitergehenden Folgen der Digitalisierung für gesellschaftliche Kommunikationsprozesse gelenkt, indem wir das Feld der durch die Digitalisierung neu entstehenden bzw. sich stark verändernden Kommunikationsmedien und -prozesse untersuchen. Abschließend soll diskutiert werden, welche Potenziale sich daraus für die Erforschung politischer Kommunikation ergeben können.

6.2 Herausforderungen, die sich aus der Digitalisierung von Kommunikationsprozessen ergeben

6.2.1 Datenerhebung

Selbst für eher traditionelle Formen der Kommunikationsforschung z.B. im Rahmen von Inhaltsanalysen von Zeitungen oder bei der Durchführung von Befragungen hatte die Digitalisierung und der Einsatz von Computern seit Ende der 1980er Jahre weitreichende Folgen: Wochenlange Aufenthalte in Zeitungsarchiven, das Durchblättern von Magazinen und Anfertigen von Kopien ist für die Beantwortung vieler Forschungsfragen heute nicht mehr nötig, denn die meisten Medien und Institutionen bieten längst digitale Archive an, die das Auffinden von Beiträgen sowie das Sammeln, Auswählen, Archivieren und Analysieren von jedem PC mit Internetzugang aus erheblich vereinfachen.

Auch bei Befragungen, sei es zum Beispiel von Rezipienten staatlicher Kommunikationen, sei es von den verantwortlichen (Fach-) Kommunikatoren selber (siehe auch die Beiträge von Raupp und Kocks in diesem Band) sind durch den Einsatz der CATI- oder CAPI-Technik sowie Online-Befragungstools praktisch alle Schritte der Datenerhebung und -analyse digital und computerbasiert abwickelbar, was auch hier den Einsatz von papiergestützten Instrumenten inklusive fehleranfälliger Datenerfassungsprozesse erübrigt und somit die Datenerhebung und -analyse beschleunigen und weniger fehlerbehaftet machen kann.

Während alleine die Beschaffung und Aufbereitung von Daten in der Zeit der Papierzeitung, der Videokassetten-Aufzeichnungen und der per Bleistift dokumentierten Befragungsergebnisse für eine natürliche Begrenzung des Materials sorgte, stehen Forschende gerade auch in der Politischen Kommunikationsforschung heute eher vor der Herausforderung, mit plötzlich viel größeren Datengrundlagen umzugehen und *Auswahlen zu treffen*. Ein Teilproblem hierbei kann sein, dass *neue Datenquellen* zur Verfügung stehen, die bisher nicht bekannt waren, etwa über spezielle Datenbanken, Open-Data-Projekte, die systematisch öffentliche Informationen leicht verfügbar machen oder – etwas spezieller – Leaking-Plattformen, die Geheimdokumente zum Beispiel aus der Regierungssphäre veröffentlichen. Hier sind von Forschenden heute im Einzelfall umfangreichere Vorrecherchen notwendig, um Grundgesamtheiten oder mögliche Datengrundlagen und Auswahlverfahren zu identifizieren.

Die klassische Strategie zur Bewältigung dieses Teilproblems der sehr großen Datenumfänge ist die Stichprobenziehung. Diese kann durch digitale Datenquellen erleichtert werden, weil sich aus Datenbankbeständen z.B. mit Hilfe einer Stichwortsuche sehr einfach Gesamtlisten des relevanten Materials erstellen lassen, aus denen sich dann Zufallsstichproben ziehen lassen. Aufwändige Verfahren wie die Konstruktion einer „künstlichen Woche" zur Organisation der Materialbeschaffung sind so nicht mehr nötig – es sei denn, es gibt im Rahmen der Forschung gute theoretische Gründe, dies doch zu tun. Hier zeigt sich jedoch auch, dass dadurch neue Herausforderungen entstehen: Bei einem solchen Vorgehen kommt der Auswahl und Definition der Suchbegriffe eine viel größere Bedeutung zu, so dass in diesen Schritt mehr wissenschaftliche Vorarbeit investiert werden muss.

Neben dieser Ausweitung von Datengrundlagen im Bereich der eher traditionellen Forschung treten im Zuge der Entwicklung völlig neuer Kommunikationsformen, die im nächsten Abschnitt noch besprochen werden, darüber hinaus nun *extrem große Datenmengen neuen Typs* hinzu.

Insbesondere sogenannte Soziale Medien, die eine Vielzahl sehr einfach zu bedienender und dank mobiler Geräte ubiquitärer Anwendungen für Information, Interaktion und Partizipation bereitstellen, produzieren täglich Kommunikationsdaten in bisher unbekanntem Ausmaß. Dabei handelt es sich zu einem sehr großen Teil um Daten, die bisher für kommunikationswissenschaftliche Analysen nicht zur Verfügung standen. Diese Daten entstammen der Kommunikation von Individuen und waren bisher privaten Medien wie Brief oder Telefon vorbehalten und deshalb einer wissenschaftlichen Analyse nur in sehr seltenen und besonders aufwändigen Forschungsdesigns zugänglich. Die besondere Herausforderung ist hier, dass solche Daten in speziellen *technischen Umgebungen* entstehen, die mit einfachen Methoden wie Datenbank-Abfragen oder Archivrecherchen nicht mehr zugänglich sind. Sie entstehen, wie beispielsweise bei *Twitter*, in jeweils speziell angepassten Code-Umgebungen, die jeweils einen speziellen Zugang benötigen, um Daten aus diesen Umgebungen abzurufen, zu speichern und schließlich für eine Analyse aufzubereiten. Zwar bieten vieler dieser Plattform-Anbieter spezielle Schnittstellen an, über die man in einer standardisierten Weise bestimmte Daten abrufen kann – sogenannte APIs (Application Programming Interface). Allerdings selektieren die Anbieter bei der Festlegung, was genau wie über diese Schnittstellen abgerufen werden kann, mehr oder weniger stark (Bürger & Dang-Anh, 2014). Damit stellen sich unter anderem je nach Datengrundlage sehr grundsätzliche Fragen nach der Generalisierbarkeit der Befunde.

Mit diesen technischen Herausforderungen verbunden sind rechtliche: Denn ein wichtiger Aspekt des Phänomens Sozialer Medien ist es, dass ganze Kommunikationswelten letztlich in unternehmenseigenen, sogenannten *„proprietären"* *Räumen* organisiert sind. Dies trifft sowohl auf *Facebook* zu, das sich weitgehende Eigentums- und Nutzungsrechte auch an den Daten vorbehält, die Nutzer erstellen und über das Netzwerk verbreiten, und ebenso auf die mobilen Smartphone-Welten, die im Wesentlichen aus einer *Google*/Android- und einer *Apple*/iOs-Welt bestehen: Alle Tools in diesen vollständig von den jeweiligen Unternehmen kontrollierten Welten müssen den Anforderungen von *Google* oder *Apple* entsprechen, einschließlich möglicher Forschungsapplikationen. Und auch die Daten, selbst wenn sie sich über APIs standardisiert abrufen lassen, können unter dem Vorbehalt eingeschränkter Nutzungsrechte stehen. Die Rechtslage ist in diesem Bereich noch wenig geklärt, zum Zeitpunkt der Publikation dieses Beitrags befindet sich eine Novelle des Urheberrechts in Deutschland noch im parlamentarischen Diskussionsprozess. Das Gesetz soll auch die Nutzung von medialen und digitalen Inhalten durch die Forschung regeln (der Stand der Diskussion und die Argumente der Debatte lassen sich unter anderem nachvollziehen auf https://irights.info/).

Eine Nebenfolge dieses eingeschränkten Zugangs ist, dass die vier großen Unternehmen der digitalen Welt – *Google/Alphabet*, *Apple*, *Facebook* und *Amazon* – selbst über viel mehr Daten verfügen, die sie mit eigenen Mitteln und *unter Ausschluss der Öffentlichkeit* analysieren können, als unabhängige Forscher, wodurch sich mittelfristig eine Schieflage in der Nutzbarmachung von Forschungsbefunden ergeben kann: *Facebook* verfügt evtl. über weit genauere Modelle über Kommunikationsprozesse in Sozialen Medien als die unabhängige akademische Wissenschaft. Dies ist ein sehr grundsätzliches Problem der Wissenschaft, zu dessen Lösung die einzelnen Forschenden nur begrenzt beitragen können; hier ist nicht zuletzt eine Strategie durch Wissenschaftsinstitutionen und Wissenschaftspolitik gefordert, die dauerhaft sicherstellt, dass die digitalen Welten durch unabhängige Wissenschaften so erforscht werden können, wie es notwendig ist.

Eine dritte zentrale Herausforderung im Bereich der Erhebung von Daten ist die Verfügbarkeit von *Datenformen*, die bisher kaum relevant waren. Denn in der digitalen Welt entstehen zum Teil automatisch und standardisiert Daten, die es bisher kaum oder gar nicht gab, die nun aber für wissenschaftliche Analysen herangezogen werden können. Bei digital abgewickelten Befragungen etwa entstehen Daten z.B. zur Verweildauer bei einzelnen Fragen oder es lassen sich die von Teilnehmern benutzten Geräte identifizieren. Mit speziellen Tools können, auch im Kontext „herkömmlicher" Methoden wie Befragungen, zusätzliche Daten erhoben und mit diesen verknüpft werden, etwa durch die Aufzeichnung von Cursorspuren auf dem Bildschirm, Blickverfolgung etc. Dies ist nicht nur eine methodische Herausforderung, sondern auch eine theoretische, denn selbstverständlich macht die Erfassung und Analyse solcher Daten wissenschaftlich nur Sinn, wenn dahinter ein theoretisch begründbares Erkenntnisinteresse liegt (zu den Risiken einer rein explorativen quantitativen Datenanalyse s.u.). Daten aus Sozialen Netzwerken etwa liefern nicht nur Informationen zu Inhalten und Autoren, sondern zugleich Verknüpfungsinformationen mit anderen Inhalten und Akteuren, die sich z.B. für Netzwerkanalysen nutzbar machen lassen – eine Methode, die früher nur mit extrem großem Aufwand anhand eher kleiner Probandengruppen möglich war. Die schließlich ebenfalls damit verbundenen ethischen Fragen, etwa nach dem Schutz der Privatsphäre oder der erforderlichen Einwilligung von Teilnehmern an experimentellen Studien (Heise & Schmidt, 2014), sind hier ebenfalls relevant.

6.2.2 Datenanalyse

Allerdings beginnen hier erst die wirklichen Herausforderungen, denn es stellt sich z.B. die Frage, ob eine Reduktion des Materials durch Stichprobenziehung überhaupt noch notwendig ist: Wenn schon solche Mengen an Material leicht zugänglich und erschließbar vorliegen, zum Beispiel der kommunikative Gesamt-Output einer Regierungsinstitution direkt verfügbar ist, weshalb wird dann nicht einfach alles analysiert? Ähnlich wie in der Medienproduktion steht auch hier die Digitalisierung sämtlicher Schritte der empirischen Forschung auf der Tagesordnung – neben der Sammlung und Archivierung von Daten auch die Analyse und Präsentation.

An dieser Stelle befindet man sich im Feld der „*Big Data Analytics*", die bereits seit einigen Jahren als zentrale Herausforderung vieler empirischer Wissenschaften – von der Archäologie über die Medizin bis zu den Naturwissenschaften – diskutiert werden. Auch wenn die Begriffsverwendung wie so oft in den Sozialwissenschaften unscharf ist, kann man darunter im Wesentlichen die Analyse extrem großer Datensätze unter Einsatz besonders leistungsfähiger Computersysteme verstehen, die darauf abzielt, Erkenntnisse über vielfältige gesellschaftliche Zusammenhänge gewinnen (Boyd & Crawford, 2011). Boyd und Crawford (2011, S. 663) weisen darüber hinaus darauf hin, dass damit meist auch die Behauptung der Gewinnung bahnbrechend neuer, unübertroffen exakter und „wahrer" Erkenntnisse verbunden ist.

Will man massive Datensätze wie z.B. sämtliche Nutzerkommentare in Kommentarbereichen von Medien-Webangeboten oder den Social Media-Präsenzen von Regierungsakteuren zu bestimmten Themen (und eben nicht nur eine Stichprobe von einigen Hundert) untersuchen, sind die bekannten manuellen Methoden der Inhaltsanalyse nicht mehr ausreichend. Hier sind technisch-digitale Verfahren erforderlich, die bisher für die akademische Forschung noch kaum – zumindest nicht in Form von Standardlösungen – existieren. Ein vielversprechender Ansatz sind jedoch Verfahren *maschinellen Lernens* aus der Informatik (Scharkow, 2012). Hierbei geht man über basale Verfahren der reinen Suche nach vordefinierten Stichworten oder Phrasen hinaus, die bereits seit den 1980er Jahren verwendet wurden. Mit Hilfe von maschinellem Lernen oder „Deep Learning" werden Algorithmen darauf trainiert, aufgrund von Ähnlichkeit von Wörtern, Silben oder Phrasen und auch unter Rückgriff auf Kontextdaten z.B. aus Wikipedia, auch solche Inhalte „richtig" im Sinne eines theoriebasierten Codebuchs zu erkennen, die nicht wörtlich als Suchbegriffe vordefiniert sind. Diese Methoden befinden sich bisher in einem eher experimentellen Stadium; hier ist in Zukunft eine stärkere interdisziplinäre Kooperation erforderlich, um die nötigen Kompetenzen etwa aus Fächern wie der (Medien-)Informatik und Computerlinguistik mit kommunikationswissenschaftlichen Zugängen zu kombinieren und damit auch einer oben bereits thematisierten „Privatisierung" solcher Methodenkompetenzen durch die großen Digitalkonzerne entgegenzuwirken (Lazer et al., 2009, S. 721).

Beim Umgang mit sogenannten Big Data und digitalen Daten generell sind eine ganze Reihe von Herausforderungen zu bewältigen, mit denen sich die Wissenschaft bereits seit einiger Zeit auseinandersetzt (Boyd & Crawford, 2011; Maireder, Ausserhofer, Schumann, & Taddicken, 2015; Ruths & Pfeffer, 2014). Ein zentrales Problem ist hierbei die *Unstrukturiertheit* digital entstehender Daten. So kann man beispielsweise Nutzerdaten mittels Online-Tracking erfassen, um im Vergleich zu Einzelfall-Beobachtungen oder der retrospektiven Erhebung mittels Befragung sehr viel detailliertere Informationen zu erheben. Erfasst man direkt die digitalen Datenspuren von Nutzern, etwa über auf dem Rechner von Probanden installierte Programme oder die Umleitung der Daten über VPN- oder Proxy-Server, lässt sich grundsätzlich zwar sehr genau erfassen, welche konkreten Webseiten durch Nutzer angesteuert wurden, welche Artikel oder Werbeanzeigen angezeigt wurden, oder auch wann und wie lange eine Nutzung stattfand. Anders als bei manuellen Inhaltsanalysen mit Hilfe eines vor der Datenerhebung definierten Codebuchs liegen solche Tracking-Daten aber in einer Maschinensprache vor, die es nötig macht, aus einer großen Menge z.T. nur schwer interpretierbarer und vielfach auch irrelevanter Daten die relevanten Informationen zu identifizieren und in auswertbare Kategorien zu überführen (Strippel & Emmer, 2015).

Mit diesem Problem verknüpft ist das Risiko einer unreflektierten *Überinterpretation* der technisch zur Verfügung gestellten digitalen Daten. So kann die leichte Zugänglichkeit und Analysierbarkeit bestimmter Datenformen – bzw. umgekehrt die Schwierigkeit der Erfassung hochwertiger Daten – Forschende zu ungenügender Operationalisierung ihrer Konstrukte verführen (siehe auch den Beitrag von Kocks in diesem Band): Auf *Facebook* lassen sich etwa sogenannte „Likes", mit denen Postings, Bilder oder Kommentare markiert werden können, in großer Zahl und sehr schnell erfassen und kategorisieren. Wofür diese konkrete Handlung von Nutzern aber genau steht, kann individuell sehr unterschiedlich sein. Ein „Like", das für ein Posting eines Politikers vergeben wurde, als eine Operationalisierung von Variablen wie Wahlabsicht, politische Unterstützung einer Partei oder ähnliches zu verwenden, ist sachlich ohne zusätzliche Informationen über die untersuchten Personen nicht zu rechtfertigen; die Qualität von Messungen kann in einem solchen Fall – trotz größerer Datenmengen, höherer Analysegeschwindigkeit etc. – wesentlich niedriger sein als bei der Verwendung herkömmlicher Methoden.

Die Analyse und Interpretation solcher digitalen Daten kann darüber hinaus dadurch beeinträchtigt werden, dass die Bedingungen ihres Zustandekommens für Forscherinnen und Forscher *nicht transparent* sind. So geben verschiedene Plattformen nur begrenzte Mengen an Daten frei, wobei sich die jeweiligen Regeln oft unbemerkt ändern und von außen nicht nachvollzogen werden können. Dies gilt etwa für die Suchergebnisse von *Google*, die Auswahl der Anzeige von Beiträgen auf *Facebook* oder auch die Menge der von *Twitter* abrufbaren Tweets (Emmer & Strippel, 2015; Google, 2014; Lazer, 2015). Vergleiche im Zeitverlauf oder auch zwischen verschiedenen Nutzern sind deshalb unter Umständen wenig verlässlich. Hier zeigt sich auch das oben bereits thematisierte Problem der *proprietären Datenumgebungen* in neuer Form: Die datenbesitzenden Unternehmen wie *Google* oder *Facebook* haben wesentlich bessere Analysebedingungen, weil sie Zugriff auf alle verfügbaren Daten haben und ihnen die Verarbeitungs- und Darstellungsalgorithmen bekannt sind. Auf einer wissenschaftlichen Meta-Ebene kann das zu erheblichen Problemen im Prozess der Erkenntnisgewinnung führen: Während akademische Forscher unter sehr begrenztem Datenzugang und den eben erläuterten Unsicherheiten bei deren Interpretation leiden, stehen auf der anderen Seite die Forschungsabteilungen der Unternehmen selbst bzw. von diesen eingeladene „Embedded Researchers" (Ruths & Pfeffer, 2014). Diese können zwar bei der Datenanalyse aus dem Vollen schöpfen, können dafür jedoch bei der Publikation der Befunde wissenschaftlichen Transparenzregeln aus unternehmenspolitischen Gründen in der Regel nicht nachkommen – was die wissenschaftliche Gültigkeit der Ergebnisse wiederum stark einschränkt.

Eine nicht zu unterschätzende Herausforderung für die Analyse digitaler und großer Datensätze liegt schließlich im Bereich der *statistischen Datenanalyse*. Während ein zentraler Mythos von Big Data darin besteht, dass mehr Daten auch bessere und sicherere Ergebnisse und Vorhersagen ermöglichen, trifft in der klassischen analytischen Statistik in vielen Fällen das Gegenteil zu. So sind klassische Signifikanztests entwickelt worden, um traditionell erhobene Datensätze aus der Psychologie oder Sozialforschung zu verarbeiten, mit Fallzahlen zwischen einigen Dutzend und wenigen Tausend. Wendet man sie auf extrem große Datensätze mit z.B. Millionen von Fällen an, verlieren sie ihre Aussage, da die Schwelle zu einem signifikanten Ergebnis für solche Mengen dann viel zu niedrig liegt. Auch bei komplexeren Modelltests etwa im Rahmen von multiplen und multivariaten Analysen stellt eine zu große Zahl an Erklärungsfaktoren ein Problem dar, das zur Überschätzung von Effekten führt (Bortz, 2005, S. 451; Ruths & Pfeffer, 2014), denn je mehr Faktoren in ein Modell aufgenommen werden, desto stärker muss in der Regel eine sog. „Schrumpfungskorrektur" vorgenommen werden, um eine rein technisch bedingte Inflation der Erklärungsanteile zu verhindern – mit einer extrem großen Zahl an Variablen in einem Modell funktionieren solche Verfahren dann nicht mehr.

Probleme im Bereich der Forschungsethik entstehen durch extrem große Datensätze schließlich neben den oben bereits angesprochenen Fragen des Persönlichkeitsschutzes z.B. dadurch, dass sie verschiedene Methoden des sog. *„p-hacking"* (Ioannidis, 2005) – also der gezielten Optimierung der Ergebnisse von Signifikanztests – erleichtern. So lassen sich in großen Datensätzen mit vielen Variablen sehr leicht signifikante Zusammenhänge suchen und finden, die dann – klassischer deduktiver Forschungslogik zuwiderlaufend – als Befunde der Forschung interpretiert werden, anstatt mit Hilfe der Daten Hypothesen zu testen, die zuvor auf Basis theoretischer Überlegungen entwickelt wurden. Große Datensätze ermöglichen es außerdem, bei negativ ausgefallenen Hypothesentests so lange mit neuen Stichproben wiederholte Messungen durchzuführen, bis – zufällig – ein gewünschtes Ergebnis entsteht, das dann als erfolgreicher Hypothesentest veröffentlicht wird.

6.3 Herausforderungen, die sich aus dem Entstehen neuer digitaler Kommunikationsformen ergeben

Neben der Digitalisierung von Daten, die der wissenschaftlichen Analyse zur Verfügung stehen, ist in der Kommunikationswissenschaft der Wandel der zentralen Untersuchungsgegenstände eine Herausforderung – und hier ganz besonders im Feld der politischen Kommunikation.

So entstehen durch die Nutzung digitaler Medien ganz neue Formen gesellschaftlicher Interaktion: Wenn sich Informationen (viral) in Sozialen Online-Netzwerken verbreiten, können sich innerhalb von Minuten oder wenigen Stunden *Themenverläufe* aufbauen („Trending Topics", „Shitstorms"), die in einer massenmedialen Umgebung mit täglichen Erscheinungszyklen mindestens mehrere Tage benötigt hätten. In öffentlichen und halböffentlichen Räumen wie etwa *Facebook* stehen nun erneut sehr grundsätzliche Fragen im Raum, die für die herkömmliche massenmediale Öffentlichkeit eigentlich als gut erforscht galten: Wer setzt Themen, durch welche Merkmale zeichnen sich populäre Themen, Argumente und Meinungen aus, wie nutzen und verstehen Menschen Nachrichten oder auch politische Inhalte, wie zum Beispiel jene der staatlichen Öffentlichkeitsarbeit (vgl. Kapitel Feldgen/ Block)?

Zu den wichtigsten neuen Variablen, die die Befunde der bisherigen Forschung in Frage stellen, gehören die besonderen *Kommunikationsumgebungen der Sozialen Medien* wie *Facebook, Twitter, Instagram* oder *YouTube*, die sich in vielerlei Hinsicht von klassischen Kommunikationsmedien unterscheiden. Allerdings stellt sich eine Erforschung dieser Umgebungen als relativ schwierig dar, u.a. wegen der oben bereits angesprochenen Geschlossenheit der jeweiligen proprietären Plattformen oder Anbieterwelten. So ist es weder technisch möglich noch aus forschungsethischen Gründen legitim, die private Kommunikation von Nutzern innerhalb solcher geschlossenen Netzwerke zu erfassen und zu analysieren. Zwar mag man einwenden, dass Kommunikation in privaten Räumen auch bisher nur schwer zugänglich war, allerdings zeichnen sich die digitalen Welten durch eine deutlich weniger ausgeprägte Abgrenzung von öffentlicher und privater Sphäre aus, insbesondere aus Nutzersicht fließen verschiedenste öffentliche, halböffentliche und private Räume und Prozesse ineinander (Boyd, 2011; Schmidt, 2009), so dass eine ganzheitliche Analyse der politisch relevanten – zum Teil eben auch privaten – Kommunikation heute an Relevanz gewinnt. Eine Folge dieser Einschränkungen ist, dass sich die Forschung z.T. stark auf die leichter zugänglichen Daten und Angebotsformen stützt, wodurch ein gewisser Bias im Bestand der Befunde entstehen kann. So ist beispielsweise die Bedeutung von *Twitter* für Information und Meinungsbildung von Bürgern in Deutschland vermutlich deutlich geringer, als es der Anteil der wissenschaftlichen Studien dazu nahelegen würde.

Diese Veränderung der kommunikativen Prozesse in der Öffentlichkeit bedeutet auch eine *Pluralisierung der Kommunikationsteilnehmer und Angebotsgenres* (Maireder et al., 2015, S. 13): Die Kommunikationsforschung hat es heute nicht mehr mit klar abgegrenzten Rollen und kleinen Gruppen von Akteuren – Journalisten, Politiker, Interessenvertreter sowie ein aggregiertes Publikum – zu tun (siehe auch den Beitrag von Raupp in diesem Band). Die Digitalisierung erlaubt jeder Nutzerin und jedem Nutzer, sich selbst eine eigene individuelle Rolle zu definieren. Dabei ist oft nicht mehr klar zu entscheiden, ob es sich bei einem Blog mit täglich einigen hundert Lesern um eine Art von Journalismus, um private Meinungsäußerung, politischen Aktivismus, Kunst oder etwas Anderes handelt – von neuen Möglichkeiten für das verdeckte Agieren im Rahmen von Propaganda oder „Astroturfing" (Lyon & Maxwell, 2004) ganz abgesehen. Auch hierin liegen erhebliche Herausforderungen für die theoretische Konzeption, die Operationalisierung, sowie für die Datenerhebung und -analyse. Ein Beispiel für vielversprechende Entwicklungen in diesem Bereich sind die Methoden der *Netzwerkanalyse* (Nuernbergk & Neubarth, 2014; siehe auch die Beiträge von Kocks und Borucki in diesem Band), die es erlauben, unter Rückgriff auf neue Datenformen wie Metadaten, die Verknüpfungen zwischen Elementen wie Personen, Accounts, Texten herstellen, komplexe Beziehungen zwischen Akteuren zu beschreiben und zu analysieren.

Ein in jüngster Zeit hinzugetretener, völlig neuer Typus von Teilnehmern an öffentlicher Kommunikation stellt hier eine besondere Herausforderung dar: *Algorithmen*, die zunehmend zur Steuerung und Analyse von digitalen Kommunikationsprozessen genutzt werden (Jones, 2014). Zwar können solche Produkte „künstlicher Intelligenz", so lange sie nicht ein eigenes Bewusstsein entwickeln wie es in Science-Fiction-Darstellungen populär ist, nicht als Akteure in einem sozialwissenschaftlichen Sinn gelten; da viele Algorithmen jedoch mittlerweile eine Komplexitätsstufe erreicht haben, die es selbst deren Betreibern nicht mehr ohne weiteres erlaubt, die Ergebnisse der durch sie organisierten Prozesse vorherzusagen, können sie auch nicht mehr als einfache Werkzeuge dieser Betreiber marginalisiert werden, wenn man digitale Kommunikationsprozesse untersuchen will.

Zu den am längsten bekannten und auch thematisierten gehört der Google-Suchalgorithmus (Pasquinelli, 2009). Dessen prinzipielle Funktionsweisen sind zwar bekannt (Google, 2011), allerdings nicht so detailliert, dass sich seine Arbeitsweise wirklich bis ins Detail nachvollziehen und vorhersagen ließe – schließlich ist der Algorithmus das zentrale Betriebskapital von *Google*. Davon, der Funktionsweise für eine begrenzte Zeit so weit wie möglich auf die Spur zu kommen und Erkenntnisse darüber an die werbetreibende Industrie zu verkaufen, lebt etwa die Branche der Search Engine Optimization (SEO). Für die Kommunikationsforschung stellen Algorithmen einerseits ein Hindernis dar, insofern sie in ihrer

Funktionsweise nicht transparent sind, auf der anderen Seite werden sie – nicht zuletzt aufgrund ihrer zunehmenden Komplexität – immer stärker auch zu einem Gegenstand der politischen Kommunikationsforschung. Im Rahmen von Targeting-Strategien in Kampagnen können Algorithmen beispielsweise die individualisierte Ansprache von Wählern mit auf sie zugeschnittenen Botschaften steuern, wie es im Jahr 2017 nach der Wahl von Donald Trump zum Präsidenten der Vereinigten Staaten mutmaßlich geschehen ist (Müller von Blumencron, 2017). Eine andere Ausprägung von Algorithmen sind die erst seit kurzem ins Blickfeld der politischen Kommunikationsforschung geratenen *Social Bots*: Dabei handelt es sich um Programme, die in Sozialen Medien wie Menschen agieren – entweder offen und transparent wie z.B. Chatbots in medizinischen Anwendungen oder verdeckt und manipulativ z.B. in politischen Desinformationskampagnen (siehe auch den Beitrag von Block & Feldgen in diesem Band). Während das Grundprinzip solcher Bots von Beginn an ein zentraler Gegenstand der Forschung in der Informatik war (Beispiele sind etwa der „Turing Test" oder das von Joseph Weizenbaum entwickelte Chatprogramm „ELIZA"), gewinnt es mittlerweile auch eine praktische Relevanz vor allem in politischen Kommunikationsumgebungen. Die Forschung beschäftigt sich hier zum Teil im Rahmen von experimentellen Studien mit Wirkungsfragen (C. Wagner, Mitter, Strohmaier, & Körner, 2012), innovativer und anspruchsvoller ist die Identifizierung von Bots bzw. ihre Unterscheidung von menschlichen Akteuren, die im Rahmen z.B. der Propaganda-Forschung relevant ist. Die Methodik hierzu ist allerdings noch nicht weit entwickelt, bisher gibt es in diesem Bereich nur wenige Beiträge, vor allem aus der Informatik, die Verfahren des sog. maschinellen Lernens einsetzen, um in großen Datenmengen Muster zu identifizieren, die eine Wahrscheinlichkeitsabschätzung über den Bot-Charakter von Social-Media-Accounts zulassen (Hegelich & Janetzko, 2016).

Ein weiterer Schritt der digitalen Entgrenzung ist die zunehmende *Mobilität und Ubiquität* digitaler Geräte und mit ihnen auch der durch sie ermöglichten medialen Anwendungen. Insbesondere Smartphones sind in vielen Gesellschaften heute weit verbreitet und ermöglichen nicht nur eine praktisch permanente Nutzung digitaler Medien, sondern sie lassen auch Grenzen zwischen digitaler und realer Welt verschwimmen: So sind viele Straßen-Aktivitäten heute geprägt von einer intensiven digitalen Begleitung, etwa wenn Fotos von Demonstrationen oder Polizeiübergriffen gepostet werden oder Aktivitäten mittels Social Media koordiniert werden, wie etwa im sog. „Arabischen Frühling" (Wagner & Gainous, 2013). Auch staatliche Akteure adaptieren, wenn auch bis dato noch zurückhaltend, neue Formen mobiler Online-Kommunikationsangebote. Hier erhöht sich die Komplexität für die Forschung, allerdings sind auch Methoden entstanden, die es erlauben, solche volatilen Situationen besser zu erforschen. Neben den oben bereits beschriebenen Tracking-Verfahren gibt es beispielsweise mit der Mobile Experience

Sampling Method (MESM) Anwendungen, die eine Befragung von Personen über ihre Mobiltelefone ermöglichen und es auch erlauben, auf ganz bestimmte Aktionen – etwa das Posten eines Fotos – zu reagieren und unmittelbar Fragen zu stellen (Karnowski, 2013).

6.4 Fazit: Methoden zur Analyse politischer Kommunikation in der digitalen Welt

Der vorangegangene Überblick hat gezeigt, dass es drei grundlegende Felder gibt, auf denen die politische Kommunikationsforschung, auch und gerade im Bereich der Forschung zu Regierungskommunikation und staatlicher Öffentlichkeitsarbeit, durch die Digitalisierung herausgefordert wird: Erstens die Verfügbarkeit vielfältigerer und größerer Datenbestände als früher; zweitens die Erfordernis neuer Methoden zur Analyse großer Datenmengen und neuartiger Daten; und drittens die fundamentale Veränderung unseres Untersuchungsgegenstandes der öffentlichkeitsrelevanten Kommunikation, durch die völlig neue Probleme und Forschungsfragen entstehen bzw. alte neu auf dem Prüfstand stehen. Die neuen Problemfelder entstehen, so scheint es, in immer kürzerer Folge: Die Frage nach Populismus und Hasskommunikation ist stark verknüpft mit den medialen Veränderungen durch die Digitalisierung, gleiches gilt für neue Wahlkampfstrategien in Social Media, für Leaks oder auch Fake-News. Um diese Entwicklungen angemessen beschreiben und erklären zu können, muss die Forschung schneller auf neue Entwicklungen reagieren, wobei etwa leistungsfähige, computergestützte Analyseverfahren helfen können. So lässt sich beispielsweise mit Hilfe computergestützter, selbstlernender Textanalyse-Systeme die Untersuchung großer Textmengen in kürzerer Zeit durchführen, auch wenn wissenschaftliche Sorgfalt immer eine gewisse Zeit erfordert. Dabei wird insbesondere die Kommunikationswissenschaft zukünftig interdisziplinär Brücken in technischen Disziplinen wie der Informatik schlagen müssen, um entsprechende Methoden zu entwickeln und nutzbar zu machen. Dies ist auch deshalb nötig, weil gerade im Bereich der Datenanalyse die Gefahr besteht, dass die großen Digital-Konzerne und auch staatliche Behörden etwa in China oder den USA Methoden oder Befunde exklusiv ermitteln und damit Wissen auf eine Art monopolisieren, die langfristig eine Gefahr für die Gesellschaft darstellt.

In diesen Herausforderungen stecken jedoch auch Chancen: Wenn es gelingt, die neuen Fragen, die sich aus der Digitalisierung ergeben, theoretisch wie methodisch schlüssig in den Griff zu bekommen, kann die Kommunikationswissenschaft sich als eine der Schlüsselwissenschaften in der digitalisierten Welt profilieren. Das gilt allerdings nur, wenn dabei auch die forschungsethischen Aspekte im Blick behalten werden: Nirgendwo sind die Selbstbestimmungsrechte der Bürgerinnen und Bürger so stark in Gefahr wie in der digitalen Welt, Regierungen und Unternehmen sind ständig versucht, aus den für sie so leicht verfügbaren Daten Informationen zu gewinnen, die für die eigenen Interessen missbraucht werden. Auch hier ist die Forschung gefordert, Standards zu setzen, einzufordern und selbst zu praktizieren.

Literatur

Bortz, J. (2005). *Statistik für Human- und Sozialwissenschaftler* (6 Aufl.). Heidelberg: Springer Medizin Verlag.

Boyd, D. (2011). Social Network Sites as Networked Publics: Affordances, Dynamics, and Implications. In Z. Papacharissi (Hrsg.), *Networked Self: Identity, Community, and Culture on Social Network Sites* (S. 39-58). New York: Routledge.

Boyd, D., & Crawford, K. (2011). Critical Questions for Big Data. Information *Communication & Society, 15(5)*, 662-679.

Bürger, T., & Dang-Anh, M. (2014). Twitter Analytics. In M. Welker, M. Taddicken, J.-H. Schmidt, & N. Jackob (Hrsg.), *Handbuch Online-Forschung. Sozialwissenschaftliche Datengewinnung und -auswertung in digitalen Netzen* (S. 284-302). Köln: Halem.

Emmer, M., & Strippel, C. (2015). Stichprobenziehung für Online-Inhaltsanalysen: Suchmaschinen und Filter Bubbles. In A. Maireder, J. Ausserhofer, C. Schumann, & M. Taddicken (Hrsg.), *Digitale Methoden in der Kommunikationswissenschaft* (S. 275-300). Berlin.

Google. (2011). *An update to Google Social Search*. Retrieved from http://googleblog.blogspot.de/ 2011/02/update-to-google-social-search.html [23.05.2017]

Google. (2014). *Über das Google-Webprotokoll*. Retrieved from https://support.google.com/accounts /answer/54068?rd=1

Hegelich, S., & Janetzko, D. (2016). Are Social Bots on Twitter Political Actors? Empirical Evidence from a Ukrainian Social Botnet. *Proceedings of the 10th International AAAI Conference on Web and Social Media (ICWSM 2016)*, 579-582.

Heise, N., & Schmidt, J.-H. (2014). Ethik der Online-Forschung. In M. Welker, M. Taddicken, J.-H. Schmidt, & N. Jackob (Hrsg.), *Handbuch Online-Forschung. Sozialwissenschaftliche Datengewinnung und -auswertung in digitalen Netzen* (S. 519-539). Köln: Halem.

Ioannidis, J. P. A. (2005). Why Most Published Research Findings Are False. *PLoS Med, 2(8)*, e124. doi: https://doi.org/10.1371/journal.pmed.0020124

Jones, S. (2014). People, things, memory and human-machine communication. *International Journal of Media & Cultural Politics, 10(3)*, 245-258. doi:10.1386/macp.10.3.245

Karnowski, V. (2013). Befragung in situ: Die Mobile Experience Sampling Method (MESM). In W. Möhring & D. Schlütz (Hrsg.), *Handbuch standardisierte Erhebungsverfahren in der Kommunikationswissenschaft* (S. 235-247). Wiesbaden: Springer.

Lazer, D. (2015). The Rise of the Social Algorithm. *Science, 348(6239)*, 1090-1091. doi:10.1126/ science.aab1422

Lazer, D., Pentland, A., Adamic, L., Aral, S., Barabási, A.-L. & Brewer, D., Alstyne, M. V. (2009). Computational Social Science. *Science, 323*, 721-723.

Leibniz, G. W. (1697). *Brief an den Herzog von Braunschweig-Wolfenbüttel Rudolph August, 2. Januar 1697.*

Lyon, T. P., & Maxwell, J. W. (2004). Astroturf: Interest Group Lobbying and Corporate Strategy. *Journal of Economics & Management Strategy, 13(4)*, 561-597. doi:10.1111/j.1430-9134.2004. 00023.x

Maireder, A., Ausserhofer, J., Schumann, C., & Taddicken, M. (2015). Digitale Methoden in der Kommunikationswissenschaft. In A. Maireder, J. Ausserhofer, C. Schumann, & M. Taddicken (Hrsg.), *Digitale Methoden in der Kommunikationswissenschaft: Ansätze zur Analyse öffentlicher Kommunikation im Internet* (S. 9-19). Berlin.

Moore, G. E. (1965). Cramming More Components Onto Integrated Circuits. *Electronics, 38(8)*, 114-117.

Müller von Blumencron, M. (2017). „Wir wollen die Persönlichkeit dechiffrieren". *Frankfurter Allgemeine Zeitung am 13.03.2017*. Retrieved from http://www.faz.net/aktuell/politik/ausland/wie-cambridge-analytica-den-wahlkampf-beeinflusst-14921616.html [13.03.2017]

Nuernbergk, C., & Neubarth, J. (2014). Netzwerkanalysen in der sozialwissenschaftlichen Online-Forschung. In M. Welker, M. Taddicken, J.-H. Schmidt, & N. Jackob (Hrsg.), *Handbuch Online-Forschung. Sozialwissenschaftliche Datengewinnung und -auswertung in digitalen Netzen* (S. 255-283). Köln: Halem.

Pasquinelli, M. (2009). Googles PageRank. Diagramm des kognitiven Kapitalismus und Rentier des gemeinsamen Wissens. In K. Becker & F. Stalder (Hrsg.), *Deep Search. Politik des Suchens jenseits von Google* (S. 171-181). Innsbruck: Studienverlag.

Ruths, D., & Pfeffer, J. (2014). Social Media for Large Studies of Behavior. *Science, 346(6213)*, 1063-1064. doi:10.1126/science.346.6213.1063

Scharkow, M. (2012). *Automatische Inhaltsanalyse und maschinelles Lernen*. Berlin: epubli.

Schmidt, J. (2009). *Das neue Netz: Merkmale, Praktiken und Folgen des Web 2.0*. Konstanz: UVK.

Strippel, C., & Emmer, M. (2015). Proxy-Logfile-Analyse: Möglichkeiten und Grenzen der automatisierten Messung individueller Online-Nutzung. In O. Hahn, R. Hohlfeld, & T. Knieper (Hrsg.), *Digitale Öffentlichkeit(en)* (S. 85-103). Konstanz: UVK.

Wagner, C., Mitter, S., Strohmaier, M., & Körner, C. (2012). When Social Bots Attack: Modeling Susceptibility of Users in Online Social Networks. *Proceedings of the 2nd Workshop on Making Sense of Microposts (MSM'2012)*, 41-48.

Wagner, K. M., & Gainous, J. (2013). Digital Uprising: The Internet Revolution in the Middle East. *Journal of Information Technology & Politics, 10(3)*, 261-275. doi:10.1080/19331681.2013.778802

7. Regierungskommunikation und staatliche Öffentlichkeitsarbeit aus netzwerkanalytischer Perspektive

Jan Niklas Kocks

Netzwerktheoretische Perspektiven und netzwerkanalytische Zugänge gewinnen in der empirischen Kommunikationswissenschaft an Bedeutung, insbesondere angesichts des technologisch induzierten Medienwandels (Kilduff & Brass, 2010). Dies gilt auch und gerade für den Bereich der politischen Kommunikationsforschung. Aus dieser Perspektive werden etablierte sozialwissenschaftliche Fragestellungen neu formuliert, nicht zuletzt auch im Bereich der öffentlichen politischen Kommunikation. Die zunehmende Interdependenz des politischen und medialen Feldes (Mazzoleni & Schulz, 1999; van Aelst & Walgrave, 2016) verlangt hier nach relational orientierten Forschungsperspektiven.

Welche Potentiale kann eine netzwerkanalytische Perspektive in der politischen Kommunikationsforschung und insbesondere in der Erforschung von Regierungskommunikation und staatlicher Öffentlichkeitsarbeit bieten? Wo liegen die besonderen Herausforderungen, auch hinsichtlich des technologisch induzierten Medienwandels? Welche methodischen Problemstellungen können sich ergeben und welche Lösungsmöglichkeiten stehen zur Verfügung?

Der vorliegende Beitrag sucht diese Fragen in der Diskussion netzwerktheoretischer Perspektiven und netzwerkanalytischer Zugänge zur Regierungskommunikation und staatlichen Öffentlichkeitsarbeit zu beantworten. Dazu werden zunächst überblicksartig netzwerkanalytische Perspektiven in der politischen Kommunikationsforschung diskutiert und die Potentiale und möglichen Einschränkungen Sozialer Netzwerkanalysen in diesem Bereich herausgearbeitet. Sodann fokussiert der Beitrag die spezifisch relationale Dimension dieser Sonderform politischer Kommunikation, insbesondere auch das Verhältnis zwischen Regierungskommunikation und staatlicher Öffentlichkeitsarbeit und den Medien, unter besonderer Berücksichtigung ihrer spezifischen Rahmensetzungen. Im Anschluss daran werden exemplarisch die Media Government Relations als Gegenstand Sozialer Netzwerkanalysen diskutiert. Ziel des Beitrages ist es dabei vor allem, die spezifischen Potentiale einer (komplementären) Netzwerkperspektive in einem bis dato vornehmlich von akteurs- und output-zentrierten Ansätzen geprägten Feld der politischen Kommunikationsforschung zu eruieren.

7.1 Übersicht: Netzwerkanalytische Perspektiven in der politischen Kommunikationsforschung

Die politische Kommunikationsforschung fokussiert vor allem den kommunikativen Output politischer Akteure (siehe u.a. den Beitrag von Rußmann in diesem Band), aber auch die jeweiligen Akteure selbst (siehe u.a. den Beitrag von Raupp in diesem Band). Auch das Verhältnis und die Interaktionen zwischen diesen Akteuren, d.h. zwischen Politik und Medien, sind Gegenstand empirischer Forschung.

Existierende Studien konzentrieren sich dabei vor allem auf das Verhältnis zwischen Politikern und Journalisten (u.a. Davis, 2009; Ross, 2010; Schwab Cammarano, 2013; Schwab Cammarano, Donges, & Jarren, 2010; van Aelst, Sehata, & van Dalen, 2010), nehmen zum Teil aber auch die Interaktion von Journalisten und politischen Sprechern in den Blick (u.a. Burgert, 2009; Heinze, 2012; Pfetsch & Mayerhöffer, 2011; Wenzler, 2008). Dabei indizieren die empirischen Befunde dieser Studien zumeist ein wechselseitig vorteilhaftes, zum Teil sogar symbiotisches Verhältnis zwischen den Parteien, das jedoch nicht notwendigerweise konfliktfrei sein muss (u.a. Bennett, Lawrence, & Livingston, 2007; Reich, 2009; Strömbäck & Nord, 2006).

Journalisten fundieren ihre politische Berichterstattung mittels der von hochrangigen Akteuren aus den Bereichen Politik und politische Kommunikation erlangten Informationen (und verbessern so auch die Position ihres jeweiligen Mediums in einem vergleichsweise kompetitiven Umfeld), Akteure aus diesen Bereichen profitieren umgekehrt von den Agenda Setting-Fähigkeiten etablierter Medienangebote und der durch sie bereitgestellten medialen Arena (Burgert, 2009; Maurer, 2011). Darüber hinaus fungieren journalistische Akteure auch vermehrt als Informationsquellen für Akteure des politischen (Kommunikations-) Systems (Davis, 2009; van Aelst & Walgrave, 2016). Die Interaktionen zwischen Politik und Medien werden zumeist als elitendominiert beschrieben (Davis, 2009; Heinze, 2012; Maurer, 2011), wobei hier zumindest teilweise auch nationale Unterschiede zu berücksichtigen sind.[1]

Diesem immer noch ergiebigen Korpus an relationalen Perspektiven gegenüber sind netzwerkanalytische Zugänge im engeren Sinne in der politischen Kommunikationsforschung noch vergleichsweise wenig verbreitet. Die bis dato existierenden Studien lassen sich unterteilen in solche, die Vernetzungen innerhalb des Internets und Sozialer Medien fokussieren (u.a. Nuernbergk, 2016; Reichard &

---

[1] Politisch-medial Interaktionen werden u.a. im Hinblick auf Deutschland (Kocks, 2016; Kocks & Raupp, 2015a; Pfetsch & Mayerhöffer, 2011) und Großbritannien (Davis, 2009, 2010) als stark elitendominiert beschrieben, während Studien zur Situation in der Schweiz (Wenzler, 2008) und Neuseeland (Ross, 2010) in dieser Frage differenziertere Befunde (mit zum Teil stärkeren Differenzen zwischen einzelnen Politikfeldern) aufzeigen.

Borucki, 2015; Verweij, 2012), solche die den Schwerpunkt auf die (Kommunikations-) Netzwerke zwischen Akteuren und Akteursgruppen legen und ihre Daten vor allem aus der direkten Befragung der beteiligten Akteure gewinnen (u.a. Kocks, 2016; Kocks & Raupp, 2015a; Kocks, Raupp, & Murphy, 2016) und schließlich auch solche, die die Mitgliedschaft in Vereinigungen, Gremien, Clubs und Zirkeln zur Basis ihrer Netzwerkanalyse machen (u.a. Hatzel & Üschner, 2008; Krüger, 2013).

Die Befunde akteursbasierter Netzwerkanalysen im Bereich der politischen Media Relations indizieren dabei vor allem enge Interaktionen zwischen statushohen Akteuren bzw. positionalen Eliten aus dem Bereich der politischen Kommunikation. Die aus diesen Analysen resultierenden Netzwerke erscheinen weitgehend abgeschlossen, dominiert von einer eng umgrenzten und eng interagierenden Gruppe statushoher Akteure. Neue Akteure werden – unbeschadet der ansonsten umfangreichen technologischen induzierten Umwälzungsprozesse im Rahmen der Digitalisierung – kaum integriert (Kocks, 2016). Auch jene Netzwerkanalysen, die (gemeinsame) Mitgliedschaften zur Basis ihrer Analyse machen zeichnen ein Bild enger und oftmals symbiotischer Interaktion zwischen Politik und Medien. Insbesondere die führenden Repräsentanten beider Teilsysteme sind auf dieser Ebene häufig eng miteinander vernetzt (Krüger, 2013). Innerhalb der Sozialen Medien zeigen sich zum Teil differenzierte Befunde (siehe auch den Beitrag von Borucki in diesem Band): Analysen von Vernetzungen innerhalb des politischen Feldes indizieren sowohl Abschottungstendenzen, als aber auch zumindest partielle Öffnungen (Reichard & Borucki, 2015),[2] im Bereich der statushohen Medienakteure dominiert demgegenüber klar die in-group-Kommunikation (Nuernbergk, 2016).

Insgesamt stehen die hier diskutierten netzwerkanalytischen Befunde weitgehend im Einklang mit jenen, die andere Formen relationaler Forschung zur politischen Kommunikation hervorgebracht haben. Zugleich erweitern sie jedoch die Perspektive, indem Interaktionsstrukturen und Kommunikationsmuster besser identifizierbar werden. Ihrer bisher nur geringen Verbreitung in der politischen Kommunikationsforschung zum Trotz bieten netzwerkanalytische Zugänge eine Reihe von Potentialen für diese.

7.2   Potentiale und Begrenzungen

Der Sozialen Netzwerkanalyse wird das Potential zugeschrieben, Akteurs- und Handlungstheorien mit Theorien über Institutionen, Strukturen und Systemen zu verbinden und dabei analytisch Mikro- und Makroebene zu integrieren (Jansen, 2006). Auf theoretischer Ebene leistet sie damit einen Beitrag zur Integration von

---

[2] Siehe dazu auch die (nicht i.e.S. netzwerkanalytischen) Befunde von Davis (2010).

voneinander abgegrenzten Forschungsperspektiven. Ähnlich wird auch auf empirischer Ebene argumentiert; die Soziale Netzwerkanalyse ist hier Mittel zur Überwindung der (künstlichen) Grenze zwischen qualitativen und quantitativen Forschungsperspektiven (Haas & Mützel, 2008). Sie erlaubt die Unterfütterung und Anreicherung quantitativer Datenstrukturen mit qualitativen Daten; große strukturelle Gerüste gewinnen dadurch auch an analytischer Tiefe (Kocks & Raupp, 2016).

Soziale Netzwerkanalysen setzen zur empirischen Untersuchung sozialwissenschaftlicher Sachverhalte zumeist auf der Ebene der Akteure an, gehen im weiteren analytischen Vorgehen dann aber über diese hinaus und nehmen die strukturelle Einbettung eben dieser Akteure in soziale Beziehungen und Interaktionen in den Fokus (Borgatti, Mehra, Brass, & Labianca, 2009). Interdependenzen und latente Beziehungsmuster werden so erkennbar, Akteure sind nicht länger nur durch Individualattribute bestimmt sondern werden als Bestandteile einer größeren Funktionseinheit Teil der Analyse (Petermann, 2002). Soziale Netzwerkanalysen erlauben die Untersuchung großer Datenbestände auf Strukturen und Muster und leisten dabei zugleich auch einen Beitrag zur Identifikation latenter Strukturen, die den Netzwerkbeteiligten zum Teil nicht einmal selbst bewusst sind (Weyer, 2011; Weyer, Fink, & Liboschik, 2011).

Potentiale liegen mithin sowohl in der Überbrückung theoretischer wie auch empirischer Begrenzungen, hin zu integrativen Forschungsperspektiven. Große Datenbestände werden struktureller Analyse zugänglich, zugleich lassen sich auch vertiefende (qualitative) Dimensionen integrieren. Die Soziale Netzwerkanalyse macht Kommunikationsflüsse, Beziehungen und Einflüsse sichtbar, sie erlaubt die Effekte starker und schwacher Verbindungen, großer und kleiner Netzwerke und gemeinsamer Mitgliedschaften und Aktivitäten umfassend zu analysieren (u.a. Granovetter, 1973, 1983, 1985; Keller, 2016; Kocks, 2016; Krüger, 2013).

Demgegenüber ist einschränkend anzumerken, dass sich netzwerkanalytische Zugänge sowohl in forschungsethischer Hinsicht, als auch im Hinblick auf die Interpretation ihrer Befunde als herausfordernd erweisen können.

Aus forschungsethischer Perspektive ist hier zunächst darauf hinzuweisen, dass insbesondere Analysen von (theoretisch definierten) Gesamtnetzwerken kaum mit einer Anonymität der einzelnen Knoten (oftmals: der einzelnen Befragten) in Einklang zu bringen sind. Gerade bei Interview-basierten Netzwerkanalysen wird der einzelne Befragte mitsamt der von ihm benannten Verbringungen – und gleichsam auch möglicher fehlender Verbindungen – sichtbar. Eine Nicht-Teilnahme bedeutet hier auch nicht automatisch einen Ausschluss aus dem Datensatz, da entsprechende Personen noch immer durch andere Respondenten benannt und dadurch Teile des Netzwerks werden können (Borgatti, Everett, & Johnson, 2013).

Die Analyse persönlicher Netzwerke erlaubt prinzipiell ein höheres Maß an Anonymisierung, allerdings gilt es auch hier zu beachten, dass, gerade in überschaubaren Analysefeldern, anonymisierte Knoten durch die spezifische (dargestellte) Auswahl ihrer Kontakte identifizierbar werden können. Die Anonymität des (anonymisierten) Egos ist dann nicht mehr gewahrt, wenn das spezifische Set von Alteri seine eindeutige Identifikation ermöglicht.

Diese forschungsethischen Herausforderungen machen bei Interview-basierten Netzwerkanalysen eine genaue Aufklärung der Teilnehmenden über die Verwendung ihrer Daten und die daraus potentiell ableitbaren Informationen unumgänglich (Kadushin, 2005). In Ausnahmefällen ist dann auch die Darstellung von für das Forschungsinteresse zentralen Befunden nur eingeschränkt möglich.

Neben solche forschungsethischen Erwägungen treten aber auch noch spezifische Herausforderungen im Bereich der Datenanalyse. Im Rahmen Sozialer Netzwerkanalysen erhobene Daten zeichnen sich, wie vorangehend bereits ausgeführt, durch einen großen Informationsreichtum aus. Aus Forschungsperspektive wird hier eine sehr umfassende Betrachtung des Analysegegenstandes ermöglicht. Dieser Reichtum erhöht zugleich aber auch das Risiko von Fehl- und Überinterpretationen.

In der Analyse und Interpretation von Kommunikationsflüssen gilt es zwischen der Individualperspektive von Netzwerkteilnehmern und der Gesamtperspektive des Forschers zu trennen (Stegbauer, 2012). Zwischen Forscher und Netzwerkteilnehmer herrscht, sogar in Bezug auf die unmittelbaren (kommunikativen) Beziehungen des jeweiligen Teilnehmers, Informationsasymmetrie zu Gunsten des Forschers. Die Reziprozität von Verbindungen (respektive deren Fehlen), die Länge und Richtung von Pfaden und die tatsächliche Gestalt des unmittelbar umgebenden Netzwerks bleiben dem jeweiligen Teilnehmer oft größtenteils verborgen. Dies hat unmittelbare Implikationen für die Perspektive des Netzwerkteilnehmers, seine Einschätzung eigener (kommunikativer) Effektivität und dem Grad seiner Zentralität und Verbundenheit, die es insbesondere in der Interpretation von Analyseergebnissen besonders zu berücksichtigen gilt.

Potentielle Problemstellungen im Bereich der Dateninterpretation ergeben sich auch dort, wo in Dimensionen von Nähe und (organisationalen) Verbindungen operiert wird (Krüger, 2013). Dies gilt sowohl für die Analyse von Ego-Netzwerken und Gesamtnetzwerken aus einzelnen Akteuren, als auch für solche bi-modalen Netzwerke, die die Teilnahme von Individuen an Veranstaltungen oder deren Mitgliedschaft in Organisationen und Vereinigungen in den Blick nehmen. Fragen nach der Bedeutung von Nähe (in Netzwerken), ihrer Interpretation im Sinne von Austausch, Einflussnahme oder gar Instrumentalisierung sind nur durch saubere theoriegestützte Grenzziehungen vor der eigentlichen Analyse sinnvoll zu lösen (Neuberger, 2014).

Die Potentiale und möglichen Limitierungen abwägend stellt sich die Soziale Netzwerkanalyse in der politischen Kommunikationsforschung – gerade auch unter Online-Bedingungen – als eine potentiell sehr fruchtbare, dabei zugleich jedoch auch voraussetzungsreiche Perspektive dar. Es gilt im Folgenden darzulegen, inwiefern die Bereiche der Regierungskommunikation und staatlichen Öffentlichkeitsarbeit und jener der Media Government Relations im Besonderen sich aus netzwerkanalytischer Perspektive analysieren lassen und wo hier spezifische Ansatzpunkte für die politische Kommunikationsforschung ergeben.

7.3 Regierungskommunikation und staatliche Öffentlichkeitsarbeit: Anforderungen an netzwerkanalytische Perspektiven

Staatliche Öffentlichkeitsarbeit ist wiederholt als eine Form politischer Kommunikation in einem besonderen (v.a. rechtlichen) Spannungsfeld beschrieben worden (Kocks & Raupp, 2014; Schürmann, 1992; siehe auch den Beitrag von Barczak in diesem Band). Akteure in diesem Bereich sind gehalten, aktive und umfassende Öffentlichkeitsarbeit zu betreiben, der Bevölkerung ihre Maßnahmen und Vorhaben sowie die künftig zu lösenden Fragen darzulegen und zu erläutern (BVerfGE 20, 56 (100)). Dazu gehören auch die in den jeweiligen Landespressegesetzen kodifizierten Informationspflichten.

Zugleich gelten in diesem Teilbereich politischer Kommunikation aber auch spezifische Einschränkungen, die u.a. die Einwirkung staatlicher Organe in Wahlkampf und parteipolitische Auseinandersetzungen limitieren und, gerade in der Vorwahlzeit, den kommunikativen Spielraum der Beteiligten einschränken (BVerfGE 44, 125; 63, 230; siehe auch: Barczak, 2015). Regierungskommunikation und staatliche Öffentlichkeitsarbeit erscheinen unter diesen Bedingungen als stark formalisierte Formen politischer Kommunikation (Gebauer, 1998).

Auch wenn die bis dato formulierten und juristisch diskutierten Rahmensetzungen von Regierungskommunikation und staatlicher Öffentlichkeitsarbeit vornehmlich uni-direktionale Kommunikation von staatlichen Organen hin zum Bürger fokussieren (BVerfGE 44, 125; 63, 230; siehe auch: Kocks & Raupp, 2014), so sind auch kommunikative Vernetzungen und Austausche von ihnen betroffen. Dies betrifft u.a. die Interaktion zwischen politischen Kommunikatoren und Journalisten, vor allem hinsichtlich der spezifischen Informationspflichten, denen staatliche Organe unterliegen. Dies kann weiterhin auch Vernetzungen staatlicher Akteure im digitalen Bereich (z.B. innerhalb Sozialer Netzwerke) betreffen, die als besondere Form staatlicher Öffentlichkeitsarbeit verstanden werden können. Aus den besonderen Strukturbedingungen von Regierungskommunikation und staatlicher Öffentlichkeitsarbeit ergeben sich spezifische Fragestellungen und

Herausforderungen für die Soziale Netzwerkanalyse, die sich sowohl im Bereich relevanter Untersuchungsgegenstände, als auch auf der Ebene der Interpretation netzwerkanalytischer Befunde niederschlagen.

Dies kann unter anderem Fragestellungen im Bereich technologisch induzierter Wandlungsprozesse betreffen: Im Bereich der staatliche Öffentlichkeitsarbeit zeigen verschiedene Studien einen zunächst sehr zurückhaltenden Adaptionsprozess hinsichtlich digitaler Mittel und Kanäle, gerade auch im Vergleich mit anderen Feldern der politischen Kommunikation (Heinze, 2012; Kocks, Raupp, & Schink, 2014). Digitale Kommunikationsmittel werden erst in letzter Zeit umfassender adaptiert, wobei noch immer starke Unterschiede zwischen einzelnen Regierungen und Regierungsstellen bestehen (Murphy, Kocks, & Raupp, 2016). Dies liegt, so die verbreitete Annahme, auch in der vergleichsweise engen und nicht immer eindeutigen rechtlich-normativen Grenzen begründet, denen diese Form politischer Kommunikation in Deutschland unterworfen ist (Heinze, 2012; Holtz-Bacha, 2013; Jensen, 2006; Kocks & Raupp, 2014, 2015b; Sanders, Canél, & Holtz-Bacha, 2011). Fraglich ist, wie sich diese Prozesse und Strukturbedingungen auf der Ebene von Kommunikations- und Einflussnetzwerken niederschlagen. Kommt es zu einem (technologisch induzierten) umfassenden Wandel im Bereich dieser Netzwerke oder lassen sich Effekte ähnlich denen in der Online-Kommunikation der Regierungsstellen nachweisen? Bringt technologisch induzierter Wandel neue (im weitesten Sinne journalistische) Akteure in Positionen, in denen sie zentrale Ansprechpartner der Regierungskommunikation werden? Hemmt der hohe Formalisierungsgrad der Regierungskommunikation Veränderungen auf relationaler Ebene?

Auch im Bereich netzwerkanalytisch zugänglicher digitaler Konnektivität entstehen neuen Fragen rund um die Regierungskommunikation: Inwieweit lassen sich Annahmen und Fragestellungen aus der politischen Kommunikationsforschung für diesen spezifischen Teilbereich adaptieren? Bedingt die (höchstrichterlich geforderte) Trennung zwischen Regierungs- und Parteienkommunikation besondere Formen der digitalen Vernetzung? Wie sind Kanten zwischen einzelnen Netzwerkknoten (oder deren Fehlen) vor dem Hintergrund spezifischer Rahmensetzungen zu interpretieren?

Die Soziale Netzwerkanalyse bietet im Bereich der Regierungskommunikation und staatlichen Öffentlichkeitsarbeit zunächst die Möglichkeit normative Postulate kritischer empirischer Analyse zu unterwerfen, zum Beispiel hinsichtlich der Integration neuer Akteure oder der Trennung von Regierungs- und Parteienkommunikation. Ihre Ergebnisse müssen ggf. jedoch auch unter Berücksichtigung spezifischer Rahmenbedingungen interpretiert werden, um Fehldeutungen hinsichtlich einzelner Knoten und Kanten wie auch der Netzwerkstruktur und Kohäsion zu vermeiden.

7.4   Exemplarisch: Media Government Relations als Gegenstand Sozialer Netzwerkanalysen

Politische Media Relations bezeichnen jenen Teil der politischen Kommunikation, in dem die Interaktion von Politik (bzw. politischen Sprechern) und Medien (bzw. Journalisten) im Zentrum des Forschungsinteresses steht. Wie aus dem empirischen Forschungsstand ersichtlich, sind diese, gerade im Bereich der Bundespolitik, vornehmlich durch exklusive und wechselseitig vorteilhafte Arrangements zwischen Politik und politischen Journalismus geprägt. Als relationales Konstrukt im Bereich der politischen Kommunikation sind die Media Government Relations netzwerkanalytischen Forschungsperspektiven besonders zugänglich, wobei vor allem Fragen der Integration neuer Akteure unter den Strukturbedingungen des technologisch induzierten Wandels politischer Kommunikation von Interesse sind.

In der hier exemplarisch diskutierten Untersuchung fokussieren wir die kommunikativen Verbindungen, die Kommunikationsverantwortliche aus dem Bereich der Regierungskommunikation auf Bundesebene mit Akteuren aus dem Bereich der politischen Berichterstattung unterhalten.[3] Welche Gestalt hat das Netzwerk ihrer kommunikativen Verbindungen und welche Akteure finden sich auf zentralen Positionen? Des Weiteren: Welcher Einfluss wird diesen Akteuren zugeschrieben?

Die zur Analyse dieser Fragen durchgeführte, auf telefonischen Interviews (CATI) basierende, Soziale Netzwerkanalyse fragt zunächst nach kommunikativen Verbindungen und sodann nach deren Frequenz. In weiteren Fragen werden Dimensionen (wahrgenommenen) Einflusses erhoben. Auf diese Weise werden grundlegende Netzwerkstrukturen unmittelbar mit weiteren (relationalen) Informationen verknüpft, wodurch das zu analysierende Netzwerk zusätzliche Datentiefe gewinnt (Kocks & Raupp, 2016).

Datengrundlage der Analyse ist eine zwischen September 2015 und Februar 2016 durchgeführte telefonische Befragung von insgesamt 14 Kommunikationsverantwortlichen aus neun Bundesministerien und dem Presse- und Informationsamt der Bundesregierung.[4] Aus forschungsethischen Gründen wurde ein *Opt-out* aus dem netzwerkanalytischen Teil der Befragung angeboten (siehe dazu u.a. Kadushin, 2005), vier der Befragten nahmen diesen in Anspruch.

---

[3] Für eine ausführlichere Diskussion der weiteren Befunde dieser Untersuchung siehe u.a. auch Kocks, Raupp & Murphy, 2016.

[4] An der Untersuchung beteiligt waren Vertreterinnen und Vertreter folgender Ministerien und Regierungsstellen: AA, BMBF, BMF, BMFSFJ, BMI, BPA, BMUB, BMVI, BMVg, BMWi und BMZ (Legislaturperiode 2013-17).

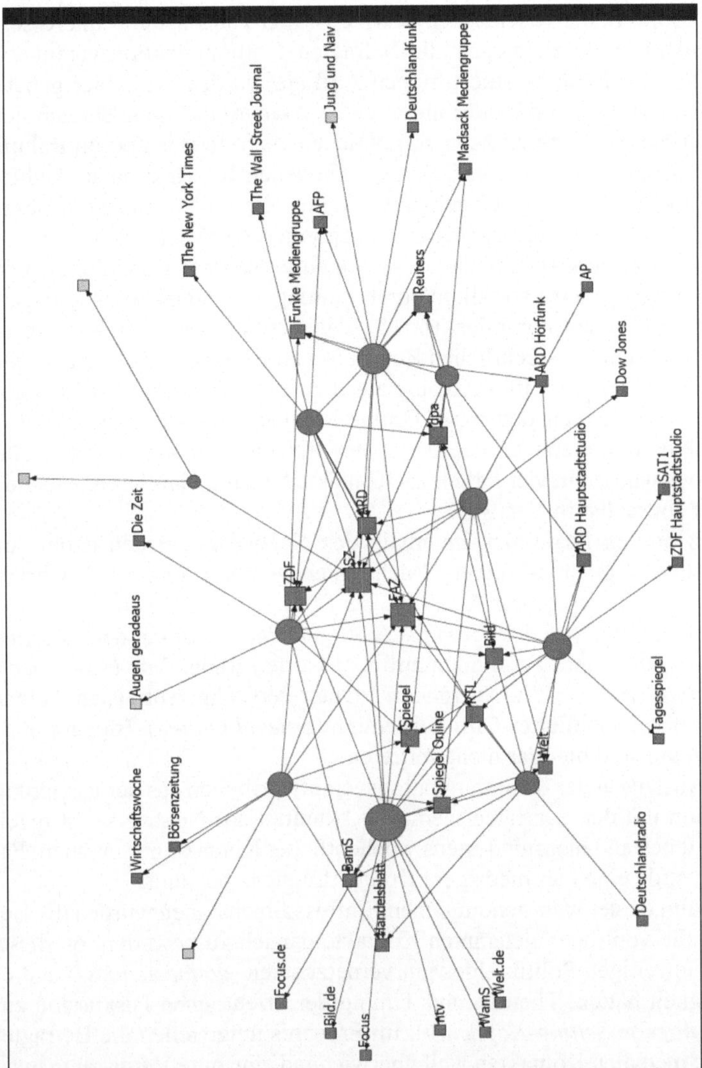

Abb. 1: Media Government Relations als Kommunikationsnetzwerk. Knotengröße nach Degree-Zentralität (n=51); Kreise: Regierungsstellen, Quadrate: Akteure aus dem Bereich der politischen Berichterstattung, hellgraue Quadrate: Blogs oder freie Journalisten; bi-modales Netzwerk; Visualisierung nach geodätischer Distanz; zur Wahrung der Anonymität der Befragten sind drei Knoten ohne Bezeichnung abgebildet.

Aus netzwerkanalytischer Perspektive ist hier zunächst von Interesse, welche kommunikativen Beziehungen die befragten Kommunikationsverantwortlichen unterhalten. Im Rahmen einer offenen Abfrage wurden diese hier gebeten etwa zehn organisationale und/ oder individuelle Akteure aus dem Bereich der politischen Berichterstattung zu nennen, mit denen sie in letzter Zeit im Rahmen ihrer Arbeit in Kontakt standen. Aus den so erhobenen Informationen resultieren zunächst Ego-Netzwerke der einzelnen Befragten, die sodann zu einem Gesamtnetzwerk der Media Government Relations aggregiert werden (vgl. Abb. 1).

Dieses Netzwerk (n=51, davon 41 Akteure aus dem Bereich der politischen Berichterstattung) wird vor allem durch Zeitungen und Nachrichtenmagazine aus dem Offline-Bereich dominiert (n=15), daneben spielen auch Akteure aus dem Bereich des öffentlich-rechtlichen Rundfunks eine wichtige Rolle (n=7). Des Weiteren sind im Netzwerk fünf Akteure aus dem Bereich der Nachrichtenagenturen, vier aus dem Bereich deutscher Online-Medien, drei aus dem kommerziellen Rundfunk und zwei aus der internationalen (Offline-) Presse vertreten. Blogs und Videoblogs wurden in vier Fällen als Kontakte benannt, darüber hinaus findet sich ein freier Journalist in Netzwerk.

Die zentralen Positionen innerhalb des Netzwerks werden dabei vor allem durch deutsche Offline-Medien, Nachrichtenagenturen und TV-Nachrichtenformate besetzt. Als zentralster Akteur an der Spitze steht dabei die *Süddeutsche Zeitung*, dicht gefolgt von der *Frankfurter Allgemeinen Zeitung*, dem *Zweiten Deutschen Fernsehen* und, zusammen auf dem vierten Rang, *Das Erste, Der Spiegel* und die *dpa Deutsche Presse-Agentur*.[5] Unter den zehn zentralsten Akteuren findet sich nur ein etabliertes Online-Medium (*Spiegel Online*), Blogger und andere neue Akteure sind hier gar nicht vertreten.

Der Austausch der Kommunikationsverantwortlichen aus der Regierungskommunikation mit den zentralen medialen Akteuren des Netzwerks ist regelmäßig, im Schnitt bestand hier mindestens wöchentlicher Kontakt, nur in einem Fall (*RTL aktuell*) wurde eine klar niedrigere Kontaktfrequenz benannt.

Im Rahmen der wahrgenommenen Einflussdimensionen wurden die Befragten gebeten, die von ihnen genannten Kontakte danach zu bewerten, ob diese innerhalb des jeweiligen Politikfeldes gut vernetzt seien (*connectedness*) und ob diese die Fähigkeit hätten, Themen und Timing der öffentlichen Diskussion zu beeinflussen (*Agenda Setting-Kapazität*). Im Ergebnis unterstellen die Befragten ihren zentralen medialen Kontakten weit überwiegend eine gute Vernetzung und die Fähigkeit den öffentlichen Diskurs zu beeinflussen. Erneut zeigt sich innerhalb der Liste der zentralsten Akteure nur ein Sonderfall (*RTL aktuell*), der zwar häufig als Kontakt benannt wird, dem zugleich aber weder Agenda Setting-Kapazität noch

---

[5] Ranking nach Indegree-Zentralität.

gute Vernetzung zugeschrieben werden. Weniger zentralen Akteuren innerhalb des hier analysierten Netzwerks der Media Government Relations wird weder Agenda Setting-Kapazität noch gute Vernetzung zugeschrieben; Akteure, die in diesen Dimensionen hohe Werte aufweisen sind immer auch zentrale Akteure. Die wenigen ‚neuen' Akteure innerhalb des Netzwerkes werden unregelmäßig kontaktiert, ihre Werte in beiden Dimensionen wahrgenommenen Einflusses sind niedrig.

Diese Befunde korrespondieren darüber hinaus auch mit objektiven – nicht perzeptionsgebundenen – Einflussdimensionen; so haben die zentralen Akteure innerhalb des hier vermessenen Netzwerkes u.a. weit überdurchschnittlich große Publika und eine breite Rezeption (v.a. in der Form direkter Zitation) in anderen Medien gemein (Kocks et al., 2016).

Im Ergebnis zeigt sich in der Ausgestaltung des hier analysierten Netzwerks der Media Government Relations ein noch immer hohes Maß an strukturellem Konservatismus. Der Prozess der Digitalisierung, der im Bereich der politischen Kommunikation wie auch der Regierungskommunikation im Besonderen sonst im Rahmen vielfältiger technologisch induzierter Wandlungsprozesse manifest wird, zeigt auf der hier analysierten Netzwerkebene bis dato nur geringe Auswirkungen. Im Vergleich zu früheren Untersuchungen in diesem Bereich (u.a. Kocks, 2016) sind zwar einige wenige neue Akteure nachweisbar, diese nehmen aber noch immer eine vergleichsweise marginale Stellung ein.

Regierungskommunikation und staatliche Öffentlichkeitsarbeit erscheinen in Deutschland als stark formalisierte Formen politischer Kommunikation und der Bereich der Media Government Relations ist durch Akteure aus dem Bereich der klassischen Medien dominiert, der Integrationsgrad der Netzwerke in diesem Bereich ist noch immer gering. Einschränkend gilt es jedoch drei Faktoren zu berücksichtigen: Die rechtlich geforderte Verbreitung politischer Information an möglichst große Teile der Bevölkerung ist vor allem durch mediale Angebote mit hoher Reichweite zu realisieren. Dies sind in Deutschland ausweislich der gemessenen Publikumsgröße und Zitationsraten noch immer weit überwiegend klassische Medien. Darüber hinaus bedeutet die Nicht-Integration in das enge gemessene Netzwerk der Media Government Relations nicht zwingend den (rechtlich und normativ problematischen) Ausschluss von Informationen zur Regierungspolitik. Die Berichterstattung der betroffenen Akteure wird im Vergleich zu den zentralen Netzwerkteilnehmern u.U. erschwert, sie wird aber nicht unmöglich gemacht. Schließlich gilt es noch zu berücksichtigen, dass Nähe innerhalb eines Netzwerkes keinesfalls mit (erneut rechtlich und normativ problematischer) Beeinflussung gleichzusetzen ist (Neuberger, 2014). Die Befunde der Netzwerkanalyse indizieren vor allem einen bis dato sehr zurückhaltenden technologisch induzierten Wandel, der im Widerspruch steht zu einer Vielzahl früher cyber-optimistischer Perspektiven auf politische Kommunikation unter Online-Bedingungen (dazu u.a.:

Coleman & Blumler, 2009; Wright, 2012), sie bedeuten dabei aber keinesfalls zwingend ein rechtlich-normatives Problem.

7.5   Diskussion und Ausblick

Die Soziale Netzwerkanalyse zeigt sich als ein potentiell fruchtbares, dabei jedoch auch voraussetzungsreiches Paradigma in der politischen Kommunikationsforschung, insbesondere im Bereich der Forschung zu Regierungskommunikation und staatlicher Öffentlichkeitsarbeit. Ihre Anwendung erlaubt es, die Ebene einzelner Akteure und Kommunikationen zu verlassen und das System mitsamt der es prägenden Relationen und Interaktionen in den Blick zu nehmen. Sie wirkt in Theorie und Empirie integrierend und hat das Potential, Bücken zwischen bis dato klar begrenzten Feldern zu bauen (Borgatti et al., 2009; Haas & Mützel, 2008). Die Datengewinnung und Auswertung ist dabei jedoch anspruchsvoll und die Gefahr von Fehl- und Überinterpretationen ist oftmals virulenter als bei anderen Forschungsansätzen (Neuberger, 2014; Weyer et al., 2011). Auch unter forschungsethischen Gesichtspunkten gilt es besondere Herausforderungen und Einschränkungen zu berücksichtigen (Kadushin, 2005). Und dennoch überwiegen, insbesondere unter den Bedingungen des technologisch induzierten Wandels politischer Kommunikation, die Potentiale klar die Einschränkungen der Sozialen Netzwerkanalyse.

Im Bereich der hier exemplarisch diskutierten Media Government Relations erlaubt es ihr Einsatz, die Effekte der Digitalisierung politischer Kommunikation auf relationaler Ebene zu messen. Latente Kommunikationsstrukturen werden so sichtbar. Darüber hinaus lässt sich (z.B. durch die Einbeziehung weiterer Dimensionen wahrgenommenen und objektiven Einflusses) die Persistenz tradierter Explanantia unter den Bedingungen des Wandels analysieren. Die begrenzte Größe des Forschungsfeldes macht es zudem besonders zugänglich für *deep data*-Ansätze, bei denen grundlegende Netzwerkstrukturen mit vielfältigen anderen Informationen gestützt und unterfüttert werden. Dies ist auch und gerade deshalb erforderlich, um bei der Analyse eines gesellschaftlich zentralen und hochgradig vermachteten Forschungsfeldes unangemessene und sachlich nicht haltbare Interpretationen von Verbindungen (oder Nicht-Verbindungen) zu vermeiden.

Die Soziale Netzwerkanalyse erfreut sich im Bereich der politischen Kommunikationsforschung zwar zunehmender Beliebtheit, wird demgegenüber im Feld der Regierungskommunikation und staatlichen Öffentlichkeitsarbeit aber noch immer sehr zurückhaltend eingesetzt. Dabei ergeben sich hier eine Vielzahl von Möglichkeiten, u.a. wie hier gezeigt in der Analyse von Beziehungs- und Einflussnetzwerken zwischen Politik und Medien, aber auch im Bereich semantischer

Netzwerke oder, wie im folgenden Kapitel ausführlich dargestellt, auf der Ebene digitaler Vernetzungen innerhalb des Web 2.0. Die Potentiale des Ansatzes, dies bleibt an dieser Stelle festzuhalten, sind noch längst nicht ausgeschöpft.

Literatur

Barczak, T. (2015). Die parteipolitische Äußerungsbefugnis von Amtsträgern: Eine Gratwanderung zwischen Neutralitätsgebot und politischem Wettbewerb. *Neue Zeitschrift für Verwaltungsrecht* (15), 1014-1020.

Bennett, W. L., Lawrence, R. G., & Livingston, S. (2007). *When the Press Fails: Political Power and the News Media from Iraq to Katrina.* Chicago: University of Chicago Press.

Borgatti, S. P., Everett, M. G., & Johnson, J. C. (2013). *Analyzing social networks.* London: Sage.

Borgatti, S. P., Mehra, A., Brass, D. J., & Labianca, G. (2009). Network analysis in the social sciences. *Science, 323*, 892-895.

Burgert, D. (2009). *Politisch-mediale Beziehungsgeflechte: Ein Vergleich politikfeldspezifischer Kommunikationskulturen in Deutschland und Frankreich.* Münster: LIT Verlag.

Coleman, S., & Blumler, J. G. (2009). *The Internet and democratic citizenship: Theory, practice and policy.* New York: Cambridge University Press.

Davis, A. (2009). Journalist-Source Relations, Mediated Reflexivity and the Politics of Politics. *Journalism Studies, 10*(2), 204-219. doi:10.1080/14616700802580540

Davis, A. (2010). New media and fat democracy: the paradox of online participation. *New Media & Society, 12*(5), 745-761.

Gebauer, K.-E. (1998). Regierungskommunikation. In O. Jarren, U. Sarcinelli, & U. Saxer (Hrsg.), *Politische Kommunikation in der demokratischen Gesellschaft* (S. 464-472). Opladen: Westdeutscher Verlag.

Granovetter, M. S. (1973). The Strength of Weak Ties. *American Journal of Sociology, 78*(6), 1360-1380.

Granovetter, M. S. (1983). The Strength of Weak Ties: A Network Theory Revisited. *Sociological Theory, 1*, 201-233.

Granovetter, M. S. (1985). Economic Action and Social Structure: The Problem of Embeddedness. *American Journal of Sociology, 91*(3), 481-510.

Haas, J., & Mützel, S. (2008). Netzwerkanalyse und Netzwerktheorie in Deutschland. Eine empirische Übersicht und theoretische Entwicklungspotentiale. In C. Stegbauer (Hrsg.), *Netzwerkanalyse und Netzwerktheorie. Ein neues Paradigma in den Sozialwissenschaften.* (S. 49-63). Wiesbaden: Springer VS.

Hatzel, I., & Üschner, P. (2008). Transparentes Parlament. Informelle Netzwerke der Bundestagsabgeordneten. In C. Stegbauer (Hrsg.), *Netzwerkanalyse und Netzwerktheorie. Ein neues Paradigma in den Sozialwissenschaften.* (S. 455-466). Wiesbaden: Springer VS.

Heinze, J. (2012). *Regierungskommunikation in Deutschland: Eine Analyse von Produktion und Rezeption.* Wiesbaden: Springer VS.

Holtz-Bacha, C. (2013). Government communication in Germany: Maintaining the fine line between information and advertising. In K. Sanders & M. J. Canel (Hrsg.), *Government Communication: Cases and Challenges.* New York: Bloomsbury Academic.

Jansen, D. (2006). *Einführung in die Netzwerkanalyse. Grundlagen, Methoden, Forschungsbeispiele.* Wiesbaden: Springer VS.

Jensen, M. A. (2006). *Rechtsprobleme regierungsamtlicher Öffentlichkeitsarbeit im Internet-Zeitalter.* Hamburg: Dr Kovac.

Kadushin, C. (2005). Who benefits from network analysis: ethics of social network research. *Social Networks, 27*(2), 139-153.

Keller, F. B. (2016). Moving beyond factions: Using social network analysis to uncover patronage networks among chinese elties. *Journal of East Asian Studies, 16*(1), 17-41.

Kilduff, M., & Brass, D. J. (2010). Organizational Social Network Research: Core Ideas and Key Debates. *The Academy of Management Annals, 4*(1), 317-357.

Kocks, J. N. (2016). *Political Media Relations Online as an Elite Phenomenon.* Wiesbaden: Springer VS.

Kocks, J. N., & Raupp, J. (2014). Rechtlich-normative Rahmenbedingungen der Regierungskommunikation. *Publizistik, 59*(3), 269-284.

Kocks, J. N., & Raupp, J. (2015a). Media Relations Online - Zur Interaktion von politischer PR und Journalismus im digitalen Zeitalter. *prmagazin* (02/2015).

Kocks, J. N., & Raupp, J. (2015b). Social Media and Juridical Constraints: Possibilities and Limitations of Digitized Governmental PR in Germany. In E. Ordeix, V. Carayol, & R. Tench (Hrsg.), *Public Relations, Values and Cultural Identity* (S. 215-232). Bruxelles: Peter Lang.

Kocks, J. N., & Raupp, J. (2016). Flesh and Bone or the Integration of Perspectives in Social Network Analysis. In Vowe, Gerhard & P. Henn (Hrsg.), *Political Communication in the Online World: Theoretical Approaches and Research Designs* (S. 248-261). New York: Routledge.

Kocks, J. N., Raupp, J., & Murphy, K. (2016). *Egos, Elites and Social Capital: Analyzing Media-Government Relations from a Network Perspective.* Paper presented at the ECPR General Conference 2016, Prague.

Kocks, J. N., Raupp, J., & Schink, C. (2014). Staatliche Öffentlichkeitsarbeit zwischen Distribution und Dialog: Interaktive Potentiale digitaler Medien und ihre Nutzung im Rahmen der Außenkommunikation politischer Institutionen. In R. Fröhlich & T. Koch (Hrsg.), *Politik - PR - Persuasion*. Wiesbaden: Springer VS.

Krüger, U. (2013). *Meinungsmacht: Der Einfluss von Eliten auf Leitmedien und Alpha-Journalisten - eine kritische Netzwerkanalyse.* Köln: Halem.

Maurer, P. (2011). Explaining perceived media influence in politics. *Publizistik, 56*(1), 27-50. doi:10.1007/s11616-010-0104-3

Mazzoleni, G., & Schulz, W. (1999). "Mediatization" of politics. A challenge for democracy? *Political Communication, 16*, 247-261.

Murphy, K., Kocks, J. N., & Raupp, J. (2016). *Different Governments, Different Approaches: Political Participation in the Online Sphere.* Paper presented at the General Conference of the European Consortium for Political Research (ECPR), Prague.

Neuberger, C. (2014). Meinungsmache statt Macht. *medium magazin* (11/2014), 24-25.

Nuernbergk, C. (2016). Political Journalists' Interaction Networks: The German Federal Press Conference on Twitter. *Journalism Practice, 10*(7), 1-12.

Petermann, S. (2002). *Persönliche Netzwerke in Stadt und Land: Siedlungsstruktur und soziale Unterstützungsnetzwerke im Raum Halle/Saale.* Opladen: Westdeutscher Verlag.

Pfetsch, B., & Mayerhöffer, E. (2011). Vordergründige Nähe: Zur Kommunikationskultur von Politik- und Medieneliten in Deutschland. *Medien- & Kommunikationswissenschaft, 59*(1), 40-59.

Reich, Z. (2009). *Sourcing the news: key issues in journalism - an innovative study of the Israeli press.* Cresskill: Hampton Press.

Reichard, D., & Borucki, I. (2015). Mehr als die Replikation organisationaler Offline-Strukturen? Zur internen Vernetzung von Parteien auf Twitter – das Beispiel SPD. In M. Gamper, L. Reschke, & M. Düring (Hrsg.), *Knoten und Kanten III. Soziale Netzwerkanalyse in Politik- und Geschichtswissenschaft.* (S. 399-422). Bielefeld: transcript.

Ross, K. (2010). Danse macabre: Politicians, journalists, and the complicated rumba of relationships. *The International Journal of Press/Politics, 15*(3), 272-294.

Sanders, K., Canél, M. J., & Holtz-Bacha, C. (2011). Communicating governments. A three country comparison of how governments communicate with citizens. *International Journal of Press and Politics, 16*(4), 523-547.

Schwab Cammarano, S. (2013). *Rollen in der Politikvermittlung: Die Interaktion zwischen Politik und Journalismus in der Schweiz*. Baden-Baden: Nomos.

Schwab Cammarano, S., Donges, P., & Jarren, O. (2010). Politische Kommunikationskultur im Wandel. *Studies in Communication Science, 10*(1), 7-21.

Schürmann, F. (1992). *Öffentlichkeitsarbeit der Bundesregierung: Strukturen, Medien, Auftrag und Grenzen eines informalen Instruments der Staatsleitung*. Berlin: Duncker & Humblot.

Stegbauer, C. (2012). Divergenzen zwischen Netzwerkforscher- und Akteursperspektive. In M. Henning & C. Stegbauer (Hrsg.), *Die Integration von Theorie und Methode in der Netzwerkforschung* (S. 53-74). Wiesbaden: Springer VS.

Strömbäck, J., & Nord, L. W. (2006). Do politicians lead the tango? A study of the relationship between Swedish journalists and their political sources in the context of election campaigns. *European Journal of Communication, 21*(2), 147-164.

van Aelst, P., Sehata, A., & van Dalen, A. (2010). Members of Parliament: Equal Competitors for Media Attention? An Analysis of Personal Contacts Between MPs and Political Journalists in Five European Countries. *Political Communication, 27*(3), 310-325.

van Aelst, P., & Walgrave, S. (2016). Information and Arena: The Dual Function of the News Media for Political Elites. *Journal of Communication, 66*(3), 496-518.

Verweij, P. (2012). Twitter links between politicians and journalists. *Journalism Practice, 6*(5-6), 680-691.

Wenzler, M. (2008). *Journalisten und Eliten: das Entstehen journalistischer Nachrichten über Energie-und Kulturpolitik*. Konstanz: UVK Verlagsgesellschaft.

Weyer, J. (2011). Zum Stand der Netzwerkforschung in den Sozialwissenschaften. In J. Weyer (Hrsg.), *Soziale Netzwerke: Konzepte und Methoden der sozialwissenschaftlichen Netzwerkforschung* (S. 39-70). München: Oldenbourg.

Weyer, J., Fink, R., & Liboschik, T. (2011). Softwarebasierte Methoden der Netzwerkanalyse. In J. Weyer (Hrsg.), *Soziale Netzwerke: Konzepte und Methoden der sozialwissenschaftlichen Netzwerkforschung* (S. 109-130). München: Oldenbourg.

Wright, S. (2012). Politics as usual? Revolution, normalization and a new agenda for online deliberation. *New Media & Society, 14*(2). doi:10.1177/1461444811410679

8. Europäische Regierungschefs auf *Facebook*: Dialogische Offerten und Interaktion in Netzwerken rund um Fanpages

Isabelle Borucki

8.1   Einführung: Fragestellung und Relevanz

In Zeiten der digitalen Echtzeitkommunikation über verschiedenste Plattformen, angefangen bei Sozialen Netzwerkseiten (SNS), über Videochatkanäle, Instant-Messenger und Smarthome-Anwendungen ist politische Kommunikation kaum noch ohne digitale Erweiterungen ihrer Kanäle denkbar. Gerade, weil synchrone wie asynchrone mobile Netzkommunikation inzwischen zur alltäglichen Lebenswelt der Bürger gehört, ist es für Politik wichtig, diese auch dort zu erreichen – unterwegs, auf der Arbeit, und zuhause. Denn die Internetnutzung stieg auf inzwischen 59 Millionen Nutzer in Deutschland an (Koch & Frees, 2016), wovon rund 81 Prozent das Internet mobil nutzen (destatis, 2016). Das Smartphone bildet die Nachrichtenzentrale des postindustriellen modernen Menschen. Das Gerät bündelt personale individuelle wie kollektive Informationen und Nachrichten (vom Nachrichtenportal wie spiegel.de, über Apps wie pressreader bis hin zu persönlichen Messengerdiensten). Kaum jemand hat nicht die *Facebook* und Messenger-Apps (wie *WhatsApp* oder *Twitter*) auf seinem Smartphone installiert, mit denen er auch unterwegs in Verbindung mit Freunden, Familie, Bekannten sowie beruflichen Kontakten bleiben kann.

Diese verschmolzene digitale Lebenswelt birgt für Politik insofern ein großes Potenzial, als dass die Zielgruppe der zu Mobilisierenden direkt über diese Kanäle erreicht werden kann. Dieser Beitrag fokussiert deshalb auf das Angebot der Regierungen auf *Facebook* und untersucht ihr Verhalten im potenziellen Dialog mit den Bürgern.[1] Das Ziel dieses Beitrags ist daran anknüpfend, das Auftreten nationaler europäischer Regierungen auf *Facebook* nachzuzeichnen. Die hiermit zusammenhängende Frage ist, inwiefern das Soziale Netzwerk *Facebook* durch die untersuchten Regierungen als Interaktions- und Dialogplattform genutzt wird

---

[1] Selbst wenn Regierungen auf *Facebook* vertreten sind, müssen die Menschen noch immer das Angebot suchen bzw. willentlich auf die jeweilige Seite steuern und dort interagieren. Eine Push-Funktion ist bspw. auf *Facebook* in der Form ja nicht vorgesehen.

(siehe auch den Beitrag von Brücker & Unbehaun in diesem Band). Die entsprechende normative Prämisse lautet, dass Regierungskommunikation, die stets um die Produktion von Legitimation durch Kommunikation angewiesen ist, über *Facebook* einen weiteren Kanal zur Verfügung hat, der es ermöglicht, nicht nur Dialog zu offerieren, sondern auch, über diesen Kanal zu mobilisieren. Insofern entspricht dies der Supplementationsthese, die besagt, dass ein zusätzlicher medialer Absatzkanal die alten ergänzt (Schweitzer & Albrecht, 2011). Ob damit aus demokratietheoretischer Perspektive eine andere Qualität der Kommunikation und somit eine Erweiterung des Diskurspotenzials hinsichtlich deliberativer Demokratie (Dahlberg, 2011) im Sinne der Transformationsthese verbunden ist, kann auf Basis der hier unternommenen Analyse nicht eingeschätzt werden.

Hinter der Fragestellung und Prämisse steht die theoretisch-methodische Annahme, dass verschiedene Ausprägungen der Netzwerke, etwa Zentralität, Aussagen darüber zulassen, wie belastbar und schlagkräftig diese Netzwerke hinsichtlich der Vermittlung von Informationen sind. Außerdem steht hinter der inhaltsanalytischen Komponente dieses Beitrags die theoretische Annahme, dass auch über direkte Social Media Kommunikation responsiv kommuniziert werden kann. Dies entspricht der Grundannahme, dass Regierungen durch ihre Kommunikation Legitimität und Responsivität produzieren wollen, da dies unmittelbar mit der Akzeptanz politischer Entscheidungen zusammenhängt (Gebauer, 1998; Sarcinelli, 1998).

Deshalb widmet sich dieser Beitrag der Erschließung von Politiknetzwerken rund um Regierungsakteure mittels eines kombinierten komparativen Ansatzes: Netzwerkanalytische Verfahren werden mit einer qualitativen Inhaltsanalyse kombiniert. Denn wie die Interaktion innerhalb dieser Netze und insbesondere der Dialog und das jeweilige Angebot miteinander korrespondieren, kann die Netzwerkanalyse nicht liefern. Hinsichtlich der Frage nach der Interaktion und des Dialogs auf Regierungskommunikationsseiten ist festzustellen, dass hierzu netzwerkanalytische Maßzahlen und Konzepte wenig hilfreich sind. Diese Frage und die entsprechenden Annahmen dazu lassen sich besser über klassische inhaltsanalytische Verfahren (in diesem Fall eine induktiv-deduktive qualitative Dokumentenanalyse) erreichen, als über rein statistische Verfahren. Die Deskription der zentralen Netzwerkkennzahlen liefert also den Rahmen des Kommunikationsumfelds; die Organisation der Kommunikation rund um Regierungs-Fanpages.

Dieser Beitrag gliedert sich folgendermaßen: Nach einer theoretischen Betrachtung und der Entwicklung von forschungsleitenden Hypothesen folgt die Darlegung der Methode, woraufhin die Ergebnisse der Panelstudie präsentiert werden. Insgesamt wurden 22 Netzwerke über drei Jahre (2013-2015) von drei Regierungen (Regierungschefs, Parteien und Behörden) rund um den Zeitraum des Europawahlkampfs 2014 auf *Facebook* erhoben (Deutschland, Österreich und

Großbritannien), im Methodenteil wird erläutert, wie die Fallauswahl und die Wahl der Untersuchungszeiträume begründet war. Die Diskussion der Ergebnisse schließt den empirischen Teil ab, um im Fazit auf die Einordnung der Ergebnisse einzugehen.

8.2   Theoretische Basis: Demokratietheorie und Netzwerke

Ausgehend von den verschiedenen Perspektiven (siehe auch den Beitrag von Borucki & Jun in diesem Band) auf das Verhältnis zwischen Internet und Demokratie (Dahlberg, 2011; Fung, Russon Gilman, & Shkabatur, 2013) richtet sich dieser Beitrag theoretisch am Modell der „counter-publics" (Dahlberg, 2011: 860) aus (Barberá, 2015; Coleman & Blumler, 2009: 99-101). Dementsprechend gibt es in Sozialen Medien Gegenöffentlichkeiten und Öffentlichkeiten (Block & Negrine, 2017). Die realistische Perspektive hilft zu erschließen, inwiefern Regierungen zur Produktion von Legitimation durch Kommunikation und Interaktion darauf angewiesen sind, *Facebook* als einen weiteren Kanal zu nutzen, der sowohl Dialog als auch Mobilisierung ermöglicht.

Eine Verbindung dieser demokratietheoretischen Perspektiven mit der Sozialen Netzwerkanalyse (SNA) und ihren Theorien hat aber bislang für den Forschungsbereich der Regierungskommunikation kaum stattgefunden (Eveland, 2014; Kocks, 2016). Dies ist umso verwunderlicher, da gerade netzwerktheoretische Konzepte einzuschätzen helfen, wie belastbar und robust Netzwerke hinsichtlich der Informationsvermittlung sind. Zunächst sind hier beispielsweise Betweenness-Konzepte (Freeman, Borgatti, & White, 1991) zu nennen: Je nachdem, wie ein Akteur eingebettet ist, wie zentral oder dezentral seine Position im Netzwerk ist, desto mehr oder weniger Einfluss hat er auch auf die Informationsflüsse im Netzwerk – denn er nutzt hierbei sein soziales Kapital (Choi & Shin, 2017). Ebenso helfen Power-Analysen (Bonacich, 1987; Hunter, 1990), den Grad der zentralen Player in einem Netzwerk zu identifizieren und somit herauszufinden, ob Gatekeeper existieren.

Darüber hinaus ist interessant die Qualität der Diskurse rund um die Postings zu untersuchen. Hierzu ist die Perspektive der Netzwerkforschung wenig hilfreich. Vielmehr ist eine heuristische Sichtweise notwendig, die sich die Ausprägung der Kommunikation in Sozialen Netzen, basierend auf der individuellen Interaktion zu eigen macht. Dies leistet die Matrix der SNS-Kommunikation (siehe auch den Beitrag von Borucki & Jun in diesem Band). Sie hilft einzuordnen, wie das Angebot von Regierungen an die Nutzer ausgestaltet sein kann und unterteilt das Agieren von politischen Akteuren auf SNS in distribuierende, dialogische, produktive und reproduktive Verfahrensweisen.

Hinsichtlich der Komposition der Netzwerke werden folgende Hypothesen aufgestellt:

H1a: Je höher die Zentralität der Netzwerke ausgebildet ist, desto weniger ist eine schnelle Kommunikation möglich.

Das liegt daran, dass durch Zentralität der Stellenwert zentraler Informationsvermittler abgebildet wird. Diese fungieren in Netzwerken als Gatekeeper und können Kommunikation unter Umständen auch behindern oder verlangsamen. Umgekehrt gilt:

H1b: Je niedriger die Zentralität der Netzwerke ausgeprägt ist, desto schneller kann kommuniziert werden.

H2a: Je dichter die Netzwerke sind, desto eher erreichen Kommunikationsimpulse alle Mitglieder des Netzwerks.

H2b: Je loser die Netzwerke sind, desto weniger erreichen Kommunikationsimpulse alle Netzwerkmitglieder.

Diese Hypothesen werden mit Netzwerkkennzahlen beschrieben. Zunächst sind hier sogenannte Zentralitätsmaße zu nennen. Sie bilden die Einbindung der jeweiligen Knoten im Netzwerk ab und geben Einblick in die potentielle und tatsächliche Möglichkeit des Informationsflusses (Borgatti, Carley, & Krackhardt, 2006; Borgatti & Everett, 1997; Freeman et al., 1991). Wie dies konkret ausgestaltet wird, thematisiert das folgende Unterkapitel.

8.3   Methode: Erhebung und Auswertung der Netzwerke

Zur Beantwortung der Fragestellung nach der Kommunikationsweise von Regierungen steht das Kommunikationsangebot dreier europäischer Regierungen in einer triangulativen quantitativ-qualitativen Studie im Mittelpunkt; verschiedene Herangehensweisen wurden nach dem Komplementaritätsmodell (Flick, 2008) kombiniert.

Facebook wurde gewählt, weil dieses SNS das derzeit auch in der politischen Sphäre am meisten verbreitete, beliebteste und meistgenutzte ist. Zudem bietet sich durch die Möglichkeit zur Direktkommunikation die Chance, journalistische Gatekeeper zu umgehen und direkt mit den Bürgern in Kontakt zu treten. Dass dies bisher noch viel zu wenig geschieht, haben bereits viele Studien gezeigt

(Dunbar, Arnaboldi, Conti, & Passarella, 2015; Elmer, Langlois, & McKelvey, 2012; Kalsnes, 2016). Die Auswahl der untersuchten Länder spiegelt sowohl sozio-demografisch als auch politisch ein heterogenes Untersuchungsfeld wider (Mehrheits- vs. Konsensdemokratien, unterschiedliche Parteiensysteme, Bevölkerungsdichte, BIP). Daneben ergeben sich laut Eurostat[2] Unterschiede in der allgemeinen Internetnutzung und speziell der Nutzung Sozialer Medien. Wegen dieser Varianz auf Länderebene und der SNS-Nutzung ist ein Vergleich der Online-Regierungskommunikation besonders interessant. 2016 posteten in den drei Ländern zwischen 50 (Deutschland) und 69 (Großbritannien) Prozent der Befragten allgemein auf Sozialen Netzwerken. Die Rate der politischen Postings ist 2015 mit 12 Prozent (Deutschland), sechs Prozent (Österreich) bzw. 15 Prozent (Großbritannien) weitaus niedriger. Etwa 21 Prozent (Deutschland und Österreich) bzw. 51 Prozent (Großbritannien) der Bürger veröffentlichten selbst Inhalte im Internet (etwa über Blogs und eigene Webseiten). Daneben ist die *Facebook*-Nutzungsrate 2014 im Verhältnis zur Bevölkerungsgröße in Deutschland (26 Millionen; 31,7 Prozent) und Österreich (3 Millionen; 33 Prozent) ähnlich groß und in Großbritannien (34 Millionen; 53,3 Prozent) etwas höher (allfacebook.de).

Die Fan-Seiten der Regierungschefs werden von Parteien betrieben, Angela Merkel, David Cameron und Werner Faymann gestalten damit aber Regierungskommunikation – Angela Merkel bspw. tritt in ihren Posts als Bundeskanzlerin auf, es wird von Staatsempfängen berichtet oder andere offizielle Termine verlinkt. Rein technisch gesehen sind die Seiten der Regierungschefs Partei-Fan-Seiten, informal gesehen nicht. Insofern ist es folgerichtig, gerade auch diese *Facebook*-Profile zu untersuchen. Generell erschwert eine Fan-Seite von ihrer Grundstruktur her den Dialog und kann leichter gesteuert werden, als individuelle Profilseiten. Zudem beschäftigen Regierungen professionelle Teams mit ihren Fan-Seiten, die diese mit spezifischer Expertise pflegen und insofern schlagkräftiger und umfassender reagieren als individuelle Nutzer (Holtz-Bacha, 2013; Kocks, Raupp, & Schink, 2015; Linke & Oliveira, 2015).

Die Paneldaten rund um acht Regierungsfanseiten dreier Regierungen wurden im selben Untersuchungszeitraum (24.4.-25.5.), vier Wochen vor dem Europawahlkampf 2014 in drei Jahren (2013-2015) über NetVizz (zuletzt Version 1.41) (Rieder, 2013) erhoben. Die beiden Vergleichszeiträume sollen die Varianz zwischen Wahlkampf und Regierungsphase kontrollieren helfen. Allerdings hat in jedem der untersuchten Länder irgendwann einmal in den Untersuchungszeiträumen

---

[2] Mediennutzung aller erwachsenen EU-Bürger zwischen 15 und 74 Jahren.

ein Wahlkampf stattgefunden.[3] Ergänzend zählten *Facebook*-Auftritte der Regierungen als Behörde zum Sample.[4] Die Erhebung bildet zwar ein Panel, sie ist aber dennoch nur eine Momentaufnahme des jeweiligen Untersuchungszeitraums und somit weder repräsentativ, noch bildet sie die praktisch täglich wechselnden Grundgesamtheiten auf *Facebook* statistisch valide ab.

Zunächst wurden Kennzahlen der Accounts wie Postanzahl, Fananzahl, Postdatum etc. mit „FanpageKarma" erhoben. Zum Sample gehören acht Fanseiten aus drei Ländern: „Angela Merkel", „CDU Deutschland", „David Cameron", „Conservatives UK", „Werner Faymann", „SPÖ Österreich", „Bundesregierung" und „10 Downing Street". Nach der Netzwerkerhebung mit NetVizz wurden die Daten aufbereitet, um sie entsprechend verarbeiten zu können. Dies geschah zunächst in Gephi, da es als einziges Netzwerkprogramm in der Lage ist, die .gdf Datei von NetVizz zu öffnen. Aus Gephi wurden dann .csv-Dateien exportiert, die nach einer manuellen Datenbereinigung in RStudio 1.0.136 mit den Packages „igraph" und „network" weiter berechnet wurden. Da die Netze extrem groß sind, konnten nicht alle gewünschten Berechnungen (etwa ERGM) durchgeführt werden, weil die zur Verfügung stehenden Rechner an ihre Kapazitätsgrenzen gelangten.

Die quantitative Netzwerkanalyse beschreibt die Netzwerke anhand der Anzahl an enthaltenen Akteuren (Knoten), Verbindungen (Kanten), der Dichte (Anzahl realisierter Beziehungen in Relation zu möglichen Beziehungen) sowie Degreewerte (Anzahl realisierter Beziehungen pro Akteur; Freeman et al., 1991). Gezeigt wird damit, wie eng die Nutzer interagieren und welche Posts welche Vernetzungsstruktur (auf den Post orientiert oder davon unabhängig) zwischen den Nutzern verursachen, was wiederum auf die Resonanz eines Posts deutet. Mit Modularity (Newman, 2006) lässt sich abschätzen, wie viele verschiedene Subgruppen in einem Netzwerk bestehen und wie eng diese miteinander verknüpft sind. Je höher der Wert, desto mehr eng miteinander verbundene Gruppen existieren. All diese Werte basieren auf der Annahme, dass rund um einen Post ein Netzwerk an Kommentaren entsteht, die wiederum relationale Beziehungen bilden. Voraussetzung dafür ist, dass der Post kommentiert wird; 'nur' liken wurde nicht als Interaktion gewertet, weil es eine Reaktion auf ein Kommunikationsangebot darstellt, die eher niederschwellig ist und nichts über die Intention des Likens aussagt.

---

[3] 2013 und 2015 fanden in den drei Ländern nationale Parlamentswahlen statt (Deutschland und Österreich 2013, Großbritannien 2015). Gemeinsam haben die untersuchten Länder, dass 2014 keine Nationalwahlen stattfanden. Fehlende Werte gab es, weil die Posts von David Cameron aus dem Jahr 2013 nicht mehr zu beschaffen waren – auch nicht auf Nachfrage. Die Fanzahlen der Conservatives aus 2013 fehlen ebenfalls.

[4] In Großbritannien gibt es mit „10 Downing Street" seit 2008 eine solche Seite, in Deutschland existiert der Account „Bundesregierung" auf *Facebook* seit Februar 2015 und in Österreich gibt es kein Angebot der Regierung als Behörde.

Die qualitative Inhaltsanalyse von per einfacher Stichprobe selegierter Posts pro Fanseite (aus N=1120) zielte darauf ab, die Dialog- und Interaktionsorientierung gemäß der Fragestellung herauszuarbeiten. Hierbei wurden basierend auf der jeweiligen Grundgesamtheit (Anzahl Posts im Untersuchungszeitraum) zehn Prozent der Beiträge per Zufallsauswahl über eine Zufallszahl ausgewählt und untersucht (n-Kommentare=9982). Die manuelle qualitative Analyse wiederum einer zufälligen Auswahl aus diesen Kommentaren (n=312) erarbeitete, ob die Kommunikation der Regierungen mit den Nutzern distributiv, reproduktiv, produktiv oder dialogisch ist. Denn allein über die Gestaltung der Posts ließ sich dies nicht erschließen. Die Ausprägung der Kommunikationsangebote wurde mittels eines induktiv-deduktiv gewonnenen Kategoriensystems untersucht und eruiert, welche Form des Dialogs, wenn vorhanden, gegeben war. Das Kategoriensystem enthält auf der obersten Ebene folgende Ausprägungen: Sachlich (zum Beitrag/anderes Thema), unsachlich, persönlich (Verteidigung/Angriff), Polemik/Ironie, Trolling, Off-topic, unverständlich, Frage/Antwort 2. Ebene.

8.4 Ergebnisse: Weniger Dialog in vertikaler Richtung, dafür horizontal und insbesondere starke User-Interaktion

Die Betrachtung der Kennwerte der Fanseiten rund um die 1120 Posts der drei untersuchten Regierungen zeigt, dass die Seitenbetreiber unterschiedlich oft bzw. häufig in den jeweiligen Untersuchungszeiträumen gepostet haben und dass die Anzahl an Kommentaren, Likes und Shares je nach Land und Untersuchungszeitraum variiert. Wie stark das der Fall ist zeigt die Tabelle 1, welche die unterschiedlichen Ausprägungen der Seiten nach Fananzahl, Postanzahl, Likes, Kommentaren und shares pro Untersuchungszeitraum aufzeigt. Das Engagement pro Post im Mittel gibt alle Aktivitäten rund um einen Post an. Daran lässt sich die Reichweite der Posts abschätzen: Im Vergleich zwischen Angela Merkel und der CDU von 2014 und 2015 ist das deutlich zu erkennen. Rund um beide Seiten stiegt das Engagement an; bei Angela Merkel von 983 auf 43112 und bei der CDU von 535 auf 866. Ähnliches ist auch für die Conservatives und Downing Street zwischen diesen beiden Jahren zu beobachten. Der Interaktionsquotient Qi gibt an, wie sich die Kommentaranzahl zur Fananzahl in den jeweiligen Untersuchungszeiträumen in Relation zur Gesamtzahl der Posts verhält. Je höher Qi, desto mehr Interaktion hat auf der Fanseite stattgefunden (Borucki, 2016: 58). Die höchsten Werte erzielen die Seiten von Angela Merkel 2015, CDU 2015, David Cameron 2014, Werner Faymann 2015, Bundesregierung 2015 sowie Downing Street 2013. Das bedeutet, dass die Regierungschefs, insbesondere Kanzlerin Merkel, hier höhere Interaktio-

nen erzielen als die Parteiseiten. Erklärt werden kann das mit dem höheren Perso-
nalisierungsgrad der Amtsinhaber (Bennett, 2012; Blondel, 2010; Karvonen,
2010).

Fanpage	Untersuchungs-zeitraum	Posts	Fans (jeweils Ende UZ)	Post-Likes /UZ	Comments	Shares	Engagement Ø /Post	Qi Ø in %
Angela Merkel	24.4.-25.5.2013	16	271964	48294	14242	6308	560	**0,02**
	24.4.-25.5.2014	18	569811	102822	53984	6872	983	**0,02**
	24.4.-25.5.2015	2	934275	60586	15437	5393	43112	**0,64**
CDU Deutschland	24.4.-25.5.2013	64	29992	6567	3058	2888	218	0,002
	24.4.-25.5.2014	114	81429	40583	10780	9207	535	0,001
	24.4.-25.5.2015	23	86247	9786	5236	1518	866	**0,01**
David Cameron	24.4.-25.5.2014	61	211302	186206	74593	20043	5324	**0,01**
	24.4.-25.5.2015	89	551017	656565	155704	99362	12013	0,003
Conservatives UK	24.4.-25.5.2013	9	-	3830	25042	996	1774	-
	24.4.-25.5.2014	50	180983	25926	18419	4939	1354	0,004
	24.4.-25.5.2015	123	499867	679161	135060	132537	8771	0,002
Werner Faymann	24.4.-25.5.2013	58	7940	4011	1287	446	112	0,004
	24.4.-25.5.2014	101	12985	19827	2129	2101	269	0,001
	24.4.-25.5.2015	26	16930	6947	1339	641	382	**0,01**
SPÖ Österreich	24.4.-25.5.2013	106	11436	3463	520	512	44	0,0004
	24.4.-25.5.2014	100	35490	30305	4711	3245	164	0,001
	24.4.-25.5.2015	38	35878	8352	2648	1076	365	0,005
Bundesregierung	24.4.-25.5.2015	62	73962	19887	28181	4745	1165	**0,01**
10 Downing Street	24.4.-25.5.2013	11	189198	6837	8292	1109	1751	**0,03**
	24.4.-25.5.2014	19	210011	8389	3367	835	785	0,004
	24.4.-25.5.2015	30	237360	68655	13892	12302	3691	0,006
Gesamt		**1120**	-	**1996999**	**577921**	**317075**	**4011**	-

Tab. 1: Deskriptive Kennwerte der erhobenen Fanseiten. Quelle: Eigene Erhebung, Berechnung und Darstellung entnommen aus (Borucki, 2016: 60-61).

Insgesamt nehmen Fans und Interaktionen bzw. das Engagement von 2013 bis
2015 zu. Dies ist nicht nur mit dem Europawahlkampf zu erklären, sondern mit
dem Anstieg der Postanzahl der Regierungen, sagt allerdings noch wenig über die
Interaktionen selbst und die Ausgestaltung der Netzwerke rund um die Posts aus.

Die Berechnung der Netzwerke zeigt sehr große, lose und wenig verkoppelte Netzwerke. Das ergibt erstens die Untersuchung der Netzwerke mit dem Modularity-Algorithmus und zweitens die verschiedenen betrachteten Centrality-Werte (Degree, Centrality in Abhängigkeit des Degrees und der Closeness). Die Tabelle 2 zeigt, ob die Nutzer einer *Facebook*-Fan-Seite auch untereinander vernetzt sind (Basis der Vernetzung sind gegen- und wechselseitige Kommentare). Dies wird über die Maßzahl der Dichte abgebildet. Dieser Wert verbleibt für alle untersuchten Netzwerke auf einem niedrigen Niveau (meist zweistellig unter Null). In Relation zur Gesamtgröße der Netzwerke gesehen (Anzahl Knoten und Kanten) sind die Netzwerke extrem groß und lose. Um dennoch Unterschiede deutlicher herauszustellen sind die Degreewerte interessant, da diese die Anzahl realisierter Beziehungen pro Akteur (in diesem Fall Postings und Nutzer) abbilden. Der Degree gibt wiederum in aggregierter Form Aufschluss darüber, wie stark realisierte Beziehungen vertreten sind. Durchschnittlich 3,9 Beziehungen hat jeder Knoten im Netzwerk der CDU 2014, gefolgt von den Konservativen in 2015 mit 3,7. Bei David Cameron sind es 3,2 in 2014. Diese Beispiele zeigen wiederum das Muster, dass einerseits der Europawahlkampf für die beiden Parteien vom Kontinent wichtig war und andererseits der Nationalwahlkampf in Großbritannien.

Fanpage	Untersuchungszeitraum	Knoten	Kanten	Dichte	Degree Ø	Modularity/ Cluster	Mean Indegree	Mean Outdegree	Centralization acc. to degree	Centralization acc. to closeness	Bonacichpower
Angela Merkel	24.4.-25.5.2013	31230	50425	0	1,6	0,5 (5)	3,229267	1,6146	**0,244**	0,374	0,712
	24.4.-25.5.2014	51663	119263	0	2,3	0,39 (10)	4,61696	2,3085	0,133	**0,409**	0,678
	24.4.-25.5.2015	58755	62791	0	1,0	0,23 (2)	2,137384	1,0687	**0,464**	**0,839**	**0,973**
CDU Deutschland	24.4.-25.5.2013	3299	7632	0,001	2,3	0,45 (16)	4,626857	2,3134	0,097	**0,436**	0,528
	24.4.-25.5.2014	11039	43362	0	**3,9**	0,31 (7)	**7,856146**	**3,9281**	0,055	**0,449**	0,460
	24.4.-25.5.2015	6031	11771	0	1,9	0,48 (13)	3,903499	1,9517	0,101	**0,442**	0,650
David Cameron	24.4.-25.5.2014	63681	202198	0	**3,2**	0,33 (11)	**6,35034**	3,1752	0,086	**0,453**	0,508

	24.4.-25.5.2015	294841	707182	0	2,4	0,44 (13)	4,79704	2,3985	0,128	**0,451**	0,465
Conservatives UK	24.4.-25.5.2013	3242	4936	0	1,5	0,59 (8)	3,045034	1,5225	**0,449**	**0,408**	0,802
	24.4.-25.5.2014	11037	32439	0	**2,9**	0,37 (7)	**5,878228**	2,9391	0,073	**0,443**	0,555
	24.4.-25.5.2015	194570	719171	0	**3,7**	0,32 (9)	**7,392414**	**3,6962**	0,162	**0,415**	0,448
Werner Fay-mann	24.4.-25.5.2013	1625	4208	0,002	2,6	0,41 (15)	**5,179077**	2,5895	0,071	0,348	0,523
	24.4.-25.5.2014	7469	20110	0	2,7	0,38 (13)	**5,384924**	2,6925	0,145	**0,449**	0,414
	24.4.-25.5.2015	3118	7351	0,001	2,4	0,40 (14)	4,715202	2,3576	0,187	**0,410**	0,632
SPÖ Österreich	24.4.-25.5.2013	1300	3640	0,002	2,8	0,39 (15)	5,6	2,0820	0,101	0,365	0,450
	24.4.-25.5.2014	10435	30983	0	**2,9**	0,36 (10)	**5,938285**	2,9691	0,171	**0,421**	0,465
	24.4.-25.5.2015	3995	9214	0,001	2,3	0,44 (16)	4,612766	2,3064	0,120	0,377	0,598
Bundesregierung	24.4.-25.5.2015	13147	28826	0	2,2	0,47 (23)	4,385183	2,1926	0,049	**0,472**	0,541
10 Downing Street	24.4.-25.5.2013	6226	9834	0	1,6	0,54 (10)	3,1590	1,5795	**0,208**	**0,402**	0,757
	24.4.-25.5.2014	5911	9485	0	1,6	0,57 (13)	3,209271	1,6046	0,128	0,128	0,717
	24.4.-25.5.2015	39316	72897	0	1,8	0,50 (9)	3,708261	1,8541	0,158	0,158	0,630
MW							4,7464	2,337	0,159	0,412	0,595

Tab. 2: Netzwerkmerkmale der erhobenen Fanseiten. Quelle: Eigene Erhebung, Berechnung und Darstellung.

Über die verschiedenen Ausprägungen der jeweiligen Seiten hinaus zeigen sich Unterschiede in den Netzwerkkennzahlen hinsichtlich der Zentralität, Dichte und Clusteranzahl der Netzwerke. Dies deutet auf unterschiedliche Kommunikationsstrukturen der Seitenbetreiber und ihrer Rezipienten hin: Zentralisierte Netze werden im Wesentlichen von zentralen Brokern und Informationsvermittlern bestimmt, wohingegen in eher dezentralen Netzwerken die Kommunikation über viele verschiedene Stellen läuft und entsprechend langsamer sein kann. Wie die Tabelle 2 zeigt, weisen besonders zentralisierte Netzwerke (SPÖ 2014, CDU

2014, Konservative 2015) auch einen hohen Grad an Degreewerten auf. Dies muss sich aber nicht unbedingt in hohen Zentralitätswerten bezogen auf Degree-Centrality bzw. Closeness-Centrality auswirken. Beide Phänomene sind mit den Europawahlen (CDU und SPÖ) bzw. den Nationalwahlen (Konservative) zu erklären.

In Bezug auf die im Theorieteil formulierten Hypothesen ist festzuhalten, dass gerade die Hypothesen zur Zentralität der Netzwerke (H1a und H1b: *Je höher bzw. niedriger die Zentralität der Netzwerke ausgebildet ist, desto weniger ist eine schnelle Kommunikation möglich bzw. desto schneller kann kommuniziert werden*) bestätigt werden können. Zumindest die Kombination aus hoher Zentralität und geringer Dichte lässt den Schluss zu, dass nur über wenige Broker Informationen laufen können, da sonst das Netzwerk in seine Cluster zerfällt. Das zeigt sich zum einen an den gemeinsam mit hohen Zentralitätswerten (über 40 Prozent) auftretenden Bonacich-Power-Werten (Bonacich, 1987), die zumeist ebenfalls hoch sind (Ausnahmen: Cameron 2015, Faymann 2014, Downing Street 2013-2015, sowie Konservative 2014). Der Korrelationskoeffizient (0,75, Pearson, zweiseitig) beider Werte lässt einen starken linearen Zusammenhang vermuten. Die Kontrollrechnung mit dem Closeness-Wert ergibt mit 0,25 einen schwächeren Effekt.

Anders verhält es sich mit dem zweiten Hypothesenbündel: Die Zusammenhänge zwischen Dichte und Kommunikationsgeschwindigkeit sind kaum vorhanden, weil die Netzwerke allesamt extrem niedrige Dichtewerte produzieren (die „höchsten" Werte sind mithin im Promillebereich anzusiedeln). Deshalb werden beide Hypothesen (H2a/H2b: *Je dichter bzw. loser die Netzwerke sind, desto eher bzw. weniger erreichen Kommunikationsimpulse alle Mitglieder des Netzwerks*) abgewiesen. Die Ergebnisse der Netzwerkanalyse sind also dispers: Die Netzwerke sind zwar deutlich geclustert (5 bis 23 Cluster), allerdings weisen alle Netzwerke eine derart niedrige Dichte auf, dass die berechneten Centrality-Werte, die durchaus hoch ausfallen, vorsichtig hinsichtlich des ersten Hypothesenbündels interpretiert wurden. Anders verhält es sich mit den aggregierten Degreewerten. Hier zeigen insbesondere die Indegree-Werte, dass besonders auf andere Knoten verweisende Beziehungen in den Netzwerken wichtiger sind als ausgehende Beziehungen. Es handelt sich also eher um rezipierende als aussendende Netzwerke, weil die Outdegree-Werte im Mittel mit 4,74 nahezu doppelt so hoch sind als die Indegree-Werte mit 2,33 (Tabelle 2).

Die qualitative Analyse der Postings zeigt, dass besonders solche Beiträge die höchste Reichweite erzielen, die eine Kombination aus Text und Bild liefern: Die ersten zehn Posts mit den höchsten Engagementwerten (und damit der höchsten Reichweite) stammen größtenteils aus Großbritannien aus dem Jahr 2015.[5] Sechs

---

[5] Erst Posting 30 stammt aus 2013 von Angela Merkel und lautet „Ich freue mich. Denn eines ist sicher: Deutschland gewinnt. /AM" und stellt eine Kommentierung des Fußballspiels FC Bayern gegen Barcelona dar.

wurden auf David Camerons Seite gepostet, drei von den Konservativen und ein Post stammt von Angela Merkels Fanseite. Sieben dieser zehn sind Fotoposts, die anderen jeweils ein Video, Status oder Link. Visualisierung scheint noch wichtiger zu sein als audiovisuelle Inhalte. Insofern verbleiben die reichweitenstarken Posts in erster Linie produktiv-distributiv.

Der Großteil der Kommentare enthält Polemik oder Ironie, keinen Bezug zum Thema oder ist schlicht unsachlich – meist in Kombination.[6] Allerdings existiert auch ein Korrektiv durch Nutzer, die andere zur Ordnung rufen.[7] Das betrifft vor allem die Kategorie „Antwort", da keine Antwort der Betreiber, sondern der Nutzer in diese Kategorie fällt, auch wenn diese ursprünglich dafür gedacht war (alle 116 Antworten stammen von Usern). Im gesamten Datensatz der 9982 Kommentare stammen 17 Antworten von den Seitenbetreibern.

Was die Tonalität anbelangt, variiert der Umgangston stark zwischen den Ländern: Vor allem in Österreich, aber auch Deutschland[8] ist man um sachliche, faktenbasierte Diskussionen in den Kommentarleisten bemüht, insbesondere die Seite „Bundesregierung" stellt hier eine Ausnahme dar. Manche gehen in eine Verteidigungshaltung und versuchen, die Angriffe anderer User abzumildern oder zu relativieren. Besonders in Großbritannien[9] gehen die Nutzer in recht unhöflicher Form miteinander um.[10] Dieses Verhalten legt den Schluss nahe, dass die Nutzer gar nicht an einer ernsthaften Diskussion und sachlichem Austausch mit den Seitenbetreibern (oder untereinander) interessiert sind, sondern nur ihre eigene Meinung und Ansichten weiter verbreiten wollen – zudem sind viele der Kommentare auf Social Bots zurückzuführen (Thieltges, Schmidt, & Hegelich, 2016). Das ist daran erkennbar, dass oftmals ein und dieselbe Nachricht in den Kommentaren auftaucht, dann aber von verschiedenen Profilen gepostet wird. So betreiben viele User (echte oder unechte) gezieltes Spamming, insbesondere 2014 sind diese Art

---

[6] Sachlich (zum Beitrag: 11/anderes Thema: 44), unsachlich: 188, persönlich (Verteidigung: 17/Angriff: 105), Polemik/Ironie: 120, Trolling: 7, Off-topic: 241, unverständlich: 0, Frage/Antwort 2. Ebene: 116.

[7] „Echt lustig die Kommentare hier immer wieder. Was hat die Telekom und Co mit einem Treffen mit Sorben zu tun? Seit Ihr geistig noch alle fit oder was habt Ihr für ein Problem? Bleibt mal beim Thema. Und die Sorben sind überaus interessant :-)" (Kommentar 4_143, CDU 2013).

[8] „Meinen aller größten Respekt an die Redaktion, die diesen *Facebook* Account verwaltet. Ihr antwortet immer sachlich, manchmal echt lustig, aber bleibt bei diesen ganzen Posts immer cool. Ich könnte das nicht! :)" (Kommentar 30_18, Bundesregierung 2015).

[9] "Oi Nicky Boy i think you'll find that I can grasp the reality of this situation much better than yourself. Now go back and bury your small pee sized brain in the sand will you, i wouldn't piss on someone like u if you were on fire!!!" (6_69, Conservatives 2013). "The mother of all lies." (33_359, David Cameron 2015)

[10] „Sarah, ich hatte Kathrin geantwortet. Mit Dummköpfen wie Dir kommuniziere ich nicht." (1_2837, CDU 2015)

Kommentare häufig zu beobachten, etwa Aufrufe zu mehr Engagement in der Ukraine[11]. Verschwörungstheoretische Inhalte[12], Vorwürfe an die „Lügenpresse" (1_517, Angela Merkel 2015) oder die „Lügenkanzlerin" (1_3019, Angela Merkel 2015; insg. 57 Stellen zu „Lüge"), aber auch Videos auf Seiten von „Anonymous" werden verlinkt, was sich vor allem auf deutschen Seiten wiederfindet. Daneben zeigen die Kommentierungen viel Ärger, Frust über aktuelle Politik, was auf schwindende bzw. nicht vorhandene Glaubwürdigkeit hindeutet.[13] Dies mündet auch in Forderungen nach Dialog.[14]

8.5   Zusammenfassung und Schlussfolgerungen

Ziel dieses Beitrags war die Eruierung des Auftretens nationaler europäischer Regierungen auf *Facebook* und die Frage, inwiefern dieses Soziale Netzwerk als Interaktions- und Dialogplattform genutzt wird. Die normative Prämisse dabei ist, dass Regierungskommunikation, die stets um die Produktion von Legitimation durch Kommunikation und Interaktion angewiesen ist, über *Facebook* einen weiteren Kanal zur Verfügung hat, der es ermöglicht, Dialog zu offerieren und unter Umständen zu mobilisieren. Dies entspricht der Supplementationsthese. Das Spezifische an Sozialen Netzwerkseiten ist allerdings, dass durch die Interaktions-, Kollaborations- und Dialogpotenziale dieser Netzwerke die Informationsvermittlungsfunktion klassischer Massenmedien ausgehebelt bzw. umgangen werden kann. Dieses Potenzial, direkt mit den Zielgruppen und Adressaten für Regierungskommunikation in Kontakt zu treten, wird nach den Analysen dieser Studie und den hier analysierten Regierungen in den drei Zeiträumen viel zu wenig betrieben.

Die Analyse der acht Fanseiten von drei Regierungen auf *Facebook* hat deutliche Unterschiede zwischen 2014 und 2015 und zwischen den deutschsprachigen

---

[11] „#SaveDonbassPeople #SaveDonbassPeopleFromUkrArmy" (5_920, 5_922, 5_939, Angela Merkel 2014)

[12] "CDU=BILDERBERGER" (62_27, 62_44, CDU 2014; 6_94, Conservatives 2014, 5_68, 5_650, Angela Merkel 2014, 1_182, 1_2216, 1_2642, Angela Merkel 2015).

[13] „don't believe you" (6_136, 6_62, 6_69, Conservatives 2014). „Ach ja ‚da fällt mir noch ein‚von der Wahlbeteidigung der letzten Bundestagswahl von 63 % der Wahlfähigen Bürger ‚haben dann 43 % die CDU gewählt.Kann nur sagen 37 % haben eh die Schnautze voll von so vielen Lügen und Lügnern ^^ :)" (1_3355, Angela Merkel 2015).

[14] „Look at the censorship on this page, try to share this post and see what appears. Not the actual post that's for sure instead a link to the tories website, this is not normal procedure for sharing statuses and posts on *facebook*!!!" (6_48, Conservatives 2013). „Du wirst keine Antwort bekommen!" (0_6, Werner Faymann 2015).

Ländern und Großbritannien aufgezeigt. Gemeinsamkeiten und Unterschiede zwischen den Netzwerken bestehen hinsichtlich ihrer Ausgestaltung, aber Unterschiede wurden auch hinsichtlich der Qualität der Postings und der Kommentare dazu festgestellt. Insgesamt erzielten die Regierungschefs, insbesondere Kanzlerin Merkel, höhere Interaktionen als die Parteienseiten. Die Seiten der Regierungsführer zogen also mehr Menschen an, die auf diesen Plattformen untereinander in Austausch traten. Personalisierung und Amtsinhaberbonus sind hierfür eine Erklärung. Denn auf öffentliche Personen kann generell besser eingegangen werden als auf Organisationen wie Parteien oder Regierungsbehörden. Neben die Personalisierung tritt auch die unterschiedliche Bedeutung von Wahlkämpfen: Die deutschen Parteien waren hier 2014 aktiver, die britische 2015. Dies zeigt sich auch an den Zentralitätswerten der drei Parteien aus den genannten Jahren.

Die Frage nach der Kommunikationsweise von Regierungen auf *Facebook* und deren Dialogorientierung kann insofern beantwortet werden, als dass eine grundsätzliche Orientierung der Seitenbetreiber gemäß der SNS-Matrix stattgefunden hat. Das impliziert auch eine Orientierung an entsprechenden Medienlogiken. Hinsichtlich der Orientierung an den Logiken Sozialer Medien (Vereinfachung, Verkürzung, Audiovisualität, Interaktivität, Multimodalität) ist anzumerken, dass das Großteil der Postings auf dem Level der Audiovisualität bzw. Visualität (Fotos) verbleibt. Eine direkte Aufforderung zur Kommunikation ist in Relation zum Rest der Postings gering.

Die Analyse der Netzwerkkennzahlen ergab einerseits, dass die Hypothesen zu den Ausprägungen der Netzwerke nur teilweise bestätigt werden können (H1a/b bestätigt, H2a/b abgelehnt). Andererseits kann die Forschungsfrage auch dahingehend beantwortet werden, was die Orientierung der Fanseiten betrifft. Und zwar sind diese hauptsächlich distributiv ausgerichtet. Allerdings findet dennoch Dialog auf den Fanseiten der Regierungen statt – auf der Ebene der User, die untereinander in Diskussionen treten und quasi abgekoppelt von den Seiteneigentümern diskutieren und sich austauschen; teils auch mit harten Bandagen. Insofern verbleibt aus Kommunikatorsicht das Potenzial, die Massenmedien auszuhebeln und eigene Kommunikationskanäle und Öffentlichkeiten zu schaffen für die untersuchten Seiten noch ungenutzt. Die direkte und gezielte Kommunikation mit den Zielgruppen und Adressaten für Regierungskommunikation wird also nach den Analysen dieser Studie kaum genutzt. Deshalb wird aber nicht generalisiert auf weitere Zeiträume oder Koalitionspartner bzw. Folgezeiträume geschlossen. Die dialogische Zurückhaltung der Regierungen gilt also nur für die betrachteten Seiten und Zeiten.

Gründe für dieses Verhalten der Regierungen sind auf Basis der hier vorliegenden Analyse nicht auszumachen, da weder die Netzwerkanalyse noch die Analyse von Kommentaren zu Posts hierzu geeignet sind. Allerdings könnte das mitunter rüde Verhalten im Netz, der Umgangston sowie die Gefahr, Shitstorms und Bot-Angriffen ausgesetzt zu sein eine wesentliche Hemmschwelle darstellen, wirklich dialogische Offerten zu eröffnen. Eine weitere Frage, die es zu klären gilt, ist jene nach der Zumutbarkeit: Politiker und ihre Teams sind nicht nur da, um Diskussionen mit Bürgern in Sozialen Medien zu führen, insbesondere, wenn die Diskussionen derart gestaltet sind wie im vorliegenden Fall. Die genuine Aufgabe von Politikern ist noch immer Politik, die analog entschieden wird. Dass allerdings digitale Kommunikation mit all ihren Implikationen auf die Politik immer wirkmächtiger durchschlägt, haben nicht nur die jüngsten Ereignisse rund um den Brexit (Thielemann & Schade, 2016) und die Trump-Wahl gezeigt (Kreiss & Jasinski, 2016; Wells et al., 2016; White, 2016). Vielmehr gilt es in Zeiten des Internet-Protests (Brantner & Rodriguez-Amat, 2016), Politik in eine aktive Position zu bringen, damit überhaupt Strategien zur Kommunikation eingesetzt werden können. Inwiefern dies über eine Steigerung der Akzeptanz und des Vertrauens gerade mit authentischer und unmittelbarer Kommunikation in SNS geschehen kann, ist hierbei eine der drängendsten Fragen.

Literatur

Barberá, P. (2015). Birds of the Same Feather Tweet Together: Bayesian Ideal Point Estimation Using Twitter Data. *Political Analysis 23* (1), 76-91. doi:10.1093/pan/mpu011.

Lance, B. W. (2012). The Personalization of Politics: Political Identity, Social Media, and Changing Patterns of Participation. *Annals of the American Academy of Political and Social Science 644* (1), 20–39.

Block, E. & Negrine, R. (2017). The Populist Communication Style: Toward a Critical Framework. *International Journal of Communication 11*, 178-197.

Blondel, J. (2010). Political leadership, parties and citizens: the personalisation of leadership. *Routledge research in comparative politics*, Bd. 30. London, New York: Routledge.

Bonacich, P. (1987). Power and Centrality: A Family of Measures. *American Journal of Sociology 92* (5), 1170-1182. doi:10.2307/2780000.

Borgatti, S. P., Carley, K. M. & Krackhardt, D. (2006). On the robustness of centrality measures under conditions of imperfect data. *Social Networks 28* (2), 124–136. doi:10.1016/j.socnet.2005.05.001.

Borgatti, S. P., & Everett, M. G. (1997). Network analysis of 2-mode data. *Social Networks 19* (3), 243-269. doi:10.1016/S0378-8733(96)00301-2.

Borucki, I. (2016). Regierungen auf Facebook - distributiv, dialogisch oder reaktiv? Eine Bestandsaufnahme. In P. Henn & D. Frieß (Hrsg.), *Politische Online-Kommunikation: Voraussetzungen und Folgen des strukturellen Wandels der politischen Kommunikation*, (S. 49-75). Berlin: Digital Communication Research.

Brantner, C., & Rodriguez-Amat, J. R. (2016). New "Danger Zone" in Europe: Representations of Place in Social Media-Supported Protests. *International Journal of Communication 10*, 299-320.

Choi, D. H., & Shin, D. H. (2017). A dialectic perspective on the interactive relationship between social media and civic participation: the moderating role of social capital. *Information Communication & Society 20* (2), 151-166. doi:10.1080/1369118x.2016.1154586.

Coleman, S., & Blumler, J. G. (2009). *The Internet and democratic citizenship: Theory, practice and policy* (Communication, society, and politics). Cambridge, New York: Cambridge University Press.

Dahlberg, L. (2011). Re-constructing digital democracy: An outline of four 'positions'. *New Media & Society 13* (6), 855-872. doi:10.1177/1461444810389569.

Dunbar, R. I. M., Arnaboldi, V., Conti, M. & Passarella, A. (2015). The structure of online social networks mirrors those in the offline world. *Social Networks 43*, 39-47. doi:10.1016/j.socnet.2015.04.005.

Elmer, G., Langlois, G. & McKelvey, F. (2012). *The permanent campaign: New media, new politics.* Digital formations, Bd. 81. New York: Peter Lang.

Eveland, W. P. (2014). Linking Social Network Analysis to the Spiral of Silence, Coorientation, and Political Discussion: The Intersection of Political Perceptions and Political Communication. In W. Donsbach, C. T. Salmon & Y. Tsfati (Hrsg.), *The spiral of silence: new perspectives on communication and public opinion* (S. 119-128). New York: Routledge.

Flick, U. (2008). Triangulation in der qualitativen Forschung. In U. Flick, E. Kardorff, I. & Steinke (Hrsg.), *Qualitative Forschung. Ein Handbuch,* rororo, Bd. 55628: Rowohlts Enzyklopädie, 6. Auflage (S. 309–318). Reinbek bei Hamburg: Rowohlt-Taschenbuch-Verlag.

Freeman, L. C., Borgatti, S. P., & White, D. R.. (1991). Centrality in valued graphs: A measure of betweenness based on network flow. *Social Networks 13* (2), 141-154. doi:10.1016/0378-8733(91)90017-N.

Fung, A., Russon Gilman, H. & Shkabatur, J. (2013). Six Models for the Internet + Politics. *International Studies Review 15* (1), 30-47. doi:10.1111/misr.12028.

Gebauer, K.-E. (1998). Regierungskommunikation. In O. Jarren (Hrsg.), *Politische Kommunikation in der demokratischen Gesellschaft* (S. 464-472). Opladen: Westdeutscher Verlag.

Holtz-Bacha, C. (2013). Government communication in Germany: Maintaining the fine line between information and advertising. In K. Sanders & M. J. Canel (Hrsg.), *Government communication* (S. 45-58). London: Bloomsbury Academic.

Hunter, F. (1990). *Community power structure: A study of decision makers.* Chapel Hill: University of North Carolina Press.

Kalsnes, B. (2016). The Social Media Paradox Explained: Comparing Political Parties Facebook Strategy Versus Practice. *Social Media + Society 2* (2). doi:10.1177/2056305116644616.

Karvonen, L. (2010). The personalisation of politics : a study of parliamentary democracies. *ECPR monographs.* Colchester: ECPR Press.

Koch, W. & Frees, B. (2016). Dynamische Entwicklung bei mobiler Internetnutzung sowie Audios und Videos. *Media Perspektiven* (9), 418-437.

Kocks, J. N. (2016). *Political media relations online as an elite phenomenon.* Wiesbaden: Springer VS.

Kocks, J. N., Raupp, J. & Schink, C. (2015). Staatliche Öffentlichkeitsarbeit zwischen Distribution und Dialog: Interaktive Potentiale digitaler Medien und ihre Nutzung im Rahmen der Außenkommunikation politischer Institutionen. In R. Fröhlich & T. Koch (Hrsg.), *Politik - PR - Persuasion,* (S. 71–87). Wiesbaden: Springer VS.

Kreiss, D. & Jasinski, C. (2016). The Tech Industry Meets Presidential Politics: Explaining the Democratic Party's Technological Advantage in Electoral Campaigning, 2004-2012. *Political Communication 33* (4), 544-562. doi:10.1080/10584609.2015.1121941.

Linke, A. & Oliveira, E. (2015). Quantity or quality?: The professionalization of social media communication in Portugal and Germany: A comparison. *Public Relations Review 41* (2), 305-307. doi:10.1016/j.pubrev.2014.11.018.

Newman, M. E. J. (2006). Modularity and community structure in networks. *Proceedings of the National Academy of Sciences of the United States of America 103* (23), 8577-8582. doi:10.1073/pnas.0601602103.

Rieder, B. (2013). Studying Facebook via data extraction: The Netvizz application. In H. Davis, H. Halpin, A. Pentland, M. Bernstein & L. Adamic (Hrsg.), *The 5th Annual ACM Web Science Conference,* 346-355.

Sarcinelli, U. (1998). Repräsentation oder Diskurs?: Zu Legitimität und Legitimitätswandel durch politische Kommunikation. *ZPol 8* (2), 547-567.

Schweitzer, E. J. & Albrecht, S. (2011). Das Internet im Wahlkampf: Eine Einführung. In E. J. Schweitzer & S. Albrecht (Hrsg.), *Das Internet im Wahlkampf* (S. 9–68). Wiesbaden: Springer VS.

Thielemann, E. & Schade, D. (2016). Buying into Myths: Free Movement of People and Immigration. *Political Quarterly 87* (2), 139-147. doi:10.1111/1467-923x.12246.

Thieltges, A., Schmidt, F., & Hegelich, S. (2016). The Devil's Triangle: Ethical Considerations on Developing Bot Detection Methods. In *2016 AAAI Spring Symposium Series.*

Wells, C., Dhavan V. S., Pevehouse, J., Yang, J., Pelled, A., Boehm, F., Lukito, J., Ghosh, S. & Schmidt, J. (2016). How Trump Drove Coverage to the Nomination: Hybrid Media Campaigning. *Political Communication 33* (4), 669-676. doi:10.1080/10584609.2016.1224416.

White, J. K. (2016). Donald Trump and the Scourge of Populism. *Forum-a Journal of Applied Research in Contemporary Politics 14* (3), 265-279. doi:10.1515/for-2016-0026.

9. Regierungskommunikation und staatliche Öffentlichkeitsarbeit aus Sicht des akteurzentrierten Institutionalismus

Juliana Raupp

9.1 Einführung: Die Frage nach dem „Wer?"

Unter der Bezeichnung „Regierungskommunikation" werden in der Literatur ganz verschiedene Sachverhalte behandelt: Naheliegend ist es, die strategische Selbstinszenierung der Machthabenden zu betrachten. Diese Perspektive haben Canel und Sanders (2011) in Anspielung an die populäre Serie über den Westflügel des Weißen Hauses, in dem sich das Präsidentenbüro befindet, als „West Wing Approach" (S. 257) bezeichnet. Zum anderen umfasst Regierungskommunikation die kampagnenförmige Kommunikation, beispielsweise eines Ministeriums. Und schließlich fällt unter den Oberbegriff Regierungskommunikation auch die regierungsamtliche Öffentlichkeitsarbeit als Informationsfunktion. Angesichts dieser Bandbreite an Kommunikationsformen stellt sich die grundsätzliche Frage danach, wer eigentlich kommuniziert, wenn von Regierungskommunikation die Rede ist, und welche Handlungsspielräume diese Akteure jeweils haben. Diese Fragen können mit einem akteurzentrierten Ansatz beantwortet werden.

In der politikwissenschaftlichen Regierungsforschung sind akteurzentrierte Zugänge, insbesondere der Ansatz des akteurzentrierten Institutionalismus, weit verbreitet (Grunden & Korte, 2013, S. 20). In der kommunikationswissenschaftlichen Forschung zu Regierungskommunikation sind akteurzentrierte Perspektiven dagegen erst vereinzelt eingenommen worden (Heinze, 2012; Vogel, 2010). In diesem Kapitel soll gezeigt werden, weshalb der akteurzentrierte Institutionalismus ertragreich für die Untersuchung von Regierungskommunikation und regierungsamtlicher Öffentlichkeitsarbeit ist: Er ermöglicht es, Kommunikations- und Handlungsrepertoires von Regierungsakteuren in ihrem spezifischen institutionellen Kontext nachzuvollziehen und einzuordnen. Ziel des Kapitels ist es daher, einen akteurzentrierten Analyserahmen für die Untersuchung von Regierungskommunikation zu entwickeln.

Regierungskommunikation und regierungsamtliche Öffentlichkeitsarbeit werden hier in Anlehnung an Canel und Sanders (2012) als "communication implemented by executive politicians and officials of public institutions in the service of a political rationale" (S. 85f.) definiert. Behördliche Kommunikation im engeren Sinn, die keinen politischen Zweck verfolgt, wird somit ausgeklammert[1]. Des Weiteren beziehen sich die folgenden Ausführungen vorrangig auf die Bundesebene. Die Bundesregierung stellt sich aus Sicht des akteurzentrierten Institutionalismus als komplexer Akteur dar, dessen Kommunikationsrepertoire durch spezifische institutionelle Rahmenbedingungen geprägt ist.

Ausgehend von dieser Grundannahme werden im folgenden Beitrag Kommunikationsrepertoires der Regierungskommunikation vor dem Hintergrund institutioneller Kontextbedingungen systematisiert. Idealtypisch werden zwei Sprecherrollen unterschieden: eine politische Sprecherrolle und eine spezialisierte Vermittlerrolle. Zusätzlich werden drei kommunikative Handlungsorientierungen unterschieden: erstens Information und Transparenz, zweitens Orientierung an journalistischen Selektionskriterien und drittens Orientierung an einer unterstellten neuen Medienlogik. Die Orientierung an Information und Transparenz weist die höchste Persistenz auf, da sie rechtlich verankerten Normen entspricht, die Orientierung an der „neuen Medienlogik" dagegen die geringste Persistenz. Vor dem Hintergrund der gegenwärtigen digitalen Umwälzung der politischen Kommunikation wird schließlich diskutiert, inwiefern sich die Regierungskommunikation in den Social Media institutionalisiert und sich damit verbundene Handlungsorientierungen verfestigen.

9.2   Aufgaben, Funktionen und Ziele von Regierungskommunikation und regierungsamtlicher Öffentlichkeitsarbeit

Perspektiven auf Regierung und Regierungskommunikation

Was ist eine Regierung? Diese Frage lässt sich aus akteurs- und organisationstheoretischer sowie aus system-, institutionen- und netzwerktheoretischer Sicht beantworten. Entsprechend unterschiedlich fallen die Definitionen aus: Schulz (2011) bezeichnet Regierungen und Parlamente als „politische Organisationen" (S. 292), Vogel (2010) definiert Regierungen organisationstheoretisch als „offene Systeme" (S. 44). Für Göhler (1990) hingegen zählen Regierung und Parlament zu den politischen Institutionen, die er als „historisch gewordene, aus Interessen-

---

[1] Dass auch Behördenkommunikation politisch sein kann, wird damit nicht bestritten. Eine Grauzone stellen zum Beispiel staatliche Sozial-Marketing-Kampagnen dar, etwa Aufklärungs- und Präventionskampagnen, bei denen es sich nicht um Wissensvermittlung, sondern um „verhaltenslenkende Informationsmaßnahmen" handelt (Seitz, 2014, S. 191).

lagen in je historischen Konstellationen verdichtete und realisierte Ordnungskonzepte" (S. 8) versteht. In der Politikwissenschaft hat sich zudem der Fokus der Regierungsforschung weg von Government hin zu Governance verlagert. Damit erweitert sich die Perspektive auf Governance-Netzwerke, die Torfing (2012) als „networks of interdependent actors that contribute to the production of governance" (S. 99) definiert. Fokussiert man auf Regierung als „Kernexekutive", dann existieren „Hierarchie und Netzwerk" nebeneinander (Florack, Grunden, & Korte, 2015, S. 618). Aus diesen verschiedenen Definitionen resultieren verschiedene Fragestellungen: Wer Regierung primär als Institution sieht, fragt nach normativen Regelungen (demokratischen) Regierens, wer Regierung als Organisation betrachtet, fragt nach Akteuren, Handlungen und Handlungsspielräumen, wer Regierung als Netzwerk begreift, stellt Beziehungen und Akteurkonstellationen in den Mittelpunkt.

Um Regierungs*kommunikation* zu analysieren – worauf dieses Kapitel abzielt – ist es sinnvoll, die unterschiedlichen theoretischen Perspektiven aufeinander zu beziehen. Denn Kommunikation ist einerseits an Akteure gebunden, andererseits normativ geprägt, und sie führt zu Vernetzungen und Beziehungsstrukturen. Die akteurs- und die institutionentheoretische Sichtweise bedingen einander also. Dies führt auch Koontz (2006) aus: „While governmental institutions provide constraints and opportunities within which governmental actors work, at the same time governmental actors may shape and alter governmental institutions" (S. 17). An diese integrierende Sichtweise anknüpfend, wird im Folgenden argumentiert, dass sich für die Analyse von Regierungskommunikation ein Verständnis von Regierung als *komplexer Akteur* anbietet (vgl. hierzu auch Heinze, 2012, S. 59).

Komplexe Akteure sind mehr als ein Zusammenschluss individueller Akteure. Sie sind, so Scharpf (2006), Konstellationen, „bei denen die ‚Intention' intentionalen Handelns sich auf die von den beteiligten Individuen erwartete gemeinsame Wirkung koordinierten Handelns bezieht" (S. 101). Um diese Sicht auf Regierung als komplexem Akteur näher auszuführen, werden im Folgenden Annahmen des akteurzentrierten Institutionalismus, wie ihn Mayntz und Scharpf (Mayntz & Scharpf 1995a, 1995b; Scharpf, 2006) entwickelt haben, herangezogen. Der akteurzentrierte Institutionalismus dient dabei als heuristische Grundlage, um Rollen und Handlungsrepertoires der Regierungskommunikation herauszuarbeiten.

Der akteurzentrierte Institutionalismus

Ausgangspunkt des akteurzentrierten Institutionalismus ist das Spannungsverhältnis zwischen politischer Steuerung einerseits und gesellschaftlicher Eigendynamik andererseits (Mayntz & Scharpf, 1995a, S. 10f.). Dieses Spannungsverhältnis aufgreifend, besagt eine Grundannahme des akteurzentrierte Institutionalismus, dass Handlungsorientierungen und Handlungsressourcen (korporativer) Akteure durch institutionelle Rahmenbedingungen konstituiert werden. Damit steht der akteurzentrierte Institutionalismus für den Versuch, akteur- bzw. handlungstheoretische Annahmen mit struktur- bzw. institutionstheoretischen Annahmen zu verbinden.

In der Kommunikationswissenschaft wurden auf der Basis des akteurzentrierten Institutionalismus verschiedene Organisationen und Akteurkonstellationen untersucht. Donges (2006) analysierte auf dieser Grundlage Medien als Institutionen, Jarren und Donges (2011, S. 234ff.) untersuchten das Zusammenspiel von Politik, Journalismus und Öffentlichkeitsarbeit, und kürzlich stützte sich Neuberger (2014) auf den akteurzentrierten Institutionalismus, um Interaktionsmodi in der Netzwerköffentlichkeit zu beschreiben. Regierungskommunikation wurde auf Basis des akteurzentrierten Institutionalismus unter anderem von Heinze (2012), Helms (2008) und Vogel (2010) untersucht. Mit Heinze (2012, S. 56ff.) wird hier argumentiert, dass der akteurzentrierte Institutionalismus deshalb einen besonders geeigneten Rahmen für die Analyse von Regierungskommunikation abgibt, da er sowohl institutionelle Besonderheiten als auch strategische Handlungsspielräume von Akteuren berücksichtigt.

Im Folgenden werden drei zentrale Elemente des akteurzentrierten Institutionalismus vorgestellt: Erstens wird der Institutionenbegriff erläutert, zweitens der Akteursbegriff, und drittens das Konzept der Handlungsorientierungen. Dabei ist stets zu berücksichtigen, dass die drei Elemente ineinandergreifen.

1) Der *Institutionenbegriff* im akteurzentrierten Institutionalismus beschreibt einen Handlungskontext, der Handlungen ermöglicht oder restringiert (Mayntz & Scharpf, 1995b, S. 43). Dieser Kontext umfasst formale rechtliche Regelungen ebenso wie informelle Regelungen, zum Beispiel normative Erwartungen. Institutionelle Regelungen begründen Erwartungssicherheit und machen so soziales Handeln möglich (Mayntz & Scharpf, 1995b, S. 47). Auf diese Weise konstituiert der institutionelle Rahmen Akteure. Durch Regelsetzungen wird festgelegt, welche Akteure welche Aufgaben zu übernehmen haben und welche Ressourcen zur Aufgabenerfüllung notwendig sind. Ein Beispiel wären die Regeln zur Schaffung des Amtes des Bundespräsidenten, die damit verbundene Zuweisung von Repräsentationsaufgaben und die Bereitstellung von hierfür erforderlichen Ressourcen. Durch den institutionellen Rahmen werden auch Anlässe und Arenen zur Interaktion zwischen den Akteuren geschaffen. So bestimmen die Verfahrensregeln die Interaktionen; ein Beispiel wäre das Parlament als Arena für parlamentarische Debatten.

2) *Akteure* werden in einfache und komplexe sowie in korporative, kollektive und individuelle Akteure unterschieden. Der akteurzentrierte Institutionalismus legt den Fokus auf korporative und komplexe Akteure: *Korporative* Ak-

teure sind formale Organisationen, deren Mitglieder entweder individuelle oder untergeordnete korporative Akteure (z.B. Abteilungen) sind. *Komplexe* Akteure sind dagegen Konstellationen individueller und korporativer Akteure mit einer gemeinsamen Handlungsintention. Ein Anspruch des akteurzentrierten Institutionalismus besteht darin, verschiedene Handlungsebenen und deren Verschränkungen zu erfassen. Das erfordert es, eine Mehrebenenperspektive einzunehmen, „in welcher der institutionelle Rahmen das Handeln von Organisationen prägt, während diese ihrerseits für das Handeln ihrer Mitglieder den institutionellen Rahmen bilden" (Mayntz & Scharpf, 1995b, S. 44). Korporative Akteure sind zudem in komplexe *Akteurkonstellationen* eingebunden (Mayntz & Scharpf, 1995b, S. 44).

3) Der akteurzentrierte Institutionalismus untersucht *Handlungsorientierungen* von Akteuren vor dem Hintergrund der Frage, welche Möglichkeiten Akteure haben, politische Ergebnisse zu beeinflussen. Demnach wird von interessengeleiteten Akteuren ausgegangen. Der Grundannahme folgend, dass interessengeleitetes Handeln von sozialen Faktoren abhängt (Mayntz, 2009 [1999], S. 80), erklärt der akteurzentrierte Institutionalismus Handlungsorientierungen somit durch das Zusammenspiel von Interessen (motivationale Aspekte) und Normen, die diese beeinflussen. Normen sind in diesem Zusammenhang „normative Erwartungen, die an Inhaber bestimmter Positionen gerichtet sind" (Scharpf, 2006, S. 118). Mayntz und Scharpf entwerfen ein Stufenmodell der Handlungsorientierungen, das sowohl für die motivationalen Aspekte als auch für normative Rollenerwartungen drei Grade der Stabilität unterscheidet: Externe Vorgaben, dauerhafte Handlungsorientierungen und situative Handlungsmotive (Mayntz & Scharpf, 1995b, S. 55f.). Die Persistenz der Handlungsorientierungen steigt mit dem Grad der Regulierung von Vorgaben, und nimmt im Gegenzug ab, je situativer Handlungsmotive sind. Auf diese Überlegungen wird im weiteren Verlauf des Kapitels nochmals eingegangen.

Zusammengefasst zielt der akteurzentrierte Institutionalismus auf die Erklärung interessengeleiteten Handelns korporativer Akteure ab, wobei vor allem den institutionellen Rahmenbedingungen Erklärungskraft beigemessen wird. Übertragen auf Regierungskommunikation leitet sich daraus folgende Erkenntnis ab: Bei Regierungen handelt es sich um komplexe Akteure, die sowohl Organisationen als auch ihre individuellen Repräsentanten umfassen. Die kommunikativen Handlungsorientierungen von Regierungen sind institutionell geprägt und können durch spezifische rechtliche und normative Rahmenbedingungen einerseits und durch situationsspezifische Wahrnehmungen andererseits erklärt werden.

Der analytische Rahmen des akteurzentrierten Institutionalismus wird im Folgenden auf Regierungskommunikation übertragen. Dabei wird im nächsten Unterkapitel gefragt, welche institutionellen Rahmenbedingungen die Akteure der Regierungskommunikation konstituieren und welche Rollenzuschreibungen sich aus den normativ verfestigten Erwartungen an Regierungskommunikation ableiten lassen.

9.3   Rahmenbedingungen und Rollen der Regierungskommunikation

Institutionelle Rahmenbedingungen

Zu den institutionellen Rahmenbedingungen der Regierungskommunikation liegen verschiedene kommunikationswissenschaftliche Arbeiten aus den letzten Jahren vor. Zu nennen sind für Deutschland: Heinze (2012), Holtz-Bacha (2013), Seitz (2014), Kocks und Raupp (2014), Reinhold (2009), Röttger und Zielmann (2012); für die Schweiz: Baumgartner (2010); im internationalen Vergleich: Sanders und Canel (2013), Sievert und Nelke (2014), Vogel (2010). Die institutionellen Rahmenbedingungen unterscheiden sich zwar in den Untersuchungsländern, doch übereinstimmend wird der Regierungskommunikation ein hoher Institutionalisierungs- und Regulierungsgrad bescheinigt. Im Folgenden werden für Deutschland die institutionellen Rahmenbedingungen der Regierungskommunikation daraufhin untersucht, welche personalen und korporativen Akteure dadurch konstituiert und welche Funktionen der Regierungskommunikation jeweils zugeschrieben werden. Dabei wird nur auf formale und rechtliche Rahmenbedingungen auf Bundesebene Bezug genommen, die aus Sicht des akteurzentrierten Institutionalismus besonders bedeutend für die Konstitution korporativer Akteure sind.

Laut Art. 62 GG besteht die Bundesregierung aus dem Bundeskanzler/der Bundeskanzlerin und den Bundesministerinnen und -ministern. Damit ist die Kernexekutive beschrieben, nämlich die personalen Regierungsakteure, die das Bundeskabinett bilden. Die Kabinettsmitglieder stehen in leitender Funktion dem Bundeskanzleramt bzw. den Bundesministerien vor. Aufgrund der Richtlinienkompetenz hat der Kanzler/die Kanzlerin innerhalb der Bundesregierung eine hervorgehobene Stellung. Organisatorisch spiegelt sich diese hervorgehobene Stellung in der Bedeutung des Bundeskanzleramts als „Machtzentrum" der Regierung wider (Bröchler, 2011, S. 27f.; Korte & Fröhlich, 2009, S.81ff.). Neben dem Kanzlerprinzip gilt darüber hinaus das Ressortprinzip, das besagt, dass die Ministerien innerhalb des jeweiligen Zuständigkeitsbereichs eigenverantwortlich von den Ministerinnen und Ministern geleitet werden (§25, Abs. 4 der Gemeinsamen Geschäftsordnung der Bundesministerien aus dem Jahr 2006). Eine weitere wichtige institutionelle Rahmenbedingung der Regierungskommunikation ergibt sich aus der föderalen Struktur der Bundesrepublik: Die Bundesregierung agiert in einem Mehrebenensystem und ist in ein föderales sowie ein europäisches politisches System eingebunden.

Rein formal haben weder der Bundeskanzler/die Bundeskanzlerin noch die Kabinettsmitglieder der Bundesregierung einen Auftrag zur Kommunikation mit der Öffentlichkeit. Vielmehr ist in der Geschäftsordnung der Bundesregierung (2002) festgelegt, dass die Beratungen der Bundesregierung vertraulich sind (§ 23, Abs. 3). Formale Kommunikationsaufgaben werden an Akteure delegiert, die spezialisierte Funktionsrollen wahrnehmen (Röttger, 2015, S. 24ff.). Das sind zum einen das Presse- und Informationsamt der Bundesregierung (BPA), zum anderen die Kommunikationsabteilungen der Ministerien. Das BPA untersteht dem Bundeskanzleramt und wird als „Hauptstelle der Regierung im Verkehr mit den Medien" bezeichnet (Organisationserlass des BPA vom 18.10.1977, zit. nach Morcinek, 2006, S. 62). Leiter des BPA ist der Regierungssprecher, der in dieser Eigenschaft regelmäßig an den Kabinettssitzungen teilnimmt. Zwischen der Richtlinienkompetenz des Bundeskanzlers/der Bundeskanzlerin und dem Ressortprinzip, das den Ministerien Eigenständigkeit gewährleistet, wird vielfach ein Spannungsverhältnis gesehen (u.a. Marx, 2008, S. 49-50; Röttger & Zielmann, 2012, S. 20). Dieses Spannungsverhältnis schlägt sich auch in der Diskussion um die Rolle des BPA als zentraler Kommunikationsstelle der Bundesregierung nieder. So gab es vor allem in den 1980er und 1990er Jahren Versuche, die Rolle des BPA zu stärken und die Regierungskommunikation stärker zu vereinheitlichen. Ein Modernisierungskonzept aus dem Jahr 1999 sah vor, dass das BPA die Regierungskommunikation ressortübergreifend koordiniert (Reinhold, 2009, S. 148). Ein Organisationserlass aus dem Jahr 2002 schränkte die Stellung des BPA aber wieder ein; seither gilt, dass die Ministerien entsprechend des Ressortprinzips eigenständig kommunizieren (vgl. hierzu Seitz 2014, S. 252-258).

Die rechtliche Grundlage für die regierungsamtliche Öffentlichkeitsarbeit wurde vom Bundesverfassungsgericht in seinem wegweisenden Urteil im Jahr 1977 (BVerfG, Urteil v. 02.03.1977) präzisiert. In dem Urteil wurde die Zulässigkeit und Notwendigkeit informierender Öffentlichkeitsarbeit richterlich bekräftigt, gleichzeitig wurde aber festgesetzt, dass regierungsamtliche Öffentlichkeitsarbeit strikt von Wahlwerbung zu trennen sei. Aufgabe der staatlichen Kommunikation sei zuvörderst Information, Äußerungen, die eine Bewertung politischer Parteien implizieren, sind zu unterlassen. Die abweichenden Urteilsbegründungen zeigen allerdings, dass die Abgrenzung von Wahlwerbung und Öffentlichkeitsarbeit schwierig ist (vgl. auch Busch-Janser & Köhler, 2006, S. 172ff.; Heinze, 2012, S. 74ff.; Holtz-Bacha, 2013, S. 49ff.; Kamps, 2013, S. 329; Kocks & Raupp, 2014, S. 274f., siehe auch den Beitrag von Barczak in diesem Band).

Der hier skizzierte institutionelle Kontext verdeutlicht die spezifischen *constraints*, die den Handlungsspielraum der Regierungskommunikation in Deutschland beeinflussen: Die Regierungskommunikation auf Bundesebene bewegt sich in einem dreifachen Spannungsfeld zwischen Bundes- und Landespolitik, zwischen Kanzler- und Ressortprinzip, sowie zwischen Information und Bewertung.

Rollen und Repertoires der Regierungskommunikation

Die Regierungskommunikation ist arbeitsteilig organisiert. Dies gilt nicht nur im Hinblick auf die Zuständigkeiten der verschiedenen Organisationen und Ministerien, die mit Regierungskommunikation befasst sind. Viel grundsätzlicher noch ist die Arbeitsteilung in Bezug auf Kommunikationsfunktionen und Kommunikationsrollen. Prinzipiell lassen sich zwei unterschiedlichen Kommunikationsrollen für die Regierungskommunikation unterscheiden: eine politische Sprecherrolle und eine spezialisierte Vermittlerrolle. Die *politische* Sprecherrolle wird von Politikerinnen und Politikern eingenommen, die in Wahrnehmung ihres politischen Amts sprechen und so „Stellung beziehen" (Bentele, 1998, S. 137). Die Rolle der *spezialisierten Politikvermittlung* nehmen dagegen diejenigen ein, die hauptberuflich für Kommunikation zuständig sind, also Pressesprecherinnen und Pressesprecher, Kommunikationsbeauftragte oder -beraterinnen und -berater.[2]

Mit der Zweiteilung der Sprecherrolle ist ein unterschiedliches Kommunikationsrepertoire verbunden, d.h. es werden unterschiedliche Instrumente zur Kommunikation eingesetzt. Das klassische und älteste Instrument für Politikerinnen und Politiker ist die politische Rede. Die Rhetorik, wörtlich übersetzt die „Kunst der Rede", ist in der Forschung zur Regierungskommunikation eine eigene Teildisziplin. Vor allem in den USA ist die Rhetorik selbstverständlicher Bestandteil der kommunikationswissenschaftlichen Forschung und Ausbildung. So befasst sich zum Beispiel ein eigener Forschungszweig der politischen Rhetorik ausschließlich mit den Antrittsreden der Präsidenten (Reisigl, 2008, S. 252). In der deutschsprachigen Kommunikationswissenschaft hat eine vergleichbare Spezialisierung noch nicht stattgefunden. Doch auch hier stehen die Bundeskanzler bzw. die Bundeskanzlerin im Fokus der Forschung zur Regierungskommunikation. Instruktiv hierfür sind die Beiträge in dem jüngst von Birkner (2016) herausgegebenen Sammelband. Dort wird unter anderem gezeigt, wie Politikstil und Persönlichkeitseigenschaften der jeweiligen Bundeskanzler bzw. der Bundeskanzlerin

---

[2] Die Kommunikationsrollen werden in der Literatur unterschiedlich bezeichnet. Tenscher (2003) bezeichnet Politiker als „funktionale Politikvermittlungsexperten", Pressesprecher, Öffentlichkeitsarbeiter, Redenschreiber und Berater dagegen als „professionalisierte Politikvermittlungsexperten" (vgl. Grafik auf S. 113). Bentele (1998) unterscheidet zwischen „funktionaler PR", die „durch Einzelakteure vollzogen wird", und „organisierter PR, die von Abteilungen oder Teilorganisationen ausgeübt wird" (S. 136).

das Zusammenspiel mit den Medien prägen. Auch wenn das politische System in Deutschland trotz Richtlinienkompetenz die politische Macht des Bundeskanzlers bzw. der Bundeskanzlerin beschränkt, wird vor allem im Hinblick auf die Rolle der Medien die symbolische Macht des Kanzlers bzw. der Kanzlerin als sehr hoch eingeschätzt. Sarcinelli (2011) spricht gar davon, der Kanzler bzw. die Kanzlerin verfüge „über eine Art mediale Hegemonie" (S. 321). Die natürliche Bühne für die politische Rede der Regierungspolitikerinnen und -politiker ist der Bundestag: Reden werden im Parlament gehalten, wichtige Reden werden auch im Fernsehen übertragen. In Mediengesellschaften bieten sich Politikerinnen und Politikern noch weitere Bühnen: Interviews und Auftritte im Fernsehen, etwa in Talkshows. In der Onlinewelt gibt es noch mehr Möglichkeiten für Politikerinnen und Politiker, sich mit ihren Botschaften direkt an die Bevölkerung zu wenden: So nutzt beispielsweise Bundeskanzlerin Angela Merkel einen eigenen Video-Podcast.

Die Kommunikationsrolle der spezialisierten Politikvermittlung unterscheidet sich von der politischen Sprecherrolle. Im Unterschied zu den Politikerinnen und Politikern treten die Politikvermittlungsexperten nur in Ausnahmefällen öffentlich in Erscheinung: Lediglich der Regierungssprecher, kaum aber Pressesprecher und Pressesprecherinnen der Ministerien sind der politisch interessierten Öffentlichkeit bekannt. Manche Kommunikationsberater erreichen im Wahlkampf einige Bekanntheit (Nieland, 2014, S. 344f.), bleiben aber in der Routinepolitik des Regierungsalltags ebenfalls eher im Hintergrund. Die zahlreichen Mitarbeiterinnen und Mitarbeiter des BPA und der Kommunikationsabteilungen in den Ministerien bleiben als Personen völlig im Hintergrund. Das Kommunikationsrepertoire, das sie einsetzen, gilt nicht der eigenen Sichtbarkeit, vielmehr sind sie „den Werten, Normen und der Logik ihrer Organisation verpflichtet; Beobachtung und Steuerung erfolgen entsprechend aus organisationaler Perspektive" (Röttger, Preusse, & Schmitt, 2011, S. 23).

Das Kommunikationsrepertoire der spezialisierten Politikvermittlung umfasst ein breites Spektrum von Instrumenten der Presse- und Öffentlichkeitsarbeit, die Gestaltung von Online-Auftritten und die Organisation von Veranstaltungen. Hinzu kommen die Beratung und Information nach innen: Zu den Aufgaben gehören die Beratung der Regierungsmitglieder im Hinblick auf Medienauftritte, die Beobachtung und Auswertung der Medienberichterstattung und der Kommunikation im Social Web und die Erforschung der Bevölkerungsmeinung in Form von Umfragen und Fokusgruppen. Diese Informationen nach innen, die sog. „Hörrohrfunktion", gehörte in den Anfangsjahren des BPA sogar zu dessen Hauptfunktion, noch vor der „Sprachrohrfunktion" (Pokorny 2009, S. 163f.).

Zunehmend werden in der Regierungskommunikation auch Kampagnen, eigentlich ein klassisches Instrument der Wahlkampfkommunikation, eingesetzt (vgl. auch den Beitrag von Althaus in diesem Band). Seitz (2014) unterscheidet drei Formen von Kampagnen in der Regierungskommunikation: Reformkampagnen, Sach- und Informationskampagnen sowie Aufklärungs- und Präventionskampagnen (S. 193ff.). Mithilfe von Kampagnen wird um Aufmerksamkeit und Zustimmung zu Gesetzesänderungen geworben, Meinungen und Verhalten sollen beeinflusst werden. Größere Kampagnen werden fast immer an externe Agenturen ausgelagert (Heinze & Schneider, 2012, S. 78), was die Frage nach dem externen Einfluss auf die Regierungskommunikation und indirekt auf die Regierungspolitik aufwirft. Aus demokratietheoretischer Sicht wird die Rolle externer Kommunikationsdienstleister kritisch gesehen: Politische Kommunikationsberater würden die Einflusschancen von „kapitalstarken und zentrumsnahen Akteuren" erweitern und damit indirekt zur Aufrechterhaltung existierender Machtverhältnisse beitragen (Hoffmann & Steiner, 2006, S. 95).

Auch für die digitale Kommunikation in den Social Media werden externe Dienstleister in Anspruch genommen. Berichten von Branchenmagazinen zufolge (Hein, 2017; Weber, 2017) hat das Bundespresseamt im Frühjahr 2017 eine einzige Agentur mit der Betreuung der insgesamt 16 von der Bundesregierung betriebenen Portale beauftragt. Die Agentur soll sich um den technischen Aufbau und Betrieb kümmern, darüber hinaus das BPA aber auch in kreativer und strategischer Hinsicht beraten. Gerade die strategische Beratung ist es, die kritisch betrachtet wird, denn hier könnte am ehesten auch inhaltlicher Einfluss auf die Regierungskommunikation genommen werden. Die bisher vorgelegten Untersuchungen zur Rolle der externen Kommunikationsberatung von Seitz (2014) und Röttger und Zielmann (2012) zeigen jedoch, dass sich der Einfluss der PR- und Werbeagenturen im Bereich der Regierungskommunikation meist auf die operative Ebene beschränkt und kaum strategische Wirkung entfaltet. Röttger und Zielmann (2012) gelangen auf der Grundlage ihrer Erhebung zu der Schlussfolgerung, der Einfluss externer PR-Beratung auf Entscheidungspolitik sei „sehr gering" (S. 113).

In der tabellarischen Übersicht werden die Sprecherrollen, die Akteure, die diese einnehmen, und deren jeweilige Kommunikationsrepertoires zusammengefasst (vgl. Abb. 1).

Sprecherrollen	Akteure	Kommunikationsrepertoire
Politische Sprecherrolle	Individuelle Akteure: Bundeskanzler/in Ministerinnen und Minister	Reden, Interviews, Teilnahme an Talkshows, öffentliche Auftritte, Podcasts und Videobotschaften
Spezialisierte Vermittlerrolle	Organisationale Akteure: Bundespresseamt, Kommunikationsabteilungen, Agenturen, Meinungsforschungsinstitute	Presse- und Öffentlichkeitsarbeit, Information nach innen, Planung, Durchführung und Evaluation von Kampagnen, Gestaltung von Online-Portalen

Abb. 1: Akteure und Rollen der Regierungskommunikation

Auch wenn diese tabellarische Übersicht eine klare Rollenteilung suggeriert, gibt es in der Praxis vielfältige Verflechtungen und Interdependenzen zwischen den Akteuren und ihren Rollen. Morcinek (2006) illustriert dies am Beispiel des Bundespresseamtes, indem er nachzeichnet, wie sich das BPA in Abhängigkeit von der Person des jeweils amtierenden Bundeskanzlers entwickelt und verändert. Zu einer Verwischung zwischen den Sprecherrollen kommt es auch bei den Grenzgängern zwischen Politik, Kommunikationsberatung und Journalismus: Es gab und gibt immer wieder hochrangige Politik- bzw. Kommunikationsexperten, die mal organisationsextern, mal intern Funktionen in der Regierungskommunikation, in der Politikberatung und in den Medien einnehmen. Das zeigen etwa die Lebensläufe ehemaliger Regierungssprecher und Politikexperten, die von Rosumek (2007) und von Tenscher (2003) interviewt worden sind (z.B. Klaus Bölling, Peter Boenisch, Uwe-Karsten Heye). Eine grundsätzliche Überschneidungsproblematik ergibt sich darüber hinaus in der schwierigen Abgrenzung von Regierungs- und Parteikommunikation. Auch wenn, wie oben dargelegt, die institutionellen Vorgaben hierzu eindeutig sind, lässt sich eine klare Abgrenzung von Regierungs- und Parteiamt oft nicht darstellen. So ist Angela Merkel auf Facebook als Parteivorsitzende, auf Instagram dagegen als Bundeskanzlerin vertreten, was am Accountnamen auch jeweils erkennbar ist – zu sehen sind dann aber ganz ähnliche Bilder.

9.4 Kommunikative Handlungsorientierungen

Der akteurzentrierte Institutionalismus zeigt: Handlungsorientierungen sind institutionell geprägt, sie sind an Akteure gebunden und durch individuelle Interessen geprägt. Gleichzeitig prägen organisationale Interessen und normative Rollenerwartungen die Handlungsorientierungen. Bei komplexen Akteuren kommt hinzu: Individuen handeln ihren Rollen entsprechend, doch Akteure füllen mehrere Rollen aus und es kommt deshalb zu konkurrierenden Rollenbezügen und -erwartungen (Mayntz & Scharpf, 1995b, S. 53; Scharpf, 2006, S. 112f.). Das soeben angeführte Beispiel der Überschneidung von Regierungs- und Parteiamt verdeutlichte das.

Bezogen auf die kommunikativen Handlungsorientierungen von Regierungsakteuren stellen sich vor diesem Hintergrund zwei Fragen, nämlich welche Normen welche kommunikativen Handlungsorientierungen beeinflussen, und welche möglichen Rollen- bzw. Interessenkonflikte dabei auftreten. Um diese Frage zu bearbeiten, werden in Ausarbeitung des Stufenmodells von Mayntz und Scharpf (1995b, S. 55) drei Stufen der Handlungsorientierung der Regierungskommunikation unterschieden, die sich im Grad ihrer Persistenz voneinander abgrenzen: Die höchste Persistenz weisen *externe Vorgaben* auf, die sich aus verfestigten, auch rechtlich festgeschriebenen normativen Erwartungen ergeben, eine mittlere Persistenz weisen *dauerhafte Handlungsorientierungen* auf, die als internalisierte Normen handlungsleitend werden. Die geringste Persistenz weisen *situative Handlungsmotive* auf, die im Vergleich zu den beiden anderen weniger verfestigt sind. Jede dieser Handlungsorientierungen korrespondiert mit unterschiedlichen Interessen des Akteurs.

Die externen Vorgaben der Regierungskommunikation ergeben sich aus den rechtlichen Rahmenbedingungen und den formalisierten normativen Erwartungen. Hier ist zuallererst der oben beschriebene und gesetzlich festgelegte Informationsauftrag der Regierung zu nennen. Damit verbunden sind Erwartungen an Informationsvermittlung und Transparenz, die eine Voraussetzung für die Zuschreibung von Legitimität sind. Die Zuschreibung von Legitimität als funktioneller Imperativ der Regierungskommunikation sichert das Existenzrecht: Indem Regierungsakteure Informationen bereitstellen und dadurch den grundlegenden rechtlichen und normativen Ansprüchen genügen, tragen sie dazu bei, dass ihre Existenz nicht infrage gestellt wird. Die Orientierung an den normativen Erwartungen der Information und Transparenz geschieht also im übergeordneten institutionellen Interesse, um die Regierung als Institution zu legitimieren und den Regierungsmitgliedern Handlungsspielräume zu sichern.

Dauerhafte Handlungsorientierungen sind im Unterschied zu externen Vorgaben freiwillig zu erbringen, sie werden als internalisierte Normen wirksam. Internalisiert werden dabei Erwartungen, die sich aus dem institutionellen Kontext von Organisationen ergeben. Ein zentraler institutioneller Kontext für die Regierungskommunikation ist das Mediensystem. Die journalistischen Massenmedien erfüllen in den westlichen Demokratien wichtige Funktionen für das Aufrechterhalten der demokratischen Ordnung (Pfetsch & Marcinkowski, 2009, S. 11). Zwischen den Akteuren der Regierungskommunikation und den journalistischen Nachrichtenmedien besteht ein enges Verhältnis, das in der Literatur entweder als Dominanz-Dependenz- oder als Interdependenz-Verhältnis beschrieben wird (im Überblick etwa Jarren & Donges, 2011, S. 230ff.). Sarcinelli (2011) bezeichnet die Beziehung als „Symbiose auf der Basis eines Tauschverhältnisses" (S. 311): Informationen werden gegen mediale Aufmerksamkeit getauscht, was eine dauerhafte wechselseitige Handlungsorientierung impliziert. Diese manifestiert sich in einem engen personalen Beziehungsgeflecht zwischen Journalisten, professionellen Kommunikatoren und politischen Eliten, das als „Produktionsgemeinschaft" (Jarren & Donges, 2011, S. 235, S. 247f.; Marx, 2008, S. 34) oder als „elite discourse network" (Davis, 2007, S 55) bezeichnet wird. Regierungsakteure verfolgen in diesem Beziehungsgeflecht stabile Interessenspräferenzen: die Einflussnahme auf die Agenda und Tonalität der Medienberichterstattung. Um diese Ziele zu erreichen, betreiben die Regierungsakteure strategisches News Management und setzen dazu verschiedene Techniken ein: Image Making (Bennett 2016, S. 104f.), politisches Marketing und Permanent Campaigning (Pfetsch 1999, S. 9f.), Entertainisierung und Privatisierung (Kamps, 2007, S. 148f.), Personalisierung, Dramatisierung und Negativismus (Pfetsch & Meyerhöffer, 2006, S. 15) sowie Issues Management (Huss, 2006, S. 303).

Zusammengefasst lässt sich die Ausrichtung der Akteure der Regierungskommunikation an den Medien als dauerhafte Handlungsorientierung beschreiben, die auf Normen der Konstruktion und Produktion medialer Aussagen rekurriert, also auf das, was Altheide (2004) als Medienlogik beschreibt: „the rationale, emphasis, and orientation promoted by media production, processes, and messages" (S. 294). In der Literatur wird die Anpassung der politischen Akteure an die Medienlogik als „Medialisierung der Politik" beschrieben; einen Überblick über den Stand der umfangreichen Debatte zur Medialisierungsthese bieten Marcinkowski (2015) sowie Strömbäck und Esser (2014).

Im Zuge der Digitalisierung ändern sich die Normen der Konstruktion und Produktion medialer Aussagen. Klinger und Svensson (2015) arbeiteten die Konturen einer „Network Media Logic" heraus. Sie stellen dar, wie sich die neue Logik in Bezug auf Produktion, Distribution und Rezeption von Inhalten von der massenmedialen Logik unterscheidet: Nicht länger nur Journalistinnen und Journalisten, auch sog. Laien können Inhalte für die öffentliche Kommunikation bereitstellen, weiterverbreiten und sich vernetzen. Diese neue Network Media Logic löst die traditionelle Medienlogik allerdings nicht ab. Vielmehr verschmelzen alte und neue mediale Funktionslogiken zu einer neuen medialen Umwelt, die Chadwick (2013) als „Hybrid Media System" umschreibt. Die sich verändernde mediale Umwelt stellt einen neuen normativ-institutionellen Kontext für die Regierungskommunikation dar, an den sich die Akteure anpassen, ihn aber auch gleichzeitig mitgestalten. Die Praktiken, die sich im Umgang mit digitalen Medienkanälen und -plattformen herausbilden, sind aber noch nicht in dem Maße institutionalisiert wie die jahrzehntelang eingeübten Praktiken im Umgang mit den traditionellen Massenmedien.

So ist die Regierungskommunikation in der hybriden Medienwelt weniger von dauerhaften, sondern von situativen Handlungsmotiven geprägt. In einer ersten Phase der Anpassung an die neue mediale Umwelt, die zunächst vor allem das sogenannte Web 1.0 war, wurde fortgesetzt, was sich auch im Umgang mit den traditionellen Nachrichtenmedien bewährt hatte: Regierungsakteure nutzten insbesondere Webseiten, um Informationen bereitzustellen. Auch Social Media wurden zunächst einseitig genutzt, um Informationen bereitzustellen und zu verbreiten (Kocks, Raupp, & Schink, 2015, S. 83; Heinze & Schneider, 2012, S. 76; Sievert

& Nelke, 2014, S. 133). Das ändert sich allmählich, die Regierungskommunikation orientiert sich zunehmend auch an den Potenzialen der reziproken Kommunikation, insbesondere auf Facebook (Sievert & Lessmann, 2016, S. 7). Das bedeutet jedoch nicht, dass damit automatisch auch die Form der Politik und der Regierungsstil verändert werden. Stattdessen ist es wichtig, sich den Unterschied zwischen technisch induzierter Interaktion und politischer Partizipation zu vergegenwärtigen.

In diesem Zusammenhang grenzen Bürger und Dorn-Fellermann (2014) mediale Interaktion von politischer Partizipation ab. Sie definieren mediale Interaktion als „Nutzung eines technischen Zugangs zum wechselseitigen, aufeinander bezogenen Austausch von Inhalten" (S. 48), was aber nicht automatisch zu politischer Teilhabe führt. Anhand eines Vergleichs der Seite *Bundestag.de* mit der Kampagnen- und Petitionsplattform *Avaaz.org* arbeiten sie heraus, dass die Seite Bundestag.de vor allem informieren möchte und so die Voraussetzungen für politische Partizipation bietet, im Unterschied zu Avaaz aber nicht auf direkte politische Mitbestimmung abzielt (ebd., S. 56). Was für Bundestag.de gilt, kann auch auf die Social Media-Angebote der Bundesregierung übertragen werden: Auch hier ist das vornehmliche Ziel Information und mediale Interaktion.

Diese Ziele sind situative Handlungsziele, die sich aus den technischen Möglichkeiten ableiten. Erst allmählich institutionalisieren sich spezifische Kommunikationspraktiken, was sich in der Strukturbildung der Organisationen niederschlägt, zum Beispiel durch die Umstrukturierung vorhandener oder die Schaffung neuer Kommunikationsabteilungen. Eine vergleichbar stabile Handlungsorientierung, wie im Hinblick auf die traditionellen Nachrichtenmedien, die sich auch in organisationalen Strukturen verfestigt hat, ist zurzeit noch nicht erkennbar.

Grad der Persistenz	Interessen	Normen
Externe Vorgabe	Funktioneller Imperativ: Legitimität	Normative Erwartung: Information und Transparenz
Dauerhafte Handlungsorientierung	Stabile Präferenz: Mediale Aufmerksamkeit; Agenda Building	Internalisierte Norm: Anpassung an traditionelle Medienlogik
Situative Handlungsmotive	Situative Handlungsziele: Ermöglichung von Dialog, Mobilisierung, Partizipation	Situative Handlungsgründe: Anpassung an unterstellte neue Medienlogik

Abb. 2: Handlungsorientierungen in der Regierungskommunikation

Abbildung 2 zeigt im Überblick die Handlungsorientierungen der Regierungskommunikation im Hinblick auf Interessen und Normen, in Anlehnung an das von Mayntz und Scharpf (1995b) vorgeschlagene Stufenmodell.

9.5 Institutionalisierung digitaler Regierungskommunikation?

Der akteurzentrierte Blick auf Regierungskommunikation hat gezeigt, dass es sich bei Regierungen um einen ganz speziellen Kommunikator handelt: Die Bundesregierung wurde als komplexer Akteur beschrieben, der in ein Geflecht institutioneller und normativer Erwartungen und Regelungen eingebunden ist. So haben sich nach innen und nach außen unterschiedliche Kommunikationsrollen und organisationale Strukturen herausgebildet. Es wurde gezeigt, dass es einen „festen Kern" der Regierungskommunikation gibt, der sich am Informationsauftrag orientiert. Die basale Funktion von Regierungskommunikation, Informationen bereitzustellen, hat zur Institutionalisierung spezialisierter Kommunikationsrollen geführt. Die staatliche Öffentlichkeitsarbeit bildet den Kern der Regierungskommunikation auf organisationaler Ebene, verkörpert durch das Bundespresseamt, das neben der externen Kommunikation auch die Funktion des „Hörrohrs" wahrnimmt. Im Zuge der Etablierung der sogenannten Mediendemokratie haben sich zwei Sprecherrollen der Regierungskommunikation ausdifferenziert: die politische Sprecherrolle, die von den Politikerinnen und Politikern selbst ausgefüllt wird, und die Rolle der spezialisierten Politikvermittlung, die von Akteuren im Rahmen einer organisationalen Logik wahrgenommen wird.

Als dauerhafte Handlungsorientierung der Regierungskommunikation hat sich die an den journalistischen Arbeitsweisen ausgerichtete, professionalisierte Form des News Management und der öffentlichkeitswirksamen Inszenierung des Regierungshandelns etabliert. Das Mediensystem verändert sich allerdings, wobei in dem von Chadwick (2013) beschriebenen hybriden Mediensystem der traditionelle Journalismus fortbesteht, sich darüber hinaus aber eine neue, nicht-professionalisierte vernetzte Medienlogik etabliert, wie sie Klinger und Svensson (2015) skizzieren. Diese doppelte Medienlogik spiegelt sich in den Handlungsrepertoires der Regierungskommunikation. Regierungskommunikation wird nach wie vor als einseitige Informationsarbeit betrieben, sowie als an den medialen Aufmerksamkeitsregeln ausgerichtete Inszenierung. Neue Elemente im Kommunikationsrepertoire sind vernetzte und reziproke Kommunikationsformen, die aber noch nicht vollständig institutionalisiert sind.

Um den Einsatz neuer Technologien in Regierungsorganisationen zu beschreiben, entwarfen Mergel und Bretschneider (2013) ein Modell der phasenweisen Nutzung: Auf die erste Phase des dezentralisierten Experimentierens folgt eine Phase des koordinierten Chaos und schließlich die Phase der Institutionalisierung und Konsolidierung. Dieses Modell kann einen ersten Rahmen für die weitere empirische Erforschung der Veränderung der Regierungskommunikation bieten, wobei die Persistenz der tradierten Handlungsorientierungen immer mitzudenken wäre. Formale und informelle Formen der Regierungskommunikation, personalisierte und unpersönliche, einseitige und zweiseitige Formen werden dabei nicht nur koexistieren, sondern sich in Zukunft auch immer mehr überlappen und durchdringen.

Vor dem Hintergrund der Digitalisierung der politischen Kommunikation und den damit verbundenen neuen Rollen, Relationen und Dynamiken der Kommunikation in der Netzwerköffentlichkeit, wie sie u.a. Klinger und Svensson (2015) und Neuberger (2014) beschrieben haben, entwickeln sich schrittweise und zunächst noch situativ geprägte neue Routinen der digitalen Regierungskommunikation. In den Online-Medien und insbesondere in den Social Media ist Regierungskommunikation nicht länger als top-down gerichtete Kommunikationsstrategie oder einseitige Inszenierung möglich, will sie den Erwartungen, die mit Online-Kommunikation verbunden sind, gerecht werden. Stattdessen wird von Regierungsakteuren eine dezentrale, nicht-hierarchische und vernetzte Form der Regierungskommunikation in den Social Media erwartet. Das stellt auch neue Anforderungen an die Theoriebildung zur Regierungskommunikation. Young und Pieterson (2015) argumentieren, überkommene Kommunikationsmodelle seien inadäquat, um die Komplexität von Regierungskommunikation zu erfassen. Stattdessen plädieren sie für „a more networked perspective, (re)conceptualizing the communication relationship between institutional actors and citizens as multi-directional, multiplex, and structural dependent" (S. 107). Der akteurzentrierte Institutionalismus wurde hier als analytische Perspektive auf Regierungskommunikation fruchtbar gemacht, um sich verändernde kommunikative Handlungsorientierungen in der Regierungskommunikation systematisch nachvollziehen zu können. Die hier vorgeschlagene Perspektive ist als weiterer Schritt hin zu einer Theoriebildung der vernetzten Regierungskommunikation zu verstehen.

Literaturverzeichnis

Altheide, D. L. (2004). Media logic and political communication. *Political Communication, 21*(3), 293-296. doi:10.1080/10584600490481307

Baumgartner, S. (2010). *Die Regierungskommunikation der Schweizer Kantone: Regeln, Organisation, Akteure und Instrumente im Vergleich*. Wiesbaden: VS Verlag für Sozialwissenschaften.

Bennett, L. W. (2016). *News: The politics of illusion* (10. Aufl.). Boston: Longman.

Bentele, G. (1998). Politische Öffentlichkeitsarbeit. In U. Sarcinelli (Hrsg.), *Politikvermittlung und Demokratie in der Mediengesellschaft: Beiträge zur politischen Kommunikationskultur* (S. 124-145). Wiesbaden: VS Verlag für Sozialwissenschaften.

Birkner, T. (Hrsg.). (2016). *Medienkanzler: Politische Kommunikation in der Kanzlerdemokratie.* Wiesbaden: Springer Fachmedien.

Börzel, T. A. (2008). Der „Schatten der Hierarchie" — Ein Governance-Paradox? In G. F. Schuppert & M. Zürn (Hrsg.), *Governance in einer sich wandelnden Welt* (S. 118-131). Wiesbaden: VS Verlag für Sozialwissenschaften.

Bröchler, S. (2011). Regierungszentralenforschung: Konzeptionen und Entwicklungslinien eines politik- und verwaltungswissenschaftlichen Arbeitsgebietes. In S. Bröchler & J. von Blumenthal (Hrsg.), *Regierungskanzleien im politischen Prozess* (S. 15-47). Wiesbaden: VS Verlag für Sozialwissenschaften.

Bürger, T., & Dorn-Fellermann, E. (2014). Interaktion oder Partizipation - wo beginnt politische Partizipation im Netz. In J. Einspänner-Pflock, M. Dang-Anh, & C. Thimm (Hrsg.), *Digitale Gesellschaft – Partizipationskulturen im Netz* (S. 41-61). Münster: Lit.

Busch-Janser, S., & Köhler, M. M. (2006). Staatliche Öffentlichkeitsarbeit - eine Gratwanderung. In M. M. Köhler & C. H. Schuster (Hrsg.), *Handbuch Regierungs-PR: Öffentlichkeitsarbeit von Bundesregierungen und deren Beratern* (S. 169-182). Wiesbaden: VS Verlag für Sozialwissenschaften.

Canel, M. J., & Sanders, K. (2011). Government communication. In W. Donsbach (Hrsg.), *The International Encyclopedia of Communication Online*: Wiley Blackwell. doi: 10.1111/b.97814051 31995.2008.x

Canel, M. J., & Sanders, K. (2014). Is it enough to be strategic? Comparing and defining professional government communication across disciplinary fields and between countries. In M. J. Canel & K. Voltmer (Hrsg.), *Comparing political communication across time and space: New studies in an emerging field* (S. 98-116). London: Palgrave Macmillan UK.

Canel, M. J., & Sanders, K. (2012). Government communication: An emerging field in political communication research. In H Semetko & M. Scammell (Hrsg.), *The Sage handbook of political communication* (S. 85-96). London: Sage

Chadwick, A. (2007). Digital network repertoires and organizational hybridity. *Political Communication, 24*(3), 283-301. doi:10.1080/10584600701471666

Chadwick, A. (2013). *The hybrid media system: Politics and power*. Oxford University Press.

Davis, A. (2007). *The mediation of power: A critical introduction*. London: Routledge.

Donges, P. (2006). Medien als Institutionen und ihre Auswirkungen auf Organisationen: Perspektiven des soziologischen Neo-Institutionalismus für die Kommunikationswissenschaft. *Medien und Kommunikationswissenschaft, 54*(4), 563–578.

Donges, P. (2008). *Medialisierung politischer Organisationen: Parteien in der Mediengesellschaft.* Wiesbaden: VS Verlag.

Esser, F., & Matthes, J. (2013). Mediatization effects on political news, political actors, political decisions, and political audiences. In H. Kriesi, S. Lavenex, F. Esser, J. Matthes, M. Bühlmann, & D. Bochsler (Hrsg.), *Democracy in the age of globalization and mediatization* (S. 177-201). Basingstoke: Palgrave Macmillan.

Florack, M., Grunden, T., & Korte, K.-R. (2015). Regierungsorganisation und Kernexekutive: Thesen zu einer modernen Regierungsforschung. *Zeitschrift für Politikwissenschaft, 25*(4), 617-634.

Göhler, G. (1990). Politische Ideengeschichte - institutionentheoretisch gelesen. In G. Göhler, K. Lenk, H. Münkler, & M. Walther (Hrsg.), *Politische Institutionen im gesellschaftlichen Umbruch* (S. 7-19). Opladen: Westdeutscher Verlag.

Grunden, T, & Korte, K.-R. (2013). Über die Regierung: Gegenstände der Regierungsforschung und neue Konturen des Regierens. In K.-R. Korte & T. Grunden (Hrsg.), *Handbuch Regierungsforschung* (S. 11-29). Wiesbaden: Springer VS.

Gurevitch, M., Coleman, S., & Blumler, J. G. (2009). Political communication — old and new media relationships. *The ANNALS of the American Academy of Political and Social Science, 625*(1), 164-181. doi:10.1177/0002716209339345

Hein, D. (2017, 17. März). Init gewinnt Digitaletat des Bundespresseamts. *Horizont*, online abrufbar unter: http://www.horizont.net/agenturen/nachrichten/Neue-Leadagentur-Init-gewinnt-Digital-etat-des-Presse--und-Informationsamtes-der-Bundesregierung-156667

Heinze, J. (2012). *Regierungskommunikation in Deutschland: Eine Analyse von Produktion und Rezeption*. Wiesbaden: Springer VS.

Heinze, J., & Schneider, H. (2012). Dialogorientierte Regierungskommunikation im Status quo: Analyse und Implikationen auf Grundlage einer qualitativen Sprecherbefragung auf Bundesebene. *Zeitschrift für Politikberatung*(2), 72-81.

Helms, L. (2008). Governing in the media age: The impact of the mass media on executive leadership in contemporary democracies. *Government and Opposition, 43*(1), 25–54.

Hoffmann, J., & Steiner, A. (2006). Politische Kommunikationsberater: Chance oder Gefahr für die Demokratie? In K. Imhof, R. Blum, H. Bonfadelli, & O. Jarren (Hrsg.), *Demokratie in der Mediengesellschaft* (S. 77–98). Wiesbaden: VS Verlag.

Holtz-Bacha, C. (2013). Government communication in Germany: Maintaining the fine line between information and advertising. In K. Sanders & M. J. Canel (Hrsg.), *Government communication: Cases and challenges* (S. 45-58). New York: Bloomsbury Academic.

Huss, N. (2006). Issues Management in der Regierungskommunikation. In M. M. Köhler & C. H. Schuster (Hrsg.), *Handbuch Regierungs-PR: Öffentlichkeitsarbeit von Bundesregierungen und deren Beratern* (S. 301-312). Wiesbaden: VS Verlag für Sozialwissenschaften.

Jarren, O., & Donges, P. (2011). *Politische Kommunikation in der Mediengesellschaft: Eine Einführung* (3. Aufl.). Wiesbaden: VS Verlag für Sozialwissenschaften.

Kamps, K. (2013). Kommunikationsmanagement und Regierungs-PR. In K.-R. Korte & T. Grunden (Hrsg.), *Handbuch Regierungsforschung* (S. 327-336). Wiesbaden: Springer Fachmedien.

Kamps, K. (2007). *Politisches Kommunikationsmanagement: Grundlagen und Professionalisierung moderner Politikvermittlung*. Wiesbaden: VS Verlag.

Klinger, U., & Svensson, J. (2015). The emergence of network media logic in political communication: A theoretical approach. *New Media & Society, 17*(8), 1241-1257. doi:10.1177/1461444814522952

Kocks, J. N. (2016). *Political media relations online as an elite phenomenon*. Wiesbaden: Springer VS.

Kocks, J. N., & Raupp, J. (2014). Rechtlich-normative Rahmenbedingungen der Regierungs-kommunikation – ein Thema für die Publizistik- und Kommunikationswissenschaft. *Publizistik, 59*(3), 269-284. doi:10.1007/s11616-014-0205-5

Kocks, J. N., Raupp, J., & Schink, C. (2015). Staatliche Öffentlichkeitsarbeit zwischen Distribution und Dialog: Interaktive Potentiale digitaler Medien und ihre Nutzung im Rahmen der Außen-kommunikation politischer Institutionen. In R. Fröhlich & T. Koch (Hrsg.), *Politik – PR – Persuasion: Strukturen, Funktionen und Wirkungen politischer Öffentlichkeitsarbeit* (S. 71-87). Wiesbaden: Springer VS.

Koontz, T. M. (2006). Collaboration for sustainability? A framework for analyzing government impacts in collaborative-environmental management. *Sustainability: Science, Practice, & Policy, 2*(1). Online abrufbar unter: https://search.proquest.com/docview/1428624188?accountid=11004.

Korte, K.-R. (2010). Das Bundeskanzleramt in der Organisationsanalyse: Informalität als Erfolgs-kriterium. In H.-J. Dahme & N. Wohlfahrt (Hrsg.), *Systemanalyse als politische Reformstrategie: Festschrift für Dieter Grunow* (S. 19-35). Wiesbaden: VS Verlag für Sozialwissenschaften.

Korte, K.-R., & Fröhlich, M. (2009). *Politik und Regieren in Deutschland: Strukturen, Prozesse, Entscheidungen* (3. Aufl.). Stuttgart: UTB.

Marcinkowski, F. (2015). Die „Medialisierung" der Politik. In R. Speth & A. Zimmer (Hrsg.), *Lobby Work: Interessenvertretung als Politikgestaltung* (S. 71-95). Wiesbaden: Springer Fachmedien Wiesbaden.

Marx, S. (2008). *Die Legende vom Spin Doctor: Regierungskommunikation unter Schröder und Blair*. Wiesbaden: VS Verlag.

Mayntz, R. (2009 [1999]). Rationalität in sozialwisenschaftlicher Perspektive. In R. Mayntz (Hrsg.), *Sozialwissenschaftliches Erklären: Probleme der Theoriebildung und Methodologie* (S. 67-81). Frankfurt/M.: Campus.

Mayntz, R., & Scharpf, F. W. (1995a). Steuerung und Selbstorganisation in staatsnahen Sektoren. In R. Mayntz & F. W. Scharpf (Hrsg.), *Gesellschaftliche Selbstregelung und politische Steuerung* (S. 9-38). Frankfurt/M.: Campus.

Mayntz, R., & Scharpf, F. W. (1995b). Der Ansatz des akteurzentrierten Institutionalismus. In R. Mayntz & F. W. Scharpf (Hrsg.), *Gesellschaftliche Selbstregelung und politische Steuerung* (S. 39-72). Frankfurt/M.: Campus.

McNair, B. (2004). PR must die: Spin, anti-spin and political public relations in the UK, 1997-2004. *Journalism Studies, 5*(3), 325–338.

McNair, B. (2011). *An introduction to political communiation* (5. Aufl.). Abigdon: Routledge.

Mergel, I. (2013). Social media adoption and resulting tactics in the U.S. federal government. *Government Information Quaterly, 30*(2), 123-130. http://dx.doi.org/10.1016/j.giq.2012.12.004

Mergel, I. (2016). Social media institutionalization in the U.S. federal government. *Government Information Quarterly, 33*(1), 142-148. doi:http://dx.doi.org/10.1016/j.giq.2015.09.002

Mergel, I., & Bretschneider, S. I. (2013). A three-stage adoption process for social media use in government. *Public Administration Review, 73*(3), 390-400. doi:10.1111/puar.12021

Morcinek, M. (2006). Das Bundespresseamt im Wandel. In M. M. Köhler & C. H. Schuster (Hrsg.), *Handbuch Regierungs-PR: Öffentlichkeitsarbeit von Bundesregierungen und deren Beratern* (S. 49-71). Wiesbaden: VS Verlag für Sozialwissenschaften.

Neuberger, C. (2014). Konflikt, Konkurrenz und Kooperation: Interaktionsmodi in einer Theorie der dynamischen Netzwerköffentlichkeit. *M&K Medien & Kommunikationswissenschaft, 62*(4), 567-587. doi:10.5771/1615-634x-2014-4-567

Nieland, J.-U. (2014). Beziehungsspiele in der nervösen Zone – Herausforderungen und Strategien. In H. Scholten & K. Kamps (Hrsg.), *Abstimmungskampagnen: Politikvermittlung in der Referendumsdemokratie* (S. 339-353). Wiesbaden: Springer Fachmedien Wiesbaden.

Pfetsch, B. (1999). Government news management - strategic communication in comparative perspective. *WZB Discussion Paper, No. FS III 99-101.* Online abrufbar unter: http://hdl.handle.net/ 10419/49821

Pfetsch, B. (2003). *Politische Kommunikationskultur: Politische Sprecher und Journalisten in der Bundesrepublik und den USA im Vergleich.* Wiesbaden: Westdeutscher Verlag.

Pfetsch, B., & Marcinkowski, F. (Hrsg.). (2009). *Politik in der Mediendemokratie.* Wiesbaden: VS Verlag für Sozialwissenschaften.

Pfetsch, B., & Meyerhöffer, E. (2006). *Politische Kommunikation in der modernen Demokratie - eine Bestandsaufnahme* (Öffentlichkeit & Politische Kommunikation, Band 1, 01/2006). Stuttgart: Universität Hohenheim. Online abrufbar unter: opus.uni-hohenheim.de

Pokorny, K. (2009). *Die französischen Auslandskorrespondenten in Bonn und Bundeskanzler Konrad Adenauer 1949 – 1963.* Dissertation an der Rheinischen-Friedrich-Wilhelms-Universität Bonn. Online abrufbar unter: http://hss.ulb.uni-bonn.de/2009/1810/1810.pdf.

Raupp, J., & Kocks, J. N. (2015). Zwischen Anpassung und Kontinuität: Die Beziehungen zwischen politischer Pressearbeit und Journalismus im Zeitalter von Social Media. *ZPB Zeitschrift für Politikberatung, 7*(3), 100-110. doi:10.5771/1865-4789-2015-3-100

Raupp, J., & Kocks, J. N. (2016). Theoretical approaches to grasp the changing relations between media and political actors. In G. Vowe & P. Henn (Hrsg.), *Political communication in the online world: Theoretical approaches and research designs* (S. 133-147). New York, NY: Routledge.

Reinhold, K. (2009). *Speaking with one voice? Ein Vergleich der Regierungskommunikation in Großbritannien und Deutschland.* Berliner Schriften zur Medienwissenschaft Bd. 9, Berlin: Universitätsverlag der TU Berlin.

Reisigl, M. (2008). Rhetoric of political speeches. In R. Wodak & V. Koller (Hrsg.), *Handbook of communication in the public sphere* (pp. 243-270). Berlin: Mouton de Gruyter.

Rosumek, L. (2007). *Die Kanzler und die Medien: Acht Porträts von Adenauer bis Merkel.* Frankfurt/M.: Campus.

Röttger, U. (2015). Leistungsfähigkeit politischer PR. Eine mikropolitische Analyse der Machtquellen politischer PR auf Bundesebene. In R. Fröhlich & T. Koch (Hrsg.), *Politik - PR - Persuasion: Strukturen, Funktionen und Wirkungen politischer Öffentlichkeitsarbeit* (S. 11-32). Wiesbaden: Springer Fachmedien Wiesbaden.

Röttger, U., Preusse, J., & Schmitt, J. (2011). *Grundlagen der Public Relations: Eine kommunikationswissenschaftliche Einführung.* Wiesbaden: VS Verlag für Sozialwissenschaften.

Röttger, U., & Zielmann, S. (2012). *PR-Beratung in der Politik: Rollen und Interaktionsstrukturen aus Sicht von Beratern und Klienten.* Wiesbaden: VS Verlag für Sozialwissenschaften.

Sanders, K., & Canel, M. J. (2013). *Government communication: Cases and challenges* London: Bloomsbury.

Sarcinelli, U. (2011). *Politische Kommunikation in Deutschland: Medien und Politikvermittlung im demokratischen System* (3. Aufl.). Wiesbaden: VS Verlag für Sozialwissenschaften.

Scharpf, F. W. (2006). *Interaktionsformen: Akteurzentrierter Institutionalismus in der Politikforschung.* Wiesbaden: VS Verlag.

Schimank, U. (2007). Neoinstitutionalismus. In A. Benz, S. Lütz, U. Schimank, & G. Simonis (Hrsg.), *Handbuch Governance: Theoretische Grundlagen und empirische Anwendungsfelder* (S. 161-175). Wiesbaden: VS Verlag für Sozialwissenschaften.

Schulz, W. (2011). *Politische Kommunikation: Theoretische Ansätze und Ergebnisse empirischer Forschung* (3. Aufl.). Wiesbaden: VS Verlag für Sozialwissenschaften.

Seitz, N. (2014). *Auftrag Politikvermittlung: PR- und Werbeagenturen in der Regierungskommunikation der Berliner Republik.* Wiesbaden: Springer VS.

Sievert, H., & Lessmann, C. (2016). *Towards a societal discourse with the government? A comparative content analysis on the development of social media communication by the British, French and German national governments 2011-2015.* Paper presented at the Euprera, Groningen. Online abrufbar unter: SSRN: https://ssrn.com/abstract=2845236

Sievert, H., & Nelke, A. (Hrsg.) (2014a). *Social-Media-Kommunikation nationaler Regierungen in Europa: Theoretische Grundlagen und vergleichende Länderanalysen.* Wiesbaden: Springer VS.

Sievert, H., & Nelke, A. (2014b). Inhaltsanalyse der Social Media-Kommunikation europäischer Nationalregierungen. In dies. (Hrsg.), *Social-Media-Kommunikation nationaler Regierungen in Europa: Theoretische Grundlagen und vergleichende Länderanalysen* (S. 87-114). Wiesbaden: Springer VS.

Strömbäck, J., & Esser, F. (2014). Mediatization of politics: Towards a theoretical framework. In F. Esser & J. Strömbäck (Hrsg.), *Mediatization of politics: Understanding the transformation of Western democracies.* (S. 3-30). New York, NY: Palgrave Macmillan.

Stuckey, M. E. (2010). Rethinking the rhetorical presidency and presidential rhetoric. *Review of Communication, 10*(1), 38-52. doi:10.1080/15358590903248744

Tenscher, J. (2003). *Professionalisierung der Politikvermittlung? Politikvermittlungsexperten im Spannungsfeld von Politik und Massenmedien.* Wiesbaden: Westdeutscher Verlag.

Torfing, J. (2012). Governance Networks. In D. Levi-Faur (Hrsg.), *The Oxford handbook of governance* (S. 99-112). Oxford: Oxford University Press.

Vogel, M. (2010). *Regierungskommunikation im 21. Jahrhundert: Ein Vergleich zwischen Großbritannien, Deutschland und der Schweiz.* Baden-Baden: Nomos.

Weber, M. (2017, 22. März). Init wird digitale Leadagentur der Bundesregierung. *Werben und Verkaufen.* Online abrufbar unter: https://www.wuv.de/agenturen/init_wird_digitale_leadagentur_der_bundesregierung

Wright, S. (2012). Politics as usual? Revolution, normalization and a new agenda for online deliberation. *New Media & Society, 14*(2), 244-261. doi:10.1177/1461444811410679

Young, L., & Pieterson, W. (2015). Strategic communication in a networked world: Integrating network and communication theories in the context of government to citizen communication. In D. Holtzhausen & A. Zerfaß (Hrsg.), *The Routledge handbook of strategic communication* (S. 93-112). New York, NY: Routledge.

Zolleis, U., & Kießling, D. (2011). Themenaufbau, Inszenierung und Personalisierung: Instrumente des Politischen Marketings im modernen Wahlkampf. In R. Grünewald (Hrsg.), *Politische Kommunikation* (S. 47-72). Münster: Lit Verlag.

Links

Gemeinsame Geschäftsordnung der Bundesministerien (2006). Abrufbar unter: http://www.bmi.bund.de/SharedDocs/Downloads/DE/Broschueren/2007/GGO_de.html

Geschäftsordnung der Bundesregierung (2002). Abrufbar unter: https://www.bundesregierung.de/Content/DE/StatischeSeiten/Breg/regierung-und-verfassung-geschaeftsordnung-der-bundesregierung.html

10. Output-orientierte Forschungsansätze zur Analyse (digitaler) Regierungskommunikation und staatlicher Öffentlichkeitsarbeit – Herausforderungen und Möglichkeiten

Uta Rußmann

Tweets eines (designierten) U.S. Präsidenten, in denen er seine politischen Gegner als „enemies" (Feinde) beschimpft, ins Gefängnis bringen will und fragt „Leben wir in Nazi-Deutschland?" sind im ersten Moment nicht das, was herkömmlich als Regierungskommunikation und staatliche Öffentlichkeitsarbeit gilt. Doch auf seinem privaten *Twitter*-Account @realDonaldTrump verweist Donald J. Trump ausdrücklich darauf, erst „President-elect of the United States" und dann „45th President of the United States of America" zu sein. Die Mehrheit der Massenmedien, an die sich in ihrer Vermittlerrolle Regierungskommunikation und staatliche Öffentlichkeitsarbeit primär richtet, beschreibt den *Twitter*-Account des (designierten) U.S. Präsidenten als, um es mit den Worten der New York Times zusammenzufassen, „a bully pulpit, propaganda weapon and attention magnet all rolled into one" (Grynbaum & Ember, 2016). Inhaltlich dominiert die provokative Wiedergabe zeitgenössischer Ängste über Wirtschaft, Einwanderung, Terrorismus, globale Politik und soziale Fragmentierung (Wells et al., 2016). Trotzdem können Journalisten diesen Output nicht ignorieren, vor allem, da Donald J. Trump kaum eine der klassischen Pressekonferenzen, auf denen designierte U.S. Präsidenten den Massenmedien Rede und Antwort zu den Plänen ihrer Regierung stehen, abhielt und sich dem traditionellen Journalisten-Pool, der dem Präsidenten folgt, verweigerte (Grynbaum, 2016). Allerdings wird somit die Relevanz seiner Tweets, im Sinne Informationen des öffentlichen Interesses zu sein, gestärkt. Ähnlich fragt man sich beim *Instagram*-Account bundeskanzleramt.at des österreichischen Bundeskanzleramts, inwieweit dieser noch als ausschließliches Instrument der Regierungskommunikation zu verstehen ist, denn der *Instagram*-Account bundeskanzleramt.at wird überwiegend dazu genutzt, den sozialdemokratischen Bundeskanzler Christian Kern perfekt in Szene zu setzen. Imagebildende Hochglanzfotos des Politikers – häufig ohne jeglichen Bezug zu Regierungstätigkeiten – dominieren den Account. Für dessen persönliche Inszenierung hat das Bundeskanzleramt gleich drei Fotografen engagiert.

Dies sind nur zwei Beispiele aus dem Jahr 2016 bzw. Anfang 2017, die die Veränderungen von Regierungskommunikation und staatlicher Öffentlichkeitsarbeit durch den technologisch induzierten Medienwandel illustrieren. Bereits Mitte der achtziger Jahre veränderte sich der mediale Kontext der Regierungskommunikation durch den „anhaltenden und tiefgreifenden Wandel der Individual- und Massenkommunikation", und dadurch gewann „die politische Kommunikation insgesamt an Dynamik und Komplexität" (Pfetsch, 1998, S. 233). Doch aktuell, mit den (neuen) diversen digitalen Kommunikationsinstrumenten, setzt die steuerfinanzierte Kommunikation gewählter Amtsträgerinnen und Amtsträger und staatlicher Exekutivorgane zunehmend auf professionelle Politikinszenierungen. Insbesondere nutzen einzelne Amtsträgerinnen und Amtsträger Websites, *Facebook*, *Twitter*, *Instagram* und Co: Zu beobachten ist ein Trend zur Personalisierung von Regierungskommunikation und staatlicher Öffentlichkeitsarbeit, der einhergeht mit einer Zunahme an persuasiver, also überredender Kommunikation und häufig in der Distribution von Inhalten ohne Informationsgehalt mündet. Die Vermittlung von Entscheidungspolitik rückt für eine digitalisierte, symbolische Darstellungspolitik (vgl. Sarcinelli, 1987) in den Hintergrund. Neben dem geschriebenen Wort setzt Regierungskommunikation dabei verstärkt auf visuelle Stimuli, sprich digitale Bilder und Videos, die die Generierung von Aufmerksamkeit unterstützen.

Diese grundsätzliche Diskussion zum Wandel von Regierungskommunikation und staatlicher Öffentlichkeitsarbeit durch digitale Kommunikationsmittel und hier besonders durch Social Media ist sicherlich an anderer Stelle intensiver weiterzuführen. Die folgende Auseinandersetzung fokussiert deren Auswirkungen auf output-orientierte Forschungsansätze und wie diese Regierungskommunikation und staatliche Öffentlichkeitsarbeit unter den Bedingungen des technologisch induzierten Medienwandels sinnvoll erfassen können. Die Frage danach, was inhaltsanalytisch betrachtet wird bzw. betrachtet werden kann, richtet sich dabei sowohl auf die digitalen Informations- und Kommunikationsinstrumente an sich als auch auf die darüber transportierten Inhalte. Digitale Regierungsangebote lassen sich seit Mitte der 1990er finden: Mit Informationen zur Gesetzgebung und zu Kongressmitgliedern gingen als erstes weltweit das Weiße Haus unter www.whitehouse.org und der US-Senat unter www.senate.org online, seit 1996 ist bspw. ebenfalls die deutsche Bundesregierung unter bundesregierung.de im Web vertreten (Bieber, 2006). Weniger zu finden sind derzeit (noch) empirische Studien, die den Output digitaler Regierungskommunikation und staatlicher Öffentlichkeitsarbeit betrachten.

10.1 Aufgaben, Funktionen und Ziele von Regierungskommunikation und staatlicher Öffentlichkeitsarbeit

Soll der Output von Regierungskommunikation und staatlicher Öffentlichkeitsarbeit empirisch analysiert werden, stellt sich zunächst einmal die Frage, um wessen kommunikativen Output es sich handelt: jenem von Bund, Ländern, Kommunen oder wird die supranationale Ebene der EU betrachtet? Ist hier eine Entscheidung getroffen, geht es um die Frage, was soll, kann und darf Regierungskommunikation? Die einleitenden Beispiele zeigen, dass es unter den Bedingungen des technologischen Kommunikationswandels für output-orientierte Forschungsansätze immer wichtiger wird, hierauf klare Antworten zu haben.

Regierungskommunikation und staatliche Öffentlichkeitsarbeit haben eine vermittelnde Funktion und werden mit Gebauer (1998, S. 464) verstanden als steuerfinanzierte „Öffentlichkeitsarbeit und Informationspolitik [staatlicher Exekutivorgane], im Schwerpunkt also Politikvermittlung im Sinne von Entscheidungsrechtfertigung nach innen und außen", wie auch national und international (siehe u.a. auch Kocks & Raupp, 2014, 2015; Köhler & Schuster, 2006). Ziel ist die Vermittlung von Entscheidungspolitik, sprich die Darlegung und Erläuterung der erfolgten Tätigkeiten, der dargelegten Lösungsvorschläge, der getroffenen Beschlüsse sowie der geplanten Vorhaben und Ziele, denn gewählte Amtsträgerinnen und Amtsträger und damit staatliche Organe haben aus ihrer Funktion heraus eine Informations- und Aufklärungspflicht gegenüber den Bürgerinnen und Bürgern (siehe u.a. Gebauer, 1998; Kocks & Raupp, 2014, 2015).

Wird nun der Output von Regierungskommunikation und staatlicher Öffentlichkeitsarbeit unter den Bedingungen des technologischen Medienwandels untersucht, ist die Betrachtung der externen Kommunikation, die sich an die Massenmedien sowie direkt an die Öffentlichkeit richtet (und nicht die interne Kommunikation an und zwischen Bundeskanzleramt, Ministerien, Kommunen etc.), besonders spannend. Regierungskommunikation und staatliche Öffentlichkeitsarbeit soll mittels Information und Aufklärung Willens- und Meinungsbildungsprozesse fördern. In Demokratien ist es Pflicht und Aufgabe von Regierungsakteuren, die Bürgerinnen und Bürger in politische Willensbildungs- und Entscheidungsprozesse (möglichst) einzubinden. Jeder und jedem Einzelnen muss die Möglichkeit gegeben werden, die getroffenen Entscheidungen, Lösungsvorschläge und Maßnahmen, richtig beurteilen zu können, sie zu billigen oder zu verwerfen (vgl. u.a. Bundesregierung, 2017), um deren Auswirkungen auf den Alltag abschätzen zu können. Darüber hinaus verfolgt Regierungskommunikation „die Zielsetzung der Legitimation des Regierungshandelns mittels Information und Aufklärung" (Köhler & Schuster, 2006). Kommunikation hat eine legitimitätskonstitutive Bedeutung: „Legitimation [von Entscheidungspolitik] durch Kommunikation" (Jarren &

Sarcinelli, 1998, S. 20). Erfolgreiche Kommunikation ist dabei an den Aufbau von Vertrauen und Glaubwürdigkeit geknüpft.

Regierungskommunikation und staatliche Öffentlichkeitsarbeit sind allerdings nicht nur von ihrer spezifischen Zielorientierung geprägt, sondern ebenso stark von normativen Regelungen (Gebauer, 1998). So muss Regierungskommunikation und staatliche Öffentlichkeitsarbeit *parteipolitisch unabhängig* sein und die Informationsvermittlung muss im Zentrum stehen. *Persuasive*, also überredende Kommunikation (Klinger et al., 2016) wird ausgeschlossen: Regierungskommunikation und staatliche Öffentlichkeitsarbeit sind „neutral und informativ zu halten" (Busch-Janser & Köhler, 2006, S. 174). Es geht nicht wie bei der klassischen Informations- und Pressearbeit wie jener von politischen Parteien und ihren Politikerinnen und Politikern darum, durch vorsätzliche, interessensgeleitete und gezielt gesteuerte Kommunikationsaktivitäten relevante Teilöffentlichkeiten zu überzeugen (vgl. dazu u.a. Rußmann, 2012a). Allerdings, und wie eingangs bereits beispielhaft skizziert, sind in der Praxis die „Grenzen zwischen Regierungs-PR und Parteien-PR fließend und eine Trennung ist kaum möglich" (Busch-Janser & Köhler, 2006, S. 170).

Fragen der Materialauswahl

Mit dem Aufkommen digitaler Kommunikationsinstrumente und deren Nutzung stellt sich für output-orientierte Forschungsansätze die Frage nach der Trennung von Regierungskommunikation und Parteien-PR sowie der parteipolitischen Unabhängigkeit zunächst bei der *Materialauswahl*. Inwieweit sollen private bzw. persönliche *Facebook*- und *Twitter*-Accounts, dies gilt selbstverständlich auch für alle anderen Social-Media-Plattformen oder Websites, bei der Untersuchung von Regierungskommunikation Berücksichtigung finden? Für aktuelle Beispiele kann wieder der *Twitter*-Account von Donald J. Trump herangezogen werden: Trump nutzte seinen privaten *Twitter*-Account als designierter US-Präsident nicht weniger als im Wahlkampf, verbreitete darüber aber nicht allein die Botschaften des Privatmanns Trump, sondern ebenso jene des designierten US-Präsidenten an die Massenmedien und Millionen von US-Bürgerinnen und Bürgern. Die Social-Media-Accounts des Weißen Hauses wie der *Twitter*-Account Official @POTUS gehen bei einem Amtswechsel an die neue Administration über. Trotzdem nutzt Trump – zumindest in den ersten Monaten als amtierender U.S. Präsident – seinen privaten *Twitter*-Account @realDonaldTrump weitaus intensiver. Mit knapp 21 Millionen Followern ist sein Publikum hier auch um ein Drittel, sprich sieben Millionen Follower größer als auf @POTUS (Stand 21.01.2017, Tag nach der Amtseinführung). Welchen Account sollen output-orientierte Studien nun heranziehen? Ein weiteres Beispiel ist der *Twitter*-Account des von 2012 bis 2017 amtierenden

EU-Präsidenten Martin Schulz. Sehr wohl gibt es einen offiziellen *Twitter*-Account des EU-Präsidenten @EP_President, auf dem es in den Jahren der Präsidentschaft Schulz ausdrücklich hieß „Account of the President of the European Parliament, managed by Martin Schulz's media team" und der mit einem Profilbild von Martin Schulz versehen war. Hier zeigt sich wieder, dass nicht nur allgemein in der politischen Kommunikation, sondern speziell in der Regierungskommunikation ein starker Trend zur Personalisierung zu beobachten ist. Zugleich war der Profilbeschreibung des privaten *Twitter*-Accounts @MartinSchulz von Martin Schulz zu entnehmen, er sei EU-Präsident, und dies wurde mit dem Hashtag @EP_President hervorgehoben: „Passionate about books, equality & #EU. Spitzenkandidat for @PES_PSE in 2014 EU elections. Now trying my best to advance democracy at EU level as @EP_President" (abgerufen am 13.01.2017). Somit war auf dem privaten Account ein direkter Bezug zu seiner Person als EU-Präsident gegeben und es wurden unter dem Hashtag @EP_President Aktivitäten des EU-Präsidenten getwittert. Für output-orientierte Forschungsansätze stellt sich folglich die Frage: Wie wird im Falle der Analyse der *Twitter*-Kommunikation des EU-Präsidenten vorgegangen? Sind die unter @EP_President publizierten Inhalte auf dem privaten *Twitter*-Account von Martin Schulz zu analysieren? Immerhin erreichte er über diesen (während seiner Amtszeit) 229.000 Menschen, hingegen hatte der offizielle *Twitter*-Account des EU-Präsidenten gerade einmal 68.600 Follower (Stand 13.01.2017). Und noch ein letztes Beispiel, das zeigt, wie wichtig Antworten auf diese Fragestellungen für die Materialauswahl bei inhaltsanalytischen Betrachtungen von Regierungskommunikation sind: Der österreichische Bundesminister für Europa, Integration und Äußeres: Sebastian Kurz. Von der Website des Außenministeriums wird direkt zum *Facebook*-Auftritt (wie auch zum *Twitter*-Account) des Bundesministers verlinkt. Bei der *Facebook*-Seite handelt es sich jedoch um den persönlichen Account von Sebastian Kurz, wie die *Facebook*-URL www.facebook.com/sebastiankurz.at deutlich macht und wie unter „About" zu lesen ist (ein Impressum gibt es nicht): „Willkommen auf meiner persönlichen *Facebook*-Seite! Freue mich auch über Deine Unterstützung auf www.sebastian-kurz.at." (Abgerufen am 13.01.2017). Gepostet wird über die Aktivitäten und Handlungen des Außenministers – auch in seiner aktuellen Funktion als OSZE-Vorsitzender. Bei der Betrachtung der Community-Größe von 426.000 Likes ist zudem anzunehmen, dass die Bürgerinnen und Bürger diese eigentlich private *Facebook*-Seite als den offiziellen Auftritt des österreichischen Außenministers ansehen. Bereits die direkte Verlinkung von der Ministeriums-Website lässt darauf schließen. Sebastian Kurz verlinkt von seiner *Facebook*-Seite dagegen ausschließlich zu seiner persönlichen Website www.sebastian-kurz.at.

Wie diese drei Beispiele darlegen, stehen Untersuchungen von Regierungskommunikation und staatlicher Öffentlichkeitsarbeit zunehmend vor der Herausforderung, wo die Grenzen bei der Materialauswahl gezogen werden und welche Trennungen vorgenommen werden sollen. Geht es dann um die tatsächliche Analyse der Inhalte, zeigt sich, dass zudem mögliche zu untersuchende Perspektiven, Funktionen und Stimuli klarer getrennt werden sollten.

Der Output digitaler Regierungsangebote wurde bisher noch wenig erhoben. Erste Studien konzentrieren sich zumeist auf die Erhebung der genutzten digitalen Angebote – wobei die Frage und Antworten darauf, welche digitalen Angebote Regierungskommunikation und staatliche Öffentlichkeitsarbeit einsetzen, selbstverständlich Voraussetzung für inhaltsanalytische Betrachtungen ist. Primär liegt der Fokus der Studien dabei auf der für die Öffentlichkeit als greifbarer gefundenen lokalen bzw. kommunalen Ebene (Klinger et al., 2016). Avery et al. (2010) untersuchten die Aneignung von Social Media durch Gesundheitsämter in Gemeinden in den USA. Klinger et al. (2016) stellten sich die Frage, inwieweit Schweizer Städte interaktive Onlineinstrumente einsetzen und zeigen, dass mehr als 70% der Schweizer Städte mindestens eine Plattform für ihre öffentliche Kommunikation im Einsatz haben. Zum gleichen Ergebnis kommen Graham und Avery (2013) für US-Städte. Standardkommunikationsinstrumente sind dabei *Facebook*, *Twitter* und *YouTube*. Diese drei Social-Media-Kanäle gehören ebenso in der Studie von Hartmann et al. (2013), die 31 Informational World Cities betrachteten, zu den meistgenutzten. Graham und Avery (2013) erhoben für die untersuchten US-Städte darüber hinaus, dass etwa ein Drittel täglich Postings auf *Facebook* oder Tweets auf *Twitter* veröffentlicht, wobei Informationen zu Events dominierten. Policy-Informationen waren selten zu finden. Kocks und Raupp (2015) analysierten bereits im Jahr 2011 die Inhalte der Websites von 18 Regierungsakteuren in Deutschland. Auf fast allen Websites werden Informationen wie zur Struktur und Geschichte sowie zu aktuellen Geschehnissen für die Massenmedien, aber auch für die breite Öffentlichkeit zur Verfügung gestellt. Das Dialogpotential von Social Media wurde 2011 indessen wenig genutzt und wenn, dann wurde *YouTube* von den Regierungsakteuren (14 von 18) eingesetzt, allerdings überwiegend zur Informationsdistribution. Die Frage danach, *wie* digitale Regierungsangebote genutzt werden trifft weitaus mehr den Kern output-orientierter Ansätze als die Frage danach *wie viel* – kommt derzeit jedoch noch zu kurz (vgl. u.a. Xenos et al., 2015). Inhaltsanalytische Perspektiven ergeben sich dabei aus den Funktionen und Aufgaben von Regierungskommunikation und staatlicher Öffentlichkeitsarbeit.

Information und Aufklärung

Um über aktuelle und öffentlich relevante Themen zu informieren, mussten sich Regierungskommunikation und staatliche Öffentlichkeitsarbeit in der Vergangenheit fast ausschließlich auf die Massenmedien verlassen und verschicken dazu vor allem Pressemitteilungen und setzen auf Fernseh- und Hörfunkinterviews. „Massenmedien fungieren als Intermediäre" (Jarren, 2008, S. 329) zwischen Regierungsinstitutionen und der Öffentlichkeit und beeinflussen folglich die öffentliche Kommunikation. Output-orientierte Forschungsansätze fokussieren in diesem Verhältnis von Politik und Massenmedien primär auf die Analyse von Agenda-Building-Prozessen, sprich den bewussten Prozessen der Themensetzung durch die Politik (Lang & Lang, 1981), wobei McCombs (2004) ausführt, dass es auch beim Prozess der Themensetzung zwischen einer Reihe von Agenden wie jener von politischen Entscheidungsträgerinnen und Entscheidungsträgern und den Medien um den Transfer von Salienz gehe, eben um Agenda-Setting, und es daher keine Begriffsdifferenzierung brauche. Zur Information und Aufklärung über Maßnahmen, Gesetze, Strategien und Hintergründe der Politik werden ferner eigene Informations- und Kommunikationsangebote eingesetzt wie Dokumente, Broschüren, Flyer, Inserate, komplette Kampagnen wie „Gib Aids keine Chance" (Deutschland) und „Wir sind Europa" (Österreich) und neuerdings auch Websites, Social Media & Co, die bisher allerdings nur selten inhaltsanalytisch untersucht wurden. *Themenanalysen* codieren die (zentralen) Themen, die die Regierungskommunikation und staatliche Öffentlichkeitsarbeit über diese Informations- und Kommunikationsangebote verbreiten. Die Klassifikation der Themen besteht i.d.R. aus Gegenstandsfeldern der politischen Thematisierung zur Politik staatlicher Exekutivorgane (vgl. hierzu u.a. Rußmann, 2012a). Dies sind primär sachpolitische oder prozessbezogene Themen und politische Struktur- und Kulturthemen, die jeweils wieder kategorisiert werden können. So werden bspw. sachpolitische Themen nach Politikfeldern unterschieden. Zudem, und diese Themenklassifikationen scheinen mit dem Trend zu mehr informeller und persönlicher Information und Kommunikation staatlicher Amtsträgerinnen, Amtsträger und Regierungsinstitutionen zuzunehmen, wird zwischen wahl(kampf)bezogenen Themen, unpolitischen Themen, Persönlichkeitsprofilen sowie Profilen der Regierung und öffentlichen Verwaltung unterschieden. Mit der Nutzung von Social Media sollten Themenanalysen ebenso die Analyse von Hashtags stärker bedenken. Dies ermöglicht es, die Entwicklung und Verbreitung von durch Regierungskommunikation und staatlicher Öffentlichkeitsarbeit induzierten Themen näher zu verfolgen und zugleich deren Vernetzung und Reichweite in der Öffentlichkeit. Die Informationsfunktion der *top-down information strategy* von Regierungskommunikation und staatlicher Öffentlichkeitsarbeit wird im Web um die Vernetzungsfunktion ergänzt, und erweitert somit die inhaltsanalytische Perspektive (Rußmann, 2012b).

Betrachtet werden kann bei der Analyse von Agenda-Setting-Prozessen ferner die *proaktive und reaktive Bezugnahme* (vgl. Rußmann, 2012a). Die *proaktive Bezugnahme* verweist auf selbstinitiierte Handlungen (Handlungsabsichten) oder sich in der Planung befindende Vorgänge und/oder Vorschläge (Konzepte, Modelle, Ideen etc.) des Aussenders. Die *reaktive Bezugnahme* bezieht sich auf Handlungen (Tätigkeiten, Aktionen, Vorgänge, Ankündigungen, Forderungen und/oder Vorschläge) eines anderen Exekutivorgans, einer Partei und deren Vertreterinnen und Vertretern, eines externen politischen Akteurs (z.B. der EU) oder auf Medieninhalte. Darüber hinaus kann jener Akteur erfasst werden, auf den der reaktive Bezug zurückzuführen ist.

Anknüpfend an thematische Häufigkeitsanalysen und der Themenklassifikation, können deren *Deutungs- und Interpretationsrahmen (political frames*; McCombs (2004) spricht hier von second-level agenda setting) betrachtet werden: „To frame is to select some aspects of a perceived reality and make them more salient in a communicating text, in such a way as to promote a particular problem definition, causal interpretation, moral evaluation, and/or treatment recommendation" (Entman, 1993, S. 52; siehe weiterführend u.a. Scheufele (1999), der den Fokus allerdings auf die Massenmedien legt). Frames sind ein bewusst eingesetztes Mittel der Regierungskommunikation, um gewisse Interpretationen zu forcieren. Inhaltsanalytisch stehen damit die vermittelten Darstellungselemente im Fokus sowie welches Resümee durch diese nahegelegt wird. Mit der fortschreitenden Zentrierung auf politische Inszenierungen und auf eine symbolische Politik (Sarcinelli, 1987) wird die Analyse von Deutungs- und Interpretationsrahmen zunehmend spannender. Die Informationsfunktion des Webs ermöglicht politischen Akteuren eine weitaus umfassendere Selbstdarstellung. Beispielsweise stellt sich die Frage, wie stark die Politikvermittlung personalisiert ist, ob Regierungspolitik ihrem Auftrag entsprechend überwiegend sachlich, also als Austausch von politischen Standpunkten vermittelt wird, oder ob strategische Aspekte wie Politik als sportiver Wettkampf oder Stil und Eigenschaften von Amtsträgerinnen und Amtsträgern überwiegen.

Aufklärung und Dialog

Die eindimensionale Informationsdistribution über die Massenmedien wie auch direkt an die breite Öffentlichkeit über Eigenmedien ist für die politische Beteiligung der Bürgerinnen und Bürger entscheidend, denn Meinungsfreiheit und Urteilsfähigkeit über Vorhaben, Ziele und Aktivitäten gewählter Amtsträgerinnen und Amtsträger sowie staatlicher Organe setzen Information und Sachkenntnis voraus. Durch den technologischen induzierten Medienwandel sind neue Spielräume für zweidimensionale Kommunikationsprozesse (*deliberative settings*) entstanden. Neben Pressemitteilungen, Pressefoyers, Interviews in Tageszeitungen, Hörfunk und Fernsehen, Broschüren, Flyern etc. können nun u.a. Websites und Social-Media-Kanäle wie *YouTube, Facebook, Twitter* und *Instagram* genutzt werden. Damit wird neben der vermittelnden Funktion von Regierungen ebenfalls die Dialogkomponente gestärkt: „Staatskommunikation (die Regierungskommunikation einschließt) ist die kommunikative Politikentwicklung durch ständigen Dialog auf allen Ebenen, mit dem Bürger, mit der Wirtschaft, mit gesellschaftlichen Gruppen (…). Der Bürger muss erkennen, dass er mitwirken und Einfluss ausüben kann, dass er Teil dieses Staates ist, mit Rechten und Pflichten als Staatsbürger" (Hill, 1993, S. 331). Regierungskommunikation und staatliche Öffentlichkeitsarbeit haben „Politikmitgestaltung", bei der die Bürgerinnen und Bürger in den politischen Entscheidungsprozess stärker miteinbezogen werden, zu stärken (Gebauer, 1998). Kocks und Raupp (2015, S. 221) fassen die unter den Bedingungen der Digitalisierung veränderten Aufgaben von Regierungskommunikation wie folgt zusammen: „Communication has, according to popular demand, not only to be fast, open and truthful, but also highly responsive; governmental Public Relations are from this point of view expected to foster participation."

Die Interaktionsmöglichkeiten, die die Neuen Medien und hier insbesondere user-generated media Regierungskommunikation und staatlicher Öffentlichkeitsarbeit eröffnen, sind erheblich. Relevante „Teil"-Öffentlichkeiten können gezielter angesprochen und verstärkt mobilisiert werden, deren Meinungen können direkt eingeholt werden und sie können zum direkten Mitmachen aufgefordert werden. Auf EU-Ebene wird den Bürgerinnen und Bürgern bspw. seit 2012 „durch die europäische[n] Bürgerinitiative (einer Neuerung des Vertrags von Lissabon), ermöglicht, direkt Vorschläge für neue EU-Rechtsvorschriften einzureichen" (www.europarl.europa.eu/atyourservice/de/displayFtu.html?ftuId=FTU_5.13.8.html). Präzise und zielgerichtete Kommunikation zwischen Regierungsinstitutionen und den Bürgerinnen und Bürgern ist nicht nur als pragmatisches Handeln zu sehen, sondern als moralische Verpflichtung, die sich aus den Grundsätzen der Demokratie ergeben (Viteritti, 1997). Bürgerinnen und Bürger sind in politische Willensbildungs- und Entscheidungsprozesse einzubinden. Deliberative Verfahren haben gemeinschaftsbildende Effekte, erhöhen die Rationalisierung demokratischer Entscheidungen und unterstützen die Schaffung einer demokratischen Identität (Cooke, 2000). Regierungskommunikation und staatliche Öffentlichkeitsarbeit sollten sich dabei transparente, verständigungsorientierte und wechselseitige Kommunikation zum Ziel setzen.

Für output-orientierte Ansätze erweitert sich somit das Spektrum bei der Analyse von digitaler Regierungskommunikation und staatlicher Öffentlichkeitsarbeit: Neben der informationsorientierten Perspektive ist zunehmend eine diskursorientierte Perspektive einzunehmen. Hier geht es u.a. um die *bottom-up communication strategy* von Regierungskommunikation und staatlicher Öffentlichkeitsarbeit, sprich wie die Partizipations- und Mobilisierungsfunktion des Webs genutzt werden (vgl. u.a. Rußmann, 2012b). Von Interesse sind neben vertikalen Kommunikationsprozessen zwischen staatlichen Amtsträgerinnen und Amtsträgern, Exekutivorganen und Bürgerinnen und Bürgern besonders horizontale Kommunikationsprozesse zwischen Bürgerinnen und Bürgern, denn über die Analyse von user-generated content können ferner direkte Wirkungen von Regierungskommunikation und staatlicher Öffentlichkeitsarbeit auf die Bürgerinnen und Bürgern erfasst werden.

Inwieweit digitale Regierungskommunikation und staatliche Öffentlichkeitsarbeit zur Partizipation und Mobilisierung aufrufen und sich dem Dialog stellen wurde bisher kaum untersucht. Die bereits erwähnte Studie von Kocks und Raupp (2015, S. 288) offenbart, dass die untersuchten Regierungsakteure in Deutschland den Bürgerdialog über Social Media, zumindest im Jahr 2011, nicht aktiv suchten: „Dialogical options are extremely seldom, furthermore such potentials are often deliberatively deactivated. (…) governmental bodies overwhelmingly opt for distributive channels, excluding any option to get into mutual exchange with the electorate." Neben der Erfassung der diversen Mobilisierungs-, Partizipations- und Dialogangebote von Regierungskommunikation und staatlicher Öffentlichkeitsarbeit, also der Frage nach dem *wie viel*, kann auf der diskursorientierten Analyseebene erhoben werden *wie* sich ggfs. vorhandene Partizipation und Dialoge (Diskurse) gestalten. An die obigen theoretischen Betrachtungen anknüpfend, sollten sich Regierungskommunikation und staatliche Öffentlichkeitsarbeit um Transparenz und Verständigung bemühen. Gefragt werden kann bspw. ob sich Regierungskommunikation eher im Sinne von Online-Alltagsgesprächen als informell, expressiv, emotional, egozentrisch und spontan oder im Sinne öffentlicher Deliberation als formalisiert, intentional, rational, reflexiv und überlegt gestaltet (Leggewie, 2006 in Anlehnung an Gutmann & Thompson, 1996). Im Bereich der politischen Kommunikation werden deliberative Prozesse häufig hinsichtlich ihrer Qualität näher betrachtet. Spezifisch zur Regierungskommunikation überwiegen empirische Studien, die Entscheidungsrechtfertigung nach innen analysieren, wie von Spörndli (2004) zum kommunikativen Handeln im deutschen Vermittlungsausschuss und von Steenbergen et al. (2003) zu parlamentarischen Debatten im britischen Unterhaus. Die Onlinekommunikation lokaler Verwaltungen mit und für Bürgerinnen und Bürger haben u.a. Klinger und Rußmann (2014) anhand der 2011er Züricher Stadtdebatte untersucht. Gefragt wurde, ob und inwieweit die von der Stadt Zürich für die Bürgerinnen und Bürger initiierten und moderierten dreitägigen Onlinedebatten als verständigungsorientiert begriffen werden können. Die

Verständigungsqualität der Kommentare wurde mit dem „Index für Verständigungsqualität" gemessen (siehe hierzu ausführlich u.a. Burkart et al., 2010; Burkart & Rußmann, 2016). Ein verständigungsorientierter und damit ein qualitativ hochwertiger Beitrag zum öffentlichen politischen Diskurs liegt dann vor, wenn die partizipierenden User ihre eingebrachten Positionen entsprechend begründen, wenn sie bei strittigen Themen (issues) Vorschläge zur Konfliktlösung machen, wenn sie anderen Usern (mehr oder weniger) respektvoll begegnen und je diskursiver die Diskussionsbeiträge gestaltet sind, d.h. je häufiger Zweifel an kommunikativen Geltungsansprüchen (Habermas, 1981) artikuliert werden. Zudem ist es wichtig, dass die Partizipierenden aufeinander eingehen (Reziprozität). Dabei ist auch bedeutend in welchem Ausmaß dies geschieht, d.h. für jeden dieser fünf Indikatoren der Verständigungsqualität gibt es unterschiedliche Niveaus (siehe hierzu erklärend Burkart et al., 2010; Burkart & Rußmann, 2016). Die Züricher Stadtdebatten waren von einem respektvollen Umgang geprägt und in zwei der fünf thematischen Foren konnte für die Hälfte der Kommentare ein reziprokes Verhalten festgestellt werden, d.h. die Partizipierenden tauschten ihre Meinungen aus und nahmen aufeinander Bezug. Der Argumentationsgehalt der Debatten war jedoch recht niedrig. Die inhaltsanalytische Betrachtung konnte nur wenige Begründungen, Lösungsvorschläge und Zweifel offenlegen (Klinger & Russmann, 2014).

10.2   Bedeutungsgewinn visueller Kommunikation

Abhängig von den Kommunikationsinstrumenten, derer sich die Regierungskommunikation und staatliche Öffentlichkeitsarbeit bedienen, können verbale, textliche und visuelle Inhalte Gegenstand output-orientierter Forschungsansätze sein. Bisherige inhaltsanalytische Studien wenden sich primär textlichen und teilweise verbalen Informations- und Kommunikationsinhalten zu. Zu den Veränderungen von Regierungskommunikation und staatlicher Öffentlichkeitsarbeit unter den Bedingungen des technologisch induzierten Medienwandels gehört vor allem die zunehmende Politikvermittlung über Bilder und Videos sowie die Auseinandersetzung mit daran anknüpfenden vertikalen und horizontalen Kommunikationsprozessen. Denn die Popularität von Social Media stützt sich immer mehr auf das Posten sowie Liken, Teilen und Kommentieren von Fotos und Videoclips (siehe u.a. Kupferschmitt, 2015). Bereits seit Mitte der 2000er Jahre ist eine erhöhte Nutzung von Fotos und Videos auf den *Facebook-* & *YouTube*-Accounts staatlicher Amtsträgerinnen und Amtsträger sowie Regierungsinstitutionen zu beobachten, wie dies bspw. die *YouTube*-Accounts der deutschen Bundesministerien zeigen, und neuerdings sind immer mehr Staatsoberhäupter auf *Instagram* zu finden, wie der österreichische Bundeskanzler Christian Kern oder die deutsche Bundeskanzlerin Angela Merkel (www.instagram.com/bundeskanzlerin/?hl=de). Wie bei Christian Kern geben auf dem *Instagram*-Account von Angela Merkel offizielle Fotografen der Bundesregierung Einblicke in die politische Arbeit der Bundeskanzlerin. Regierungskommunikation bekommt dadurch eine neue Dynamik und wird vor allem personalisierter.

Visuelle Onlinekommunikation ist bei der Generierung von Aufmerksamkeit i.d.R. effektiver als (reiner) Text, denn Images bleiben länger im Gedächtnis verhaftet (Fahmy et al., 2014). Sie erzeugen u.a. Assoziationen und Emotion und stellen kausale Zusammenhänge her. Images haben eine Agenda-Setting-Funktion und können dramatisierend wirken, sie können die Identifikation der Bürgerinnen und Bürger mit Politik stärken und dabei helfen, Politikerimages zu formen (Schill, 2012). Besonders effektiv ist die Vermittlung von Botschaften, wenn Text und Bilder verwendet werden (Schill, 2012), wie dies in Social Media möglich ist. Bilder und Videos auf Social Media können entlang der dargelegten informations- und diskursorientierten Perspektiven und ihrer Analysemethoden untersucht werden und somit Regierungskommunikation und staatliche Öffentlichkeitsarbeit sinnvoll erfassen und beschreiben. Die Forschung steht hier allerdings noch am Anfang. Beispielhaft kann ein erstes Inhaltsanalyseschema zur Erfassung (strategischer) *Instagram*-Kommunikation von Organisationen von Rußmann und Svensson (2016) genannt werden. Ausgangsbasis war die Untersuchung der *Instagram*-Accounts schwedischer Parteien zu den Wahlen zum Schwedischen Reichstag 2014 (Filimonov et al., 2016). Der Fokus des Analyseschemas liegt dabei auf Variablen zur inhaltlichen Erfassung von Bildern und Videos wie Bildperspektive (Selfie vs. professionell), Informations- und Mobilisierungsfunktion, Personalisierung und Privatisierung, Einsatz von Promis/Celebrities sowie auf Variablen zur Erfassung der Interaktivität (geteilte Inhalte in Captions und Kommentaren etc.).

Herausforderungen für inhaltsanalytische Betrachtungen ergeben sich ferner durch die Ko-Existenz und damit die ständigen Überschneidungen von verbaler, textlicher und visueller (Online-)Kommunikation. Hier muss auf die Weiterentwicklung von Analysemethoden gesetzt werden, die diese drei Ebenen vor allem gemeinsam erfassen, ohne dass der jeweilige Forschungsrahmen gesprengt wird.

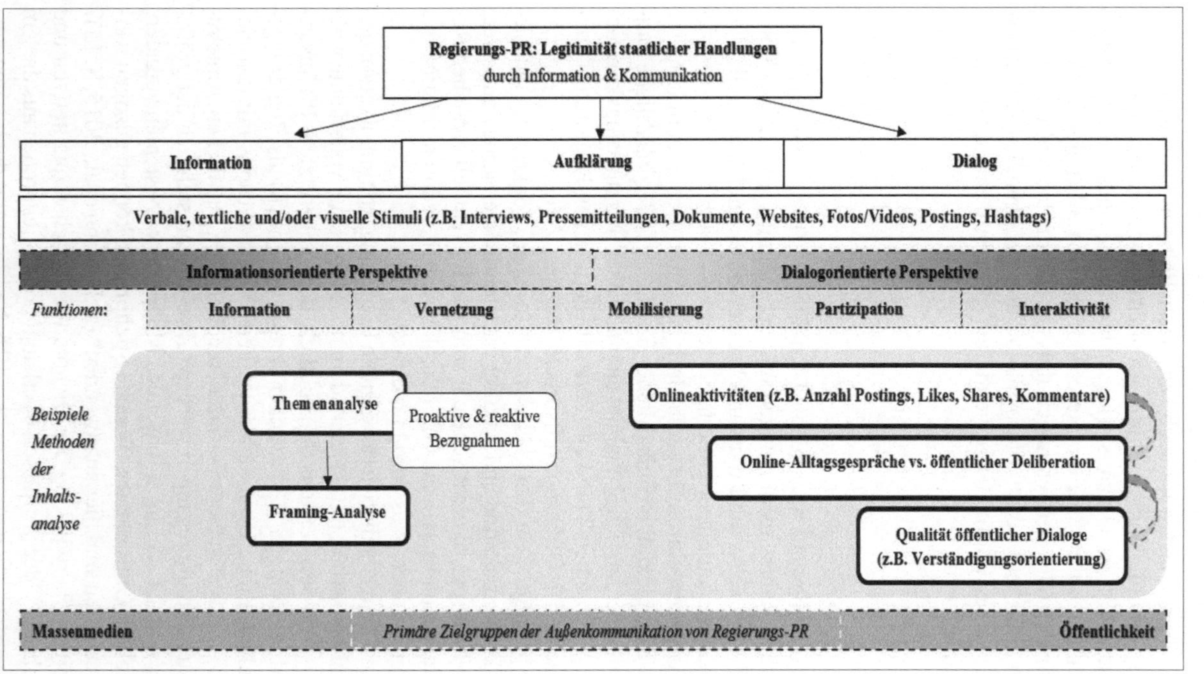

Abb. 1: Überblick der Betrachtungen

Abbildung 1 stellt einen ersten Versuch dar, die vielfältigen in diesem Beitrag andiskutierten Analysemöglichkeiten output-orientierter Forschungsansätze überblickartig zu erfassen. Mit der Digitalisierung haben Regierungskommunikation und staatliche Öffentlichkeitsarbeit ein weiteres Mal an Dynamik und Komplexität gewonnen. Inhaltsanalytische Betrachtungen müssen nun offline und online verbreitete verbale, textliche und visuelle Information und Kommunikation berücksichtigen und neben einer informationsorientierten vermehrt eine diskursorientierte Perspektive einnehmen.

10.3   Conclusio

Regierungskommunikation und staatliche Öffentlichkeitsarbeit sind unter den neuen technologischen Rahmenbedingungen und dem damit verbundenen Kommunikationswandel komplexer und dynamischer geworden und dies stellt, wie aufgezeigt werden konnte, output-orientierte Forschungsansätze vor Herausforderungen, denn das Analysespektrum hat sich stark erweitert. Neben dem Umgang mit der erweiterten Komplexität auf inhaltlicher Ebene muss der inhaltliche Output kritisch beleuchtet werden: Die Zunahme an politischer Inszenierungskommunikation, vor allem durch einen Trend zur Personalisierung von Regierungskommunikation und staatlicher Öffentlichkeitsarbeit und der Vernachlässigung von Sachinformationen geprägt, steht den klassischen Aufgaben, Funktionen und Zielen von Regierungskommunikation und staatlicher Öffentlichkeitsarbeit entgegen. Diese Entwicklung muss per se nicht schlecht sein, denn eventuell erreichen Regierungskommunikation und staatliche Öffentlichkeitsarbeit dadurch ein größeres Publikum. Zu Fragen ist aber: Was wird hier erfasst?

Die Debatte zum Thema mediatisierte, digitale Regierungskommunikation und staatlicher Öffentlichkeitsarbeit muss sich zudem mit Fragen zur Materialauswahl (Samplegestaltung) befassen: erstens hinsichtlich der eingesetzten PR-Instrumente und deren Abgrenzungen, d.h. welcher Output gilt (noch) als Regierungskommunikation und staatliche Öffentlichkeitsarbeit? Wie soll bspw. mit den vielen persönlichen bzw. privaten Social-Media-Accounts von staatlichen Amtsträgerinnen und Amtsträgern umgegangen werden? Zweitens hinsichtlich der größeren Datengrundlage und der ständig wachsenden Menge an koexistenten verbalen, textlichen und visuellen (Online)daten. Welche Stichproben können gezogen werden und „welche Verfahren sind hier anzuwenden" (Schumann et al., 2015, S. 12)? Wo kommt es zu einer Überwindung der Dichotomie zwischen qualitativen und quantitativen Verfahren? Oder „[m]üssen überhaupt noch Stichproben aus diesem Material gezogen werden" (Schumann et al., 2015, S. 12), wenn doch computergestützte Verfahren zum Einsatz kommen könn(t)en.

Antworten auf diese Fragen und Herausforderungen output-orientierter Forschungsansätze lassen sich primär über empirische Studien finden, insbesondere
komparative Untersuchungen können hier wertvoll sein. Zu bedenken ist dabei,
dass sich Regierungskommunikation und staatliche Öffentlichkeitsarbeit heute in
hybriden Medienräumen (Chadwick, 2013) bewegen, in denen die Dichotomie
von Online- und Offlinekommunikation teilweise überwunden ist. Wünschenswert wäre, wenn sich alsbald gewisse „Standards" herausbilden, um den Output
von Regierungskommunikation und staatlicher Öffentlichkeitsarbeit unter Online-
und Offlinebedingungen sinnvoll zu erfassen.

Literaturverzeichnis

Avery, E., Lariscy, R., Amador, E., Ickowitz, T., Primm, C. & Taylor, A. (2010). Diffusion of social
media among public relations practitioners in health departments across various community population sizes. *Journal of Public Relations Research, 22*(3), 336–358.

Bieber, C. (2006). Zwischen Grundversorgung und Bypass-Operation. Von der Idee zur Praxis digitaler Regierungskommunikation. In K. Kamps & J.-U. Nieland (Hrsg.), *Regieren und Kommunikation. Meinungsbildung, Entscheidungsfindung und gouvernementales Kommunikationsmanagement – Trends, Vergleiche, Perspektiven* (S. 239–260). Köln: Herbert von Halem Verlag.

Bundesregierung (2017). Abrufbar unter: https://www.bundesregierung.de/Content/DE/StatischeSei-
ten/Breg/Bundespresseamt/bundespresseamt-verfassungsrechtliche-grundlagen.html?nn=391634

Burkart, R., Rußmann, U. & Grimm, J. (2010). Wie verständigungsorientiert ist Journalismus? Ein
Qualitätsindex am Beispiel der Berichterstattung über Europa im Österreichischen Nationalrats-
wahlkampf 2008. In H. Pöttker & C. Schwarzenegger (Hrsg.), *Europäische Öffentlichkeit und
journalistische Verantwortung* (S. 256–281). Köln: Halem-Verlag.

Burkart, R. & Russmann, U. (2016). Quality of Understanding in Campaign Communication of Political Parties and Mass Media in Austria Between 1970 and 2008. *International Journal of Communication, 10*, 4141–4165.

Busch-Janser, S. & Köhler, M. M. (2006). Staatliche Öffentlichkeitsarbeit – eine Gratwanderung.
Rechtliche und normative Schranken. In M. M. Köhler & C. H. Schuster (Hrsg.), *Handbuch Re-
gierungs-PR. Öffentlichkeitsarbeit von Bundesregierungen und deren Beratern* (S. 169–182).
Wiesbaden: VS Verlag.

Cooke, M. (2000). Five Arguments for Deliberative Democracy. *Political Studies, 48*(5), 947–969.

Entman, R. M. (1993). Framing: Towards clarification of a fractured paradigm. *Journal of Communication, 43*(4), 51–58.

Fahmy, S., Bock, M. A. & Wayne, W. (2014). *Visual Communication Theory and Research. A Mass
Communication Perspective.* New York, NY: Palgrave Macmillan.

Filimonov, K., Russmann, U. & Svensson, J. (2016). Picturing The Party – Instagram and Party Campaigning in the 2014 Swedish Elections. *Social Media + Society, July-September*, 1–11. doi:
10.1177/2056305116662179

Gebauer, K.-E. (1998). Regierungskommunikation. In O. Jarren, U. Sarcinelli & U. Saxer (Hrsg.),
Politische Kommunikation in der demokratischen Gesellschaft. Ein Handbuch mit Lexikonteil (S.
464–472). Opladen/Wiesbaden: Westdeutscher Verlag.

Graham, M. & Avery E. J. (2013). Government Public Relations and Social Media: An Analysis of the
Perceptions and Trends of Social Media Use at the Local Government Level. *Public Relations
Journal, 7*(4), 1–21.

Grynbaum, M. M. (2016, November 16). Ritual of Ever-Present Coverage May Not Pass Muster With Trump. *The New York Times*, https://www.nytimes.com/2016/11/17/business/media/under-a-trump-administration-presidential-press-pool-may-be-a-ritual-under-threat.html.

Grynbaum, M. M. & Ember, S. (2016, November 29). If Trump Tweets It, is IT News? A Quandary for the News Media. *The New York Times*, https://www.nytimes.com/2016/11/29/business/media/if-trump-tweets-it-is-it-news-a-quandary-for-the-news-media.html?_r=0.

Habermas, J. (1981). *Theorie des kommunikativen Handelns*. 2 Bände. Frankfurt am Main: Suhrkamp.

Hartmann, S., Mainka, A. & Peters, I. (2013). Government Activities in Social Media. An Empirical Investigation of eGovernments in Informational World Cities. In P. Parycek & N. Edelmann (Hrsg.), *Proceedings of the International Conference for E-Deomcracy and Open Government* (S. 173–182). Krems: Edition Donau-Universität Krems.

Hill, H. (1993). Staatskommunikation. *Juristenzeitung, 48*(7), 330–336.

Jarren, O. (2008). Massenmedien als Intermediäre. Zur anhaltenden Relevanz der Massenmedien für die öffentliche Kommunikation. *Medien & Kommunikationswissenschaft, 56*(3-4), 329–346.

Jarren, O. & Sarcinelli, U. (1998). „Politische Kommunikation" als Forschungs- und als politisches Handlungsfeld: Einleitende Anmerkungen zum Versuch der systematischen Erschließung. In O. Jarren, U. Sarcinelli & U. Saxer (Hrsg.), *Politische Kommunikation in der demokratischen Gesellschaft. Ein Handbuch mit Lexikonteil* (S. 13–20). Opladen/Wiesbaden: Westdeutscher Verlag.

Klinger, U., & Russmann, U. (2014). Measuring Online Deliberation in Local Politics: An Empirical Analysis of the Zurich Online Debate of 2011. *International Journal of E-Politics, 5*(1), 61–77.

Klinger, U., Rösli, S. & Jarren, O. (2016). Interactive cities? Local political online communication in Switzerland. *Studies in Communication Sciences, 16*(2), 141–147.

Kocks, J. N. & Raupp, J. (2014). Rechtlich-normative Rahmenbedingungen der Regierungskommunikation – ein Thema für die Publizistik- und Kommunikationswissenschaft. *Publizistik, 59*(3), 269–284.

Kocks, J. N. & Raupp, J. (2015). Social Media and Juridical Constraints: Possibilities and Limitations of Digitized Governmental PR in Germany. In E. Ordeix, V. Carayol, & R. Tench (Eds.), *Public Relations, Values and Cultural Identity* (S. 215–232). Bruxelles: Peter Lang.

Köhler, M. M. & Schuster, C. H. (2006). Regierungs-PR im Feld der politischen Kommunikation. In M. M. Köhler & C. H. Schuster (Hrsg.), *Handbuch Regierungs-PR. Öffentlichkeitsarbeit von Bundesregierungen und deren Beratern* (S. 13–32). Wiesbaden: VS Verlag.

Kupferschmitt, T. (2015). Bewegtbildnutzung nimmt weiter zu – Habitualisierung bei 14- bis 29-Jährigen. *Media Perspektiven, 9*, 383–391.

Lang, G. & Lang, K. (1981). Watergate: An exploration of the agenda-building process. In C. G. Wilhoit & H. de Bock (Eds.), *Mass Commmunication Review Yearbook, Vol. 2* (S. 447–468). Beverly Hills/London.

Leggewie, C. (2006). Deliberative Politik. Modebegriff oder neuer Regierungsstil? In K. Kamps & J.-U. Nieland (Hrsg.), *Regieren und Kommunikation. Meinungsbildung, Entscheidungsfindung und gouvernementales Kommunikationsmanagement – Trends, Vergleiche, Perspektiven* (S. 21–53). Köln: Herbert von Halem Verlag.

McCombs, M. (2004). *Setting the Agenda. The Mass Media and Public Opinion*. Cambridge, UK: Polity Press.

Pfetsch, B. (1998). Regieren unter den Bedingungen medialer Allgegenwart. In U. Sarcinelli (Hrsg.), *Politikvermittlung und Demokratie in der Mediengesellschaft* (S. 233–252). Opladen/Wiesbaden: Westdeutscher Verlag.

Rußmann, U. (2012a). Themenmanagement der Parteien im Wahlkampf: Eine Analyse der Presseaussendungen. In F. Plasser (Hrsg.), *Erfolgreich wahlkämpfen. Massenmedien und Wahlkampagnen in Österreich* (S. 141–2162). Wien: facultas.wuv.

Rußmann, U. (2012b). Kampagnen im Web: Neue Formen der Wahlkampfkommunikation. In F. Plasser (Hrsg.), *Erfolgreich wahlkämpfen. Massenmedien und Wahlkampagnen in Österreich* (S. 189–207). Wien: facultas.wuv.

Russmann, U. & Svensson, J. (2016). Studying Organizations on Instagram. *Information, 7*(4), 58. Doi: 10.3390/info7040058

Sarcinelli, U. (1987). *Symbolische Politik. Zur Bedeutung symbolischen Handelns in der Wahlkampfkommunikation der Bundesrepublik Deutschland.* Opladen: Westdeutscher Verlag.

Scheufele, D. A. (1999). Framing as a theory of media effects. *Journal of Communication, 49*(1), 103–122.

Schill, D. (2012). The Visual Image and the Political Image: A Review of Visual Communication Research in the Field of Political Communication. *Review of Communication, 12*(2), 118–142.

Schumann, C., Ausserhofer, J., Maireder, A. & Taddicken, M. (2015). Digitale Methoden in der Kommunikationswissenschaft Ansätze zur Analyse öffentlicher Kommunikation im Internet. In A. Maireder, J. Ausserhofer, C. Schumann & M. Taddicken (Hrsg.), *Digitale Methoden in der Kommunikationswissenschaft* (S. 9–19). Berlin. URN: http://dx.doi.org/10.17174/dcr.v2.0

Spörndli, M. (2004). *Diskurs und Entscheidung.* Wiesbaden: VS-Verlag.

Steenbergen, M. R., Bächtiger, A., Spörndli, M. & Steiner, J. (2003). Measuring political deliberation: A discourse quality index. *Comparative European Politics, 1*(1), 21–48.

Viteritti, J. P. (1997). The environmental context of communication: Public sector organizations. In J. L. Garnett & A. Kouzmin (Eds.), *Handbook of administrative communication* (S. 79–100). New York: Marcel Dekker.

Wells, C., Shah, D. V., Pevehouse, J. C., Yang, J., Pelled, A., Boehm, F., Lukito, J., Ghosh, S. & Schmidt, J. L. (2016). How Trump Drove Coverage to the Nomination: Hybrid Media Campaigning. *Political Communication, 33*(4), 669–676.

Xenos, M., Macafee, T. & Pole, A. (2015). Understanding variations in user response to social media campaigns: A study of Facebook in the 2010 US elections. *New Media & Society*, 1–17.

11. „Wir schaffen das!" aus Ländersicht: Fallstudie zu migrationspolitischer *Facebook*-Kommunikation im Krisenherbst 2015

Henning Brücker, Lisa Unbehaun[1]

11.1   Einleitung

Flucht und Migration waren 2015 *die* politischen und regierungskommunikativen Großthemen in Deutschland. Durch die Verschärfung der humanitären Lage im Krisenbogen von Syrien bis Afghanistan verlagerte sich die wichtigste Fluchtroute in die EU vom Seeweg über Nordafrika hin zur Türkei und zum Westbalkan (Lehmann, 2015). Mit 476.649 Asylanträgen verzeichnete die Bundesrepublik einen historischen Höchstwert (BAMF, 2016). Am 31. August kommentierte Bundeskanzlerin Merkel die Entwicklung mit einem Satz, der die Migrations- und Integrationsdebatte seither geprägt hat: „Wir haben so vieles geschafft – wir schaffen das!" Besonders für die Landesregierungen begann eine kommunikative Sonderphase, da sie für die kurzfristig wichtigsten Aufgaben wie Unterbringung, Verpflegung und soziale Betreuung der Asylsuchenden in den Kommunen verantwortlich sind. Für die Bürger waren die Entscheidungen der Landesbehörden und deren lokale Auswirkungen oft unmittelbar sicht- und spürbar, *migrationspolitische Legitimation durch Kommunikation* bestimmte daher zeitweise die Regierungsarbeit.

Anfang September erlaubte Merkel in Budapest festsitzenden Geflüchteten aus humanitären Gründen die Einreise. Diese Entscheidung, diskutiert als die „womöglich wichtigste ihrer Amtszeit" und als „Pragmatismus mit historischen Folgen" (Hildebrandt & Ulrich, 2015), vervielfachte die Belastung für die Länder in den Folgewochen. So hatten Nordrhein-Westfalen, Bayern und Baden-Württemberg die meisten Asylbewerber aufzunehmen (GWK, 2014), da diese gemäß Königsteiner Schlüssel nach Bevölkerungszahlen und Steuereinnahmen verteilt werden. Im Wechselspiel von Politik und Medien erfuhren öffentlicher Diskurs und gesellschaftliches Meinungsklima in der Folgezeit eine negative Wende, rechtspopulistische Protestbewegungen erstarkten (Hafez, 2016). Auch in den Sozialen Medien diskutierten die Bürger kontrovers, sodass sich die Frage stellt: Wie haben

---

[1] Die Autoren haben in gleichem Maße zu dieser Publikation beigetragen. Besonderer Dank gilt Marie Blöcher für ihre Unterstützung bei der Codierung des Materials.

die Landesregierungen diese Räume der ungefilterten Direktkommunikation genutzt, um im Krisenherbst 2015 Migrationsthemen gegenüber ihren jeweiligen Bevölkerungen zu kommunizieren? Inwiefern haben sich die formalen und inhaltlichen Herangehensweisen hinsichtlich verschiedener Ausgangslagen wie Regierungsparteien oder nationaler Außengrenzen unterschieden? Als die reichweitenstärksten Social-Media-Kanäle eignen sich für diese Analyse – sofern vorhanden – die *Facebook*-Seiten der jeweiligen Staatskanzleien.

Obwohl Regierungen seit Jahren zunehmend interaktiv-dialogisch in den Sozialen Medien kommunizieren (Kocks, Raupp & Schink, 2015), liegen nur vergleichsweise wenig empirische Arbeiten vor. Insbesondere die Aktivitäten von Landesregierungen sind wenig betrachtet und nicht themenbezogen verglichen worden (Donges, 2016). Theoretisch wurde das Social Web vornehmlich als Distributionskanal aufgefasst, führte aber kaum zu konzeptionellen Anpassungen. Wie in der gesamten PR-Forschung wurde die Meso-Makro-Perspektive, die Funktionen und Leistungen von Public Relations für Organisationen im gesellschaftlichen Kontext untersucht (Röttger, Preusse & Schmitt, 2014), auch für Regierungen weniger genutzt als individual- oder gesellschaftsbezogene Ansätze. Diese Studie nutzt einen solchen, organisationssoziologischen Meso-Rahmen, um den *Facebook*-Output aus der Sicht der Landesregierungen zu analysieren. Sie versteht sich als Fallstudie für einen dreimonatigen Untersuchungszeitraum, für den nach bestimmten Kriterien sechs heterogene Bundesländer ausgewählt wurden. Eine integrierte Inhaltsanalyse von *Facebook*-Posts verknüpft quantitative und qualitative Erkenntnisse zu einer Exploration von Migrationspolitik als Themenfeld der Landesregierungs-PR im Social Web.

11.2   Theoretischer Hintergrund und Forschungsstand

Im politischen System sind die Landesregierungen autonome Organisationen der vertikalen Gewaltenteilung. Wie zuvor für Migrationspolitik angedeutet, haben sie verfassungsrechtlich bestimmte Aufgaben und Pflichten und fungieren im Bundesland als zentrale Akteure der Politikdurchsetzung (Jarren & Donges, 2011). Diese Durchsetzungsprozesse sind in der zustimmungsabhängigen Demokratie kontinuierlich durch öffentliche Kommunikation zu begründen und so zu legitimieren (Sarcinelli, 2011), insbesondere in der heutigen Mediendemokratie (Donges, 2016). Obwohl die Politikwissenschaft Regierungen überwiegend institutionstheoretisch behandelt, werden sie hier explizit als *Organisationen* aufgefasst.

Dies erlaubt zum einen eine analytische Einbeziehung der administrativen und operativen Substruktur der Führung um Kabinett und Ministerpräsident (Vogel, 2010), etwa von Social-Media-Abteilungen in Staatskanzleien. Zum anderen zeichnen sich Landesregierungen wie alle Organisationen aus soziologischer Sicht durch bestimmte Eigenschaften aus, unter anderem durch spezifische Interessen und Ziele, relative Dauerhaftigkeit, Eigenkomplexität, Umwelt-Abgrenzung und interne Interaktionsstrukturen (Röttger, 2010). Daher bietet sich ein organisationsbezogener PR-Ansatz an, um die *Facebook*-Kommunikation verschiedener Länder mit je spezifischen Vorbedingungen und Partikularmotiven zu untersuchen. Folglich interessieren Landesregierungen als kommunizierende Organisationen, wobei diese Meso-Ebene im Mikro-Meso-Makro-Link der politischen Kommunikation „keine eigenständige, sondern eine vermittelnde Betrachtungsebene darstellt." (Donges, 2011, S. 228) Theis-Berglmairs (2015) integrativer Ansatz für ein organisationssoziologisch begründetes PR-Verständnis betont, dass Organisationen ihre Umwelt-Abgrenzung in funktional differenzierten Gesellschaften fortlaufend reproduzieren müssen. Das permanente Management von Austauschbeziehungen mit ebendieser erfolgt über Kommunikation – und zwar in sachlicher (z. B. Selbstbeschreibung und Image), zeitlicher (z. B. Krisenphasen) und sozialer (z. B. externe Zielgruppen) Hinsicht.

Durch den technologischen Wandel haben sich auch die Kommunikationsbeziehungen zwischen Landesregierungen und ihren Organisationsumwelten verändert. So hat der konvergente Kommunikationsraum Internet auf Seiten von Produktion und individueller Rezeption (Emmer, Vowe & Wolling, 2011) für thematische Heterogenisierung, soziale Pluralisierung und Nutzeröffnung sowie zeitliche Dynamisierung gesorgt (Dohle, Jandura & Vowe, 2014). Regierungsakteure nutzen die Untertunnelung publizistischer Medien und ihrer Selektionslogiken, um schnell und zunehmend dialogorientiert mit Bürgern zu kommunizieren (Heinze, 2012). Die normative Hoffnung, dass diese unmittelbare Kontaktaufnahme mit relevanten Öffentlichkeiten eine politische Mobilisierung bewirkt (Emmer & Bräuer, 2010), wurde insbesondere mit der Verbreitung Sozialer Medien verknüpft. Doch Emmer (2015) konstatiert diesbezüglich ein ambivalentes Zwischenfazit und nur eine langsame Partizipationsentwicklung. Vielmehr attestieren empirische Analysen Regierungen auf *Facebook* nach wie vor eine stark distributive Kommunikationsweise und distanzierte Dialoghaltung, womöglich um unsachliche Nutzerinteraktion (*Trolling*) zu vermeiden (Borucki, 2016a). Diese interaktive Zurückhaltung bestätigen in einer Interviewstudie Praktiker der Landesregierungs-PR, die Soziale Medien primär als ergänzenden, schnellen Distributionskanal für Informationen betrachten und auf das positive Nutzerfeedback bei unpolitischen, bunteren Themen hinweisen (Kertzsch, 2015). Insofern scheinen auch Regierungsakteure versucht, sich an die schnelleren und generell weniger sachlichen Argumentationsweisen im Social Web anzupassen, was allerdings durch rechtlich-normative Grenzen beschränkt ist (Kocks & Raupp, 2014; Holtz-Bacha, 2013).

In Anlehnung an Strömbäcks und Kiousis' allgemeine Definition für politische PR (2011) wollen Landesregierungen im Social Web positive Austauschbeziehungen mit ihren heterogenen Organisationsumwelten aufbauen, etablieren und langfristig pflegen. Im politischen Entscheidungsprozess verbreiten sie Selbstbeschreibungen und Standpunkte, um auf Basis von informationeller Transparenz dauerhaft Legitimation von Entscheidungen, Vertrauen in das Regierungshandeln und letztlich größtmögliche Bürgerzustimmung zu erreichen (Sarcinelli, 2011). Die Forschungsfrage dieser Fallstudie lautet deshalb: *Wie haben die Landesregierungen von Bayern, Hessen, NRW, Sachsen, Schleswig-Holstein und Thüringen zwischen September und November 2015 auf ihren Facebook-Seiten migrationspolitische Entscheidungen und Fragen kommuniziert?* Sie zielt insofern ausschließlich auf den inhaltlichen *Policy*-Aspekt der Gestaltung gesellschaftlicher Verhältnisse ab (Vowe & Opitz, 2015).

11.3 Bundesländer-Auswahl und forschungsleitende Annahmen

Gemäß Königsteiner Schlüssel sind alle Bundesländer direkt vom Zuzug der Geflüchteten betroffen. Dennoch trifft die politische und gesellschaftliche Herausforderung auf unterschiedliche Ausgangslagen vor Ort. So stehen Länder wie Nordrhein-Westfalen (17 Mio. Einwohner) und Bayern (12,7 Mio.) mit einer überdurchschnittlichen Population und einhergehend mit hohen Aufnahmequoten Ländern wie Thüringen (2,2 Mio.) oder Schleswig-Holstein (2,8 Mio.) gegenüber. Aber auch in Bezug auf weitere relevante Kriterien muss von einer vollständig heterogenen und individuellen Komposition der Bundesländer ausgegangen werden: Sie divergieren hinsichtlich ihrer unmittelbaren Betroffenheit durch eine etwaige Grenzlage, ihrer (partei-)politischen Kultur sowie ihrer bisherigen Erfahrung mit Immigration. Es ist anzunehmen, dass all diese Kriterien einen direkten Einfluss auf die situativen Gegenebenheiten vor Ort – beispielsweise konkrete Integrationsmaßnahmen oder Unterbringungsmöglichkeiten – und damit auch auf den (kommunikativen) Umgang mit diesen nehmen.

Konkret liegt die Vermutung nahe, dass vor allem die parteiliche Zusammensetzung einer Landesregierung Einfluss auf deren Kommunikation nimmt. Von Bedeutung sind dabei vor allem die Parteien CDU/CSU und SPD, die im Untersuchungszeitraum in jeder Landesregierung vertreten waren und nahezu jeden Ministerpräsidenten stellten. In Nordrhein-Westfalen, seinerseits als ehemalige Arbeiterregion geprägt, regierte beispielsweise die SPD in einer Koalition mit Bündnis 90/Die Grünen. Eine vergleichbare Regierung fand sich im Land Schleswig-Holstein, in dem beide Parteien um den Südschleswigschen Wählerverband ergänzt wurden. Die in beiden Fällen die Ministerpräsidenten stellende SPD versteht sich dabei traditionell als Arbeiterpartei mit dem Ziel des Wohlfahrtstaats, der sich durch hohe Sozialleistungen sowie niedrige Arbeitslosigkeit kennzeichnet (Jun, 2015). Durch eine CDU-Mehrheit mit selbigem Ministerpräsidenten wurden Hessen (in Koalition mit Bündnis 90/Die Grünen) und Sachsen (in Koalition mit der SPD) regiert. Die CDU sowie die bayerische Schwesterpartei CSU hingegen treten für „politischen Konservatismus, [die] katholische Soziallehre und eine[n] sozial verstandenen wirtschaftlichen Liberalismus" ein, „worunter sie programmatisch den Rückbezug auf christliche Werte, auf Tradition, auf Nation, Sicherheit und Marktwirtschaft verstehen" (Jun, 2015, S. 38). Besonders erscheinen vor diesem Hintergrund die Bundesländer Bayern, welches koalitionsfrei von der CSU regiert wurde, und Thüringen, das als Alleinstellungsmerkmal einen Ministerpräsidenten der Linkspartei (in Koalition mit der SPD und den Grünen) vorweisen konnte. Dabei sollte Berücksichtigung finden, dass koalitionsfreie Landesregierungen weniger Meinungspluralismus ausgesetzt sind und keinen parteiübergreifenden Konsens benötigen. Eindeutigere Positionen sind folglich besonders im Falle Bayerns zu erwarten (Borucki, 2016b). Im Hinblick auf die Kommunikation der Landesregierungen lässt sich daraus folgende forschungsleitende Annahme ableiten:

(1)   Von konservativeren Parteien getragene bzw. mitgetragene Landesregierungen kommunizieren restriktiver in Bezug auf das Thema Migration in Deutschland.

Ein weiteres Einflusskriterium scheint der unmittelbare Handlungsdruck einer Landesregierung zu sein. Trotz der späteren Umverteilung sind dies vor allem die Bundesländer mit Auslandsgrenzen, da die Asylsuchenden dort erstmalig die Bundesrepublik betreten und deshalb eine Erstversorgung (z. B. medizinischer Art) an Ort und Stelle notwendig wird. Hervorzuheben ist vor allem Bayern, welches durch seine Grenze zu Österreich das Eintrittsgebiet für Geflüchtete am Ende der Balkanroute darstellt. Die meisten von ihnen erreichen Deutschland über diesen Weg, was die Relevanz schnellen Handelns auf bayerischer Seite erhöht hat. Sachsen liegt an der Grenze zur Tschechischen Republik sowie zu Polen, welche ebenfalls zur Einreise nach Deutschland genutzt werden, allerdings nicht in vergleichbarem Ausmaß. Ähnliches gilt für Nordrhein-Westfalen und seine Grenzen Richtung Westen (Belgien, Frankreich, Niederlande), die partiell zur Einreise nach Deutschland, aber auch zur Durchreise nach Großbritannien dienen. Schleswig-Holstein als nördlichstes Bundesland hingegen fungiert als Verbindung zu den ebenfalls häufig anvisierten skandinavischen Ländern; auch dort ist mit einem erhöhten Aufkommen an Geflüchteten zu rechnen. Im Kontrast dazu stehen Länder wie Thüringen und Hessen, die vom Druck der Erstversorgung nahezu nicht betroffen sind, da sie keine nationalen Außengrenzen haben. Daraus leitet sich folgende Annahme ab:

(2)   Landesregierungen, die eine stärkere direkte Konfrontation und höheren kurzfristigen Handlungsdruck bezüglich Migration erfahren haben, kommunizieren entsprechende Entscheidungen und Fragen restriktiver.

Ebenfalls ist davon auszugehen, dass den unmittelbar betroffenen Landesregierungen Fragen rund um die Flüchtlingspolitik dringlicher erscheinen und schnellerer Lösungen bedürfen, was Auswirkungen auf deren Kommunikationsoffensive haben könnte:

(3)   Landesregierungen von stärker direkt betroffenen Bundesländern thematisieren Migrationspolitik häufiger und umfangreicher.

Schließlich ist die bis dato vorhandene Erfahrung mit Immigration eines Bundeslandes nicht zu vernachlässigen. Im Hinblick auf die Zahlen der ankommenden Menschen mit unterschiedlichen kulturellen Hintergründen erscheint es unablässig, die Diversität der sechs untersuchten Länder zu berücksichtigen. So hatte Hessen 2015 mit 13,5 Prozent den höchsten Anteil an ausländischer Bevölkerung (Bundesdurchschnitt: 10 Prozent), was als vereinfachender Indikator für Migrationserfahrung im Bundesland gelten soll. Auch Bayern (10,8 Prozent) und Nordrhein-Westfalen (10,9 Prozent) lagen über dem Durchschnitt. Die Anteile in Thüringen (2,8 Prozent), Sachsen (3,2 Prozent) und Schleswig-Holstein (5,7) lassen hingegen auf weniger Migrationserfahrung schließen, wobei dies bei Erstgenannten in ihrer Rolle als neue Bundesländer mitunter historisch bedingt ist. Schleswig-Holstein hatte den geringsten Ausländeranteil aller alten Bundesländer und nimmt damit ebenfalls eine Sonderrolle ein (Statistisches Bundesamt, 2016). Gleichzeitig sind es gerade die neuen Bundesländer, die am meisten von Bevölkerungsrückgang betroffen sind. Es liegt die Vermutung nahe:

(4)   Landesregierungen von Bundesländern, deren Bevölkerungen in der Vergangenheit weniger Migrationserfahrung gesammelt haben, kommunizieren Migrationspolitik zwar grundlegend progressiv, aber mit mehr Zurückhaltung.

11.4   Methodisches Vorgehen

Um die sechs *Facebook*-Kanäle der Landesregierungen Bayerns, Hessens, Nordrhein-Westfalens, Sachsens, Schleswig-Holsteins und Thüringens mit einer integrierten Inhaltsanalyse zu betrachten, wurden die Untersuchungseinheiten durch eine Vollerhebung erfasst. Durch diese Methode ist von keiner subjektiven Einfärbung der Ergebnisse durch politische Akteure – wie etwa bei einer Befragung – auszugehen (Früh, 2015). Darüber hinaus berücksichtigt das Instrument internetbedingte Modifikationen und Tendenzen hinsichtlich technischer, räumlicher, zeitlicher oder kontextueller Merkmale (Henn, Jandura & Vowe, 2016). Der Untersuchungszeitraum – September bis November 2015 – setzt mit der eingangs geschilderten Einreiseerlaubnis für Geflüchtete unmittelbar an einem für den weiteren Verlauf einschneidendem Ereignis mit bis dato unvorhersehbaren Ausmaßen an. Die darauffolgenden drei Monate dokumentierten erste Reaktionen seitens der Landesregierungen und stellen somit einen Ausgangspunkt für deren langfristige Kommunikationsinteressen und -schwerpunkte in der Migrationspolitik dar.

Entscheidendes Einschlusskriterium für die Datenerhebung ist der Migrationsbezug eines Beitrags, für den bewusst eine weiter gefasste Definition gewählt wurde: *Migration* dient in der Untersuchung als Oberbegriff für verschiedenste Migrationsformen, Motivlagen, Herkünfte, Umsetzungsarten sowie rechtliche Zuwanderungs- und Aufenthaltsformen, da die *Facebook*-Kommunikation im Herbst 2015 als längerfristiger politischer und gesellschaftlicher Debattenbeitrag verstanden wird, der sich nicht auf einzelne Aspekte der aktuellen Problemfelder beschränken soll.

Bezüglich der unterschiedlichen Herangehensweisen bei inhaltsanalytischen Untersuchungen erscheint vor allem eine integrierte Analyse sinnvoll, die zwei Stränge beinhaltet (Früh, 2015). Zum einen dienen quantitativ-standardisierte Variablen der Strukturierung und Orientierung sowie der Erzeugung einer ersten Vergleichbarkeit. Von zentraler Bedeutung sind dabei die numerischen, deskriptiven Befunde: Wie oft, wie umfangreich und wie regelmäßig kommunizieren die Landesregierungen? Welche der *Facebook*-Funktionen (z. B. eigene oder geteilte Beiträge) nutzen sie dazu und mit welchen Darstellungsformen (Fotos, Videos etc.) platzieren sie ihre Botschaften? Beziehen sich die Posts eher auf Themen aus den Kommunen, aus dem eigenen Bundesland oder aus ganz Deutschland? An wen wenden sie sich dabei und bei wem sehen sie den Handlungsdruck? Zum anderen finden qualitative Variablen Anwendung, um neue Erkenntnisse in diesem Untersuchungskontext ans Licht zu bringen. Die Inhalte der *Facebook*-Beiträge werden hierbei intensiver untersucht, um sie detailliert und kontextuell zu betrachten. Es gilt herauszufinden: Wem ist was wichtig? Welchen weiteren Akteuren wird

Raum gegeben? Werden die Aussagen beispielsweise durch einen Verweis auf Statistiken oder auf Werte und Normen fundiert?

Ein besonderes Augenmerk soll auf möglichen Rahmungen liegen, in die ein Beitrag eingebettet sein kann. Dazu wird zwischen *konstruktiver* und *restriktiver Rahmung* unterschieden. Unter ersterer werden Inhalte gefasst, die sich mit der möglichst schnellen und gemeinsamen Bewältigung der faktischen Migrationsnotlage durch Staat und Zivilgesellschaft beschäftigen, und die lösungsorientierte Perspektiven bieten. Restriktivrahmungen hingegen finden sich in den Untersuchungseinheiten, die sich mit Aspekten der Ein- und Beschränkung von Rechten und Möglichkeiten der Migration beschäftigen. Dazu zählen zum Beispiel Hürden, Befürchtungen oder Risiken bedingt durch Migration, aber auch Forderungen nach strengeren Pflichten für Asylbewerber, beispielsweise zur Integration. Diese offenen Kategorien dienen dem tieferen Einblick in das Material (Früh, 2015).

Die Codierung der Untersuchungseinheiten erfolgte durch drei Personen und wurde im Pretest mittels HOLSTI-Verfahren auf ihre Reliabilität geprüft. Hohe Werte lagen selbst bei definitorisch herausfordernden Variablen vor. Ein subjektiver Einfluss durch die Codierer kann somit zumindest als stark reduziert gelten.

11.5   Ergebnisse

Das folgende Kapitel veranschaulicht zunächst zentrale quantitative Befunde, um eine länderübergreifende Darstellung voranzustellen. Anschließend werden die Länder im Speziellen fokussiert: Was kennzeichnet sie? Welche Inhalte und Schwerpunkte sind ihnen wichtig? Und wie stellen sie diese dar?

11.5.1 Quantitative Befunde im Überblick

Die sechs Landesregierungen haben in den drei Monaten insgesamt 689 Beiträge in ihren *Facebook*-Kanälen veröffentlicht. Mit 158 Fällen weisen dabei rund 23 Prozent einen eindeutigen Migrationsbezug mit unterschiedlichen Intensitätsgraden auf. Obgleich Beiträge ohne Bezug thematisch nicht erfasst wurden, ist davon auszugehen, dass die Landesregierungen Migrationsfragen einen sehr hohen Stellenwert zuschreiben. Anders gesagt: Migration bestimmte den kommunikativen Fokus im Herbst 2015. Auch wenn sich der anteilige Migrationsbezug in allen untersuchten Bundesländern zu ähnlichen Teilen beobachten lässt, sind teilweise große Unterschiede hinsichtlich der absoluten Anzahl an Posts bemerkbar, wie Abbildung 1 zeigt:

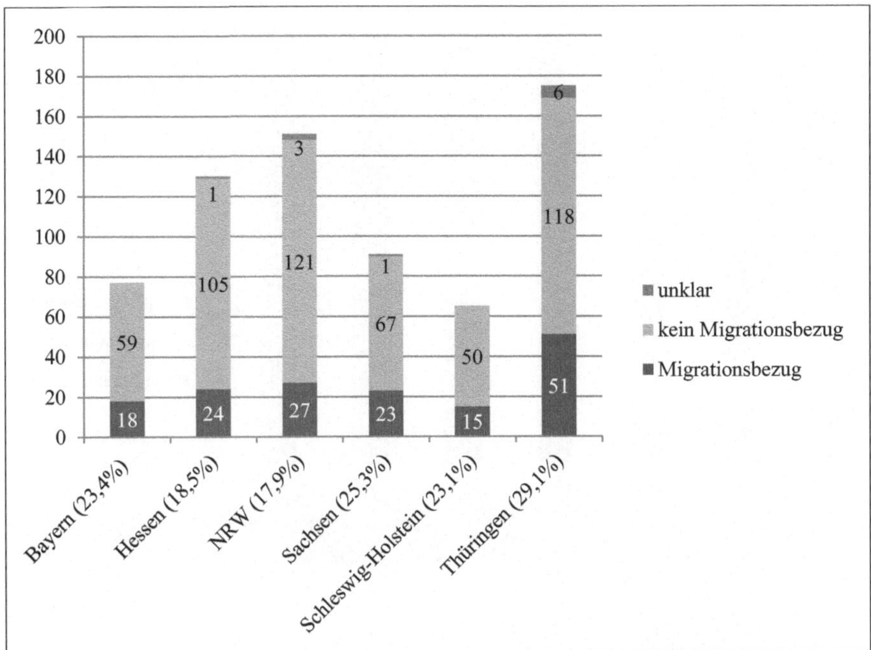

Abb. 1:   Migrationsbezug nach Landesregierungen (n=689, absolute Häufigkeiten; hinter Ländernamen gerundeter Anteil der migrationsbezogenen Posts in Prozentwerten)

Auch im Zeitverlauf zeigen sich teils große Diskrepanzen zwischen den Ländern, besonders in der Mitte des Untersuchungszeitraums. Die Beispiele Hessen und Sachsen veranschaulichen dies: Während Hessen im Oktober nur sehr rudimentär zu Migration gepostet hat, zeichnet sich bei der sächsischen Staatsregierung eine besonders intensive kommunikative Phase ab. Insgesamt lassen sich bei allen Ländern größere Schwankungen in der Anzahl der migrationsrelevanten Beiträge beobachten, wobei kaum Parallelen wie gemeinsame Hochphasen auftreten. Ein erster Hinweis auf unterschiedliche Selektionskriterien bezüglich konkreter Anlässe sowie Publikationsmuster ist somit gegeben. Die Landesregierungen scheinen also verschiedenen Ereignissen rund um die Migrationsthematik unterschiedlich viel Stellenwert einzuräumen.

Des Weiteren ist bemerkenswert, dass Migration in zwei Dritteln aller untersuchungsrelevanten Beiträge als Hauptthema auftritt und damit fokussiert wird. Auch dies ist ein Indikator für den priorisierten Raum, welcher der Thematik beigemessen wird. Abbildung 2 veranschaulicht, dass sich die Landesregierungen teilweise jedoch erheblich darin unterscheiden, wie explizit (z. B. Schleswig-Holstein) oder implizit (z. B. Sachsen) sie Migration ansprechen.

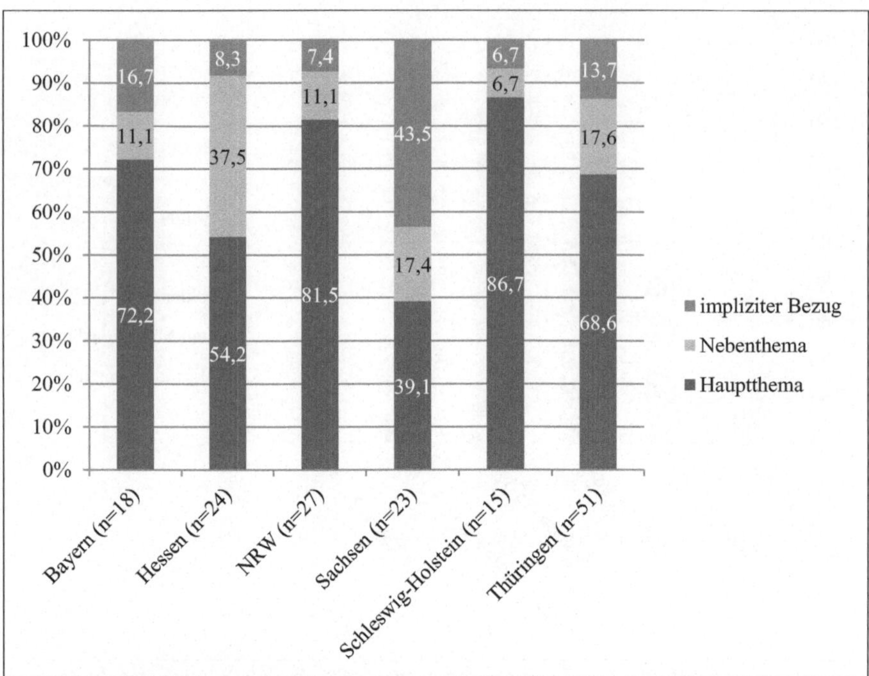

Abb. 2: **Grad des Migrationsbezuges nach Landesregierungen (n=158, Angaben in Prozent-werten)**

Der Blick auf die verwendeten Darstellungsformen zeigt: Reine Textbeiträge (10 Prozent) treten kaum auf, Text-Foto-Kombinationen hingegen markieren beinahe die Hälfte aller migrationsbezogenen Posts (n=158). Sie belegen eine allgemeine Tendenz zur Visualisierung der Thematik. Die in ihrer Produktion aufwendigeren Videos stellen verbunden mit Textbausteinen immerhin 15 Prozent aller Beiträge dar. Allerdings sollte einschränkend angemerkt werden, dass diese hauptsächlich bei der bayerischen Staatsregierung vorzufinden sind, bei der sie mit 61 Prozent die Hauptdarstellungsform markieren. In diesem Zusammenhang ist ebenfalls die präferierte Textlänge der Landesregierungen bemerkenswert: 71 Prozent der Beiträge sind maximal zehn Zeilen lang, was auf eine Neigung zur kompakten Aufbereitung migrationspolitischer Inhalte hinweist. Allerdings enthält fast die Hälfte der migrationsbezogenen Beiträge Links zu externen Webseiten, die zur vertiefenden Auseinandersetzung anregen sollen und in den meisten Fällen zu den Portalen der eigenen Landesregierung führen. Der hohe Anteil an Eigenpublikationen (82 Prozent) zeigt darüber hinaus eine Zurückhaltung beim Teilen fremder Inhalte und kann erneut als Indikator betrachtet werden, die Themen überwiegend selbstständig darstellen zu wollen.

Außerdem ist bei den Landesregierungen ein deutlicher lokaler bzw. regionaler Fokus auffällig (kumuliert 73 Prozent, n=135). Die nationale Dimension der Flüchtlingsthematik erscheint mit knapp 15 Prozent marginal. Damit definieren die Landesregierungen Migrationspolitik primär als eine Angelegenheit auf Landesebene.

11.5.2 Komparative Einzelanalyse der sechs Landesregierungen

Im Folgenden werden zentrale formale und vor allem inhaltliche Details vorgestellt, die die migrationspolitische *Facebook*-Kommunikation der sechs Landesregierungen im Untersuchungszeitraum prägen.

11.5.2.1 Bayern

Mit 77,8 Prozent der Fälle (n=18) haben auch die Posts der bayerischen Staatsregierung tendenziell einen regionalen oder gar lokalen Fokus, verweisen dabei aber überdurchschnittlich häufig auch auf den nationalen Rahmen (22,2 Prozent). Diese bundespolitischen Bezüge sind so bei keiner anderen untersuchten Landesregierung vorzufinden, weshalb davon auszugehen ist, dass gerade Bayern migrationspolitische Fragen nicht ausschließlich in der Verantwortung der Landesregierungen sieht.

Bayerns Kommunikation unterscheidet sich auf inhaltlicher Ebene teilweise stark von den übrigen Regierungen: Am häufigsten werden die Notwendigkeit zur Grenzkontrolle, potenzielle Gefährdungen der inneren Sicherheit, Abschiebungen von Geflüchteten ohne Bleibeperspektive und generell (stärkeren) Einwanderungskontrollen postuliert, was insgesamt auf eine restriktive Rahmung hindeutet. Allerdings ist dies nicht ausschließlich der Fall: Zahlreiche Aufrufe zu ehrenamtlicher Arbeit, zum Beispiel Unterstützung bei der (Erst-)Versorgung und medizinischen Betreuung, finden sich ebenso wie die Erläuterung geplanter Integrationsmaßnahmen wie neuer Ausbildungsmodelle für junge Geflüchtete. Restriktive und konstruktive Rahmungen sind in ausgewogenem Maße zu beobachten, obgleich derart viele restriktive bei keinem anderen Land auftreten.

Einen weiteren inhaltlichen Fokus der bayerischen Landesregierung stellen konkrete politische Entscheidungen sowie Treffen politischer Akteure dar. Sehr häufig tritt dabei Ministerpräsident Seehofer in Erscheinung, unter anderem in zahlreichen Videos. Häufig betont er persönlich den Grad der Herausforderung, den Migrationspolitik zu dieser Zeit innehabe. Darüber hinaus ist ein Bezug auf Islamismus zu verzeichnen, der eine negative Assoziation von Migration mit sich führen kann, auch wenn die Landesregierung in ihrem Beitrag zu sachlicher Differenzierung aufruft.

11.5.2.2 Hessen

In Hessen scheint der allgemeine Stellenwert der Thematik vergleichsweise niedrig zu sein: Nur 18,5 Prozent der gesamten Posts (n=24) haben einen Migrationsbezug, davon behandeln zahlreiche (37,5 Prozent) Einwanderung nur als Nebenthema. Auffällig sind vor allem sechs aufeinanderfolgende Wochen mitten im Untersuchungszeitraum, in denen kein einziger migrationspolitischer Beitrag publiziert wurde. Noch dazu teilt Hessen einen größeren Anteil fremder Beiträge lediglich auf der eigenen *Facebook*-Seite.

Die mit Abstand am häufigsten wiederkehrenden inhaltlichen Schwerpunkte sind Bildung für junge Geflüchtete sowie Weiterbildungsangebote für Lehrer, die selbige betreuen und unterrichten. Durch diese langfristig integrativen Maßnahmen entsteht allgemein eine konstruktive Rahmung, die auch durch positive Darstellungen von Ehrenämtern unterstrichen wird. Allerdings finden auch restriktive Rahmungen Anwendung, beispielsweise bei der Hervorhebung finanzieller Herausforderungen oder der Beschränkungen auf Geflüchtete „mit Bleibeperspektive".

Insgesamt ist die Kommunikation der hessischen Landesregierung recht faktenbasiert und strebt einen dialogischen Austausch mit der lokalen Bevölkerung an. Neben deren Einbezug in die Suche nach potenziellen Unterkünften finden sich zahlreiche erklärende Inhalte wie zum Beispiel Lösungsansätze zur finanziellen Bewältigung oder Integrationsmaßnahmen. Häufig thematisiert die Landesregierung dabei auch politische Aufeinandertreffen zentraler Akteure, um die exekutive Ebene abzudecken. Dabei tritt – neben weiteren relevanten Landespolitikern – Ministerpräsident Bouffier häufig in Erscheinung.

11.5.2.3 Nordrhein-Westfalen

NRW thematisiert in nur 17,9 Prozent seiner Beiträge von allen untersuchten Bundesländern am seltensten Migrationspolitik. Dafür erfolgt die Auseinandersetzung in diesen sehr direkt: Häufige Danksagungen an Ehrenamtliche, die Vorstellung erfolgreicher Integrationsprojekte (vor allem im Zusammenhang mit der Serie „Flüchtlingshilfe NRW", einer Plattform für Hilfsprojekte) sowie die Bezugnahme auf den Fachkräftemangel im Land erzeugen insgesamt eine konstruktive Rahmung. Restriktive Rahmungen konnten hingegen nicht identifiziert werden.

Darüber hinaus sind häufige Personalisierungen zu verzeichnen: Einzelne Helfer und Helfergruppen sowie Politiker werden vorgestellt und bei ihrer Arbeit begleitet. So zeigen viele Beiträge beispielsweise Ministerpräsidentin Kraft im Einsatz mit der Zivilbevölkerung, etwa in lokalen Erstversorgungseinrichtungen. Allgemein können die einzelnen Posts als sehr prozessbegleitend und lösungsorientiert verstanden werden, da sich häufig Berichte über Entwicklungen in den Unterkünften, politische Maßnahmen wie die Ausbildungsunterstützung oder eben Integrationsmaßnahmen mit Hilfe ziviler Unterstützung finden.

Ähnlich wie die anderen Länder fokussiert sich NRW auf das eigene Land, legt dabei aber einen maßgeblichen Schwerpunkt auf die Kommunen. Das Land kommuniziert weder rückblickend, noch spekulativ-prognostisch, sondern beschränkt sich weitestgehend auf situative Projekte und Fragen. Dieser eher pragmatische Umgang mit Migrationsfragen zeigt sich ebenfalls in der vergleichsweise seltenen Verwendung von Werten wie ethnischer und religiöser Toleranz, welche als Indikatoren für die Erzeugung von Verständnis Anwendung finden könnten. Dieses wird hier aber offensichtlich bereits vorausgesetzt.

11.5.2.4 Sachsen

Durch den vielfach nur impliziten Migrationsbezug liegen die Schwerpunkte in der Verurteilung von Rassismus und Gewalt, der Befürwortung demokratischer Werte wie Meinungs- und Demonstrationsfreiheit sowie der Anerkennung für zivilgesellschaftliches Engagement. Zudem fällt die Dominanz des Ministerpräsidenten Tillich (CDU) auf, der vor dem Hintergrund islamfeindlicher Demonstrationen beispielsweise warnt: „Hass zerstört Demokratie und Gemeinschaft." Im Ländervergleich weist der Freistaat mit zwei Dritteln seiner Posts die häufigste Bezugnahme auf gesellschaftliche Werte auf, verzichtet auf Statistiken und pflegt eine auffallend direkte Bürgeransprache, etwa Dank für und Aufruf zu Freiwilligenarbeit und Integrationsoffenheit. So hatte Tillich vor Merkels Einreiseerlaubnis appelliert: „Machen wir aus Flüchtlingen unseren Kollegen, Nachbarn, Sportskameraden." Als wichtigste Werte wurden Frieden, Respekt und Zusammenhalt identifiziert, was zum Beispiel die Ankündigung verdeutlicht, dass Sachsen als erstes Bundesland ein Freiwilliges Soziales Jahr im Bereich der Flüchtlingsarbeit gestartet habe.

Sachsen hebt zudem Integrationsmaßnahmen in Kitas, Schulen sowie in gemeinnützigen Einrichtungen hervor, deren Arbeit mit einem Förderprogramm unterstützt wird. Anlässe sind häufig bürgernah, etwa Ehrungen, aber auch Offizielles im Kontext von Asylpolitik, zum Beispiel Erklärungen oder Gremiensitzungen. Mehr als die Hälfte aller Posts rahmt Migration konstruktiv, indem moralische Werte wie der von Tillich gelobte „sächsische Geist des Anpackens" und geplante Maßnahmen als alltagspraktische und langfristige Lösungswege aufgezeigt werden. In der einzigen Restriktivrahmung wird der Bund Mitte September zum sofortigen Handeln aufgefordert, um den Zustrom zu bewältigen.

11.5.2.5 Schleswig-Holstein

Ganz im Gegensatz zu Sachsen behandelt die schleswig-holsteinische Regierung Migration fast nur als Hauptthema, sodass Erstaufnahmebedingungen, Schaffung neuer Kapazitäten sowie die Maßnahmenabstimmung mit den Kommunen inhaltlich dominieren. Formal fällt die konsequente Beschränkung auf sehr kurze Texte mit weniger als fünf Zeilen auf, die oft durch Links zu Hintergründen auf Regierungswebseiten oder zu Videos ergänzt werden. Eine weitere Besonderheit besteht darin, dass die Landesregierung ihr *Facebook*-Titelbild Anfang September dauerhaft in ein vielsprachiges „Willkommen"-Banner änderte – verbunden mit dem direkten und kollektivierenden Aufruf an die Nutzer, dieses zu teilen oder selbst zu nutzen: „Setzt mit uns ein Zeichen gegen Intoleranz!"

Mit Ankunftszahlen in fast jedem dritten Post wird wiederholt Transparenz hinsichtlich der Unterbringungssituation angestrebt, sodass der dafür zuständige Innenminister Studt (SPD) zum politischen Hauptakteur wird. Ministerpräsident Albig tritt im Ländervergleich in den Hintergrund. Die nahezu durchgängige Konstruktivrahmung hängt unter anderem mit der Bewerbung der landeseigenen Plattform („ich-helfe.sh") zur Koordination der ehrenamtlichen Flüchtlingshilfe zusammen. Das Land bietet außerdem muttersprachliche Informationen für Geflüchtete und setzt auf eine zuversichtliche Perspektive, wonach die Herausforderungen auf Basis von Toleranz, Humanität und Hilfsbereitschaft gemeinschaftlich zu bewältigen seien.

11.5.2.6 Thüringen

Die *Facebook*-Verantwortlichen der thüringischen Staatskanzlei messen der aktuellen Unterbringungslage im Land ebenfalls eine größere Bedeutung bei. Im Kontrast zu Schleswig-Holstein kommunizieren sie jedoch mit überdurchschnittlich langen Texten über 30 Zeilen, teils inklusive detaillierter, tagesaktueller Zuzugsstatistiken. Im Ländervergleich räumen sie anderen Akteuren, wie Migrations- und Finanzministerium oder Vereinen, durch die „Teilen"-Funktion in fast 30 Prozent der Posts (n=51) am häufigsten Raum ein. Daneben fällt in jedem zweiten Post die wie bei Sachsen stark wertebasierte, aber zusätzlich historisch begründete Argumentationslinie auf, die häufig von Ramelow, dem Ministerpräsidenten der Linkspartei, selbst artikuliert wird. So nimmt dieser zum Beispiel Bezug auf die Vertriebenen nach dem Zweiten Weltkrieg und betont beim Gedenken an die Pogromnacht vom 9. November die Aktualität religiöser Toleranz.

Ramelow wird mehrfach bei zivilgesellschaftlichen Aktivitäten wie der Kundgebung von „Mitmenschlich in Thüringen" oder beim Landessporttag gezeigt. Auch im direkten Kontakt mit Geflüchteten erscheint er wiederholt und wird beispielsweise bei einer Ankunftssituation von Geflüchteten zitiert: „Ich könnte weinen vor Freude." Ramelows Einschätzung, Mitmenschlichkeit sei Realismus mit Herz, spiegelt die ambivalente Migrationsrahmung seiner Staatskanzlei wider: Einerseits nennt sie bürgerschaftliches Engagement und Potenziale etwa beim Fachkräftemangel. Andererseits wird auf kritische Aspekte wie Straffälligkeit von Geflüchteten sowie die Vermeidung von Fehlanreizen für unberechtigte Asylanträge eingegangen.

11.6 Fazit: Migrationskommunikation zwischen Realismus und Herz, zwischen Werten und Selbstverständlichkeit

Fast ein Viertel der von den sechs Landesregierungen zwischen September und November 2015 veröffentlichten *Facebook*-Posts weist per definitionem einen Bezug zum Themenkomplex Migration auf. Trotz fehlender Vergleichbarkeit mit den Posts ohne Migrationsbezug und mit anderen Zeiträumen lässt dies auf eine Dominanz während der ‚heißen' migrationspolitischen Phase nach Merkels folgenreicher Einreiseerlaubnis schließen. Um den Bürgern die operative Bewältigung der bundespolitischen Umstände transparent zu machen und entsprechende Entscheidungen auf Landesebene möglichst vertrauensbildend zu legitimieren, nutzen die Staatskanzleien im Social Web jedoch Auslegungen von „Wir schaffen das!", die sich formal wie inhaltlich teils deutlich unterscheiden. Dabei liefert die Inhaltsanalyse lediglich Erkenntnisse für das zeitlich begrenzte Veröffentlichungsverhalten von sechs spezifisch prädisponierten Landesregierungen. Kausale Rückschlüsse über den komplexen Einfluss bestimmter Merkmale wie parteipolitischer Konstellationen auf *Facebook*-Kommunikationsmuster sind bei diesem Forschungsdesign ausgeschlossen.

Die erste Annahme, dass konservativ (mit-)getragene Landesregierungen Migrationsfragen restriktiver kommunizieren, lässt sich mit Blick auf das koalitionsfreie CSU-Bayern und teilweise für das schwarz-grüne Hessen bestätigen. Liberaler regierte Länder wie Nordrhein-Westfalen und Schleswig-Holstein sind allgemein deutlich konstruktiver und praktisch-lösungsorientierter. Die in der zweiten Forschungsannahme formulierten Vorbehalte bei stärker direkt betroffenen Landesregierungen finden sich insbesondere bei Bayern als Endpunkt der Balkanroute wieder, auch Schleswig-Holstein thematisiert als Tor zu Skandinavien die Unterbringungslage recht intensiv. Die dritte Hypothese, dass ebendiese Länder auch häufiger und umfangreicher kommunizieren, ist hinsichtlich Bayern eher widerlegt, obschon es bei niedrigerer Frequenz längere Videos postet. Auch Schleswig-Holstein entspricht nicht der Vermutung, sondern argumentiert auffallend kurz. Stattdessen fallen die neuen Bundesländer als die Aktivsten auf, wobei Thüringen mit sehr langen Texten die aktuelle Lage ausführlich darstellt. Die größte Bestätigung erfährt insgesamt Annahme vier, wonach weniger migrationserfahrene Länder progressiv auftreten, dies im Vergleich allerdings mit mehr Zurückhaltung tun. So beziehen sich Thüringen und Sachsen mehr auf basale humanistische und demokratische Werte, während Nordrhein-Westfalen und – leicht entgegen der Erwartung – Schleswig-Holstein diese vorauszusetzen scheinen und oft direkt bei Integrationspartizipation für Bürger ansetzen.

Abschließend muss neben den Forschungslimitationen, die in der gefilterten Codierung sowie bei Untersuchungszeitraum und Länderauswahl bestehen, auf die weiterhin geringe gesellschaftliche Bedeutung der *Facebook*-Seiten hingewiesen werden. Im Oktober 2016 haben die sechs Staatskanzleien nur zwischen knapp 5.600 „Gefällt mir"-Angaben in Thüringen und rund 430.000 in Bayern, sodass die Wahrscheinlichkeit dauerhafter Kommunikationsbeziehungen nur bei kleinen Bevölkerungsanteilen vorliegt. Hinzu kommt, dass derzeit überwiegend die Altersgruppe der unter 30-Jährigen Social Media regelmäßig für politische Zwecke nutzt (Bernhard, Dohle & Vowe, 2015).

Des Weiteren zeigt die Fallstudie mehrere Möglichkeiten der Anschlussforschung zu Landesregierungs-PR im Social Web auf. So würde eine erneute Anwendung des gleichen Instrumentes eine retrospektive Einordnung der untersuchten Frühphase ermöglichen. Ebenfalls inhaltsanalytisch interessant wären die Ausweitung auf weitere Landesregierungen sowie der Abgleich von *Facebook*-Aktivitäten mit anderen Kommunikationskanälen innerhalb und außerhalb des Social Web, zum Beispiel mit klassischen Medieninformationen, um netzwerkspezifische Anpassungen und potenzielle rechtliche Gratwanderungen aufzuspüren. Erkenntnisförderlich wäre die Ergänzung um die Sichtweisen von Produzenten und Rezipienten der analysierten *Facebook*-Kanäle, beispielsweise mit Befragungsformen. Darüber hinaus zeigen Arlt und Wolling (2016), dass individuelle Einstellungen im Bereich Flucht und Migration künftig verstärkt in Sozialen Medien entstehen werden, also unter Umständen auch unter dem Einfluss von Regierungskanälen. Während Arlt und Wolling auf mögliche Hostile-Media-Effekte durch Diskrepanzen zwischen gewohnten Online-Rahmungen und vermeintlich verzerrter medialer Migrationsberichterstattung verweisen, könnte für das Forschungsfeld der Regierungskommunikation ein anderes Wirkungsverhältnis von großem Interesse sein: das von offiziellen politischen Rahmungen einerseits und von Interpretationsmustern rechtspopulistischer Anti-Migrationsbewegungen wie *Pegida* andererseits.

Literatur

Arlt, D. & Wolling, J. (2016). The Refugees: Threatening or Beneficial? Exploring the Effects of Positive and Negative Attitudes and Communication on Hostile Media Perceptions. *Global Media Journal – German Edition, 6* (1), 1-21.

Bernhard, U., Dohle, M. & Vowe, G. (2015). Wer nutzt wie das „Web 2.0" für Politik? Der Stellenwert von Social Media in politischen Kontexten. In K. Imhof, R. Blum, H. Bonfadelli, O. Jarren & V. Wyss (Hrsg.), *Demokratisierung durch Social Media?* (S. 41-54). Wiesbaden: Springer VS. doi: 10.1007/978-3-658-10140-4.

Borucki, I. (2016a). Regierungen auf *Facebook*: distributiv, dialogisch oder reaktiv? In P. Henn & D. Frieß (Hrsg.), *Politische Kommunikation in der Online-Welt* (S. 49-75). doi: 10.17174/dcr.v3.3.

Borucki, I. (2016b). Wie viel Partei steckt in der Regierungskommunikation? Zur Ausgestaltung des Kommunikationsmanagements der Bundesregierung. In S. Bukow, U. Jun & O. Niedermayer (Hrsg.), *Parteien in Staat und Gesellschaft. Zum Verhältnis von Parteienstaat und Parteiendemokratie* (S. 191-209). Wiesbaden: Springer VS. doi: 10.1007/978-3-658-05309-3.

Bundesamt für Migration und Flüchtlinge (BAMF) (2016). *Das Bundesamt in Zahlen 2015. Asyl, Migration und Integration.* Nürnberg.

Dohle, M., Jandura, O. & Vowe, G. (2014). Politische Kommunikation in der Online-Welt. Dimensionen des strukturellen Wandels politischer Kommunikation. *Zeitschrift für Politik, 61* (4), 414-436. doi: 10.5771/0044-3360-2014-4-414.

Donges, P. (2011). Politische Organisationen als Mikro-Meso-Makro-Link. In T. Quandt & B. Scheufele (Hrsg.), *Ebenen der Kommunikation. Mikro-Meso-Makro-Links in der Kommunikationswissenschaft* (S. 217-231). Wiesbaden: VS Verlag für Sozialwissenschaften.

Donges, P. (2016). Mediendemokratie. In O. Lembcke, C. Ritzi & G. S. Schaal (Hrsg.), *Zeitgenössische Demokratietheorie: Empirische Demokratietheorien* (S. 103-124). Wiesbaden: Springer VS. doi: 10.1007/978-3-658-06363-4.

Emmer, M. (2015). Soziale Medien in der politischen Kommunikation. In J.-H. Schmidt & M. Taddicken (Hrsg.), *Handbuch Soziale Medien* (S. 1-19). Wiesbaden: Springer. doi: 10.1007/978-3-658-03895-3_5-1.

Emmer, M. & Bräuer, M. (2010). Online-Kommunikation politischer Akteure. In K. Beck & W. Schweiger (Hrsg.), *Handbuch Online-Kommunikation* (S. 311-337). Wiesbaden: VS Verlag.

Emmer, M., Vowe, G. & Wolling, J. (2011). *Bürger online: Die Entwicklung der politischen Online-Kommunikation in Deutschland.* Konstanz: UVK.

Früh, W. (2015). *Inhaltsanalyse. Theorie und Praxis.* Konstanz: UVK.

Gemeinsame Wissenschaftskonferenz (GWK) (2014). Bekanntmachung des Königsteiner Schlüssels für das Jahr 2015. *Bundesanzeiger*, BAnz AT 10.12.2014 B3.

Hafez, K. (2016). Essay: *Compassion Fatigue* der Medien? Warum der deutsche „Flüchtlingssommer" so rasch wieder verging. *Global Media Journal – German Edition, 6* (1), 1-8.

Heinze, J. (2012). *Regierungskommunikation in Deutschland. Eine Analyse von Produktion und Rezeption.* Wiesbaden: Springer VS.

Henn, P., Jandura, O. & Vowe, G. (2016). The Traditional Paradigm of Political Communication Research Reconstructed. In G. Vowe & P. Henn (Hrsg.), *Political Communication in the Online World. Theoretical Approaches and Research Designs* (S. 11-25). New York: Routledge.

Hildebrandt, T. & Ulrich, B. (2015). Im Auge des Orkans. *DIE ZEIT*, 38, 2-3.

Holtz-Bacha, C. (2013). Government communication in Germany: Maintaining the fine line between information and advertising. In K. Sanders & M. J. Canel (Hrsg.), *Government communication: Cases and challenges* (S. 45–58). New York: Bloomsbury Academic.

Jarren, O. & Donges, P. (2011). *Politische Kommunikation in der Mediengesellschaft. Eine Einführung.* Wiesbaden: Springe VS.

Jun, U. (2015). Parteiensystem und Parteienwettbewerb. *Informationen zur politischen Bildung*, 328, 36-40.

Kertzsch, R. (2015). *Bundesländer im Social Web. Eine qualitative Bestandsaufnahme der Social-Media-Aktivitäten der Staatskanzleien am Beispiel von Facebook.* Unveröffentlichte Masterarbeit, Technische Universität Dresden, Dresden.

Kocks, J. N. & Raupp, J. (2014). Rechtlich-normative Rahmenbedingungen der Regierungskommunikation – ein Thema für die Publizistik- und Kommunikationswissenschaft. *Publizistik, 59* (3), 269-284. doi: 10.1007/s11616-014-0205-5.

Kocks, J. N., Raupp, J. & Schink, C. (2015). Staatliche Öffentlichkeitsarbeit zwischen Distribution und Dialog. Interaktive Potentiale digitaler Medien und ihre Nutzung im Rahmen der Außen-kommunikation politischer Institutionen. In R. Fröhlich & T. Koch (Hrsg.), *Politik – PR – Persuasion. Strukturen, Funktionen und Wirkungen politischer Öffentlichkeitsarbeit* (S. 71-90). Wiesbaden: Springer VS. doi: 10.1007/978-3-658-01683-8.

Lehmann, J. (2015). Flucht in die Krise – Ein Rückblick auf die EU-„Flüchtlingskrise" 2015. *Aus Politik und Zeitgeschichte, 65* (52), 7-11.

Röttger, U. (2010). *Public Relations – Organisation und Profession. Öffentlichkeitsarbeit als Organisationsfunktion. Eine Berufsfeldstudie* (2. Auflage). Wiesbaden: Springer VS.

Röttger, U., Preusse, J. & Schmitt, J. (2014). *Grundlagen der Public Relations. Eine kommunikationswissenschaftliche Einführung.* Wiesbaden: Springer VS. doi: 10.1007/978-3-531-19965-8.

Sarcinelli, U. (2011). *Politische Kommunikation in Deutschland. Medien und Politikvermittlung im demokratischen System.* Wiesbaden: Springer VS.

Statistisches Bundesamt (2016). *Bevölkerung und Erwerbstätigkeit – Ausländische Bevölkerung: Ergebnisse des Ausländerzentralregisters* (Fachserie 1, Reihe 2). Wiesbaden.

Strömbäck, J. & Kiousis, S. (2011). Political Public Relations: Defining and Mapping an Emergent Field. In J. Strömbäck & S. Kiousis (Hrsg.), *Political Public Relations. Principles and Applications* (S. 1-32). New York: Routledge.

Theis-Berglmair, A. M. (2015). Public Relations aus organisationssoziologischer Perspektive. In R. Fröhlich, P. Szyszka & G. Bentele (Hrsg.), *Handbuch der Public Relations. Wissenschaftliche Grundlagen und berufliches Handeln. Mit Lexikon* (S. 47-62). Wiesbaden: Springer VS. doi: 10.1007/978-3-531-18917-8.

Vogel, M. (2010). *Regierungskommunikation im 21. Jahrhundert. Ein Vergleich zwischen Großbritannien, Deutschland und der Schweiz.* Baden-Baden: Nomos.

Vowe, G. & Opitz, S. (2015). Public Relations aus politikwissenschaftlicher Sicht. In R. Fröhlich, P. Szyszka & G. Bentele (Hrsg.), *Handbuch der Public Relations. Wissenschaftliche Grundlagen und berufliches Handeln. Mit Lexikon* (S. 85-95). Wiesbaden: Springer VS. doi: 10.1007/978-3-531-18917-8.

12. Lost in Translation: the Methodological Challenges of Comparative Studies

Kim Murphy

12.1 Comparing the Online Communications of Different Governments: Methodological Challenges of Comparative Studies

This chapter addresses a range of methodological challenges that arise in designing a comparative study of online government communications. While this chapter often refers to the methodological challenges involved in designing a comparative content analysis of government websites and social media pages, concepts such as equivalence and bias and reliability and validity are critical concepts that must be considered in all comparative research designs regardless of the empirical method employed. This chapter will use a content analysis of online government communications as an example of the challenges that arise in comparative studies more generally.

Despite the increasing professionalisation of government communications (Sanders & Canel, 2013; Sanders, Canel, & Holtz-Bacha, 2011) and the prevalence of government websites and social media pages, most comparative studies over the last ten to fifteen years have been dominated by a focus on online election campaigning by political parties (Foot, Xenos, Schneider, Kluver, & Jankowski, 2009; Gibson & Ward, 2000; Russmann, 2011). Only a few single country studies have focused on how governments are adapting to the changing media environment (Borucki, 2014; Chadwick, 2011; Coleman & Blumler, 2009; Gurevitch, Coleman, & Blumler, 2009).

Some of these studies have found that government actors are treating new digital technologies as simply another channel for information distribution alongside traditional mass media (Chadwick, 2011), rather than as a means to engage directly with citizens. Not only has government proved to be a bad "conversationalist" online (Gurevitch et al., 2009, S. 174), some studies suggest that current adaptations of online technologies are deepening the divide between politics and citizens (Davis, 2010, S. 15).

While these findings have significant consequences for democracy and citizens' trust in politics (Sanders, 2009), it is only through conducting comparative research that we can test whether these findings also apply to other countries. Livingstone argues that "in a time of globalisation, one might even argue that the choice not to conduct a piece of research cross-nationally requires as much justification as the choice to conduct cross-national research" (Livingstone, 2003, S.

478). Comparative research not only allows a deeper understanding of how different governments are adapting new media technologies, but it also allows us to identify the systemic structures that are specifically shaping online government communications. In this way comparative research renders structural influences visible that would have otherwise remained hidden (Blumler & Gurevitch, 1995, S. 76).

However, comparative studies are not easy, they "entail specific conceptual and methodological challenges that clearly set them apart from mono-cultural research" (Esser & Hanitzsch, 2012, S. 6). The foremost challenge is the establishment of equivalence throughout the methodological design (Rössler, 2012; Wirth & Kolb, 2004). This is particularly demanding when comparing governments as governments differ greatly in their institutional and organisational structures. Consequently, it requires an in depth knowledge of the different political and organisational structures of government and government communications in each country.

This chapter addresses a number of methodological hurdles that must be overcome in designing a comparative study of online government communications, including, how to achieve equivalence in the sample and the instrument of analysis when analysing different political and organisational structures, how to establish equivalence when dealing with multi-lingual instruments, a number of technological considerations, and finally how to ensure reliable and valid results. Table 1 below provides an overview of the key considerations and concepts that will be discussed in this chapter.

Research design	*1. Construct equivalence*	*2. Method equivalence*	*3. Item equivalence*	*Reliability & validity*
1. Most different systems design	Is the construct (object of analysis) equivalent?	Is the sample and instrument of analysis equivalent?	Are the items within the instrument equivalent?	Training/training protocol
2. Most similar systems design	Defining government & government communications			Informal reliability tests (pre-tests)
3. Comparative case study analysis		Developing the instrument – *emic* or *etic* approach; *native, project* or *multi-lingual* language proceeding		*extensive training & pre-tests help to detect method/item bias*
				Formal reliability test

**Tab. 1: Key considerations & concepts in multi-lingual comparative government
communications studies**

12.2 Comparing Apples and Oranges: Achieving Construct and Sample Equivalence

Equivalence is a key concept of comparative research and must be considered throughout the methodological design. It can be understood as a "lack of bias" and this lack of bias should never be taken for granted (Van de Vijver & Tanzer, 2004, S. 120). It is a pre-requisite for a valid comparative analysis (Van de Vijver & Tanzer, 2004). It must be established early on and questioned every step of the way from the selection of countries to the categories and questions in the instrument of analysis (Wirth & Kolb, 2004). According to comparative research literature, there are three levels on which equivalence must be established: the construct, item and method level (Van de Vijver & Tanzer, 2004; Wirth & Kolb, 2004). It is only when equivalence is established on each level that researchers can assume equivalency in the final results (Rössler, 2012, S. 460). The following section will focus on how to achieve equivalence on the first level, that is, the construct level[1].

Comparative studies typically proceed with a decision on the sample of countries for analysis and how many countries to study[2]. These decisions are dependent on, and influenced by, a myriad of budgetary, personnel, language, and time considerations. The most common approach to sampling countries is Przeworski and Teune's (1970) *most similar systems design* and *most different systems design* method. Their most similar systems design approach was adopted by Hallin and Mancini in their seminal comparative study *Three Models of Media and Politics* (2004). A third approach according to Esser is the comparative case study analysis approach (Esser, 2014). However, whether a *most similar* or *most different* design is selected, comparability and equivalence still need to be ensured throughout the research design. These problems do not simply disappear by selecting most similar countries. However, the equivalence problems do increase depending on how different the countries are and the size of the sample (Rössler, 2012; Wirth & Kolb, 2004).

In relation to construct equivalence, Wirth and Kolb say that "the functionality of the research objects within the different system contexts must be equivalent" (2004, S. 88). This means that researchers must first investigate if the object of analysis, that is government communications, is comparable in each country. Therefore, it is necessary to carry out initial background research to establish if

---

[1] Construct equivalence is also often referred to as structural or functional equivalence according to Vijver and Tanzer (2004).

[2] Comparative studies must not always involve the comparison of countries, they can also include, for example, the comparison of local and regional government actors (see also the chapter from Brücker & Unbehaun in this volume), or the comparison of different global regions, ethnic groups, and political cultures.

there are similar understandings of government communications in each country before finalising the sample of countries. For example, Sanders *et al* in their three-country comparison of centralised government communication structures in Germany, Great Britain and Spain found in each country "clear indices of the development of formal rules governing the practice of policy- or information-related government communication, distinguishing it from more partisan, politicised communication" (Sanders, Canel, & Holtz-Bacha, 2011, S. 1). Their description provides a useful benchmark for establishing construct equivalence in relation to government communications. Based on this description, researchers can begin by investigating if there are any codes of ethics or regulations stating that government communications should be distinguishable from more partisan politicised communications. If such a demarcation exists, then it can be assumed that construct equivalence exists.

Following the country selection (or different regions, cultures or groups etc.), it is necessary to define government in a way that allows researchers to create a comparable sample of government organisations/individual actors that are relevant for the sample of analysis in each country. But in trying to answer the question "what is government?", researchers quickly discover that this seemingly straight forward question is more complicated than it seems. For example, one could turn to legal/constitutional definitions of executive government in each country, or one could refer to definitions of government within political science texts. According to Vogel, who compared the structures of government communications in Germany, Great Britain and Switzerland, there is a general lack of consensus as to the definition of government and government communications (2010, S. 11).

Political science offers a number of approaches for defining government (see also the chapter from Borucki & Jun in this volume), for example, *inter alia* as "cabinet government" or as the "core executive" (Dunleavy & Rhodes, 1990). However, Andeweg criticises reducing government to the cabinet and highlights how cabinets differ across countries in terms of how powerful and central they are to decision making (Andeweg, 1993). There are also difficulties in defining government as the "core executive" as this is based on the British model of government and does not apply for example to the system of governance in Germany (Vogel, 2010).

In trying to define government and create a comparable sample of government organisations and actors, one discovers that there are numerous options, but no ideal approach. However, ultimately it is not the job of the comparative communications researcher to locate the exact centre of power in each government. Instead "the key aim is to open up the executive 'black box' by examining the internal life of European executives rather than engage with the debate on the appropriate location of the executive within the political system" (Goetz, 2003). In other words, comparative researchers are simply trying to look inside government and capture an aspect of Governments' behaviour, but their sample must not capture every government actor (Korte, 2002).

Governments do not have to have identical organisations, actors and structures in order to be comparable (this would render comparative studies redundant), it is more important that the sample contains government organisations/actors embedded equivalently at the same level within the political system (Wirth & Kolb, 2004, S. 88). Researchers must also be aware that different governments also have different organisational structures for government communications, and these organisations often have diverging functions and levels of importance[3]. A more suitable approach to the sample of analysis is to identify all those organisations and actors which are relevant for government communications.

In a recent two-country comparison of online government communications in Germany and Great Britain, the authors defined government as all those organisations and individual actors at the executive level that play an active and influential role in online government communications (Murphy, Kocks, & Raupp, 2016). Due to the rise of more personalised forms of communication and digital technologies facilitating the individualisation of participation within organisations (Bennett & Segerberg, 2012; Gibson & Ward, 2009; Nitschke & Murphy, 2016), they defined government communications as

> "The websites and social media pages of the government, the office of the head of government, the cabinet office, ministerial government departments, the offices of ministers without portfolios, the central government communications office, and the individual social media pages of the main representatives of these ministerial government departments and offices. This includes the head of government, members of the cabinet and chief spokespersons for the central government communications office" (Murphy et al., 2016, S. 13).

12.3   The Instrument of Analysis: Cultural and Language Considerations

Once equivalence has been established at the construct level and in the sample, the same careful attention must be paid to establishing method and item equivalence within the instrument of analysis (Van de Vijver & Tanzer, 2004; Wirth & Kolb, 2004). Approaches to language play a critical role in achieving method and item

---

[3] For example, in Great Britain the Government Communication Service (GCS) functions as a professional training body for government communicators, whereas in Germany the Federal Press and Information Office (Das Bundespresseamt) has a number of different functions and is structured differently. However, they both represent the main centralised bodies for government communications in their respective countries.

equivalence in a comparative study, helping to ensure that different meanings don't get lost in translation.

In designing an instrument of analysis for a comparative study, there is often the mistaken belief that applying an identical instrument to each country in an identical way will suffice to make it comparable or equivalent (Rössler, 2012; Wirth & Kolb, 2004). However, this is not the case as categories or questions may have different meanings in different contexts, certain terms are unheard of, or no translation exists (Rössler, 2012). Therefore, translating a codebook or questionnaire into another language is more than simply rewriting the text in another language (Van de Vijver & Tanzer, 2004, S. 122). A cross-cultural instrument of analysis demands a detailed consideration of meaning and how meaning differs across countries. This is just as important when examining online communications. Comparative researchers should be careful not to fall into the trap of presuming that all online terminologies are understood universally[4].

Researchers must first decide how they want to develop, for example, the codebook or interview questionnaire. There are two different approaches to the development of an instrument for comparative research, that is an *emic* or *etic* approach (Wirth & Kolb, 2004). The *emic* approach is a culture-specific approach where the instrument of analysis is designed and operationalised in each cultural context. For example, in a content analysis of three different countries, this would mean that three different codebooks are developed, one in each country by the research team working in that country. Conversely, the *etic* approach involves developing one instrument that is applied across each country rather than developed nationally. However, the instrument must not be identical, certain labels may need to be adapted to reflect differences in meaning in different cultures (Van de Vijver & Tanzer, 2004). These cultural adaptations are important as they help to avoid methodological bias and false "differences" in the final results (Rössler, 2012, S. 461; Wirth & Kolb, 2004, S. 95).

Wirth and Kolb recommend taking an *emic* approach when construct equivalence is missing, however, when construct equivalence has been established then an *etic* approach is the most suitable (Wirth & Kolb, 2004, S. 94). However, the reality is that all of these decisions must be made with a consideration of what languages are available within the research team and the availability of research partners in other countries.

Researchers must also decide on the approach to language within the study. For example, Lauf and Peter outline three language approaches for designing a comparative instrument of analysis: a native language, project language and multi-

---

[4] For example, a term like "online public consultation" may be a common term on government websites in Great Britain, however, the equivalent term in Germany is "Online Dialog" or "Bürger Dialog".

lingual proceeding (Lauf & Peter, 2001; Rössler, 2012). While Lauf and Peter describe three possibilities, Rössler writes that multi-lingual proceeding is overly demanding in terms of resources as all coders must be able to code in all languages to the same level (2012, S. 463). The native language and project language approaches are employed more often. For example, the project language proceeding involves adopting one common language (most often English) for the instrument and each coder only codes content in his/her native language (but using an English instrument). Alternatively, the native language proceeding, which is more demanding, involves translating the instrument in to each language and using native coders for each language.

This is not to say that the project language approach should be taken because it is the most straightforward option, instead researchers must decide themselves on what is possible depending on the resources that are available and the level of language equivalence they want to reach. It is likely that most comparative studies will adopt either the project language proceeding or a mixture of these approaches in order to ensure a higher level of linguistic equivalence. What is more important is that decisions around the development of the instrument and language are considered carefully and that all decisions are documented and explained throughout the development of the instrument of analysis. The same rule also applies to decisions taken around defining government and selecting the sample of analysis as outlined in the previous section. All decisions in comparative studies should be meticulously documented and explained.

12.4 Technological Challenges and Item Equivalence in Comparing Online

While language and cultural considerations are essential in the design of comparative studies, a number of specific technological considerations arise in comparing online communications. For example, in designing a codebook for a content analysis one needs to first decide which platforms to analyse as the codebook needs to be tailored to the platforms that are being analysed (Kronewald, 2014). It is essential to assess which online platforms are comparable in each country, how many platforms are manageable for the content analysis, how many codebooks are needed, how to save content from these platforms, and what type of content can be saved. The answers to these questions will then determine which categories and items can be included in the codebook.

One of the most important considerations is deciding on when to save government online content in order to ensure the content is equivalent. It makes sense to save government communications content outside of election periods as governments (for example, in Germany) can be legally restrained in what they can communicate during an election period (Kocks & Raupp, 2014), while other governments may engage in more politicised government communications during these periods. Also official election periods can vary in length in different countries. In today's turbulent political environment it can be difficult to find a period when no national election, regional election or referendum is taking place, or is on the horizon. Nevertheless, it is important to plan saving data around such election periods and to be aware that normal government communications often stops months ahead of an election and only returns to normal many months after an election has ended. These are important considerations in order to ensure comparable government communications content for each country.

In designing a codebook, a formal approach to designing the items of analysis may seem like a more practical solution for a comparative content analysis. Certain formal questions like "how many followers does a *twitter* page have?" can be answered more easily than content related questions such as "to what extent are tweets personalised?". However, the collection of easily available metrics on social media platforms should be theoretically grounded and related to the research question and not collected simply because they are available (Keyling & Jünger, 2016). In focusing too much on such metrics, a content analysis may overlook other important content on these platforms simply because they are more difficult to code (Keyling & Jünger, 2016).

Regardless of the types of questions in the codebook equivalence still needs to be established for each item/question. It is important to define each item in the codebook, even those that seem self-explanatory. For example, "is there a press section available on the government website?" seems like a simple question requiring a yes or no answer, but does each coder (from different cultural backgrounds) understand what a press section is? For example, is a press section the same as a media section? Every item needs to be strictly defined otherwise such bias "can have devastating consequences on the validity of cross-cultural comparisons" (Van de Vijver & Tanzer, 2004, S. 121).

While there are numerous studies that conduct a content analysis of online political communications both from a single country and cross-country perspective, these studies focus mainly on political party websites, individual politicians, election campaigning, and social movements (Foot et al., 2009; Gibson & Ward, 2000; Jackson & Lilleker, 2004; Nitschke, Donges, & Schade, 2014; Russmann, 2011). Many of their categories of analysis can be adapted to the study of online government communications such as information provision, networking, participation, and promoting interaction and dialogue. However, categories such as mobilisation, campaigning and resource generation are clearly not relevant for government communications. Instead categories such as transparency, non-partisanship, organisational structures and legislation/codes of ethics affecting government communications may be more relevant categories (Sanders & Canel, 2013).

12.5   Testing for Reliability and Validity

Coder training and inter-coder reliability tests are the final critical stage in ensuring that equivalence has been established throughout the methodological design and that the results are reliable and valid (Rössler, 2010). Reliability and validity stand alongside equivalence and bias as the most critical concepts that need to be addressed in a comparative study (Rössler, 2010). However, both coder training and reliability tests can prove more problematic in a comparative study due to multi-lingual codebooks, differing language skills and coding experience amongst coders (Peter & Lauf, 2002, S. 815).

Before proceeding with the inter-coder reliability tests, researchers must carry out extensive training with coders. For the training, coders should be provided with a coding protocol or guidebook, which includes definitions of all items in the codebook and examples of how to answer more demanding questions within the codebook. The coding protocol may need to be written in a number of different languages depending on whether a project language, multi-lingual, or native language proceeding was adopted in the design of the instrument.

A comparative online content analysis of websites and social media involves the use of large amounts of saved data employing a variety of online software and tools. If this is the case, then the coding protocol should also describe how the coder accesses and uses different saved data or platforms to answer different questions in the codebook. All of this needs to be clearly explained in the protocol to ensure reliable results.

Before proceeding with a formal reliability test, it is recommended to carry out a number of informal pre-tests. The purpose of a pre-test is to assess which items/questions don't function, identify any misunderstandings in relation to language, any missing or unclear definitions, the length of time it takes to code, identify possible technical issues (particularly in relation to saved websites and social media pages), and the need for additional filter questions. During each pre-test, the coders should list all problem categories/items and afterwards these can be compared and discussed together, and solutions can be agreed upon (Rössler, 2010). The coder training, protocol, and pre-tests help to expose any remaining method and item bias in the instrument of analysis (Van de Vijver & Tanzer, 2004; Wirth & Kolb, 2004), and ensure reliable and valid final results (Rössler, 2012).

In studies that adopt a project language proceeding (that is, the use of one language such as English), these comparative studies often carry out inter-coder reliability tests for just one country, and use these results to infer that the results are reliable for other countries in the sample (Peter & Lauf, 2002, S. 817). However, inter-coder reliability should be tested cross-nationally and not just intra-country (Peter & Lauf, 2002, S. 815). While this may be the ideal solution, it is unclear within the comparative literature how to actually implement this in practice. It would seem that comparative researchers need to find a balance between the two approaches and that testing for inter-coder reliability within each country (rather than just one country) would be a reasonable compromise.

Throughout the informal pre-test and formal inter-coder reliability test phase, it is essential that researchers carefully document all content used for the reliability tests, any subsequent changes made to the codebook by the research team (after the informal pre-tests, however, no changes should be made once the formal reliability test is carried out), and a recording of the reliability coefficients for the formal reliability test.

12.6   Interpretation of Comparative Results and Outlook for Future Research

As with all comparative studies the end goal is to identify causal linkages between the structural (macro) level and processes of political communication at the organisational and individual level (Pfetsch & Esser, 2012, S. 28). Consequently data interpretation of the empirical results depends "on the researcher having a profound knowledge of the socio-cultural conditions in the countries under study" (Rössler, 2012, S. 464). In the case of government communications, this also requires a knowledge of the organisational structures of government communications (Sanders et al., 2011), and the legal constraints affecting government communications (Holtz-Bacha, 2013; Kocks & Raupp, 2014).

Additionally, government communications takes place in a globalised media environment, and comparative researchers need to be prepared that in interpreting the final results „explanatory variables for certain communication outcomes will no longer come from domestic contexts alone" (Esser, 2014, S. 18). In comparing government websites and social media, comparative researchers must also consider the possible impact of supranational structures beyond the nation state (Esser, 2014, S. 23).

In today's rapidly changing media environment comparative government communications researchers are being faced with ever more conceptual and methodological challenges. Researchers must draw on extensive language, cultural, technological, and political knowledge throughout the entire methodological process. They must also consider how to conceptually and methodologically draw linkages between influencing variables at the global level and communication processes within a country (Esser, 2014; Livingstone, 2012; Norris, 2011). At the same time, this is exactly what makes comparative research so interesting and rewarding!

Future comparative research needs to increasingly incorporate a cross-temporal approach to the use of new digital technologies by governments and political actors. It needs to consider how government use of new media technologies is constantly evolving (Esser & Hanitzsch, 2012), and how different technologies are interacting with each other rather than studying one technology in isolation from another (Wright, 2012, S. 252).

Finally, the risk of comparative research is often an over emphasis on similarities and differences between different countries. However, in trying to understand how governments are adapting social media, an important part of this answer may also lie in the similarities and differences between government organisations and actors within countries. As we analyse and compare how different governments are adapting websites and social media, these within-country variances should also play just as important a role in the overall interpretation of cross-country research (Blumler, McLeod, & Rosengren, 1992).

Literature

Andeweg, R. (1993). A model of the cabinet system: the dimensions of cabinet decision-making processes. In J. Blondel & F. Müller-Rommel (Hrsg.), *Governing Together: The Extent and Limits of Joint Decision-Making in Western European Cabinets, London*, (S. 23-42). New York: St. Martin's Press.

Bennett, W. L., & Segerberg, A. (2012). The logic of connective action: Digital media and the personalization of contentious politics. *Information, Communication & Society, 15*(5), 739-768.

Blumler, J. G., & Gurevitch, M. (1995). *The crisis of public communication*. New York: Routledge.

Blumler, J. G., McLeod, J. M., & Rosengren, K. E. (1992). *Comparatively speaking: Communication and culture across space and time*. London: Sage.

Borucki, I. (2014). *Regieren mit Medien. Auswirkungen der Medialisierung auf die Regierungskommunikation der Bundesregierung von 1982-2010*. Opladen: Budrich.

Chadwick, A. (2011). *The Hybrid Media System: Politics and Power*. Oxford: Oxford University Press.

Coleman, S., & Blumler, J. G. (2009). *The Internet and democratic citizenship: theory, practice and policy*. New York: Cambridge University Press.

Davis, A. (2010). New media and fat democracy: the paradox of online participation. *New Media & Society, 12*, 745–761.

Dunleavy, P., & Rhodes, R. A. W. (1990). Core executive studies in Britain. *Public Administration, 68*(1), 3-28.

Esser, F. (2014). Methodological Challenges in Comparative Communication Research: Advancing Cross-National Research in Times of Globalisation. In M. J. Canei & K. Voltmer (Hrsg.), *Compa-*

ring Political Communication across Time and Space: New studies in an Emerging Field (S. 15-31). New York: Palgrave Macmillan.

Esser, F., & Hanitzsch, T. (2012). On the Why and How of Comparative Inquiry in Communication Studies. In F. Esser & T. Hanitzsch (Hrsg.), *The Handbook of Comparative Communication Research* (S. 3-22). New York: Routledge.

Foot, K. A., Xenos, M., Schneider, S. M., Kluver, R., & Jankowski, N. W. (2009). Electoral web production practices in cross-national perspective: The relative influence of national development, political culture, and web genre. In A. Chadwick & P. Howard (Hrsg.), *Routledge handbook of Internet politics* (S. 40-55). New York: Routledge.

Gibson, R., & Ward, S. (2000). A proposed methodology for studying the function and effectiveness of party and candidate web sites. *Social Science Computer Review, 18*(3), 301-319.

Gibson, R., & Ward, S. (2009). European political organizations and the internet: mobilization participation and change. In A. Chadwick & P. N. Howard (Hrsg.), *Routledge Handbook of Internet Politics* (S. 25–39). New York: Routledge.

Goetz, K. (2003). Executives in Comparative Context. In J. Hayward & A. Menon (Hrsg.), *Governing Europe*. Oxford Scholarship Online. http://www.oxfordscholarship.com/view/10.1093/0199250154.001.0001/acprof-9780199250158-chapter-5. doi:10.1093/0199250154.003.0005

Gurevitch, M., Coleman, S., & Blumler, J. G. (2009). Political communication—Old and new media relationships. *The ANNALS of the American Academy of Political and Social Science, 625*(1), 164-181.

Hallin, D. C., & Mancini, P. (2004). *Comparing media systems: Three models of media and politics*. New York: Cambridge University Press.

Holtz-Bacha, C. (2013). Government communication in Germany: Maintaining the fine line between information and advertising. In K. Sanders & M. J. Canel (Hrsg.), *Government Communication* (S. 45-58). New York: Bloomsbury.

Jackson, N., & Lilleker, D. (2004). Just Public Relations or an Attempt at Interaction? *European Journal of Communication, 19*, 507–533.

Keyling, T., & Jünger, J. (2013). Facepager (Version Version, f.e. 3.3). Retrieved from Source code available from https://github.com/strohne/Facepager

Keyling, T., & Jünger, J. (2016). Observing Online Content. In G. Vowe & P. Henn (Hrsg.), *Political Communication in the Online World: Theoretical Approaches and Research Designs*. New York: Routledge.

Kocks, J. N., & Raupp, J. (2014). Rechtlich-normative Rahmenbedingungen der Regierungskommunikation: ein Thema für die Publizistik-und Kommunikationswissenschaft. *Publizistik, 59*(3), 269-284.

Korte, K.-R. (2002). Regieren in Mediendemokratien *Politische Akteure in der Mediendemokratie* (S. 21-40). Wiesbaden: Springer VS.

Kronewald, E. (2014). Inhaltsanalyse 2.0: International vergleichende Inhaltsanalyse von Social Media. In H. Sievert & A. Nelke (Hrsg.), *Social-Media-Kommunikation nationaler Regierungen in Europa: Theoretische Grundlagen und vergleichende Länderanalysen*. Wiesbaden: Springer VS.

Lauf, E., & Peter, J. (2001). Die Codierung Verschiedensprachiger Inhalte: Erhebungskonzepte und Gütemaße. In W. Wirth & E. Lauf (Hrsg.), *Inhaltsanalyse: Perspektiven, Probleme, Potentiale* (S. 199-217). Köln: Herbert von Halem.

Livingstone, S. (2003). On the challenges of cross-national comparative media research. *European Journal of Communication, 18*(4), 477-500.

Livingstone, S. (2012). Challenges to Comparative Research in a Globalizing Media Landscape In F. Esser & T. Hanitzsch (Hrsg.), *The Handbook of Comparative Communication Research* (S. 415-429-22). New York: Routledge.

Murphy, K., Kocks, J. N., & Raupp, J. (2016). *Different Governments, Different Approaches: Political Participation in the Online Sphere*. Paper presented at the ECPR General Conference 2016, Prague. https://ecpr.eu/Filestore/PaperProposal/569d6a29-04d5-4736-b546-91eba15e601e.pdf.

Nitschke, P., Donges, P., & Schade, H. (2014). Political organizations' use of websites and Facebook. *New Media & Society, 18*(5), 744-764. doi: 1461444814546451.

Nitschke, P., & Murphy, K. (2016). Organizations as an Analytical Category: Conceptual and Methodological Challenges. In G. Vowe & P. Henn (Hrsg.), *Political communication in the online world: Theoretical approaches and research designs*. New York: Routledge.

Norris, P. (2011). Political Communication. In D. Caramani (Hrsg.), *Comparative Politics*. Oxford: Oxford University Press.

Peter, J., & Lauf, E. (2002). Reliability in cross-national content analysis. *Journalism & mass communication quarterly, 79*(4), 815-832.

Pfetsch, B., & Esser, F. (2012). Comparing political communication *Handbook of comparative communication research* (S. 25-47). New York: Routledge.

Przeworski, A., & Teune, H. (1970). *The logic of comparative social inquiry*. New York: Wiley-Interscience.

Rössler, P. (2012). Comparative content analysis. In F. Esser & T. Hanitzsch (Hrsg.), *The Handbook of Comparative Communication Research* (S. 459-468). New York: Routledge.

Russmann, U. (2011). Targeting Voters via the Web: A Comparative Structural Analysis of Austrian and German Party Websites. *Policy & Internet, 3*(3), 1-23.

Rössler, P. (2010). *Inhaltsanalyse* (Vol. 2671). Konstanz: UTB.

Sanders, K. (2009). *Communicating politics in the twenty-first century*. New York: Palgrave Macmillan.

Sanders, K., & Canel, M. J. (2013). *Government Communication*. New York: Bloomsbury.

Sanders, K., Canel, M. J., & Holtz-Bacha, C. (2011). Communicating Governments A Three-Country Comparison of How Governments Communicate with Citizens. *The International Journal of Press /Politics, 16*, 523-547.

Van de Vijver, F., & Tanzer, N. K. (2004). Bias and equivalence in cross-cultural assessment: An overview. *Revue Européenne de Psychologie Appliquée/European Review of Applied Psychology, 54*(2), 119-135.

Vogel, M. (2010). *Regierungskommunikation im 21. Jahrhundert: ein Vergleich zwischen Großbritannien, Deutschland und der Schweiz*. Baden-Baden: Nomos.

Wirth, W., & Kolb, S. (2004). Designs and methods of comparative political communication research. In F. Esser & B. Pfetsch (Hrsg.), *Comparing political communication: Theories, cases, and challenges* (S. 87-111). New York: Cambridge University Press.

Wright, S. (2012). Politics as usual? Revolution, normalization and a new agenda for online deliberation. *New Media & Society, 14*(2), 244-261.

III: Herausforderungen für die Kommunikationspraxis

13. Regierungskommunikation als Herausforderung für die Politikberatung

Marco Althaus

13.1 Einführung

Wer regiert, braucht Berater. Das gilt für die Regierungskommunikation genauso wie für das Leiten und Ausüben staatlicher Macht durch inhaltliche Entscheidungen, Recht, Zwang und Geldströme. Regieren und Beraten sind eng verwoben, seit es Regierende gibt – mithin seit 5.000 Jahren. Seitdem, sagen manche, hat sich an der Grundkonstellation zwischen Entscheidern und in die Politikstrukturen eingeflochtenen Beratern nicht viel geändert (Dror, 1987; Goldhamer, 1978). In jedem Fall ist das Sujet der Beraterwahl, der Beratertypen, des Ratgebens und Ratnehmens an der Staatsspitze seit jeher Bestandteil der Politikanalyse. Schon Aristoteles notierte, die Regenten machten „viele zu ihren Augen, Ohren, Händen und Füßen" (1998, S. 134). Das Grübeln darüber setzte sich fort in Fürstenspiegeln und Regierungskunsttraktaten bis hin zur modernen Fachliteratur über Politikberatung: ein Genre, das in den letzten 15 Jahren viele Regalmeter füllt. Das überrascht nicht. Wer wen wie wann bei was beraten darf, ist eine politische Frage: die politics of advice ist komplex, folgt eigenen Rollen-, Beziehungs-, Konflikt- und Kommunikationsregeln und bildet ein Drama eigener Art im Arkanum der Macht (Meltsner, 1990).

In dieser Umgebung ist Politikberatung zu verorten, die Rat zur Regierungskommunikation gibt oder sie im Auftrag gestaltet. Kommunikation ist eng mit dem Kern- und Alltagsgeschäft exekutiven Handelns verbunden. Die unter Wissenschaftlern populäre Trennung der Konzepte „Kommunikation des Regierens" als Darstellungspolitik und „Regieren durch Kommunikation" als Entscheidungspolitik ist analytisch wertvoll. Doch das eine bedingt das andere. Selten ist eindeutig, wo das eine aufhört und das andere beginnt. Kommunikation ist zugleich Strukturelement und allgegenwärtiges Politikinstrument, das steuert, führt, vermittelt und umsetzt. Kommunikation ist pure Politik und somit von Sach- und Machtfragen durchtränkt. Die gesamte Regierungskommunikation gehört zur Entscheidungspolitik und bildet ein Erfolgskriterium des Regierens (Kretschmer, 2005, S. 155).

Für Berater heißt das: Politikberatung ohne Kommunikationskomponente ist für Regierende selten unmittelbar nützlich; Kommunikationsberatung ohne Rücksicht auf politische Inhalte, Institutionen, Machtstrukturen, Willensbildungs- und

Durchsetzungsprozesse ebenso wenig. Das spricht keineswegs dagegen, arbeitsteilig Spezialisten der Politikberatung einzusetzen. Landläufig wird zwischen Politikfeldberatung (policy advice) und kommunikativer Politikberatung (political consulting) differenziert. Tatsächlich können Welten zwischen beiden Politikberatungsansätzen und ihrem Beratungspersonal liegen. Effektives Zusammenspiel ist aber notwendig.

Kommunikative Politikberatung hat in der Berliner Republik einen viel größeren Stellenwert als in der Bonner. Regierungskommunikation ist mehr denn je gezwungen, durch Hinzuziehen von Beratern ihren Einfluss auf die öffentliche Agenda, ihre Vermittlungs- und Steuerungsfähigkeit, Deutungsmacht und Reichweite zu erhalten. Neue Gesetzgebungs- und Förderprogramme werden regelmäßig mit programmeigenen Kommunikationsetats ausgestattet, die Beraueraufträge nach sich ziehen. Der beratergestützte Trend zum „weichen" Regieren treibt in eine Vielzahl, ja Inflation von Kampagnen und Kommunikationsinitiativen. Auch untereinander stehen die Ministerien in Konkurrenz. In Koalitionsregierungen will jeder Minister und jede Regierungspartei Anerkennung und Zustimmung für eigene Politikprodukte gewinnen. Auch die Ressorts sind egoistisch: Sie demonstrieren wenig Interesse, sich der Gesamtkommunikation der Regierung unterzuordnen. Berater sollen ihren Anteil an der Regierungskommunikation vergrößern helfen. Weniger prominente Ressorts, deren Themen es selten in die Massenmedien schaffen, benötigen Beratung, um sich überhaupt einen signifikanten Anteil zu erkämpfen.

Dieser Beitrag untersucht aus Akteursperspektive institutionelle Bedingungen, Bedarfe und Praxis der Politikberatung für die Regierungskommunikation. Er behandelt drei Herausforderungen. Der erste Abschnitt erörtert Routinekonflikte im Regierungshandeln, die sich aus Kompetenzen, Strukturen und Abläufen der Ministerialverwaltung ergeben. Der zweite Abschnitt befasst sich mit der Reformkommunikation, also Aufgaben bei Schwerpunktprojekten einer Regierung, die über Routinepolitik hinaus umfassende Veränderung bewirken sollen. Der dritte Abschnitt widmet sich der Frage, wie Politikberatung eingesetzt wird, um Ansätze, Technologien und Instrumente der Regierungskommunikation an eine Medienwelt im Wandel anzupassen.

Der Beitrag stellt den Fokus auf die deutsche Bundesregierung und ihre externen Kommunikationsspezialisten, die professionelle Expertise in die internen Regierungsabläufe einbringen oder ausführende Dienstleistungen für die Regierungskommunikation erbringen. Sie sind eng an die internen Berater der Regierung gekoppelt. Daher werden auch diese mitbetrachtet. Nur am Rand erwähnt werden andere Akteure der weitläufigen Politikberatungs-Landschaft: Beratungsgremien, Kommissionen und Beiräte, Einrichtungen der Parlamente und Parteien, wissenschaftliche Forschung sowie advokatisch-lobbyistische Politikberatung durch Verbände, Unternehmen, Non-Profit-Organisationen, diplomatische Vertretungen und internationale Organisationen.

Idealtypisch könnte der Begriff Beratung auf die Bedeutung von Konsultation verengt werden, also Wissenstransfer, Reflexion, Irritation und Moderation, Vorschlag, Empfehlung und Rat in Entscheidungsprozessen. In diesem Sinne wäre kommunikative Politikberatung von operativ ausgerichteten PR-Dienstleistungen scharf zu unterscheiden: „Beratung ist nicht Entscheidung und Beratung ist nicht Umsetzung" (Röttger & Zielmann, 2012, S. 145). Die tatsächlich bei der Bundesregierung geübte Consulting-Praxis sieht aber anders aus, und dieser Realität wird der Beitrag folgen. Sie kennt verschiedene Interaktionsweisen und rückt von Fall zu Fall mal näher an Grundfragen und Konzeption, mal näher an die Exekution. Berater können als Innovationspartner ins Kompetenznetz der Regierung gleichsam eingebettet werden, wobei beide komplementäre Fähigkeiten entwickeln und gemeinsam die Leistungstiefe erhöhen. Berater beraten nicht nur, sie führen aus und sind Zulieferer oder verlängerte Werkbank. Sie sind Koproduzenten der Regierungskommunikation. Ist ihre Politikberatung dann strategisch oder nur operativ? Die ausgeformte Abgrenzung ist schwierig. Denn in der Praxis der Politikberatung werden strategische Aspekte stets „mehr oder weniger explizit mitgeführt" (Tils, 2005, S. 273). Ob die Berater aber tatsächlich Zugang zu strategischen Entscheidungszentren haben und dort Einfluss nehmen, muss gefragt werden.

13.2 Herausforderung: Routinekonflikte im Regierungshandeln

Politikberatung muss passfähig sein: Sie muss sich in die Strukturen, Abläufe und Binnenkultur der Regierung einfügen und akzeptiert werden. Doch das ist bereits im Routinehandeln einer Regierung konfliktbeladen. Dieser Abschnitt geht zunächst Organisationsfragen nach. Er untersucht dann die Einbindung externer Berater im ministeriellen Kernbereich Gesetzesproduktion sowie Trends zum „weichen Regieren". Im Anschluss betrachtet er die Frage, ob Beratungsfirmen im Routinefall eher als strategische Politikberater oder operative Umsetzer agieren.

Politikberater und Organisationsfragen

Die erste Barriere für externe Berater ist die öffentliche Auftragsvergabe. Schon das nationale Vergaberecht ist ein Dschungel, und das EU-Recht setzt bereits ab einem Auftragsvolumen von 135.000 Euro für oberste Bundesbehörden einen Schwellenwert, der freihändige Vergabe unmöglich macht. Er zieht ein formales, kompliziertes Ausschreibungs- und Wettbewerbsverfahren nach sich. In diesem ist zu erwarten, dass die Regierung hart um den Preis verhandelt und sich um Honorarsätze des privatwirtschaftlichen Marktes wenig schert. Sie weiß: Dutzende kompetente Anbieter drängen sich um Aufträge, die verlässlichen Zahlungseingang und Reputation garantieren.

Das Gebiet ist voller Fußangeln. Manche Ausschreibung wird gestoppt, wenn sich das Ministerium im Regelwerk verheddert. Eine Bewerbung erfordert den Geld- und Personalaufwand von Dutzenden, wenn nicht Hunderten Arbeitsstunden, um Formulare präzise fehlerfrei auszufüllen, Leistungsnachweise zusammenzustellen, Kalkulationen und wettbewerbsfähige Kreationen – nicht nur Skizzen – präsentieren zu können. Das ist ein hohes Risiko:

> „Der Schritt vom Investieren zum Verheizen ist damit schnell genommen. Nur eine Agentur kann letztlich den Zuschlag bekommen, und es ist davon auszugehen, dass rund eine halbe Million Euro an Honoraren von allen Agenturen der Vor- und Endrunde zusammengerechnet investiert werden, um einen begehrten Etat zu gewinnen. Das Geld ist für die ausgeschiedenen Agenturen (abgesehen von den kleinen Aufwandsentschädigungen) verloren." (Anon., 2006, S. 216)

Kleine Bieter sind daher wirtschaftlich, organisatorisch und fachlich schnell überfordert. Bei Einzelprojektverträgen in der Nische sind ihre Chancen noch gut. Bei großvolumigen Kampagnen oder mehrjährigen Rahmenverträgen zur Dauerbetreuung kommen sie nur in einem Agenturpool bzw. einer Bietergemeinschaft zum Zuge. So ist kein Wunder, dass bei Großaufträgen und Leitagentur-Funktionen stets dieselben Firmen auftauchen, etwa Scholz & Friends, Zum Goldenen Hirschen, Init, EdelmanErgo, FischerAppelt, Ketchum, WeDo, Johanssen + Kretschmer, MSL, FleishmanHillard oder MediaConsulta – Full-Service-Agenturen mit erheblichem Personalbestand, Spezialteams für politische Kommunikation und Politikfeldexpertise. Die Zahl der Agenturen, die sich regelmäßig um Bundesregierungs-Aufträge bewerben, liegt nach Beobachtung des Autors seit Langem konstant nur bei etwa zwei Dutzend. Sie haben langjährige Beziehungen zu den Ministerien, man kennt sich. Trotz des strikten Vergaberechts haben parteipolitische Nähe, Koalitionsarithmetik und Ressortkonkurrenz oftmals Einfluss auf die Partnerwahl.

Externe Berater für politische Kommunikation finden ihre wichtigsten Partner in Organisationseinheiten, die für Kommunikation zuständig sind. Dort ist jedoch nur ein kleiner Teil des rund 18.000 Stellen (gut 11.000 in Berlin) umfassenden Regierungspersonals beschäftigt: 2014 zählten die 14 Ministerien nur 197 Stellen zur Presse- und Öffentlichkeitsarbeit; der Gesamtbestand des Bundespresseamts lag bei 482 Stellen, umfasste aber zahlreiche technische Funktionen (Bundesregierung, 2014). Minister genießen Organisationshoheit. Dennoch gibt es in Ministerien eine typische Struktur. Funktionen wie Presse- und Öffentlichkeitsarbeit, Internet, Reden, Veranstaltungen und Bürgerdialog gehören zu Leitungs- und

Kommunikationsstäben. Diese bilden auch das Dach für Ministerbüro, Referate für Kabinetts- und Parlamentsbeziehungen, Grundsatzfragen und politische Planung.

Die Berater selbst bleiben in der Regel Externe. Nur in Ausnahmefällen bezieht ein Beraterteam Schreibtische im Ministerium (z.B. als Online-Redaktionsbüro). Für Berater ist kritisch, wie gut die Stäbe mit der Linienorganisation kooperieren. Stäbe benötigen das detaillierte Fach- und Verfahrenswissen der Linie, wo die Kernarbeit eines Ministeriums geleistet wird. Nicht immer gelingt die Zusammenarbeit gut. Öffentlichkeitsarbeiter sind, so eine verbreitete Klage, „in weiten Teilen auf sich gestellt, ohne gemeinsames Projektverständnis mit den übrigen Referaten und Abteilungen, mit strenger Trennung von Fach- und Kommunikationsarbeit" (Gasde, 2006, S. 421).

Betrieblich gesehen ist Stabsarbeit eine sekundäre Geschäftstätigkeit. Bei eng begrenzter Entscheidungsautonomie und Ressourcenverantwortung stehen Stäbe außerhalb der in Ministerien ausgeprägten Hierarchie. Die Distanz wächst, je mehr die Stäbe öffentlichen statt internen Ansprüchen dienen. Für die Linie sind sie dann nicht mit dem Tagesgeschäft verzahnte Servicestellen, sondern eher ein Störfaktor, der Misstrauen auf sich zieht. Das Phänomen gibt es in Organisationen aller Art. Bei Ministerien kommt hinzu, dass die Linie überwiegend aus Berufsbeamten (meist Juristen) besteht, Leitungsstäbe oft mit Politik- und Medienpersonal auf Zeit besetzt werden. Stäbe sind zuerst dem Politiker an der Spitze verpflichtet, nicht dem Korpsgeist des Hauses. Die so entstehende Rivalität ist auch eine zwischen policy und politics, also zwei Richtungen der Politikberatung (Althaus, 2013, S. 5).

Es wäre nun völlig falsch, die Fachbeamten als politisch unbedarfte Büro- und Expertokraten einzustufen. Nicht alle Ministerialbeamten sind hoch politisiert, aber viele sind es. Dabei sind sie allerdings, um eine Anleihe am US-Politikjargon zu nehmen, eher policy wonks als political hacks. Ihr Bezugssystem sind abgezirkelte Politikfelder mit ihrem Subsystem der Fachkreise, zu denen Ministerien, Fachbehörden, Fachpolitiker im Parlament, organisierte Interessen, Wissenschaftler, Denkfabriken und Fachjournalisten gehören. Ihre Vertrauensposition als interne Politikberater – und auch ihre Karriere – hängt von ihrem Standing als Experte, Makler und Manager im Netzwerk der policy community ab. Dort verfolgen sie inhaltliche oder machtpolitische Ziele. Ihre Kompetenz liegt darin, inhaltliche Vorschläge im Kontext des Ressort- oder Regierungsprogramms zu verorten, das Verhalten anderer Fachleute zu antizipieren oder zu beeinflussen und Verfahren zu lenken: Das ist ihre "political craft", eingesetzt in einem weit über ihr Referat oder Haus reichenden persönliche Informations- und Kontaktnetzwerk (Goetz, 1999, S. 149). Doch in der Szene der Medienarbeit oder gar der Kampagnenmacher sind sie Fremdlinge.

Allerdings sind Berufsbeamte auch in Leitungs- und Kommunikationsstäben zu finden. Sie rotieren auf Zeit aus der Linie. Externe Berater finden dann einen in Mediendisziplinen wenig beschlagenen Partner vor. Umgekehrt finden Seiteneinsteiger aus dem Stab gelegentlich einen Platz in der Linie. So mancher Referats- oder Unterabteilungsleiter hat einen Politik-, Consulting- oder Medienhintergrund. Das mag Beratern die Zusammenarbeit mit Fachreferaten erleichtern. Denn Kommunikationsetats werden keineswegs nur von Kommunikationsstäben bewirtschaftet. Ministerien bringen solche Gelder auch in Fachtiteln des Ressorthaushalts unter: nicht als Öffentlichkeitsarbeit markiert, sondern für „programmbezogene Informationsmaßnahmen" und Regie- und Servicestellen, für Redaktion, Konzeption, Recherche von Fachtexten, Broschüren und sonstigen Publikationen, audiovisuelle Produkte, Plakate, Micro-Websites, Apps, Veranstaltungen und Ausstellungen bis hin zu Kleinkampagnen. Weil es nicht im Sinne von Haushaltswahrheit und -klarheit ist, mag das Opposition und Bundesrechnungshof stören (Bundesregierung, 2005). Aber es ist normal, dass Fachreferate Berater beauftragen (Seitz, 2014, S. 248).

Dafür gibt es fachliche und haushaltspolitische Gründe. Die Kommunikationsaufgabe mag so nah an der Kernarbeit eines Referats liegen, dass es selbst über einen eigenen „Topf" verfügen soll. Politisch wird das Versteckspiel mit Haushaltstiteln betrieben, weil der Bundestags-Haushaltsausschuss die Gelder bewilligen muss. Der zentrale Titelansatz für Presse- und Öffentlichkeitsarbeit wird von der Opposition pingelig und kritisch beobachtet, zuweilen öffentlich thematisiert. Aber auch nicht-oppositionelle Abgeordnete können finden, Geldmittel seien besser in der Facharbeit aufgehoben. Für die koordinierende Kommunikationsleitung im Ministerium folgen daraus Mehraufwand und Abstimmungsschleifen bei der Bewirtschaftung; die haushaltsrechtliche Trennung verengt den Spielraum für unvorhergesehene Aufgaben (Gasde, 2006, S. 416). Das kann auch die externen Berater frustrieren. Auf der anderen Seite kann die Auftragsvergabe durch Fachreferate für Berater lukrativ sein: Der Unterstützungsbedarf ist groß, also lagern sie relativ viele Ausgaben aus (Seitz, 2014, S. 248-9).

Politikberater und Gesetzesproduktion

Wichtigste Aufgabe der Bundesregierung ist die Normenproduktion: „Ministerien sind Vorschriftenwerkstätten" (Smeddinck, 2006, S. 156). Das gilt jedenfalls für den Bund, nicht für Länderministerien, die vorrangig verwalten. Der Ausstoß ist ungeheuer. Die Parlamentsstatistik der 17. Wahlperiode (2005-13) zählt über 900 in Bundestag und Bundesrat eingebrachte Entwürfe und 543 Verkündungen (Bundestag, 2013). In der 18. Wahlperiode (2013-17) wurden fast 800 Vorhaben eingebracht und 542 Gesetze verkündet, fast 90 Prozent als Regierungsvorlagen (Bundestag, 2017). Es hat viele Gründe, warum so viele Gesetze entstehen. Nicht unterschätzen sollte man diesen: „Die Gesetzgebungsmaschine ist da, also produziert sie" (Kloepfer, 1982, S. 73).

Im Prinzip ist jedes neu verkündete Gesetz ein Anlass zur Kommunikation, womit potenziell Beratungsbedarf entsteht. Tatsächlich ist es nicht ungewöhnlich, dass Einzelgesetze multimediale PR erhalten. Für politisch sehr wichtige Normenpakete mit Breitenwirkung investieren Ministerien viel Geld und legen auch Wert auf innovative Aufmerksamkeitsfänger. Ein Beispiel: Ab 2014 ließ Gesundheitsminister Hermann Gröhe die milliardenschweren Pflegestärkungsgesetze I-III durch die Agentur Scholz & Friends begleiten (Etat: sechs Millionen Euro). Die Berater konzipierten etwa eine digitale Storytelling-Kampagne, emotionalisiert und personalisiert durch die bewegende Erzählung über eine ehemalige Fernfahrerin, die im Altenheim Senioren betreut (Rentz, 2015).

Die Regierung ist zur Information über die Rechtslage verpflichtet. Sie will zur richtigen Nutzung und Befolgung anleiten, also Akzeptanz und Vollzug erleichtern. Sie will ihre Problemlösungskraft belegen und ihre eigene Produktivität darstellen. Was eignet sich besser für eine Erfolgsbilanz als ein neues Gesetz? Gesetze dienen, wie Kloepfer (1982) herausstreicht, auch strategischen und taktischen Zwecken, als Imagebonus, als Karrierevehikel, als Camouflage und Nebelkerze, als Parteisymbol und für anderes mehr:

> „Gesetze können gerade auch der persönlichen politischen Profilierung von Ministern und Ministerialbürokraten dienen: das Gesetz als Ministerdenkmal oder als Instrument der Karriereverbesserung für Beamte. Schließlich vermag ein Gesetzgebungsverfahren auch Entscheidungsschwächen der Regierung oder der Verwaltung zu tarnen, indem man das, was als exekutiver Staatseingriff an sich bereits legal wäre, als ein gesetzgeberisches Regelungsproblem bezeichnet und dann angekündigte Gesetzgebungsverfahren nicht einleitet oder doch nur schleppend betreibt. In Verleugnung seiner dienenden Funktion kann das Gesetzgebungsverfahren fast zum politischen Selbstzweck werden, bei dem dann das Gesetz eher eine unwichtige Folge denn eigentliches Ziel des politischen Bemühens ist. Das zeigt sich z.B. dann, wenn das Gesetzgebungsverfahren primär als Mittel zur politischen Selbstdarstellung oder zur politischen Selbstvergewisserung, zur Integration des eigenen politischen Lagers bzw. zur Desintegration des Gegners dienen soll." (Kloepfer, 1982, S. 72)

Der Großteil neuer Gesetze aber wird weder aktiv mit Kommunikationsmaßnahmen begleitet, noch hinterlässt er in der breiten Öffentlichkeit Spuren. Die Regierungskommunikation wäre – mit oder ohne Berater – völlig überlastet, wollte sie das ändern. Bei den meisten Gesetzen (und erst recht bei nichtparlamentarischen Rechtsverordnungen) fehlen der Wille politischer Akteure und das Medieninteresse, Gesetzgebungsverfahren öffentlichkeitswirksam zu politisieren. Die meisten Gesetze sind marginale Routineanpassungen, technisch und speziell. Selbst die Abgeordneten, die sie beschließen, nehmen davon kaum Notiz. Die interessierte kleine Fachöffentlichkeit wird über Lobbygruppen bedient. Das Nicht-

Engagement der Regierungskommunikation und das Fehlen medialer Öffentlichkeit ist nicht automatisch im Sinne der Fachreferate: Nach Tils (2002) schränkt dies ihre Spielräume stark ein, weil sich der Einfluss von Lobbygruppen und Verwaltungsakteuren nicht ausbalancieren lasse.

Im Umkehrschluss wäre bei Gesetzen, die öffentlich punkten sollen, frühzeitige Mitwirkung der Kommunikatoren und ihrer Berater an der Normgenese von großem Nutzen. Das Mitdenken schon bei Namen, Begriffen, Zieldefinition und Zielgruppenwirkung sowie bei ersten Diskussionen mit Interessengruppen könnte spätere Vermittlung erleichtern. Doch ist es keine Ausnahme, dass Kommunikatoren erst planmäßig hinzugezogen werden, wenn sich ein längst abgestimmter Referentenentwurf in Richtung Kabinettstisch bewegt, um dann zu Bundesrat und Bundestag ins „Äußere Gesetzgebungsverfahren" zu gelangen. Die Regierungskommunikation erhält in der Regel ein (fast) fertiges Produkt, das dann – teils aus Zeitnot und internem Ressourcenmangel – an Berater und Dienstleister zum Weitertransport übergeben wird. Ein Idealzustand ist das nicht, aber Routineverhalten.

Das Problem beginnt schon damit, dass die Gesetzgebungsproduktion oft beginnt, ohne dass der Minister einen politischen Gestaltungsauftrag gibt. Es wäre verfehlt zu glauben, dass die Ministerialbeamten darauf warten (Busse, 2010, S. 225). Der Leitung ist es zudem nicht unrecht, wenn die Arbeitsebene ohne Kenntnisnahme der Leitung Vorarbeiten erledigt, für die der Minister politisch nicht „in Haftung" genommen werden kann (S. 227). Auch das beschränkt die Chancen der Regierungskommunikation und etwaiger Berater, sich früh zu engagieren.

Das „Innere Gesetzgebungsverfahren" ist ein abgeschirmter Bereich informeller Binnenkommunikation. Unter den Fachreferaten des federführenden Hauses sowie beteiligter Ressorts herrscht reger Verkehr. Hier wird sachlich beraten und verhandelt – oder subversiv taktiert, obstruiert und getrickst, was gezielte „Durchstechereien" an Medien und Multiplikatoren einschließen kann. Das Verfahrensmanagement der Gemeinsamen Geschäftsordnung der Bundesministerien (GGO) spiegelt nur zum Teil wider, was tatsächlich geschieht. Konkurrenzgehabe, Negativkoordination und Informationsblockaden an Fach- und Hierarchiegrenzen gehören zur Routine. Gerungen wird um Federführung und Beteiligung, wer mit wem verhandelt, wer Termine und Tagesordnung für Abstimmungskonferenzen oder Fristen für Stellungnahmen setzt, wer Vorlagen liefert, wer das Protokoll führt, wer welchen Sachverstand aus der Lobby, Beiräten oder Wissenschaft mobilisiert, Länderressorts oder Fachpolitiker aus Fraktionen und Ausschüssen beteiligt (Smeddinck, 2006, S. 166-171). Zu beobachten ist dabei auch, wie unterschiedliche Handlungslogiken miteinander konkurrieren: die (keineswegs dominierende) Fachlogik rationaler Problemlösung, die juristische Logik ausgereifter

Gesetzestechnik, die auf effiziente Machbarkeit zielende Verwaltungsvollzugslogik, und politische Logik, der es um Machterhalt und öffentliche Zustimmung geht (S. 173).

In dieser intra- und interministeriellen Gemengelage kommt im Normalfall das planvolle Nachdenken über externe Vermittlung zu kurz. „Erst die Inhalte, dann die Kommunikation" ist das Muster, bei dem aber de facto früh die Vermittlungsrichtung vorbestimmt wird; das Ergebnis ist „Appendix-Kommunikation" frühestens in der Entscheidungsphase (Ruhenstroth-Bauer, 2008, S. 61). Damit wird auch das Beraterpotenzial nicht ausgeschöpft

Politikberater und „weiches" Regieren

Gesetze sind nicht das einzige Produkt der Ministerien. Sie haben – programmbezogen im Rahmen der Haushaltsgesetze – erhebliche Fördermittel zur Verfügung. Wer Geld ausgeben kann, kann gestalten. Subventionen fließen aber nicht von selbst schnell und wirksam an die Adressaten. Vielfach bedarf es flankierender Kommunikation, die die Förderanreize bekannt macht, Adressaten motiviert und die Nachfrage stärkt. Ein Beispiel liefert das Wirtschaftsministerium im Politikfeld Energiewende mit der „Energieeffizienz-Offensive". Um 17 Milliarden Euro Subventionen bei Unternehmen, Eigenheimbesitzern und Kommunen zu platzieren, startete das Haus 2016 eine 15-Millionen-Euro-Kampagne. Es ging in ihr nicht um spröde Sachinformation über Beihilfen für Sanierung, Dämmung, Abwärmenutzung und intelligente Stromzähler. „Deutschland macht's effizient" setzte Energieeffizienz als Lifestyle in Szene. Die Agentur Init tourte mit der stromerzeugenden Minidiskothek „DanceCube" und einer „SelfieBox" nebst Digitalleinwand „für das größte Selfie der Stadt" durchs Land und schaltete den Kinospot „Geiles Haus" im Musikvideostil (mit Partystimmung in einem unsanierten Haus) sowie eine Plakatserie, auf der ein Astronaut auf dem Sofa vor dem Ofen hockt („Effizient ist, an den Heizkosten zu sparen. Nicht an den Reisekosten."), ein alter Hippie vor dem Kühlschrank steht („Effizient ist, mit dem Kühlschrank zu sparen. Nicht an der Coolness.") oder drei Nackte im Bett kuscheln („Effizient ist, die Energie zu sparen. Nicht die Wärme."). Die Deutsche Umwelthilfe kommentierte bissig: „Statt eine Kampagne mit flotten und nicht immer lustigen Sprüchen zu fahren, hätte man das Geld besser den Verbraucherzentralen in die Hand gegeben, die die Leute direkt beraten können" (Kern, 2016). Vielleicht. Aber das Ministerium zielte auf breiten „Bewusstseinswandel" (BMWi, 2016).

Das Anstoßen von Lernprozessen gehört ebenso zum Repertoire „weichen" Regierens. Freiwillige Partner und Multiplikatoren werden gesucht, Pilotprojekte, Leitfäden, Benchmark- und Best-Practice-Lösungen beworben, Weiterbildung, Forschung, Erfahrungsaustausch und Vernetzungstreffen gefördert. Immaterielle Anreize, Ermunterungen und Ermahnungen sind die Interventions-Werkzeuge.

Kommunikation steht im Mittelpunkt dieses Politikansatzes, denn er beruht auf Einsicht und Freiwilligkeit. „Weiches" Regieren kann als zeitgemäßer Governance-Ansatz interpretiert werden, d.h. als kooperative, koordinierende, verhandelnde und persuasive Regierungsweise – oder negativ als konfliktscheue Alibi-, Pseudo- und Ersatzpolitik. Verzicht auf „harte" Politik mit Geld, Geboten und Verboten verringert das Risiko der Kollision mit organisierten Interessen. Agrarminister Christian Schmidt rechtfertigte 2016 die Vielzahl „weicher" Vorstöße seines Hauses so: „Ich bin verantwortlich für Themen, bei denen eben gerade nicht mit dem Gesetz auf den Teller gegangen werden kann, sondern wir müssen zivilgesellschaftlich arbeiten" (Edelhoff & Salewski, 2016). Das ist keine Domäne von Bundesministerien, ergo benötigen sie Beratung.

Ablesen lässt sich der Trend auch an Regierungsvokabeln. Immerzu spricht sie von „Projekten", die in „Aktionsplänen", „Zukunftsinitiativen", „Offensiven", „Plattformen", „Netzwerken", „Runden Tischen", „Aktionsbündnissen" oder „Dialogen" gebündelt werden. Die Wortwahl entspricht den Ansagen beim Amtsantritt: Der Koalitionsvertrag 2013 enthielt auf 185 Seiten 110-mal „Programm", 63-mal „Initiative", 47-mal „Projekt", 41-mal „Dialog", 21-mal „Plattform", 20-mal „Netzwerk" und 12-mal „Aktionsplan" (CDU, CSU, SPD, 2013)

Ermuntern und Ermahnen ist das klassische Feld von Aufklärungskampagnen. Sie fallen stärker auf als Informationskampagnen. Inzwischen wagen sich Ministerien weit vor. Das Umweltministerium ließ im Rahmen der „Nationalen Klimaschutzinitiative" die Agenturen Tinkerbelle und fairkehr 2014 eine Online-Kampagne „Zusammen ist es Klimaschutz" (Etat: 1,5 Millionen Euro) platzieren. Wie die Energieeffizienz-Kampagne des Wirtschaftsressorts ging es um das Einsparen von Strom- und Heizkosten. Zwischen witzig, gewagt und geschmacklos zeigten Videos eine Tochter, die die hechelnden Eltern beim Wohnzimmer-Sex ertappt und dann das Licht löscht, oder eine Ehefrau, die den Lärm aus dem Garten durch Fensterschließen ausblendet, während ihr Gatte draußen von Zombies zerfleischt wird (Stern.de, 2014). Die Kampagne löste Kontroversen aus, stieß aber auf hohe virale Netzresonanz und Medienzuspruch. „Jetzt ist der Beweis da: Erfolgreiche Ministeriumskampagnen dürfen auch mutig und lustig sein", stellte Tinkerbelle fest und wurde im Folgejahr mit einem zweijährigen Rahmenvertrag belohnt, um „Aufbruchstimmung für Klimaschutz und Ressourcenschonung" zu erzeugen (Adler, 2015).

Tinkerbelle provozierte bald darauf mit einer 1,6 Millionen Euro teuren Kampagne, mit der das Umweltministerium eine Debatte über naturverträgliche Landwirtschaft und eine EU-Agrarförderungsreform anstoßen wollte. Im Zentrum standen elf satirische „Bauernregeln" wie „Haut Ackergift die Pflanzen um, bleiben auch die Vögel stumm" oder „Steht das Schwein auf einem Bein, ist der Schweinestall zu klein." Agrarverbände fanden diese impliziten Attacken auf konventionelle Landwirtschaft nicht komisch und sprachen von Diffamierung. „Ministerien müssen in ihrer Kommunikation anderen Ansprüchen genügen als Aktivisten oder Nichtregierungsorganisationen", ließ der Deutsche Bauernverband wissen (Schobelt, 2017). Diverse Agrarminister stellten sich hinter die erregten Bauern, nicht zuletzt Bundesminister Schmidt. Umweltministerin Barbara Hendricks antwortete per offenem Brief, in dem sie ihm Blockaden in der Gesetzgebungsarbeit vorwarf. Hendricks belehrte ihn außerdem:

> „Öffentlichkeitsarbeit hat die Aufgabe, Aufmerksamkeit zu erzeugen und darüber zum Mitmachen anzuregen. Deshalb unterscheidet sie sich auch von ministeriellen Fachtexten. Natürlich ist dabei nicht alles erlaubt und selbstverständlich gilt es, dabei Anstand und Respekt zu wahren. Diese Grenzen überschreiten die Bauernregeln durchweg nicht. Erst durch die bewusste Fehldeutung, es handele sich um eine Kampagne gegen die gesamte Landwirtschaft, wird doch ein Zungenschlag herbeigeredet, den es in den Aussagen auf den Plakaten gar nicht gibt." (BMUB, 2017a)

Doch auch eigene Parteifreunde fielen Hendricks in den Rücken, im Netz rollte eine aggressive Protestwelle, und nur fünf Tage später stoppte Hendricks die „Bauernregeln"-Kampagne ganz. Sie entschuldigte sich per Video:

> „[Ich möchte] zu Ihnen, den Landwirtinnen und Landwirten, sprechen, die vielfach mit Ablehnung und mit Empörung auf die Kampagne reagiert haben. Viele von Ihnen geben mir Recht darin, dass sich etwas ändern muss in der Art und Weise, wie wir in Deutschland Landwirtschaft betreiben. Gleichwohl sehen Sie sich durch die Aufmachung der Kampagne persönlich angegriffen oder sich in ihrer Berufsehre verletzt. Das tut mir leid – mir ganz persönlich, denn das war selbstverständlich niemals meine Absicht." (BMUB, 2017b)

Der Streit um Agrarschäden ist eine strategische Kontroverse in einem Politikfeld voller Interessengegensätze, da wird auch rüde gerempelt – zumal, wenn ein Wahlkampf heraufzieht. Sicher waren weder Berater noch Ministerium naiv bei den „Bauernregeln": Sie dürften robuste Auseinandersetzungen und eine Spaltung der Öffentlichkeit in Kauf genommen haben, um die Aufmerksamkeit zu erhöhen. Ob das der Preis – einschließlich des Kotaus der Ministerin und der durch den Stopp verlorenen Schaltkosten – es wert war, ist eine Abwägungsfrage.

Bedenklich ist, wenn Berater die Regierung in einen Aufmerksamkeitswettlauf um jeden Preis hineintreiben – mit schrillen Tönen, Tabubrüchen und impliziten Attacken auf Gesellschaftsgruppen, dazu in Negation des Minimalanspruchs auf integrierte Kabinettskommunikation. Berater und Auftraggeber tragen gemeinsam Verantwortung für angemessenen Stil sowie politische Rücksichtnahme. Regierungskommunikation war lange gleichbedeutend mit respektvoller, seriöser, gemäßigter, ausbalancierter Tonlage: staatstragend eben. Das ist nicht mehr so.

Die Vermutung liegt nahe, dass die Beratungsfirmen erheblich zur Enthemmung beigetragen haben, indem sie den Bild- und Sprachstil der Markenkommunikation übertrugen. Augenfällig wird dies bei der sexualisierten Werbung. Hier sind nicht Kampagnen der Bundeszentrale für gesundheitliche Aufklärung gemeint, sondern Sexmotive als Lockmittel für völlig unerotische Politikinhalte. Die erwähnten Motive zu Energieeffizienz und Klimaschutz sind längst nicht die einzigen Beispiele und auch keine Premiere. Schon 2001 plakatierte die Agentur Zum Goldenen Hirschen für das Umweltministerium eine junge Frau mit der Aussage „Mehr Sex" im Kontext der Ökosteuer. „Wer öfter mal das Licht aus macht, wird belohnt", hieß es (Tagesspiegel, 2001). Sex sells, und die Regierungskommunikation will weder prüde noch spießig sein. Wie aber passt das zu den Arbeiten der Bundesregierung an einem Gesetzentwurf zum Verbot sexualisierender Werbung, die „Nacktheit übertrieben herausstellt" und keinen „sozialen akzeptablen Zusammenhang" zwischen Produkt und Präsentation herstellt (Schümer, 2016)?

Nicht nur zu schrille Töne, auch zu viele Kommunikations-Feldzüge der Regierung stellen einen Missstand dar. So warnt etwa der Sozial- und Gesundheitspräventionsexperte Klaus Hurrelmann vor einer Inflation amtlicher Kampagnen und Kommunikationsinitiativen: „Wir haben eine richtige Kampagneritis in den letzten Jahren, eine nach der anderen wurde auf die Bürger losgelassen. […] Zu viele Kampagnen, zu viele auch von unterschiedlicher Reichweite und mit unterschiedlichen Themen, die können das Gegenteil dessen erreichen, was sie vielleicht wollen" (Edelhoff & Salewski, 2016). Hurrelmann meint vorrangig den Abnutzungseffekt. Zu denken ist aber auch an die schwelende Debatte über einen überfürsorglichen, moralisierenden Nanny- und Vormundschaftsstaat. Zum Teil will „weiches" Regieren Bürgern schlechtes Verhalten erzieherisch austreiben – und das in vielen Lebensbereichen. „Volksbelehrung: Wie die Politik erziehen will" betitelte das TV-Magazin Panorama 2016 eine kritische Durchsicht von Kampagnen der Bundesregierung. Da fanden sich „Aktion Hülsenfrüchte – echte Alleskönner" über das Kochen mit Bohnen, „Kinder-Garten im Kindergarten" über naturnahe Kitas, „Leben braucht Vielfalt" zur Biodiversität, „Hut ab, Helm auf!" und „Aggression ist nicht lustig" zum Verkehr, „Deutschland sucht den Impfpass", „Aktion Schattenspender" über Extremhitze, „Jedes Alter zählt" zur Demographie, „Du bist die Stadt" über Wohnraumkosten, „Aktion Regenwurm" zur Bodenlockerheit, „Forum Waschen" über nachhaltiges Spülen und Reinigen, „Zu gut für die Tonne" über Essensreste, „Bienen füttern" über insektenfreundliche Balkonblumen, „Macht Dampf!" über Schulessen oder „Check deine Dosis" zu Energyshots (Edelhoff & Salewski, 2016).

So aufgelistet, gerät Regierungskommunikation ins Lächerliche. Das ist vielleicht unfair. Aber die Frage muss erlaubt sein, ob die am Umsatz der „Kampagneritis" hängende Consultingbranche noch in der Lage ist, zum Verzicht auf schnelle Kommunikationsfeuerwerke zu raten, die zwar mediale Aufmerksamkeitsresonanz, aber wohl kaum messbar reale Verhaltensänderungen liefern. Hier wäre profunde Evaluation nötig. Allerdings ist Evaluation in der Regierungskommunikation schwierig, teuer und politisch riskant; sowohl Auftraggeber wie Berater haben nur begrenztes Interesse daran (Althaus, 2006; Röttger, 2014). In jedem Fall haben Regierungskampagnen im Vergleich zur Privatwirtschaft zu kleine Budgets, geringere Penetration und hohe Streuverluste. Die Wirkungsrhetorik großer Kampagnen entfaltet sich kaum, und die Auseinandersetzung mit den politischen Botschaften ist meist oberflächlich, stellt Heinze (2012, S. 208) fest. Allein mit medialen Kreativschüben lenkt man kein Verhalten dauerhaft um. Das erklärt das erwachende Interesse an verdecktem Nudging auf Basis der Verhaltensökonomieforschung. Damit befasst sich, inspiriert vom Ausland, seit 2015 eine Kanzleramts-Arbeitsgruppe „Wirksam regieren" und vermittelt den Ministerien Einsatzmöglichkeiten (Dams, Ettel, Greive, & Zschäpitz, 2015).

Eine ausgeklügelte Kombination aus Gesetzes-, Förder- und Kommunikationsmaßnahmen, gekoppelt mit der Auswertung von Big Data-Strömen und Verwaltungskonzepten zur intelligenten Vernetzung in Richtung Smart Government, könnte sich zu einem neuen Beratungsfeld aufspreizen. Regierungskommunikation hat genauso wie die Befürworter „weichen" Regierens Interesse daran, Befindlichkeiten, Präferenzen und Verhaltensmuster der Bürger aus dem Monitoring der Informations- und Interaktionsströme Sozialer Medien zu destillieren. Schon jetzt gibt die Regierung viel für Sozial- und Meinungsforschung aus. Das ergibt sich teils aus der offiziellen Aufgabe der Ministerien, gesellschaftliche Entwicklungen zu beobachten. Hinzu kommt die Aufmerksamkeit, die die Regierungszentrale der Medienauswertung sowie der Image- und Themen-Demoskopie entgegenbringt: In der 16. Wahlperiode gab das Bundespresseamt rund 150 Umfragen jährlich in Auftrag, im Schnitt etwa drei pro Woche, bei einem Aufwand von gut zwei Millionen Euro pro Jahr (Becker & Hornig, 2014). Dies als „Regieren nach Zahlen" zu bezeichnen, ist sicher übertrieben. Aber Forschung, Statistik und datengestützte Politikberatung spielen für jede Regierung eine große Rolle. Neu ist, dass sowohl die Hinwendung zum auf Kommunikation abzielenden „weichen" Regieren nebst Nudging als auch die Verfügbarkeit großer Datenmengen aus vielen Quellen, eben auch der Sozialen Medien, künftig eine enge Verschränkung von Regierungskommunikation und Kernarbeit des Regierens verheißen könnte.

Strategische Politikberater oder operative Umsetzer?

Aus dem oben Gesagten lässt sich ableiten, dass kommunikative Politikberatung eher in der Umsetzung politischer Ergebnisse tätig wird, selten beim Begleiten des Strategiefindungs- und Entscheidungsprozesses. Der Einfluss auf den Kernbereich der Exekutive ist kleiner, als er außen vermutet wird. Nur wenige Berater werden nicht als Erfüllungsgehilfen des Apparats engagiert, sondern als politische Ratgeber, die Reflexions- und Irritationswirkung haben und politische und persönliche Nähe zum Entscheidungsträger voraussetzen. Diese Berater, in der Regel Einzelpraktiker, sind fast unsichtbar[1]. Die meisten Consultants haben zur Routine der Tagespressearbeit, des Politikmanagements und der Gesetzesproduktion wenig Zugang. In den großen, sichtbaren Aufträgen der Regierungskommunikation für Kampagnen oder Rahmenverträge besteht strategische Beratung in der Auswahl der Vermittlungswege, im Verstärken und Zuspitzen oder Verwässern politischer Positionen und Kernanliegen.

Persönlicher Zugang zur Leitung – Minister, Staatssekretäre und ihre Vertrauten – wird Beratungsfirmen nur eingeschränkt eingeräumt. Zwar ist die Führung oft in die Auswahl und Orientierung der Berater eingebunden. Aber das beschränkt sich meist auf Anfangs- und Schlussphasen. Dazwischen gibt es kaum unmittelbare Kontakte. Das wäre auch nicht im Interesse der „Prätorianergarde", dem innersten Zirkel aus Büroleitern, Sprechern, Planungschefs und einflussreichen Abteilungsleitern. Ihr exklusiver Zugang zum Entscheider ist eine Machtressource, die ungern geteilt wird. Wer wen wann wie beraten darf, ist eine binnenpolitische Machtfrage. Beratungsadressat ist also im Regelfall die Arbeitsebene. Diese hält sich recht starr an den formalen Auftragszuschnitt. Die inhaltlich, zeitlich und örtlich flexible Auftragsdynamik, die an der Hausspitze möglich ist, kennt sie nicht.

All das ist in der Politikberatungsbranche ein offenes Geheimnis. Natürlich gehört es zum professionellen Ehrgeiz mancher Beratungsfirmen, möglichst nah an die Schaltstellen der Macht vorzudringen; natürlich gehört es zum Selbstmarketing mancher Berater, sich als VIP-Intimus und „Ministerflüsterer" zu stilisieren. Schließlich bieten die meisten Regierungsberater auch Unternehmen, Verbänden und ausländischen Akteuren ihre Dienste an – sei es im Praxisfeld politische PR und Campaigning oder im Praxisfeld Public Affairs, also begleitender Kommunikation von Lobbyprojekten. Sie wollen als Politik-Insider gesehen und dafür gut bezahlt werden. Ihre Regierungs-Referenzen sind eine Projektionsfläche, vergrößert durch spekulative journalistische Berichterstattung.

Zwischen Anspruch und Wirklichkeit der Beratung klafft also eine Lücke. Diese Einsicht aus der Berliner Praxis bestätigen empirische Studien. Seitz (2014) charakterisiert die meisten Auftragnehmer als Kommunikationsdienstleister, nicht als Berater. Nur wenige könnten die Ratgeberrolle füllen und auf Augenhöhe mit Leitungsstäben agieren oder – wenn sie hohe politische Kompetenz besäßen – als persönliche Sparringpartner von Ministern (S. 295). Die Mandatspraxis finde

---

[1] Solche Berater halten sich öffentlich zurück, und ihre Präsenz wird in der Regel auch nicht von der Regierung kommuniziert. Hinzu kommt, dass ihre Honorare unter Ausschreibungsschwellen fallen. Aufträge werden freihändig vergeben und hinterlassen öffentlich kaum Spuren.

meist ihre Grenze in der „Verkündungskommunikation" (S. 295) und „Mitteilungspolitik" (S. 367). Die Arbeit sei handwerklich, technisch und gestalterisch. Dienstleister seien austauschbar: Belege für „institutionellen Machtgewinn" dieser Beratungsfirmen gebe es nicht (S. 296). Seitz' Fazit:

> Ihr Tätigkeitshorizont beschränkt sich alleine auf die Darstellungspolitik. Selbst auf dieser Ebene sind jedoch Einschränkungen vorzunehmen: So sind Kommunikationsdienstleister im Regelfall nicht in das politische Tagesgeschäft involviert, leisten keinesfalls eine politikstrategische und nur im Ausnahmefall eine kommunikationsstrategische Beratung. Ihre Entscheidungsbefugnisse beziehen sich ausschließlich auf die operative Ebene. Dadurch wird das Potential der kommunikativen Beratung allerdings massiv beschränkt: Regierungsinstitutionen zeigen sich nahezu beratungsresistent. [...] [I]hre kommunikativen Angebote [sind] kein integraler Bestandteil der Regierungskommunikation, sondern lediglich ein Appendix, der keinen strategischen Charakter entfalten kann. (Seitz, 2014, S. 353)

Auch Röttger und Zielmann (2012) stellen eine „Differenz von Rat und Tat" fest (S. 145). Auf Seiten der Ministerien finden sie drei Gründe für die schwach ausgeprägte Beratungsfunktion der Dienstleister: geringe Personalkapazität der PR-Stellen, mangelndes Bewusstsein für die Potenziale des ganzen Leistungsspektrums der Berater sowie Abschottung der Entscheidungszentren. Es werde kein Beratungsbedarf gesehen. Politischer Rat werde sogar als unangemessene Einmischung gewertet. Auf Seiten der Beratungsfirmen sei eine teils ökonomisch motivierte Selbstbeschränkung und Selbstverständnis als Dienstleister und Umsetzer festzustellen (S. 150-151).

13.3 Herausforderung: Reformkommunikation

Die zweite große Herausforderung für die kommunikative Politikberatung liegt in der Aufgabe, einen ehrgeizigen Veränderungs- und Gestaltungswillen der Regierung zu unterstützen. Der Schlüsselbegriff hierfür ist Reform. Dieser hat eine sehr lange Geschichte. Die Wissenschaft weiß um die Wechselwirkung zwischen konkretem Reformhandeln und Kommunikationsstrategien, die Handlungskorridore vorstrukturieren und verändern, also auch unvorhergesehene Eigenlogik entfalten können (Frings, 2009). Der politische Begriff der Reformkommunikation – der sich von Veränderungskommunikation abhebt – ist dagegen jung. Auffällig ist in Deutschland die steile Begriffskarriere seit der „Agenda 2010", die ihn auch in die Portfolios von Politikberatungsfirmen führte.

Nicht jede Reform entsteht aus einer tiefen Krise, und nicht jede Reform soll disruptive Wucht haben. Es ist sogar legitim zu sagen, dass „Reformkommunikation eigentlich zum Tagesgeschäft des politischen Betriebes gehören müsste" (Rademacher, 2004, S. 28). Keine Regierung tritt ohne Erneuerungspläne an. Deutsche Koalitionsverträge sind voller Reformansagen. Keine Opposition drängt in

die Regierung, ohne Reformstau anzuprangern und bessere Reformen zu versprechen, selbst wenn es moderat daherkommt als „Nicht alles anders, aber vieles besser." Reformen mögen dabei intellektuell großes oder kleines Format haben, weit-
oder kurzsichtig sein. Sie mögen normativ oder technokratisch bestimmt sein. Sie
mögen, je nach Wertekanon und Programmatik, getragen sein vom Glauben an
eine gesellschaftliche Fortschritts- oder Restaurationsidee – oder nur pragmatisch
getrieben von Sachzwängen, Anpassungs-, Korrektur- und Reparaturbedarf. Sie
mögen den Anspruch transformativer Führung einlösen oder transaktional im Ma-
nagen des Interessenausgleichs verharren. Sie mögen Reformen sein, die aus Anlass bisheriger Reformen entstehen (der Normalfall) oder wirklich neuartig sein
(das ist die Ausnahme).

Kurzum: Regieren heißt Reformieren. Der Beweis exekutiver Handlungsfähig-
keit und staatsmännischen Formats hängt an der öffentlichen Wahrnehmung, ge-
wollte und notwendige Reformen in Angriff genommen und umgesetzt zu haben.
Dem stehen Reformrisiko und Risikoangst gegenüber: „Wer reformiert, wird ab-
gewählt; wer an das Land denkt, verliert" (Brost, 2013). Allzu gewagte Vorhaben
können die eigenen Anhänger spalten, Missgunst und Niederlagen verursachen.
Reformen sind planvolle Umbrüche mit Wirkungsmacht. Sie sind eine politische
Zumutung. Sie provozieren und verursachen Verlusterwartungen, Angst und organisierten Widerstand. Wer trotzdem durch Reformen regiert, benötigt leistungsfähige Kommunikation: erklärende Information, argumentative und emotionale
Überzeugungsarbeit, Rechtfertigung, kluge Verteidigung und Legitimationsdis-
kurse. Anders als bei der Routinepolitik mit ihren zahlreichen Gesetzen, die An-
passungsschritte vornehmen und nur ein kleines Fachpublikum tangieren, ist der
Begründungszwang bei echten Reformen viel höher. Legitimation durch öffentliche Kommunikation hat Priorität. Schon um des Machterhalts, der Mehrheitsbil-
dung und Umsetzbarkeit willen ist Reformpolitik auf anspruchsvolles Politikma-
nagement und entsprechend niveauvolle Politikberatung angewiesen.

Reformkommunikation in der Ära Merkel

In die Ära Merkel fielen große Krisen. Große Reformen setzte die Regierung aber
nur im Ausland durch: Sie zwang in der Eurozonenkrise viele EU-Partner zu raum-
greifenden, schmerzhaften und unpopulären Reformen. Diverse Kollegen Merkels
stürzten darüber, dies ihren Bürgern nicht vermitteln zu können, was später zur
Auflehnung gegen die deutsche Linie in der Flüchtlingskrise beitrug. Die deutsche
Regierung betrieb kraftvolle Reformkommunikation für die Eurozone. Zu Hause
hatte sie keine großen Ambitionen. Stattdessen betrieb sie überwiegend Routinepolitik. Sie intervenierte, korrigierte, investierte und verwaltete. Die Kanzlerin
selbst vermittelte stets den Eindruck, grundlegende Staats- und Gesellschaftsre-
formen seien unnötig. Das Fahren auf Sicht, Maß und Mitte sanfter Anpassungen

wurden Markenzeichen Merkel'scher Politik. Sie wollte nicht begeistern, keinen Herzog'schen Ruck, keine Friktionen. Das Verb „Sich durchmerkeln" registrierte sogar die New York Times (Schott, 2010). Ihren informell moderierenden Regierungsstil etikettierte Korte (2010) mit „Stilles Regieren" und „Präsidentielles Zaudern" (S. 108). Folgerichtig schlug die Regierungskommunikation selten laut die Trommel. Politikberatung passte zum System, wenn sie das Dämpfen, nicht das Schüren von Erwartungen perfektionierte.

Das galt besonders für die Kabinette Merkel I und III, die Großen Koalitionen. Das landläufige Verständnis demokratischer Parteienkonkurrenz mit ihren Machtwechselperspektiven war jahrzehntelang darauf geeicht, dass eine Große Koalition ein Ausnahmefall sein sollte, der sich durch große Reformen legitimiert. Das Volksparteienbündnis kann Blockaden in Bundestag und Bundesrat brechen, das Grundgesetz ändern und Politikverflechtungsfallen föderaler Verhandlungsdemokratie überwinden. So kann sie komplizierte Projekte durchsetzen und Protest aushalten. Weil nun auch die Wirtschaft brummte, die Staats- und Sozialkassen gefüllt waren und der Amtsbonus groß, hätte der Spielraum Großer Koalitionen ganz anders genutzt werden können als im vergangenen Jahrzehnt.

Völlig reformlos waren die Merkel-Jahre keineswegs. Zu nennen sind „Rente mit 67" und „Rente mit 63", Schuldenbremse, Atomausstieg und Energiewende, Wehrpflicht-Ende, Mindestlohn, Föderalismus-, Unternehmenssteuer- und Gesundheitsreformen. Die zugehörigen Kommunikationsaufträge mit größeren Etats fielen bisweilen öffentlich auf. Das von Arbeitsministerin Andrea Nahles 2014 geschnürte „Rentenpaket" (einschließlich „Rente mit 63" und „Mütterrente") wurde mit einer 1,15 Millionen Euro teuren Kampagne beworben, noch bevor es im Bundestagsplenum ankam. Dass die Bilder vom roten „Rentenpaket" ans SPD-Logo erinnerten und kurz vor der Europawahl auftauchten, dürfte der früheren SPD-Generalsekretärin Nahles gefallen haben. Gleich drei Agenturen, mit Langzeit-Rahmenverträgen des Ministeriums ausgestattet, lieferten das stilisierte Paket mit dem Etikett „Nicht geschenkt. Sondern verdient" an die Öffentlichkeit aus: Zum Goldenen Hirschen gestaltete klassische Werbung, Pixelpark Onlinekommunikation nebst Erklärfilmen und Neues Handeln weitere PR (Denkler, 2014).

Das Wirtschaftsministerium kämpft seit Jahren mit der Energiewende. Nach der schwierigen Novelle des Erneuerbare-Energien-Gesetzes, die 2014 mit konventionellen Kampagnen gestützt wurde, setzt es seit 2015 seine Politikberater dezentralisiert auf den Netzausbau an, um den Widerstand gegen neue Stromtrassen und andere Energieinfrastruktur zu brechen. Immer drängender wird das Problem, dass die gesetzlichen Energiewende-Reformen in der Umsetzungsphase örtlich durch Einzel- und Verbandsklagen, Wutbürgerinitiativen und NIMBY-Verhalten („Not in my backyard") bedroht werden (Althaus, 2012). Die Beschleunigung der Planungs- und Genehmigungsverfahren hat für den Bund hohe Priorität. Es ist ein

Generationenthema von nationaler und europäischer Relevanz. Doch um die lokale Problematik kümmern sich fragmentiert Energieunternehmen, Kommunen und Länder mit ihren Politikberatern. Nun griff das Bundeswirtschaftsministerium mit dem Kommunikationsprogramm „Bürgerdialog Stromnetz" ein, um die öffentliche Akzeptanz zu erhöhen. Es beauftragte ein Dreigespann: die Strategieberatung 365Sherpas (Hirschen-Agentur), die Moderationsexperten IKU–Die Dialoggestalter und die Deutsche Umwelthilfe. Zum Auftrag gehört das Einrichten lokaler Bürgerbüros, Organisieren von Beteiligungsformaten, Konferenzen, Workshops, Infomärkten und Onlineforen mit Abstimmungen. Bemerkenswert ist die offizielle Lesart, dass das als „Initiative" auftretende Konsortium „in eigener Verantwortung" agiert und sich vom Ministerium „fördern" lässt (BMWi, 2015). Der „Bürgerdialog Stromnetz" soll maßgeschneidert dort auftreten, wo „besonders hohes Konfliktpotenzial und damit besonders großer zu erwartender Kommunikations- und Diskussionsbedarf" besteht. Der Drei-Jahres-Auftrag wurde mit zehn Millionen Euro ausgestattet (PR Report, 2015). Mit Beraterhilfe sammelt die Regierung also auch Erfahrungen in breiter, dezentraler Dialogkommunikation.

Lektionen der „Agenda 2010"

Die Hinwendung zum Dialog lässt sich zum Teil aus den Lektionen der „Agenda 2010" erklären. Für viele Ökonomen sind ihre Strukturreformen der Schlüssel zu Deutschlands Weg aus Wachstumsschwäche und verkrustetem Arbeitsmarkt gewesen. Sie war wohl, trotz mancher Defizite, materiell langfristig ein Erfolg. Bekanntlich aber hatten die Urheber davon nichts. Die Ironie liegt darin, dass die „Agenda 2010" die Regierungskommunikation der Ära Merkel massiv erleichterte, nachdem sie zum Fanal der Regierungskommunikation der Ära Schröder geworden war. Ihre Flurschäden wirken bis heute nach. Die Politikberaterszene hat wie die Wissenschaft die Fehler jahrelang erörtert. Darum lohnt sich ein Blick auf die Historie des Reformwerks, das sowohl als „Lehrstück misslungener strategischer Steuerung" (Raschke & Tils, 2011, S. 211) als auch als „Paradebeispiel einer misslungenen Reformkommunikation" und der „Grenzen des Politischen Marketings" (Hansen, 2015) gilt.

Bei der „Agenda 2010" wurde die Regierungskommunikation für Versäumnisse in Haft genommen, die eher auf Konten der politischen Planung, des Gesetzgebungshandwerks, föderaler Politikverflechtung und des Verwaltungsumbaus gebucht werden müssten. Schon früh war in der Presse vom „Kommunikations-GAU" des Reformpakets die Rede (Winkhaus, 2004). Zu Recht beschwerten sich Regierungs-Öffentlichkeitsarbeiter später über ihre Sündenbockrolle. So betont Gasde (2006), wie die rechtliche und technische Komplexität der „Agenda" Institutionen und Personal überforderte. „Die Kommunikation war's" sei als Erklärung für die politischen Probleme zu schlicht. Das Reformpaket sei ein „Parforceritt" mit zu hohem Zeitdruck gewesen, der in eine „permanente öffentliche Treibjagd" überging. Im Streit zwischen Tempomachern und Bremsern sei die Kommunikation „förmlich zerrieben" worden. (S. 414). Dennoch ist es nicht unfair, den Kern des Scheiterns in der Vermittlung zu sehen. „Das wesentliche Reformversagen erfolgte in der kommunikativen Dimension", urteilt Nullmeier (2008, S. 186).

Die „Agenda 2010" wirkt bis heute merkwürdig konturlos. Schon ihrem Namen fehlt jede Seele, Richtung oder Leitidee. Ihr Inhalt wird oft auf „Hartz" oder gar „Hartz IV" verkürzt (was „Hartz I-III" war, ist vergessen). Die Arbeitsmarktreform war zwar Herzstück, die komplexe Reform umfasste aber viele Politikfelder. Ihr fehlten Zusammenhänge und übergreifender Sinn, eine Narrative, zugespitzte Botschaften zu Wertbindung, Emotionen und Zukunftsvisionen. „Es dominierte der Eindruck einer tagesfixierten Ad-hoc-Politik – Einzelpolitiken wurden punktuell, ohne Verknüpfung mit langfristigen Zielen, vermittelt" (Novy & Schmitz, 2007, S. 235). Ihr Markenkern war allein Kanzler Schröders Durchsetzungswille. Fachpolitiker kannten die Vorgeschichte der Reformideen, die vielfach Modelle aus dem Ausland importierten. „Die Agenda 2010 kam politisch keineswegs, wohl aber kommunikativ aus dem Nichts", so Kronacher (2008, S. 38). Ihre Akteure hätten nicht erkannt, dass mit dem Bruch sozialstaatlicher Traditionen eine Krisenkommunikationslage entstand, für die die alten Routinen nicht griffen; mithin, „dass 2003 politisches Neuland mit konventionellem kommunikativen Rüstzeug betreten wurde" (S. 36).

Das trifft auch und gerade die Politikberatung. Die „Agenda 2010" wäre prädestiniert gewesen als Schaufensterstück für den in der jungen Berliner Republik boomenden Politikberatungsbetrieb, der sich seiner Professionalität rühmte. Tatsächlich wurde die „Agenda" als Produkt externer Politikfeldberatung (Hartz- und Rürup-Kommissionen) inszeniert, illuminiert in Wortnebel (Ich-AG, Minijob, Job-Center, Personal-Service-Agentur, Quick-Vermittlung, Bridge-System, Job-Floater), von Meinungsforschung begleitet (v.a. Forsa), nach Querelen zwischen Ministerien in zentrale Bundespresseamt-Regie gerückt sowie 2004 in aufwändigen Kampagnen in die Öffentlichkeit getragen. Die Leitagentur Zum Goldenen Hirschen ging allerdings erst fünf Monate nach der „Agenda"-Regierungserklärung an den Start (Staud, 2004). Die auch dann noch unfertigen Inhalte goss die Agentur im Schnelldurchgang in eine Kampagne, deren Popularisierungsversuch mit Bildern und Slogans („Deutschland bewegt sich", „Warum? Darum!") ins Leere lief. Die hohen Erwartungen konnten die späten Kampagnen nicht erfüllen.

Der Lernprozess der Fachwelt war vielschichtig. Die „Agenda 2010" entzauberte nicht nur den Nimbus Gerhard Schröders als Medienkanzler. Sie verstärkte die Skepsis gegenüber Spin-Doctoring und Kampagnenkunst. Sie lenkte die Aufmerksamkeit darauf, dass eine Regierung auf starke institutionelle Kommunikationskapazitäten nicht verzichten kann und das Auslagern an Dienstleister problembehaftet ist. Andererseits belegte gerade die Negativstory der „Agenda 2010" expliziten Bedarf an professioneller Expertise, die breite Mehrebenen-Kommunikation mit vielen Formaten und Instrumenten ermöglicht. Die „Agenda" lehrte, dass ein massiver Umbau, der gegen die Erwartungen der Bürger läuft, politisch immer hoch riskant ist. Das gilt erst recht, wenn eine Reform als stramme Konfliktstrategie eingeleitet wird, die explizit die Machtfrage stellt. Die Deutungshoheit zu erhalten ist umso schwerer, je komplexer die Reform ausfällt und je weniger eine Leitidee ihre Einzelteile zusammenhält. Schließlich scheint senderbestimmte Top-Down-Kommunikation mit werberischen Routinekampagnen auch bei hohem finanziellem Einsatz wenig Erfolg versprechend. Seit der „Agenda 2010" stehen dialogische Vorbereitung, Feedback- und Beteiligungsformate, Netzwerkpartner sowie die argumentative Aufrüstung von Multiplikatoren (etwa Abgeordnete und Parteifunktionäre) höher im Kurs. Das bedingt Entschleunigung, verringert Inszenierungs- und Steuerungskontrolle und erfordert Führung im Integrations- und Moderationsstil. Lässt man sich nicht darauf ein, kann wie bei der „Agenda" eine „enorme Auseinanderentwicklung" zwischen positivem Echo in Leitmedien und einer mächtigen negativen Alltagskommunikation der Bürger die Folge sein (Nullmeier, 2008, S. 160).

13.4   Herausforderung: Anpassung medialer Instrumente

Werkzeuge der Regierungskommunikation werden immer mit der Zeit stumpf. Neue Medien, Kanäle und Formate entstehen ständig – und damit neue Öffentlichkeiten und politische Handlungskontexte. Neu ist nur das hohe Tempo. Berater sollen für die Regierung entscheidende Trends identifizieren, die Umbau von Strukturen und Einführung neuer Ausrüstung und Arbeitsabläufe rechtfertigen. Eine Regierung ist zu schwerfällig, um jeder stilistischen und technischen Mode hinterherzujagen. Sie wäre damit schnell überfordert. Wo es aber nötig ist, soll Beratung anpassen, optimieren und erneuern helfen. Zuerst geht es dabei um Technologie; dann um den sinnvollen, wirksamen und strategischen Umgang damit. Nirgendwo ist das so deutlich wie beim digitalen Wandel. Die Nachfrage an Dienstleistungen, die die Regierungskommunikation massiv verbreiterten und technisch regelmäßig aufrüsteten, wurde gewaltig. Zugleich trugen die Berater erheblich dazu bei, die Online-Kompetenz des Regierungspersonals zu erhöhen, um Medienwirkungen überhaupt realistisch beurteilen und adäquat handeln zu können.

Vor einem Jahrzehnt präsentierte Merkels Regierungssprecher den neuen Video-Podcast der Kanzlerin, gab aber gleich zu: „Ich bin da völlig überfordert. Ich muss einräumen, dass ich dieses Informationsangebot selbst nicht nutzen könnte. [...] Ich kann es nicht erklären" (Mitschrift Bundespressekonferenz, 2006). Fünf Jahre später gewöhnte sich die Netzgemeinde an tägliche Tweets von @RegSprecher, und 2016 endlich waren alle 14 Ministerien in den Sozialen Medien aktiv. Die Online-Präsenz der Bundesregierung ist eine der größten in Deutschland. Der Resonanzraum digitaler Medien gilt nicht mehr nur für die Jugend, sondern für die allgemeine Öffentlichkeit – die im Ausland inklusive, denn auch die Außenpolitik setzt auf digitale Diplomatie („Twiplomacy" u.a.).

Der Wandel vervielfältigt die Kanäle, macht Koordination kompliziert und erhöht den Kommunikationsstress. Er verlangt Sofort-, Echtzeit- und Direktkommunikation mit den Bürgern. Er erhöht deren Ansprüche an Transparenz, Interaktivität, Dialog und Beteiligung. Es geht nicht nur um Medienkanal- und Konsumwandel, sondern um Erwartungen an mehr Demokratie bis hin zum „Mitmachregieren". So versprach der Koalitionsvertrag 2013:

> „Parlament, Regierung und Verwaltung werden die Möglichkeiten der Digitalisierung intensiv nutzen und die interaktive Kommunikation mit den Bürgerinnen und Bürgern sowie der Wirtschaft auf barrierefreien Websites ausbauen. Wir wollen die Potenziale der Digitalisierung zur Stärkung der Demokratie nutzen. Wir wollen die Informationen über politische Entscheidungen quantitativ und qualitativ verbessern und die Beteiligungsmöglichkeiten für die Menschen an der politischen Willensbildung ausbauen. Gerade im Vorfeld von Entscheidungen ist früh, offen, umfassend und verständlich zu informieren. [...] Den Sachverstand und die Meinung der Bevölkerung suchen wir auch über digitale Beteiligungsplattformen, so dass konstruktive und frühzeitige Einflussnahme von Bürgerinnen und Bürgern besser gelingt." (CDU, CSU, SPD, 2013, S. 151)

Eine Bundesregierung ist aber kein Rathaus, das direkten Bürgerkontakt und das Organisieren von Bürgerbeteiligung gewöhnt ist sowie nützlichen Service bietet, der sich ins Netz tragen lässt. Bundespolitik ist abstrakt, Kommunalpolitik konkret. Aus gutem Grund haben Kommunen bei der Online-Kommunikation die Nase vorn. Der Bund hat kaum eigenen Verwaltungsunterbau, dieser besteht ja wesentlich aus den Ländern. Naturgemäß hat die Bundesregierung wenige Sachbearbeiter für Bürgerservice. Zwar betreiben einige Bundesministerien Referate für Bürgeranfragen sowie Telefonhotlines – das „Bürgertelefon" des Arbeitsministeriums existiert seit 1991 (BMAS, 2016) – und ergänzen sie online. Doch das betrifft wenige Themen. Die Servicestellen sind von den Fachreferaten der Ministerien getrennt. Die Fachreferate sind weder offline noch online für Service gedacht.

Die Verknüpfung digitaler Kommunikation und Beteiligung beleuchtet ein Paradox. Die Bundesregierung ist die massenmedial prominenteste, doch zugleich elitärste, bürgerfernste und vom bodenständigen Tagesgespräch abgehobenste Regierungsebene. Entsprechend lag der Schwerpunkt der Transformation im vergangenen Jahrzehnt zunächst auf der Presse- und Öffentlichkeitsarbeit, nicht auf Beteiligung an substanziellen Politikentscheidungen. Berater hatten daran großen Anteil. Sie stellten das Technologiewissen und qualifiziertes Personal zur Verfügung.

Neben den ohnehin oft an Berater ausgelagerten Aufträgen für Web-Portale, Apps, Online-Dialogplattformen und Digital-Kampagnen sind die Sozialen Medien in den Fokus gerückt. Die Ministerien rückten mit sehr unterschiedlicher Geschwindigkeiten auf die Plattformen – zweifellos auch ein Spiegel ihrer Bereitschaft, sich beraten zu lassen und Ressourcen bereitzustellen. In den Sozialen Netzwerken gibt es „die" Regierungskommunikation nicht: Die Unterschiede zwischen den Ministerien sind weiterhin groß, und auf den einzelnen Kanälen wie *Facebook* oder *Twitter* zeigen sich differenziertes Engagement und Erfolg (Tretbar, 2016). Zwischen den Pioniertaten einiger Ressorts und dem Innenministerium als ständigem Nachzügler lagen Jahre. Nur wenige Ministerien geben die Sozialen Medien fast komplett aus der Hand (z.B. das Gesundheitsressort). Die meisten Bundesministerien versuchen, die Kompetenz im eigenen Haus zu halten, auch wenn sie Beratungsfirmen als Redaktionsbüros einschalten. Ob das gelingt, hängt nicht nur an Personal- und Geldressourcen, sondern an der politischen und gesellschaftlichen Themenpalette, die ein Ministerium bearbeiten muss und steuern will. Für viele Ministerien, so Politikberater Martin Fuchs, sei es „immer schwieriger, soziale Netzwerke selbst zu bestücken, zu beobachten und einzugreifen, deshalb sind professionelle Strukturen, die das auffangen, enorm wichtig" (Tretbar, 2014).

Berater sind ständig im Einsatz, um aktuellen Wissenstransfer, technische Updates und konzeptionelle Relaunches, Ablaufoptimierung sowie Personalschulungen zu gewährleisten. Beispiel Bundespresseamt: Schon den Vorlauf für seinen Social-Media-Newsroom ließ es sich gut 200.000 Euro an Beraterhonoraren kosten (PR Report, 2015). Das Team aus acht Mitarbeitern, das *Facebook*, *YouTube*, *Twitter*, *FlickR* und *Instagram* betreut, wird permanent von der Düsseldorfer Firma Rico Jones unterstützt. Deren Aufgabe im mehrjährigen Rahmenvertrag ist es laut Vergabemitteilung, „vorhandene redaktionelle Strukturen fortzuentwickeln und auszubauen" und dabei

> „das im BPA gebildete Redaktionsteam bei der ständigen Anpassung der Konzeption über die Abläufe, Inhalte und Formate zur erfolgreichen Nutzung unterschiedlicher bestehender oder neu hinzukommender Social Media Plattformen (im Sinne der optimalen Zielerreichung in der Umsetzung der Aufgaben des BPA) zu unterstützen. Dazu gehören auch die jeweiligen besonderen plattformspezifischen Anforderungen und Sonderheiten hinsichtlich der Zielgruppen und redaktionellen Inhalte und Formate." (BPA, 2016)

„Fortentwicklung und Ausbau" werfen ungeklärte Fragen auf. Wird die *Facebook*-Seite des Bundespresseamts mit seinem Netz aus Videoreportern „zu einer

Art Staatsfernsehen", das das Fernsehurteil des Bundesverfassungsgericht 1961 untersagt hatte (Amann & Steppat, 2015, S. 42)? Wird Bürgern klar, ob und wie die erbetenen Nutzerkommentare zur Kenntnis genommen werden (Meyer, 2015)? Ist eine per *Twitter* verteilte Videokonserve einer Ministerin, die im Heute Journal gesendet wird, zeitgemäßer Standard für audiovisuelle Pressemitteilungen oder eine Umgehung journalistischer Interviews (Bouhs, 2016; Hartwig, 2016)? Wie akzeptabel ist es für die Öffentlichkeit und die Kabinettsdisziplin, wenn Bundesministerien einen furiosen *Twitter*-Beef austragen wie im März 2017, als sich das Wirtschaftsministerium (SPD) und das Finanzministerium (CDU) um Steuerpolitik balgten (sep, 2017)? Berater können die sich täglich entwickelnde Praxis nur beobachten und beim Justieren helfen.

Wichtiger ist ohnehin die Beraterexpertise bei mittel- bis langfristigen Fragen. Noch ist Deutschlands Mediennutzung im internationalen Vergleich relativ traditionell geprägt, aber der Trend ist unübersehbar: Nachrichten werden nicht nur online und mobil, sondern in wachsendem Maß primär oder exklusiv über Soziale Medien konsumiert und geteilt (Hölig & Hasebrink, 2016, S. 7-8). Nach journalistischen Kriterien wird die Nachrichtenauswahl dort nicht bestimmt, sondern nach Algorithmen aus Nutzerverhaltensdaten. Wie damit umzugehen ist, ist schon heute die zentrale Frage der Regierungskommunikation an ihre Berater. Künftig wird sie noch kritischer.

Der Kontext der Frage ist inzwischen negativ, er speist sich aus Bedrohung und Überforderung. Das macht es für Berater schwerer, wie bisher gut gelaunt die Chancen der Netzkommunikation herauszustreichen. Berater sind für Problemlösungen da. Aber die Probleme sind nicht mehr nur, ob ein Ministerium bei *FacebookLive* streamen soll, ob wacklige Smartphone-Videos für Behörden seriös genug sind, ob sich *Snapchat* für Ministerien eignet oder was „das nächste große Ding" sein wird. Politische Probleme überlagern die technischen und kreativen.

Noch vor Kurzem dominierten drei Herausforderungen. Zum einen wurde deutlich, wie schnell das Wissen der Ministerien über Formate und Technik veraltet. Berater sorgten für Aktualität. Zum anderen war zu klären, ob und wie weit sich die Ministerien in die Hand kommerzieller US-Plattformen begeben dürfen, die ihr Datengeschäft vor der EU-Rechtsaufsicht verbergen. Juristen warnten, aber Kommunikationsberater hielten die Plattformen für unverzichtbar. Drittens waren Anleitungen und Standards nötig, um in der ungewohnt informellen Sprache und in Großgruppen wirksam zu sein: Wie funktionieren Community-Management und offene Kommunikationskultur? Darf man lustige Share-pics und ironische Memes verbreiten, Smileys setzen oder Fans und Follower duzen? 2012 beschrieb der Pressechef des Entwicklungsministeriums die kulturelle Distanz der Ressorts in Stil- und Tonfragen:

„In der Welt von *Facebook*, *Twitter* und *YouTube* herrschen andere Regeln als auf den Fluren, in den Zimmern und zwischen den Umlaufmappen eines Ministeriums. Hier geht es um saubere Prozesse, Hoheitlichkeit und Genauigkeit – im Internet jedoch stehen Authentizität, Geschwindigkeit und Freude an der Kommunikation im Vordergrund. In einem Ministerium herrscht eine Tonalität der Erhabenheit, im Netz zählt allein die Kraft des besseren Arguments, des geistreicheren Tweets oder des passenderen Links." (Steltemeier, 2012)

Politikberater machten den Ministerien munter „Mut zum Kontrollverlust" (Fuchs, 2015b). Heute dagegen geht es um das Wiedererlangen von Kontrolle. Das öffentliche Netzklima scheint vergiftet. AfD, Pegida, Flüchtlingskrise, Populismus und Desinformation durch Auslandspropaganda wie beim „Fall Lisa", der 2016 diplomatische Spannungen mit Russland auslöste, führten der Bundesregierung in kurzer Zeit große Risiken vor Augen. Dann kam der Donald-Trump-Schock, der Filterblasen und Echokammern ebenso thematisierte wie in- und ausländische Manipulation. Noch 2015 eröffnete die Bundesregierung strahlend eigene *Facebook*-Seiten, dann begann sie mit dem US-Konzern ein Fernduell zur rechtlichen und publizistischen Verantwortung für „Hate speech" und „Fake news". Im Bundestag sprach die Kanzlerin engagiert über Medien, die „weniger kontrolliert sind" und darüber, wie „Fake-Seiten, Bots, Trolle Meinungsbilder verfälschen können" (Tagesspiegel, 2016). Es geht um Ordnung, Stabilität, Resilienz und Gefahrenabwehr – das verlangt echte Politikberatung, nicht nur Kommunikationsservice.

Denn die Politik scheint ratlos, wie der Anfälligkeit des Netzpublikums für eine „postfaktische" Gefühls- und Stimmungskommunikation zu begegnen ist. Bolz (2017) spricht von einer „Kulturrevolution, die uns in ein Zeitalter der Neuen Mündlichkeit katapultiert hat. Deshalb dominiert heute das Rotzige, der unkontrollierte Affekt, der sich als ‚authentisch' präsentiert" (S. 17). Daraus folgt praktischer Beratungsbedarf: Wie soll die Amtskommunikation bei begrenzten Personalressourcen mit dem massiven Anschwellen von Aggression, Diffamierung und Beleidigung umgehen? Wann ist es nötig, Online-Dialoge auf bestimmte Themen zu begrenzen und hohen Moderationsaufwand in Kauf zu nehmen, rigoros Kommentare zu löschen, gar Strafanzeige zu erstatten oder Dialogfunktionen wieder abzuschaffen (Germann, 2016)? Geht die digitale Regierungskommunikation hier zu straff vor, stellt sie die Ernsthaftigkeit ihrer Dialogbereitschaft in Frage und stärkt die Vorwürfe, sie begnüge sich damit, den Dialog im Sinne eines Aufmerksamkeits- und Erwartungsmanagements zu simulieren. Selbst ihre Berater sind skeptisch. Ihre Befragten, so Seitz (2014), „haben nicht den Eindruck, dass den staatlichen Akteuren an einem politischen Gespräch mit den Bürgern gelegen ist." Eher versteckten sich die Ministerien hinter zielgruppenaffiner Kommunikation auf der Höhe der Zeit, um echten Dialog zu vermeiden. Ihr Ziel sei, Informationen kontrolliert und steuerbar zu verbreiten und Gesprächsanlässe im öffentlichen Raum zu provozieren (S. 347).

Der neue Pessimismus macht es noch unwahrscheinlicher, dass die digitalen Partizipationsversprechen der Regierung in den Kernbereich der Gesetzesproduktion hineinführen. Es geht hier nicht um den Bundestag, der sich ja schon 2005 für Online-Petitionen öffnete, sondern um das „Innere Gesetzgebungsverfahren" der Ministerien. Im Prinzip ist es denkbar, diesen für Bürger über Soziale Medien zu öffnen. Bürger können Gesetzesvorschläge materiell unterfüttern, mitentwickeln, beraten und strukturieren, also zur deliberativen Qualität demokratischer Gesetzgebung beitragen. Auch nach dem Abgesang der Piratenpartei mit ihrer liquid democracy und grandios gescheiterten Experimenten wie dem zur „Agitations- und Wünsch-dir-was-Plattform" verkommenen „Zukunftsdialog" der Kanzlerin (Horeld, 2012; Beuth, 2012) gibt es Hoffnungen für das Potenzial des legislativen Crowdsourcing. Dafür gibt es praktisch wie wissenschaftlich exzellente Begründungen (Aitamurto & Chen, 2017; Lehdonvirta & Bright, 2015), und die technische Seite dürfte beherrschbar sein. Zur Diskussion beitragen werden auch Beispiele, wie ausländische Regierungen solche Prozesse handhaben, etwa in Finnland (Willers, 2015).

Problematisch sind dabei die Anreize für massives Grassroots-Lobbying von Interessengruppen, wie sie bei der EU und stärker in den USA zu beobachten sind, und allgemein die Kurzlebigkeit der Diskurse Sozialer Medien, die der langen und komplexen Gesetzgebungsarbeit entgegenstehen (Fuchs, 2015a). Hinzu kommt grundlegende Skepsis gegenüber plebiszitären Elementen, die bisher jede Volksgesetzgebung auf Bundesebene verhindert hat. De facto würde die Handlungsfreiheit der Regierungsmehrheit eingeschränkt, die Bedeutung des Parlaments herabgesetzt, und die notwendige Transparenz könnte Kollateralschäden hervorrufen. Dessen ungeachtet werden die zahlreichen deutschen Online-Bürgerbeteiligungsversuche der Bundesregierung, der Länder und der Kommunen sowie der politischen Parteien den Erwartungsdruck künftig wohl erhöhen. Der Wert guter Beratung war nie höher.

13.5 Fazit

Der Beitrag untersuchte aus akteursbezogener Perspektive institutionelle Bedingungen, Bedarfe und Praxis der Politikberatung für die Regierungskommunikation. Die erste Herausforderung liegt darin, Routinekonflikte im Regierungshandeln auszuhalten. Der Einfluss der Berater ist durch institutionelle Strukturen und politische Prozesse in der Ministerialverwaltung stark eingerahmt. Ihre Eigenheiten führen tendenziell dazu, dass sich externe Beratung nur schwer im strategischen Sinn entfalten kann. Das gilt insbesondere für die Hauptaufgabe der Kernexekutive, nämlich die Gesetzgebungsarbeit. Hingegen bieten sich im „weichen" Regieren mehr Potenziale.

Als zweite Herausforderung wurde Reformkommunikation identifiziert. Bei Schwerpunktprojekten einer Regierung, die substanzielle Erneuerung bewirken sollen, können Berater Wichtiges leisten. Hier wird mit großem Aufwand kommuniziert. Die Reformfreude der Merkel-Jahre war jedoch gebremst, so dass sich wenige Anhaltspunkte für ambitionierte Reformkommunikation finden lassen, die das Beratungspotenzial voll ausschöpft. Die Lehren der „Agenda 2010", in der die Kommunikation als Sündenbock herhalten musste, lösten eine verstärkte Suche nach breiter und tiefer wirkenden und in die Alltagskommunikation der Bürger führenden Optionen aus.

Die dritte Herausforderung besteht im Anpassen der Regierungskommunikation an neue Technologien. In der digitalen Ära ist die Hilfe der Berater von hoher Bedeutung für die ständige Aktualisierung von Wissen, Fähigkeiten und Werkzeugen. Inzwischen überlagern aber politische Probleme die technischen und kreativen. Unter dem Eindruck einer Bedrohung durch die entfesselte Digitalmedienwelt richtet sich der Beratungsbedarf nicht mehr vorrangig auf die Chancen der Kanal- und Dialogvielfalt, sondern um das Wiedergewinnen von Kontrolle. Der neue Fokus auf Ordnung, Resilienz und Gefahrenabwehr schränkt jedoch die Aussichten ein, mit Beraterhilfe die Partizipationsversprechen digitaler Demokratie bei der Regierung in die Wirklichkeit umzusetzen.

Herausforderungen sind stets auch Lernchancen. Beratungsfirmen müssen das Beraten der Regierung immer wieder aufs Neue erlernen, sonst bleiben ihnen Türen zu oft verschlossen. Beratung ist nie machtneutral. Fingerspitzengefühl für politische Prozesse im Binnenraum der Ministerien ist ein professionelles Postulat. Ebenso muss die Ratnehmerin lernen, wie sie das Potenzial von Rat und Beratern richtig und zieladäquat nutzt. Die Bundesregierung ist ihren Beratern beim Kommunikationsstil oft weit (auch zu weit) gefolgt, bei der strategischen Nutzung im Kernbereich der Politikherstellung hat sie sie auf Distanz gehalten. Vielleicht wäre es umgekehrt besser.

Literatur

Adler, M. (3. März 2015). *Agenturtrio gewinnt Bundesetat*. Abgerufen am 9. Januar 2017 von Tippingpoints Agentur für Nachhaltige Kommunikation: http://www.tippingpoints.de/agenturtrio-gewinnt-bundesetat/
Aitamurto, T., & Chen, K. (Feb. 2017). The value of crowdsourcing in public policymaking: epistemic, democratic and economic value. *The Theory and Practice of Legislation, 5*(1), S. 55-72. Abgerufen

am 4. März 2017 von http://thefinnishexperiment.com/wp-content/uploads/2017/02/The-value-of-crowdsourcing-in-public-policymaking-epistemic-democratic-and-economic-value.pdf

Althaus, M. (2006). Effizienzmessung - politisch wünschenswert? Risiken und Methoden der Evaluierung von Regierungskommunikation. In C. Schuster, & M. Köhler (Hrsg.), *Handbuch Regierungs-PR. Öffentlichkeitsarbeit von Bundesregierungen und deren Beratern* (S. 479-499). Wiesbaden: VS.

Althaus, M. (2012). Schnelle Energiewende – bedroht durch Wutbürger und Umweltverbände? Protest, Beteiligung und politisches Risikopotenzialfür Großprojekte im Kraftwerk- und Netzausbau. *Wissenschaftliche Beiträge der TH Wildau*, S. 103-114. Abgerufen am 6. Februar 2017 von https://opus4.kobv.de/opus4-th-wildau/frontdoor/index/index/docId/103

Althaus, M. (2013). Reflections on advisory practice in politics. *Political Science Applied, 1*(5), S. 5-15.

Amann, M., & Steppat, T. (13. November 2015). "Revolutionäre Grüße ;-)". *Der Spiegel*, S. 42.

Anon. (2006). Abenteur Ausschreibungen. Lichten und Sichten im Ausschreibungsdschungel. In C. Schuster, & M. Köhler (Hrsg.), *Handbuch Regierungs-PR. Öffentlichkeitsarbeit von Bundesregierungen und deren Beratern* (S. 213-220). Wiesbaden: VS.

Aristoteles. (1998). *Politik*. München: dtv.

Becker, S., & Hornig, F. (7. September 2014). Regieren nach Zahlen. *Der Spiegel*(37), S. 20-25.

Beuth, P. (13. April 2012). *Zukunftsdialog: Bürgerbeteiligung im Netz mit fragwürdigen Ergebnissen*. Abgerufen am 2. Dez. 2016 von Zeit online: http://www.zeit.de/digital/internet/2012-04/dialog-fuer-deutschland-ergebnis-manipulation/komplettansicht

BMAS. (31. August 2016). *Service-Größe der Bundesregierung: 25 Jahre Bürgertelefon des Bundesarbeitsministeriums*. Abgerufen am 7. März 2017 von Bundesministerium für Arbeit und Soziales: http://www.bmas.de/DE/Presse/Pressemitteilungen/2016/service-groesse-der-bundesre-gierung.html

BMUB. (4. Februar 2017a). *Offener Brief an Bundesminister Christian Schmidt*. Abgerufen am 2. März 2017 von Bundesministerium für Umwelt, Naturschutz, Bau und Reaktorsicherheit: http://www.bmub.bund.de/fileadmin/Daten_BMU/Download_PDF/Bodenschutz/hendricks_christian_schmidt_brief.pdf

BMUB. (9. Februar 2017b). *Statement zur nachhaltigen Landwirtschaft*. Abgerufen am 7. März 2017 von YouTube-Kanal Bundesministerium für Umwelt, Naturschutz, Bau und Reaktorsicherheit: https://www.youtube.com/watch?v=4HOp1XePKZY

BMWi. (19. Mai 2015). *Mitreden beim Stromnetzausbau: BMWi gibt Startschuss für "Bürgerdialog Stromnetz"*. Abgerufen am 5. Februar 2017 von Energiewende direkt, Newsletter: http://www.bmwi-energiewende.de/EWD/Redaktion/Newsletter/2015/9/Video/topthema-buergerdialog-stromnetze.html

BMWi. (12. Mai 2016). *Gabriel startet Offensive zur Steigerung der Energieeffizienz. Pressemitteilung*. Von Bundesministerium für Wirtschaft und Energie www.bmwi.de: http://www.bmwi.de/Redaktion/DE/Pressemitteilungen/2016/20160512-gabriel-startet-offensive-zur-steigerung-der-energieeffizienz.html abgerufen

Bolz, N. (März 2017). Die Pöbel-Demokratie. *Cicero*(3), S. 14-22.

Bouhs, D. (25. Mai 2016). *Gelenkt: Regierungsbotschaften über Social Media*. Abgerufen am 6. November 2016 von NDR.de: http://www .ndr .de/nachrichten/netzwelt/Gelenkt

BPA. (18. Februar 2016). *Bekanntmachung vergebener Aufträge*. Abgerufen am 1. März 2017 von Ausschreibungen-Deutschland.de: http://ausschreibungen-deutschland.de/270347_Fortentwick-lung_und_Ausbau_redaktioneller_Strukturen_Ablaeufe_und_Social-Media-Formate_2016_Berlin

Brost, M. (14. März 2013). Politik entfesseln. *Die Zeit*. Abgerufen am 8. Dezember 2016 von http://www.zeit.de/2013/12/01-Agenda-2010

Bundesregierung. (3. Februar 2005). *Bundestag Drucksache 15/4805 Antwort der Bundesregierung auf eine Kleine Anfrage von Abgeordneten und Fraktion der FDP.* Abgerufen am 9. Januar 2017 von Deutscher Bundestag: http://dipbt.bundestag.de/doc/btd/15/048/1504805.pdf

Bundesregierung. (11. März 2014). *Bundestag Drucksache 18/752 Stellen- und Kostenentwicklung im Bereich der Werbung, Öffentlichkeitsarbeit und Public Relations in den Bundesministerien. Antwort der Bundesregierung auf eine Kleine Anfrage Abgeordneter und Fraktion Bündnis 90/Die Grünen.* Abgerufen am Januar 9 2017 von Deutscher Bundestag: http://dip21.bundestag.de/dip21/btd/18/007/1800752.pdf

Bundestag. (6. Dezember 2013). *Statistik der Gesetzgebung – Überblick 17. Wahlperiode.* Abgerufen am 8. März 2017 von Bundestag.de: https://www.bundestag.de/parlamentsdokumentation

Bundestag. (2. Oktober 2017). *Statistik der Gesetzgebung – Überblick 18. Wahlperiode.* Abgerufen am 2. Oktober 2017 von Bundestag.de: https://www.bundestag.de/parlamentsdokumentation

Busse, V. (2010). Regierungsinternes Gesetzgebungsvorbereitungsverfahren. In K. H. Schrenk, & M. Soldner (Hrsg.), *Analyse demokratischer Regierungssysteme* (S. 221-236). Wiesbaden: VS.

CDU, CSU, SPD. (17. Dezember 2013). *Deutschlands Zukunft gestalten. Koalitionsvertrag 18. Legislaturperiode.* Von Bundesregierung.de: https://www.bundesregierung.de/Content/DE/_Anlagen/2013/2013-12-17-koalitionsvertrag.pdf?__blob=publicationFile abgerufen

Dams, J., Ettel, A., Greive, M., & Zschäpitz, H. (12. März 2015). *Merkel will die Deutschen durch Nudging erziehen.* Von Welt.de: https://www.welt.de/wirtschaft/article138326984/Merkel-will-die-Deutschen-durch-Nudging-erziehen.html abgerufen

Denkler, T. (5. Februar 2014). Kampagne des Arbeitsministeriums: 1,15 Millionen Euro für die Rentenwerbung. *Sueddeutsche.de.* Abgerufen am 13. August 2016 von http://www.sueddeutsche.de/politik/kampagne-des-arbeitsministeriums-millionen-euro-fuer-die-rentenwerbung-1.1880734

Dror, Y. (1987). Advising rulers. In W. Plowden (Hrsg.), *Advising the ruler* (S. 185-215). Oxford: Blackwell.

Edelhoff, J., & Salewski, C. (18. Februar 2016). *Volksbelehrung: Wie die Politik erziehen will.* Von Das Erste - Panorama: http://daserste.ndr.de/panorama/archiv/2016/Volksbelehrung-statt-Politik-Wie-die-Politik-uns-erziehen-will-,volksbelehrung100.html abgerufen

Frings, A. (17. Dez. 2009). *Reformen. Grenzen und Möglichkeiten herrschaftlicher Steuerung durch institutionellen Wandel von der Antike bis zur Gegenwart.* Abgerufen am 4. Dez. 2016 von HSozKult: http://www.hsozkult.de/conferencereport/id/tagungsberichte-2906

Fuchs, M. (5. Nov. 2015a). *Kann man mit Facebook Gesetze verändern? Und wenn ja: wie? [Präsentation, Allfacebook Marketing Conference].* Abgerufen am 1. Dez. 2016 von Slide-share.net: https://de.slideshare.net/fbmarket/kann-man-mit-facebook-gesetze-verndern-afbmc

Fuchs, M. (5. Februar 2015b). *Mut zum Kontrollverlust.* Abgerufen am 4. August 2016 von Politik & Kommunikation: https://www.politik-kommunikation.de/ressorts/artikel/mut-zum-kontrollverlust-15587

Gasde, S. (2006). Reformkommunikation unter der Regierung Schröder: Bedingungen und Grenzen der ministeriellen Öffentlichkeitsarbeit. In C. Schuster, & M. Köhler (Hrsg.), *Handbuch Regierungs-PR: Öffentlichkeitsarbeit von Bundesregierungen und deren Beratern* (S. 411-422). Wiesbaden: VS.

Germann, C. (22. Mai 2016). *Drei aktuelle Social Media-Trends – und was Behörden dazu wissen müssen.* Abgerufen am 2. März 2017 von Amt 2.0 - Social Media in der öffentlichen Verwaltung [Blog]: https://amtzweinull.com/2016/05/22/drei-aktuelle-social-media-trends-und-was-behoerden-dazu-wissen-muessen/

Goetz, K. H. (1999). Senior officials in the german federal administration. In E. W. Page (Hrsg.), *Bureaucratic elites in Western European states* (S. 147-177). Oxford: Oxford Univ Press.

Goldhamer, H. (1978). *The adviser.* New York: Elsevier.

Hansen, G. (2015). *Probleme der Reformkommunikation: Die Grenzen des Politischen Marketings am Beispiel der "Agenda 2010".* Marburg: Tectum.

Hartwig, G. (17. Juni 2016). *Bundesregierung übt sich in perfekter Inszenierung im Internet.* Abgerufen am 2. März 2017 von Südwest Presse: http://www.swp.de/ulm/nachrichten /politik/bundesregierung-uebt-sich-in-perfekter-inszenierung-im-internet-13225717.html

Heinze, J. (2012). *Regierungskommunikation in Deutschland: Eine Analyse von Produktion und Rezeption.* Wiesbaden: SpringerVS.

Hölig, S., & Hasebrink, U. (Juni 2016). *Reuters Institute Digital News Survey 2016 - Ergebnisse für Deutschland. Arbeitspapiere des Hans-Bredow-Instituts 38.* Abgerufen am 2. März 2017 von https ://www.hans-bredow-institut.de/webfm_send/1135

Horeld, M. (13. April 2012). *Zukunftsdialog: Die Bürger haben eine Chance verpasst.* Abgerufen am 2. Dez. 2016 von Zeit online: http://www.zeit.de/politik/deutschland/2012-04/dialog-ueber-deutschland-kommentar

Kern, V. (21. Oktober 2016). *Das "Ja, aber" der Energiedeffizienz.* Von Klimaretter.info: http://www.klimaretter.info/politik/hintergrund/22123-das-ja-aber-der-energieeffizienz abgerufen

Kloepfer, M. (1982). Gesetzgebung im Rechtsstaat. In VDSRL (Hrsg.), *Gesetzgebung im Rechtsstaat. Selbstbindungen der Verwaltung.* Berlin: De Gruyter.

Korte, K.-R. (2010). Präsidentielles Zaudern : der Regierungsstil von Angela Merkel in der Großen Koalition 2005-2009. In S. Bukow, & W. Seemann (Hrsg.), *Die Große Koalition : Regierung – Politik - Parteien 2005 - 2009* (S. 102-119). Wiesbaden: VS.

Kretschmer, H. (2005). Regierungskommunikation. In M. Althaus, M. Geffken, & S. Rawe (Hrsg.), *Handlexikon Public Affairs* (S. 154-157). Münster: Lit.

Kronacher, M. (2008). Wider dem Strategie-Overkill – Regierungskommunikation aus Sicht der Politikberatung. In M. Kronacher, P. Ruhenstroth-Bauer, & U. Sarcinelli (Hrsg.), *Kommunikationsreform. Drei Perspektiven auf die Zukunft der Regierungskommunikation* (S. 34-51). Gütersloh: Bertelsmann Stiftung. Abgerufen am 2. Dezember 2016 von http://p-r-b.de/studie_ kommunikationsreform.html

Lehdonvirta, V., & Bright, J. (3. Sept. 2015). Crowdsourcing for public policy and government. *Policy & Internet, 7*(3), S. 263-267.

Meltsner, A. (1990). *Rules for rulers: the politics of advice.* Philadelphia: Temple Univ. Press.

Meyer, E. (17. März 2015). *Regierungskommunikation 2.0 – Persuasion durch Politainment?* Abgerufen am 3. März 2017 von Netzpiloten Magazin: http://www.netzpiloten.de/kommunikation-persuasion-politainment/

Mitschrift Bundespressekonferenz. (8. Juni 2006). *Regierungssprecher ist mit Merkel-Podcast "völlig überfordert".* Abgerufen am 1. Dez. 2016 von Grüne Jugend: https://gruene-jugend.de/ regierungssprecher-ist-mit-merkel-podcast-vollig-uberfordert/

Novy, L., & Schmitz, P. G. (2007). Lessons learned: politische Kommunikation im Wandel. In W. Weidenfeld (Hrsg.), *Reformen kommunizieren. Herausforderungen an die Politik* (S. 234-253). Gütersloh: Bertelsmann Stiftung.

Nullmeier, F. (2008). Die Agenda 2010. Ein Reformpaket und sein kommunikatives Versagen. In T. Fischer, A. Kießling, & L. Novy (Hrsg.), *Politische Reformprozesse in der Analyse: Untersuchungssystematik und Fallbeispiele* (S. 145-190). Gütersloh: Bertelsmann Stiftung. Abgerufen am 10. November 2016 von https://www.reformkompass.de/uploads/tx_itao_download/Fallstudie_ Agenda_2010_Download_01.pdf

PR Report. (30. Januar 2015). *BMWi-Etat zur Energiewende: Hirschen stemmen den Stromtrassenbau.* Von PRReport.de: http://prreport.de/home/aktuell/article/9275-hirschen-stemmen-den-stromtrassenbau/ abgerufen

PR Report. (18. November 2015). *Bundesregierung auf Facebook, Twitter & Co.: Die Social-Media--Strategie kostete 196.350 Euro.* Abgerufen am 23. Oktober 2016 von PR Report.de: http://prreport.de/home/aktuell/article/10252-die-social-media-strategie-kostete-196350-euro/

Rademacher, L. (2004). Wie sag ich's dem Bürger? Kinderkrankheiten der Reformkommunikation. *Politik & Kommunikation*(15), S. 28-30.

Raschke, J., & Tils, R. (2011). *Politik braucht Strategie. Taktik hat sie genug.* Frankfurt: Campus.

Rentz, I. (7. Juli 2015). *Digitales Storytelling für das Bundesgesundheitsministerium.* Von Horizont.net: http://www.horizont.net/agenturen/nachrichten/Scholz--Friends-Digitales-Storytelling-fuer-das-Bundesgesundheitsministerium-135236 abgerufen

Röttger, U. (2014). Leistungsfähigkeit politischer PR. Eine mikropolitische Analyse der Machtquellen politischer PR auf Bundesebene. In R. Fröhlich, & T. Koch (Hrsg.), *Politik - PR - Persuasion. Strukturen, Funktionen und Wirkungen politischer Öffentlichkeitsarbeit* (S. 11-32). Wiesbaden: Springer VS.

Röttger, U., & Zielmann, S. (2012). *PR-Beratung in der Politik. Rollen und Interaktionsstrukturen aus Sicht von Beratern und Klienten.* Wiesbaden: VS.

Ruhenstroth-Bauer, P. (2008). Zur Notwendigkeit einer institutionellen Strukturreform – Regierungskommunikation aus politisch-administrativer Sicht. In *Kommunikationsreform. Drei Perspektiven auf die Zukunft der Regierungskommunikation* (S. 52-87). Gütersloh: Bertelsmann Stiftung.

Schobelt, F. (8. Februar 2017). *Heftige Kritik an "Bauernregeln": Ministerin verteidigt Kampagne.* Abgerufen am 2. März 2017 von Werben & Verkaufen, wuv.de: https://www.wuv.de/marketing/heftige_kritik_an_bauernregeln_ministerin_verteidigt_kampagne

Schott, B. (12. Mai 2010). *Durchmerkeln.* Von New York Times, Schott's Vocab: https://schott.blogs.nytimes.com/2010/05/12/durchmerkeln/?_r=0 abgerufen

Schümer, D. (12. April 2016). *Der Justizpuritaner.* Abgerufen am 7. März 2017 von Welt.de: https://www.welt.de/print/welt_kompakt/print_politik/article154240316/Der-Justizpuritaner.html

Seitz, N. (2014). *Auftrag Politikvermittlung: PR- und Werbeagenturen in der Regierungskommunikation der Berliner Republik.* Wiesbaden: SpringerVS.

sep. (16. März 2017). *Gezänk unter Bundesministerien: Wir haben recht! - Nein, wir! - Nein, wir!* Abgerufen am 20. März 2017 von Spiegel Online: http://www.spiegel.de/politik/deutschland /bundesregierung-twitter-streit-von-wirtschaftsministerium-und-finanzministerium-a-1139120.html

Smeddinck, U. (2006). *Integrierte Gesetzesproduktion.* Berlin: BWV.

Staud, T. (12. August 2004). Schönreden für Schröder. Wie die Öffentlichkeitsarbeit der Regierung scheitert - ein Tag im Bundespresseamt. *Die Zeit*(34), 5.

Steltemeier, R. (1. Februar 2012). *Zwischen Hype und Notwendigkeit. Regierungskommunikation in den Zeiten Sozialer Medien.* Abgerufen am 4. Okt. 2016 von Politik & Kommunikation: https://www.politik-kommunikation.de/ressorts/artikel/zwischen-hype-und-notwendigkeit

Stern.de. (18. November 2014). *Umweltministerium wirbt mit Zombies und Sex für Klimaschutz.* Abgerufen am 9. Januar 2017 von Stern.de: http://www.stern.de/panorama/werbekampagne--zusammen-ist-es-klimaschutz---umweltministerium-wirbt-mit-zombies-und-sex-fuer-klimaschutz-3236562.html

Tagesspiegel. (7. Januar 2001). *Notiert: Kritik an Ökosteuer-Werbung.* Abgerufen am 7. März 2017 von Tagesspiegel.de: http://www.tagesspiegel.de/weltspiegel/notiert-kritik-an-oekosteuer-werbung/192266.html

Tagesspiegel. (23. Nov. 2016). *Merkel besorgt über 'Fakeseiten, Bots und Trolle' [Video].* Abgerufen am 2. Jan. 2017 von Tagesspiegel.de: http://video.tagesspiegel.de/merkel-besorgt-uber-fakeseiten-bots-und-trolle.html

Tils, R. (2002). Politische vs. administrative Gesetzgebung: über die Bedeutung der Ministerialverwaltung im Gesetzgebungsverfahren. *Recht und Politik, 38*(1), S. 13-22.

Tils, R. (2005). Strategische Politikberatung. In M. Althaus, M. Geffken, & S. Rawe (Hrsg.), *Handlexikon Public Affairs* (S. 273-276). Münster: Lit.

Tretbar, C. (25. Nov. 2014). *Social Media für Ministerien kein Neuland mehr.* Abgerufen am 4. März 2016 von Tagesspiegel.de: http://www.tagesspiegel.de/themen/agenda/regierung-auf-twitter-und-co-social-media-fuer-ministerien-kein-neuland-mehr/11025192.html

Tretbar, C. (7. November 2016). *Bundesminister und soziale Netzwerke: Nur Heiko Maas nutzt Twitter und Facebook erfolgreich.* Abgerufen am 8. Januar 2017 von Tagesspiegel.de: http://www.tagesspiegel.de/politik/bundesminister-und-soziale-netzwerke-nur-heiko-maas-nutzt-twitter-und-facebook-erfolgreich/14801392.html

Willers, R. (4. März 2015). *"Crowdsourcing" in politischen Entscheidungs- und Gesetzgebungsprozessen in Finnland.* Abgerufen am 8. Nov. 2016 von Participedia.net: http://www.participedia.net/de/faelle/crowdsourcing-politischen-entscheidungs-und-gesetzgebungsprozessen-finnland

Winkhaus, U. (17. August 2004). Wie die Öffentlichkeitsarbeit der Regierung versagt. *Stern.de.* Abgerufen am 17. Dezember 2016 von http://www.stern.de/politik/deutschland/-kommunikationsgau--wie-die-oeffentlichkeitsarbeit-der-regierung-versagt-3078776.html

14. „Die Leute erwarten den Dialog und den liefern wir auch" – Ein Gespräch über Regierungskommunikation in den Sozialen Medien

Im Interview: Andreas Block und Klaus Feldgen

Der Grad der Entwicklung und Ausdifferenzierung politischer Kommunikation im Online-Bereich wird, gerade auch im Feld der Regierungskommunikation und staatlichen Öffentlichkeitsarbeit, zumindest ambivalent bewertet. Dies betrifft sowohl die Adaption neuer technologischer Möglichkeiten, als auch deren tatsächliche Nutzung in der Kommunikation. Bis zuletzt dominierte hier eine vornehmlich uni-direktionale Nutzung neuer Plattformen zur Informationsdistribution, die häufig eher einer Replikation von Offline-Kommunikationsmustern gleichkam. Die Resonanz auf derartige Formen von Regierungskommunikation und staatlicher Öffentlichkeitsarbeit war vergleichsweise gering, es wurden nur begrenzte Adressatenkreise erreicht.

Technologisch induzierte Wandlungsprozesse sind aber auch in diesem Teilbereich politischer Kommunikation zunehmend wirksam, und so hat sich in den vergangenen Jahren eine rasche Entwicklung hin zum systematischen Aufbau und der Professionalisierung der digitalen Regierungskommunikation und Öffentlichkeitsarbeit hin vollzogen. Bundesministerien und staatliche Organe sind Anfang 2017 – in unterschiedlichem Ausmaß – auf einer Vielzahl verschiedener Plattformen aktiv. Ihre Kommunikation ist dabei, neue technologische Potentiale zu adaptieren und sieht sich zugleich neuen Herausforderungen gegenüber.

Eines der politisch zentralsten und mit immerhin 420.000 Likes bzw. 417.000 Abonnements reichweitenstärksten Angebote ist dabei die erst seit Anfang 2015 bestehende *Facebook*-Seite der Bundesregierung. Verantwortlich für sie zeichnet die Arbeitseinheit Soziale Medien des Presse- und Informationsamtes der Bundesregierung. Mit ihren Mitarbeitern Klaus Feldgen und Andreas Block trafen sich die Herausgeber zum Gespräch über Besonderheiten, Herausforderungen und Potentiale der Regierungskommunikation in den Sozialen Medien.

Sehr geehrter Herr Feldgen, sehr geehrter Herr Block, vielen Dank dafür, dass Sie sich die Zeit für uns genommen haben. Können Sie uns zu Beginn des Gesprächs kurz Ihre Tätigkeit in der Arbeitseinheit ‚Soziale Medien' schildern und beschreiben, wie diese Abteilung strukturiert ist?

K.F.: Wir sind im Presse- und Informationsamt der Bundesregierung als Redakteure in der Redaktion ‚Soziale Medien' beschäftigt. Derzeit betreiben wir

Angebote in den Netzwerken *Facebook*, *Twitter*, *Instagram* und *YouTube*. Wir arbeiten eng mit den Fachleuten des eigenen Hauses und der Ministerien zusammen und setzen ausgewählte Themen in den Social-Media-Kanälen der Bundesregierung um; dabei sind wir zuständig für Auswahl, Konzeption und Gestaltung. Als Teil einer Stabsstelle sind wir unmittelbar der Amtsleitung unterstellt. Das hält die Entscheidungswege kurz und schnell.

Was waren vor drei Jahren die Beweggründe für die Gründung Ihrer Arbeitseinheit?

K.F.: Wir waren bis zu diesem Zeitpunkt in den Sozialen Medien auf YouTube unterwegs. Zuvor hatte der Regierungssprecher einen Twitter-Kanal etabliert. Die Gründung der Redaktion ‚Soziale Medien" folgte schließlich dem Wunsch, diese unterschiedlichen Aktivitäten zu systematisieren, auf eine Basis zu stellen und weiterzuentwickeln.

A.B.: Entscheidender Grund war sicher auch, die redaktionellen Kompetenzen zu bündeln und die Redaktion mit anderen Arbeitseinheiten zu vernetzen. Das Social-Media-Team arbeitet insbesondere eng mit den Chefs vom Dienst des Bundespresseamts zusammen, genauso wie mit den offiziellen Fotografen. In den Sozialen Medien sind Bilder enorm wichtig – daher auch die Schnittstelle zu den Fotografen, und damit eine übergreifende redaktionelle Struktur.

Wie sieht das im weiteren Kontext des Hauses aus: Gibt es einen größeren (technologiegetriebenen) Wandlungsprozess innerhalb der letzten Jahre? Wie stark sind die Strukturen hier im Umbruch?

A.B.: Wir sehen einen stetigen Wandlungsprozess, der vermutlich nie abgeschlossen ist. Die Kanäle der Regierungskommunikation haben sich immer weiter ausdifferenziert: Es gibt schon seit sehr langer Zeit das klassische Internetangebot, das zunächst um Video erweitert wurde. Danach sind die Social-Media-Kanäle hinzugekommen.

K.F.: Als ich im Frühjahr 2000 hier begonnen habe, ging kurz darauf das tagesaktuelle Internetangebot an den Start. Das bedeutete einen großen Einschnitt für die Praxis und auch für die Kultur der Öffentlichkeitsarbeit. Die Pressearbeit war bereits tagesaktuell. Denn damals wie heute gab es drei Regierungspressekonferenzen in der Woche und dazu natürlich täglich eine Vielzahl journalistischer Anfragen. In der Öffentlichkeitsarbeit war man bis dahin auf Kommunikation in Print- und Event-Formaten eingestellt. Das Internetangebot bedeutete nun, für die „Bürgerkommunikation" dezidiert eigene Inhalte in tagesaktueller Folge zu erstellen – und fortlaufend zu aktualisieren. Das war ein beachtlicher Wandel, an den man sich erst gewöhnen musste. Das ist schließlich gelungen. Heute ist Tagesaktualität allein bei den meisten Themen nicht mehr ausreichend. Wir sind zwar noch nicht in der Echtzeit-Kommunikation angekommen, doch spätestens mit den Sozialen Medien noch viel dichter dran an den Ereignissen. Die Nachfrage entwickelt sich übrigens kontinuierlich entsprechend mit. Die Anforderungen an Aktualität steigen immer noch weiter. Und so ist ein neues Medium immer auch ein Treiber der Beschleunigung.

Würden Sie sagen, dass sich die Erwartungen an Ihre Arbeit durch Soziale Medien geändert haben, sowohl was die Erwartungen der Bürger betrifft, als auch jene der Politik oder der traditionellen Medien?

A.B.: Die Erwartungen der Bürgerinnen und Bürger orientieren sich an deren Nutzungsverhalten auf den jeweiligen Kanälen. Um das Beispiel *Facebook* zu nehmen – unser Grundgedanke war und ist: Eine *Facebook*-Seite ist eben kein reiner Sendekanal. Es handelt sich aus der Idee und der Konzeption der Plattform heraus um ein dialogisches Angebot. Das heißt, die Nutzererwarten zurecht, dass wir mit Ihnen in den Austausch gehen, ihre Fragen beantworten und auf ihre Kritik eingehen. In der Regel erreicht uns pro Tag mindestens eine hohe dreistellige Zahl von Kommentaren, in einzelnen Fällen sogar mehr. Natürlich können wir nicht alle beantworten. Es gilt aber das Prinzip: Eine sachliche Frage verdient eine gute Antwort. Dem nähern wir uns, so gut es geht.

K.F.: Die Leute erwarten den Dialog und den liefern wir auch. Schon bei der Konzeption der redaktionellen Inhalte denken wir darüber nach, ob sich das Thema für eine Diskussion im jeweiligen Kanal eignet. Gezielt greifen wir Themen auf, die im Dialog besonders häufig nachgefragt werden, an denen offenbar ein großes Interesse der Nutzer besteht. Content und Dialog stehen also nicht nebeneinander, sondern sind miteinander verschränkt. Idealerweise folgt das eine aus dem anderen und umgekehrt.

Wie verhält es sich mit den Erwartungen der Journalisten: Sind Medienvertreter für Ihre Arbeit eine relevante Bezugsgruppe oder verstehen Sie sie primär als Bürgerkommunikation?

A.B.: In unseren Social-Media-Kanälen kommunizieren wir mit den Bürgerinnen und Bürgern. Wir versuchen, das klar zu trennen. Medienvertreter haben ja bereits Ansprechpartner. Sie können sich an den Chef vom Dienst oder die Pressestellen der Ministerien wenden und zudem dreimal wöchentlich in der Regierungspressekonferenz Fragen stellen. Davon unabhängig können Journalisten natürlich auf sämtliche Inhalte, die wir veröffentlichen, Bezug nehmen, einschließlich unserer Posts und Tweets. Es handelt sich schließlich um öffentliche Inhalte.

K.F.: Journalisten wissen, dass Sie auf professioneller Ebene mit den Pressestellen zusammenarbeiten – und dass es sich bei der Social-Media-Kommunikation um ein dialogisches Bürgerangebot handelt, das sich weniger mit einer Pressemitteilung als etwa mit einem Anruf beim Bürgertelefon der Bundesregierung vergleichen lässt.

Welche zentralen Herausforderungen sehen Sie künftig auf sich und Ihre Arbeit zukommen?

K.F.: Eine große Herausforderung ist die Erwartungshaltung der Bürgerinnen und Bürger an die Vollständigkeit der zur Diskussion stehenden Themen. Sieht man sich die Studien amerikanischer und zum Teil auch deutscher Kommunikationswissenschaftler an, ist festzustellen, dass ein Teil der Öffentlichkeit seine Nachrichten mittlerweile beinahe ausschließlich über Soziale Medien bezieht. Etwas, das auf *Facebook* – oder allein in ihrer Timeline – nicht erscheint, findet für diese Gruppe nicht statt. Daraus folgt aus dieser Perspektive: Ein Thema, zu dem nichts im *Facebook*-Kanal der Bundesregierung veröffentlicht wird (oder zu dem nichts zu sehen ist), unterschlägt die Bundesregierung. Dass wir weitere Informationsmedien im On- und Offlinebereich mit übrigens tieferen und weiterführenden Inhalten anbieten, wird nicht zur Kenntnis genommen. Wie weit wir beim Ausbau der Angebote gehen und ob wir tatsächlich leisten können, was eine breite Öffentlichkeit erwartet, ist perspektivisch eine spannende Frage.

Sehen Sie auch Herausforderungen in rechtlicher oder normativer Hinsicht? Wie verhält es sich unter den Bedingungen der visuell geprägten Sozialen Medien mit Ihrem Informationsauftrag?

A.B.: Jeder Kanal hat seine Eigenheiten und wird daher unterschiedlich bespielt. Der Informationsauftrag steht im Mittelpunkt. Wir verknüpfen und verlinken zum Beispiel unsere Fotos oder Videos, aber auch unsere Antworten im Nutzerdialog so häufig wie möglich mit weiterführenden Informationen: meist mit Hintergründen auf der eigenen Website und auf den Websites der Ministerien, aber auch mit öffentlichen Angeboten wie jenen der Bundeszentrale für politische Bildung, des Deutschen Historischen Museums oder Stiftungen. Ziel ist es, die Politik der Bundesregierung nicht nur zu erläutern, sondern die Entscheidungen und Projekte in einen Zusammenhang zu stellen. Das funktioniert digital sehr gut.

Lassen Sie uns noch uns noch kurz im Bereich der Rahmensetzung bleiben: Die Rechtsprechung betont ja immer wieder den ‚neutralen' Informationsauftrag. Gerade die Sozialen Medien haben aber oftmals einen emotionalisierenden Charakter. Die Kommunikation von Bildern hat einen anderen Appeal als Worte, die eher das sachlich-informative transportieren können. Wie schaffen Sie es, Informationen über Bilder zu vermitteln?

K.F.: So wie wir eines Tages angefangen haben, eher nüchterne und technische Pressemitteilungen in journalistisch aufbereitete eingängigere Internetartikel zu übersetzen, so fassen wir solche Inhalte seit einiger Zeit in aufmerksamkeitsstarke Bilder. Wir folgen damit der Entwicklung der Medien und passen unsere Kommunikation medienadäquat an. Wir sind überzeugt, dass selbst kurze Videos, die vielleicht nur einige Eindrücke von einem Ereignis geben, in Verbindung mit der Möglichkeit, weiterführende Informationen aufzurufen, gleichermaßen politische Kommunikation darstellen. Wir glauben sogar, dass es für bestimmte Zielgruppen mitunter die entscheidenderen Informationen sind, weil unsere Angebote einigen Menschen überhaupt erst einen Zugang zu bestimmten Themen und zu vertiefenden Informationen ebnen. So wollen wir Informationen vermitteln, die ohne diesen attraktiven Zugang nicht abgerufen würden.

Gibt es im Dialog mit den Nutzern auf Facebook Interaktionen, die ihnen besondere Freude bereiten? Gibt es umgekehrt wiederkehrende Interaktionen, die besonders frustrierend sind?

A.B.: Es macht immer dann besonders große Freude, wenn hinter einem Kommentar wirklich ein Erkenntnisinteresse des Nutzers steckt: Jemand wendet sich an uns und möchte etwas wissen, Hintergrundinformationen erfragen. Es ist gut, in solchen Fällen weiterzuhelfen, Politik erklären zu können. Auf der anderen Seite gibt es natürlich in den Sozialen Netzwerken auch Störer.

In diesen Fällen kann die Moderation auch anstrengend sein. Die positiven Erfahrungen überwiegen allerdings.

Gibt es Themen, die Sie aufgrund ihrer Anfälligkeit für Störer von vorneherein eher vermeiden?

A.B.:	Nein. Ich würde sogar sagen, dass das Gegenteil richtig ist. Wenn auf einem Gebiet ein außergewöhnlich großes Interesse besteht oder ein Thema womöglich besonders kontrovers diskutiert wird, dann ist es gerade ein gutes Thema für die Sozialen Medien.

K.F.:	Eine kontroverse Ausrichtung kann für uns kein Grund sein, ein Thema nicht aufzugreifen. Es kann allerdings ein Grund sein, von einem Thema abzusehen, wenn wir zu der Einschätzung gelangen, dass wir dazu nicht viel Erhellendes anzubieten haben.

A.B.:	Immer wieder gibt es auch aufmerksamkeitsstarke Themen, für die der Bund schlicht nicht zuständig ist, so schwer das womöglich von außen zu verstehen ist. Ein typisches im Netz viel diskutiertes Beispiel ist die Rundfunkgebühr. Hierzu ließe sich regelmäßig und kontrovers mit der Community diskutieren, doch die Bundesregierung ist in diesem Fall nicht der maßgebliche Akteur, denn Rundfunk ist Ländersache.

Es wird in letzter Zeit zunehmend von einer Verrohung im Netz gesprochen, einer Verrohung des Diskurses, einer Verrohung der Sprache. Inwieweit bemerken Sie das im Rahmen Ihrer Arbeit? Haben Sie spezifische Gegenstrategien?

A.B.:	Mit Hilfe eines engagierten Community-Managements versuchen wir, diejenigen zu ermuntern, die sachlich diskutieren möchten. Das ist das Grundprinzip unserer Moderation. Aus diesem Grund beantworten wir vor allem Fragen und Kommentare derjenigen Nutzer, die auf das Thema des jeweiligen Posts Bezug nehmen. Wir möchten erreichen, dass die Nutzer, die das Dialog- und Diskussionsangebot annehmen möchten, auch die Chance dazu haben. Unsere Netiquette ist dabei ein Leitfaden, der verdeutlicht, wie wir uns den Dialog wünschen – nämlich sachlich und respektvoll.

K.F.:	Wenn nötig, sagen wir deutlich: ‚Verzichten Sie auf Beleidigungen‘. Vor allem dann, wenn es andere angeht, bei uns selbst sind wir etwas robuster.

Ist die Manipulation von Online-Diskussionen, insbesondere auch durch Social-Bots ein Problem, mit dem Sie in Ihrer Arbeit konfrontiert sind? Haben Sie Gegenstrategien?

K.F.: Wir merken, dass bestimmte Nutzer dieselben Memes verbreiten oder dieselben Argumentationsmuster aufgreifen. Darauf versuchen wir mit Aufklärung zu reagieren. Wir möchten eine Kommunikation anbieten, die auf Fakten beruht.

Wenn wir einen Blick in die Zukunft werfen, welche Veränderungen Ihrer Arbeit sehen sie dann? Über welche Kanäle erreichen Sie die Bürger künftig und in welchem Rhythmus wird dies geschehen?

A.B.: Die Kommunikationskanäle werden sich weiter verändern. Eine offene Frage ist, ob es wieder mehr Menschen geben wird, die sich dem vielleicht auch entziehen, die diese Schnelligkeit gar nicht mitmachen wollen. Der Informationsauftrag hingegen wird sich nicht ändern; es wird, gerade auch bei einer weiteren Diversifizierung der Kanäle, weiterhin zentral sein, verlässliche Informationen anzubieten und mit den Nutzern in den Dialog zu kommen.

K.F.: Es ist gut vorstellbar, dass bei fortschreitender Enthierarchisierung der Informationen, die wir ja jetzt schon beobachten, die Wegweiserfunktion von öffentlichen Angeboten noch stärker gefragt sein wird. Was wir seit nunmehr 15 Jahren – und beschleunigt in den vergangenen drei bis vier Jahren – erleben, ist, dass die Strukturen von Verwaltung, wie sie traditionell nach innen eine Rolle spielen, nach außen immer weniger wahrgenommen werden. Staat ist Staat, scheint da häufig von Nutzerseite durch. Es wird nicht zwischen den verschiedenen staatlichen Ebenen unterschieden, nicht zu reden von Kompetenzzuweisungen des Grundgesetzes. Wir sind möglicherweise nicht gut beraten, als Regierung, als öffentliche Verwaltung in unserer Kommunikation nach außen hin auf diese Strukturen zu pochen, jedenfalls nicht im Sinne der Zurückweisung an sich berechtigter oder verständlicher Anliegen. Gleichzeitig gilt natürlich nach wie vor und uneingeschränkt der Grundsatz der Rechtmäßigkeit der Verwaltung – und die daraus resultierende Zuständigkeit. Für sich allein eignet sich der Verweis auf diese allerdings immer weniger als Argument in der Kommunikation mit den Bürgerinnen und Bürgern. Dem ist zum Beispiel auch ein die einheitliche Behördentelefonnummer 115 geschuldet, die der Bund mit den Ländern und Kommunen seit einigen Jahren betreibt.

Gibt es – über die schon besprochenen Themen hinaus – für Sie weitere zentrale Erkenntnisse aus Ihrer Arbeit in der Regierungskommunikation und staatlichen Öffentlichkeitsarbeit unter den Bedingungen des Wandels?

K.F.:   Für mich ist zentral, dass dieser Veränderungsprozess Anforderungen an den Apparat einer Behörde stellt. Das kann eine Behörde ebenso wie andere Organisationen auch bewältigen, selbst wenn sie dafür eine gewisse Zeit braucht. Nicht immer ist das Agieren und Reagieren in den digitalen Medien leicht in Einklang mit dem klassischen Verwaltungshandeln zu bringen. Abstimmungsprozesse dauern immer einige Stunden, mitunter mehrere Tage, wenn die Sachlage komplex ist, noch länger. Das ist bei der Kommunikation in den Sozialen Medien nicht möglich. Behörden und Verwaltungen werden häufig als ineffizient kritisiert, und doch sind die meisten Menschen froh, dass die Institutionen zuverlässig und rechtmäßig handeln. Dabei handelt es sich zum Teil um Prozesse, die zunächst nicht immer mit neuen Kommunikationsformen kompatibel sind. Das erscheint uns als ein spannender Prozess, und dafür möchten wir gern um Verständnis werben: Es geht hier nicht immer schnell und einfach, so sehr wir alle uns das wünschen. Und: Es hat auch Vorteile, wenn Behörden Fragen und Zweifeln Raum geben und wenn sie die Dinge gewissenhaft und verantwortlich prüfen, bevor sie sich äußern.

Herr Feldgen, Herr Block, wir danken Ihnen für dieses Gespräch.

[Das Gespräch führten Juliana Raupp und Jan Niklas Kocks.]

Sachwortregister

Autorinnen und Autoren

Dr. Marco Althaus ist Professor für Volkswirtschaftslehre mit Schwerpunkt internationale Wirtschaftspolitik an der Technischen Hochschule Wildau.

Dr. iur. Tristan Barczak, LL.M. ist Akademischer Rat a. Z. im Exzellenzcluster „Religion und Politik" an der Westfälischen Wilhelms-Universität Münster und wissenschaftlicher Mitarbeiter am Bundesverfassungsgericht im Dezernat von Bundesverfassungsrichter Prof. Dr. Johannes Masing.

Dr. Thomas Birkner ist Akademischer Oberrat am Institut für Kommunikationswissenschaft der Westfälischen Wilhelms-Universität Münster.

Andreas Block ist Referent im Presse- und Informationsamt der Bundesregierung.

Dr. Isabelle Borucki ist Akademische Rätin (a.Z.) im Fachbereich Politikwissenschaft an der Universität Trier.

Henning Brücker ist Student im Masterstudiengang „Medien und Politische Kommunikation" am Institut für Publizistik- und Kommunikationswissenschaft der Freien Universität Berlin.

Dr. Martin Emmer ist Professor für Publizistik- und Kommunikationswissenschaft mit dem Schwerpunkt Mediennutzung am Institut für Publizistik- und Kommunikationswissenschaft der Freien Universität Berlin.

Klaus Feldgen ist Referent im Presse- und Informationsamt der Bundesregierung.

Dr. Uwe Jun ist Professor für Politikwissenschaft mit dem Schwerpunkt Politisches System der Bundesrepublik Deutschland an der Universität Trier.

Dr. Jan Niklas Kocks ist Wissenschaftlicher Mitarbeiter am Institut für Publizistik- und Kommunikationswissenschaft der Freien Universität Berlin.

Kim Murphy ist Wissenschaftliche Mitarbeiterin am Institut für Publizistik- und Kommunikationswissenschaft der Freien Universität Berlin

Dr. Juliana Raupp ist Professorin für Publizistik- und Kommunikationswissenschaft mit dem Schwerpunkt Organisationskommunikation am Institut für Publizistik- und Kommunikationswissenschaft an der Freien Universität Berlin.

Dr. Uta Rußmann ist Professorin für strategisches Kommunikationsmanagement und Neue Medien am Institut für Kommunikation, Marketing und Sales der FH Wien der WKW.

Lisa Unbehaun ist Studentin im Masterstudiengang „Medien und Politische Kommunikation" am Institut für Publizistik- und Kommunikationswissenschaft der Freien Universität Berlin.